中国人口城市化与碳减排研究

王桂新 等 著

科学出版社
北京

内 容 简 介

在人类社会发展过程中，人口城市化与二氧化碳排放都是不可避免的。人口城市化是人类社会发展过程中的必然现象，也是人类社会既定发展目标下减少碳排放的重要途径。人口城市化及其孕育发展起来的城市，由于人口、经济活动的高度集中，又成为主要的二氧化碳排放源与控制、减少碳排放的重点和“钥匙”。本书系统考察了人口城市化与碳排放的关系，构建了人口城市化影响碳排放的分析框架，深入分析探讨了中国人口城市化对碳排放的作用机制、影响大小以及控制和减少碳排放的低碳城市化战略。本书的研究结论对中国控制和减少碳排放，实现“碳达峰”、“碳中和”目标具有重要参考价值。

本书是一本系统研究人口城市化与碳排放关系的专著，可供经济学、社会学、人口学、地理学、区域科学等研究领域的科研人员及相关政府决策部门参考，也可用于高等学校以上相关专业师生教学参考。

图书在版编目（CIP）数据

中国人口城市化与碳减排研究 / 王桂新等著. —北京：科学出版社，2022.5

ISBN 978-7-03-056002-5

Ⅰ. ①中… Ⅱ. ①王… Ⅲ. ①人口-城市化-研究-中国②二氧化碳-减量化-排气-研究-中国 Ⅳ. ①C924.24②X511

中国版本图书馆 CIP 数据核字（2017）第 309407 号

责任编辑：魏如萍 / 责任校对：贾娜娜
责任印制：张 伟 / 封面设计：有道设计

科学出版社 出版
北京东黄城根北街 16 号
邮政编码：100717
http://www.sciencep.com

北京中科印刷有限公司 印刷
科学出版社发行 各地新华书店经销

*

2022 年 5 月第 一 版 开本：720 × 1000 1/16
2022 年 5 月第一次印刷 印张：20 1/4
字数：400 000

定价：236.00 元

（如有印装质量问题，我社负责调换）

前　　言

近些年来，异常天气灾害频发，日益严重的气候变暖危害已在不断地向人们发出警示。气候变暖，主要起因于人类活动所带来的二氧化碳的排放。为了缓解气候变暖的危机，在推进经济社会发展的同时，必须控制和减少二氧化碳的排放。

中国是一个负责任的发展中的人口·经济大国。2009 年丹麦哥本哈根联合国气候变化大会上，中国政府即郑重承诺：到 2020 年单位 GDP 碳排放比 2005 年下降 40%~45%。中国在 2020 年提前达到这一承诺目标的前提下，于当年第 75 届联合国大会上，又提出力争于 2030 年前使二氧化碳排放达到峰值，努力争取 2060 年前实现碳中和。对一个发展中国家来说，既要发展，又要控制碳排放，兑现以上承诺，尚任重道远。

影响碳排放的因素和控制碳排放的途径有很多。其中，加快人口城市化，推动城市的形成和发展就是一条有效路径。因为人口城市化及其孕育形成发展起来的城市的显著特点就是使空间利用集约，经济产出高效。在一定时刻谋求相同经济增长目标的前提下，城市化带来的集中、集约、高效率的城市非农业生产，相对于分散、粗放、低效率的农村农业生产，可以明显地减少二氧化碳的排放。但在通常社会经济发展进程中，碳排放一般与人口、经济活动密度、经济产出水平高度正相关。相对于人口、经济活动密度及经济产出水平较低的农村，人口、经济活动的高度集中以及人口、经济活动的高密度、高产出，又使城市成为主要的二氧化碳排放源。随着人口城市化的发展，人口和经济活动越来越向城市集中，使城市数量增多、规模扩大，人口与经济越来越占有更高的比重，从而使城市也相应成为越来越重要的二氧化碳排放源。解铃还须系铃人。既然城市是重要的二氧化碳排放源，自然就成为控制和减少二氧化碳排放的重点。正如世界观察研究所在《世界报告 2007：我们城市的未来》中所指出的，只有城市才是导致和解决气候变化问题的“钥匙”。所以，中国作为一个正在大力推进城市化与经济增长的发展中国家，研究人口城市化发展对碳排放的影响关系及低碳城市化战略，对控制和减少碳排放，实现政府提出的“双碳”目标具有特别重要的意义。

本书是一本系统研究人口城市化与碳排放关系的专著。全书共 11 章，主要按以下逻辑展开研究。

首先，进行人口城市化发展及其对碳排放影响关系的基础研究。即从人口城市化基本概念出发，考察中国人口城市化的发展进程及其主要特征，阐析人口城市化对碳排放的影响关系，构建人口城市化发展影响碳排放的分析框架，对人口城市化发展及其对碳排放的影响关系进行基础研究。

其次，根据以上构建的分析框架，分别从几个方面对人口城市化与碳排放的关系进行系统的理论考察和实证研究。人口城市化一般是指农村人口通过迁移到城市转变为城市人口或农村地区转变为城市地区使城市人口规模增大、比重提高的过程。农村人口在转变为城市人口的“城市化”过程中，势必带来生活方式、就业部门的变化；农村人口迁入城市，不仅扩大了城市规模，而且在城市内部居住的选择及其职居分离状况，又影响城市内部结构及交通方式与交通量的改变。考察分析显示，对于不同的生活方式、产业部门，二氧化碳的排放有明显差异；城市规模及城市内部空间结构与碳排放也有密切关系。基于此，本书第 4 章到第 8 章分别从以上几个方面深入探讨了中国人口城市化对碳排放的作用机制和影响大小，获得了一些新的发现，得出了一些有意义的结论。这一部分是本书研究的核心内容。

再次，根据人口城市化对碳排放的影响机制，开发人口城市化与碳减排战略政策综合模拟分析系统，并利用中国城市化过程中的人口迁移数据库，进行人口城市化对碳排放的影响及低碳城市化政策情景的试算模拟（第 9 章）。这一模拟系统提供了一种新的思路和方法，利用这一模拟系统可以分析和推算人口城市化要素对碳排放的影响，模拟和评估各种低碳人口城市化战略方案和政策措施的效果，为政府决策者及规划人员提供科学依据。

最后，考察中国人口城市化与碳排放存在的主要问题。在以上研究基础上，总结和借鉴国外人口城市化与城市低碳发展的经验，提出中国人口城市化与碳减排战略及政策建议。

本书研究在方法论上，提供了一种新的思路和方法，不仅通过开发人口城市化与碳减排战略政策综合模拟分析系统，还具有两大特点：一是理论分析和实证研究相结合，二是定性分析和定量研究相结合。特别体现在第 4 章到第 8 章关于人口城市化各个方面对碳排放影响关系的研究上，都是先进行基础性的定性理论分析，再在理论分析的基础上进行充分的定量实证研究。所得结论有理论依据，有实证检验，保证了研究结论的科学性。

本书研究内容，是国家社会科学基金重大项目“中国人口城市化低碳发展战略研究”研究成果的主要部分（另外还有先后发表的数十篇研究论文）。应该说，在当时具有比较明显的前沿性和创新性。但主要由于项目首席专家、本书责任作者的一些原因，未能按时向出版社提交书稿，延至今日才得以出版。这就使得有些用以分析的数据不是最新的。但书中关于人口城市化对碳排放影响基本原理、作用机制的分析和探讨并没有过时，一些重要的研究结论仍具有参考价值。目前，举国上下都在为控制和减少碳排放、实现 2030 年“碳达峰”和 2060 年“碳中和”目标而努力。希望本书研究能为中国控制和减少碳排放、实现“双碳”目标、应对气候变化危机的挑战提供参考和建议。

“中国人口城市化低碳发展战略研究”项目组各位成员都为本书研究做出了贡献。各章内容的主要撰写者如下：第 1 章为王桂新、殷永元，第 2 章为王桂新、吴开亚、朱勤、付雪、殷永元，第 3 章为王桂新，第 4 章与第 5 章为王桂新、姜惠敏，第 6 章为王桂新、金瑞庭，第 7 章与第 8 章为王桂新、武俊奎，第 9 章为付雪、殷永元、王桂新，第 10 章为戴二彪、李燕、王桂新，第 11 章为王桂新、金瑞庭。其中，第 4 章与第 5 章主要基于姜惠敏的博士学位论文，第 7 章与第 8 章主要基于武俊奎的博士学位论文。殷永元完成了对本书内容初步的审读，最后由王桂新修改统稿、结集成书。感谢项目组各位成员对本项目研究和撰写做出的贡献。

目　　录

第1章 序　　章

当前，人类社会面临诸多严峻的挑战——气候变化、大气污染、能源短缺（能源安全）和不可持续的城市发展。所有这些都与能耗的快速增长特别是化石燃料的使用有关。联合国政府间气候变化专门委员会（Intergovernmental Panel on Climate Change，IPCC）发布的第四次评估报告认为，1906~2005 年全球平均地表温度上升了 0.74℃，人类活动产生的温室气体（主要是二氧化碳）浓度增加可能是气候变暖的主要原因之一（IPCC，2007a）。IPCC 第五次评估报告进一步指出，科学家更加确定人类对气候系统产生了重要影响，全球陆地和海洋温度升高已经非常明确（IPCC，2014）。世界气象组织（World Meteorological Organization，WMO）发布的 2007 年度《温室气体公报》指出，1997~2006 年二氧化碳对全球变暖的贡献高达 87%。一般认为，人类活动所导致的碳排放主要有三个来源：化石能源燃烧的二氧化碳排放、水泥制造过程中化学物质分解产生的二氧化碳排放以及由土地利用变化造成林地碳汇减少而引致的二氧化碳排放。

人口城市化进程与以上三种碳源均有密切联系。城市在应对全球气候变化挑战中处于关键位置。世界人口一半以上居住在城市，城市的碳排放量约占全球排放总量的 70%。目前快速进展的人口城市化趋势，推动城市规模增大，数量增多。城市虽然是碳排放的主体，但人口城市化和城市的发展也体现了人类社会的进步，提醒着人们，城市也是减少碳排放和建设具有恢复性（resilience）社区的基础，更孕育着具有创新性的气候变化解决方案。

世界银行在 2012 年发布的《中国可持续性低碳城市发展》报告中指出，北京、上海、天津的人均碳排放已经跃居世界前列。中国碳排放的增加和城市化进程紧密相关，由于中国的城市化率正在快速提高，碳排放也将不断上升。为了解决城市化引起的碳排放量急剧上升的问题，必须探讨和实行有效的低碳城市化和城市发展政策。

1.1 研究背景与研究目的

1.1.1 研究背景

改革开放40多年来，中国经济几乎一直保持高、中速增长，2010年GDP超过日本成为世界第二大经济体。作为世界经济大国，经济的高速增长带来了能源资源消耗、CO_2排放、环境污染等不少问题，这不仅形成自身可持续发展的障碍，而且带来了世界舆论要求我们实现碳减排的压力。在2009年丹麦哥本哈根联合国气候变化大会上，中国政府已郑重承诺：到2020年单位GDP碳排放比2005年下降40%~45%。中国在2020年第75届联合国大会上，又提出二氧化碳排放力争于2030年前达到峰值，努力争取2060年前实现碳中和。这一减排目标体现了中国的大国责任，但也是一个相当艰巨的任务。

人口城市化主要是指农村人口迁移到城市或农村地区转变为城市地区使城市人口数量增加、比重提高的过程。人口城市化是经济社会发展的产物。人口城市化的好处就是集约利用空间，提高空间利用效率，创出集聚经济，促进科技创新，从而又反过来推动经济社会发展。正由于此，相对于分散化、低密度的农村，人口城市化在提高空间利用和劳动生产效率的同时，也有利于提高能源利用效率，控制和减少碳排放。所以，从人口城市化角度探讨控制和减少碳排放，也就是研究城市与碳排放的关系，探讨城市的碳减排。

人口城市化的发展也意味着经济增长和生产规模的扩大。在同样的科技和生产水平条件下，人口城市化带来的经济增长和生产规模的扩大，就意味着能源消耗和碳排放量的增长。所以，人口城市化的发展与碳排放密切相关，从人口城市化角度探讨控制和减少碳排放十分必要。

人口城市化发展的直接结果就是城市规模的扩大和城市数量的增加；人口城市化发展与碳排放的密切关系集中表现为城市与碳排放的关系，而城市成为控制和减少碳排放的关键。正如世界观察研究所出版的《世界报告2007：我们城市的未来》指出，只有城市才是导致和解决气候变化问题的“钥匙”。城市是由人口城市化“塑造”的，所以人口城市化既是驱动和增加碳排放的主要原因，也是控制和减少碳排放的希望和关键。这为中国实现未来碳减排目标提供了一条重要思路或路径。但目前国内外尚缺乏真正从人口城市化角度探讨实现碳减排的系统研究（王桂新和武俊奎，2012）。

城市化过程中城市人口的增长及城市化水平的提高，对CO_2的排放具有先导性驱动作用，因此必须加强人口城市化对碳排放影响的研究。而在人口城市化过程中，农村人口迁移到不同规模的城市，又影响不同规模城市CO_2的排放。改革开放以来，中国政府一直强调把农村人口重点转移到中、小城市，主张走以发展中、小城市为主的人口城市化道路。这一城市化战略是否有利于控制和减少CO_2排放？特别是在未来二三十年，中国的人口城市化仍将可能持续快速发展，这种快速发展，以及目前中国政府主张的把农村人口重点转移到中、小城市的人口城市化战略的继续推行，将对中国未来的碳排放带来怎样的影响？是否有利于中国提出的未来碳减排目标的实现？

这些宏观背景都要求必须尽快开展中国人口城市化低碳发展战略研究，从人口城市化角度，为中国政府控制和减少碳排放、实现未来碳减排目标提供科学依据。

1.1.2 研究的意义和价值

1. 研究的实践意义

中国政府正在制定一系列应对气候变化、实现低碳发展的战略政策，高度重视通过开展科学研究提供先进技术和有效的人口城市化发展战略来实现低碳社会发展目标。实现人口城市化低碳发展将对中国乃至全球气候变化政策做出贡献。

本书研究对于推动中国制定低碳人口城市化政策、控制与减少碳排放具有重要实践意义。中国人口城市化及国际人口、气候变化的现实状况和研究进展具有以下关键特征。

第一，目前中国是世界上人口城市化发展最快的国家之一。根据联合国的数据，1975年到2003年，发展中国家城市人口年平均增长率为3.6%，世界平均增长率为2.5%，中国则为4.1%；2010年前后，中国城市化率超过发展中国家平均水平，2020年已达到63.89%，到2030年将达到70%（《2013中国人类发展报告》）。

第二，人口城市化将增加全球碳排放，国际上目前尚缺乏这方面的系统研究。《IPCC排放情景特别报告》（Special Report on Emissions Scenarios，SRES）预测未来人口增长对碳排放量的影响时主要考虑了人口总量，忽略了对碳排放量有明显影响的其他人口要素，包括年龄结构、家庭结构、消费方式及人口城市化等。气候变化政策研究和决策领域越来越认识到必须加深了解这些人口要素和碳排放量之间的关系，制定有效的人口城市化政策以控制碳排放量。

第三，在中国，诸多研究机构和科学家致力于低碳经济技术和管理以及能源政策研究。政府部门和研究机构拥有翔实却分散的人口城市化数据和信息，然而这些数据没有被很好地用来对人口城市化和碳排放关系进行分析和研究。

第四，目前国际上也缺乏人口城市化与低碳经济政策的定量分析，人口城市化低碳政策标准制定也缺乏详细的政策分析依据。人口城市化规划和建设部门及行业也缺乏有效的政策、技术和措施支持。本书将探讨这些问题以推进低碳人口城市化，并实现低碳经济政策的制定和实施。

第五，需要特别指出的是，本书研究将为中国政府实现二氧化碳 2030 年前达到峰值、2060 年前实现碳中和等未来碳减排目标和可持续发展提供重要的科学依据。

2. 研究的理论意义

国内外政策制定和决策者越来越重视人口城市化低碳发展的理论研究，希望这方面的研究能提出实现人口城市化低碳发展的途径。人口城市化低碳发展战略能够为促进国家实现低碳经济提供有效的、关键的机制和途径。人口城市化低碳发展需要在常规的人口城市化发展目标之外加上碳排放控制目标，这意味着将极大地减少城市企业及消费者的能源消耗，有效地提高能源利用效率，在城市化过程中控制和减少碳排放。显然，这对企业、市民或政府机构制定碳排放控制政策将会产生深远的影响。在人口城市化发展过程中最为关键的挑战，是如何使较高的市民生活水平、活跃的城市经济活动与大量的能源消耗和碳排放分离脱钩。

近些年来国内外的研究机构及学者在人口城市化及城市碳排放研究方面都做出了很大的努力，取得了一定的成果。然而，这些研究在探讨人口城市化与低碳发展方面都还有很大的局限性，所得出的结论也仅仅为研究人口城市化与低碳发展提供一些不够系统的片断信息数据。为了对人口城市化与碳排放之间的关系有全面和系统的认识，需要继续努力，进一步开发更先进、适用性更强的人口城市化和低碳发展政策模拟系统。从国内外研究情况看，目前对人口城市化与低碳发展的影响因素分析及政策模拟、决策支持系统的研究仍十分薄弱。因此，开发和建立符合中国国情的人口城市化低碳发展战略及相关组合政策措施模拟系统，不仅在实践上具有重要意义，可为中国实现人口城市化低碳发展提供科学依据，而且在学术研究上也更具挑战性和创新性，从设计理念到研究方法都需要做出一定的开拓和创新。本书就是试图在上述国内外研究的基础上，总结和借鉴其先进经验，探索新的思路和方法，将中国人口城市化的人口规模、城市分布、消费结构、产业劳动力变化、土地利用、绿色经济、公共交通系统和低碳目标联系起来；把国家低碳目标、人口城市化低碳发展战略政策情景设计、人口城市化各要素对碳排放的影响分析、以投入产出分析法（input-output analysis method，IOA）-线性规划（linear programming，LP）模型为核心的综合低碳发展战略模拟及决策规划人员与公众参与等综合在一起，建立一种新型的符合中国国情的人口城市化低碳发展战略及相关政策措施综合模拟系统。

与以往诸多在人口城市化研究中所用的常规方法不同，本书将采用一种新的研究理论框架，以反演分析法研究思路，改进对人口城市化低碳发展战略途径及各种政策情景方案碳减排效果的政策模拟研究。这一思想方法和理论框架，构成了本书进行人口城市化低碳发展战略情景方案评价及政策模拟分析的科学基础和技术路线。由于人口城市化低碳发展战略情景方案评价及政策模拟分析涉及很多不同社会部门及利益集团，并且需同时考虑多种往往相互制约的因素，因此本书设计的研究总体框架及研究方法，为这一研究领域的理论和方法论的发展提供了一种新的战略政策综合研究思路。

这种以反演分析法为基本思路的人口城市化低碳发展战略及政策情景综合模拟系统方法主要具有以下特点。首先，需要考虑的是按照国家碳排放未来目标（2030年碳达峰目标），研讨并设计未来各种人口城市化低碳发展的战略政策情景。未来情景实际上反映了在各种不同人口城市化战略政策及规划选择下未来可能出现的各种人口城市化及碳排放特征。本书主要考虑的未来情景是人口城市化和城市的发展变化。从某种意义上讲，模拟各种不同的人口控制政策或人口城市化发展规划对人口城市化低碳发展的影响是一门艺术，或者可以说这一模拟分析过程比较趋向于社会科学，而较少依赖于自然科学。其主要原因是在研究处理这一复杂系统时要遇到许许多多不同类型的不确定性。例如，将来人口城市化的发展速度、新的人口城市化发展战略政策（如新型城镇化规划）对碳排放和社会经济发展的影响程度，以及由人口增长、城市化发展、消费水平提高、经济增长和技术进步而造成的社会总需求的变化都包含着不确定性。鉴于这一系列的不确定性，研讨并设计中国未来人口城市化发展战略政策情景，对中国实现未来国家碳排放目标的人口城市化发展战略政策进行反演分析研究就具有特别重要的理论意义和价值。

1.1.3 研究目的

在2009年丹麦哥本哈根联合国气候变化大会上，中国政府郑重承诺：到2020年单位GDP碳排放比2005年下降40%~45%。中国在2020年第75届联合国大会上，又提出二氧化碳排放力争于2030年前达到峰值，努力争取2060年前实现碳中和。这一减排目标体现了中国的大国责任，但达到这一目标任务相当艰巨，必须从各个方面开展碳减排研究，为完成这一碳减排目标做出贡献。

本书研究将主要回答以下几个问题。

第一，改革开放以来中国人口城市化及城市发展主要有何特点、存在什么问题？政府制定的人口城市化和城市发展战略政策对人口城市化和城市发展有何影响，中国人口城市化及城市未来发展趋势如何？

第二，人口城市化对碳排放的影响机制是什么？改革开放以来中国人口城市化的发展及其存在的问题是否影响碳排放，是否有利于控制碳排放、实现未来规划的减排目标？

第三，中国政府主张的农村人口主要向中、小城市转移的人口城市化战略，是否有利于CO_2减排？城市化的农村人口，向多大规模的城市迁移才更有利于控制和减少碳排放？

第四，为了实现未来碳减排目标，应采取怎样的人口城市化低碳战略和有效的组合政策措施，以及如何贯彻实施这些人口城市化低碳战略和组合政策？

1.2 研究的总体框架和基本内容

根据以上预期研究目标，本书拟主要从以下几个方面开展研究，具体内容如下。

1. 中国人口城市化现状及未来发展趋势研究

人口城市化随社会经济发展而产生和发展。中国的规划与决策人员已认识到，无论任何国家或社会制度，人口城市化都是其社会经济发展的必然结果，但又受国家体制和战略政策的深刻影响。新中国成立以来，主要受以户籍制度为基础建立起来的二元社会结构的制约，人口城市化长期以来进展缓慢，到 1978 年仍只达到 17.92%的水平。1978 年开始的改革开放，使计划经济体制逐步向市场经济体制转变，人口迁移与城市化开始进入活跃期，并逐步快速发展，中国成为世界上人口城市化最快的国家。特别是 2014 年政府出台《国家新型城镇化规划 2014—2020 年》，推进新型城镇化快速发展，到 2020 年已超过政府规划的常住人口城市化率 60%的水平，达到 63.89%，城市常住人口也相应增加到 9.02 亿。人口城市化的快速发展，加速了经济增长、能源消费和碳排放。城市人口数量的增加、城市数量和规模的扩大，以及住房、交通和经济活动的增长都对碳排放产生了加速作用。

根据国际能源署（International Energy Agency，IEA）研究，城市能耗占全部能源需求比例中相当大的部分，其能耗比例也在不断增长。这种增长趋势部分是由于城市范围扩大及经济活动增加。在中国人口城市化过程中，能源使用也从原来在农村的CO_2中性能源（如生物或废弃物能源）转变为城市的CO_2密集型能源，从而增加了城市碳排放的比例（Jollands et al.，2008）。在 2006 年，约占世界总人口 50%的城镇人口使用了超过 2/3 的能源。城市能耗所占比例将逐渐增加。国际能源署预测到2030年，中国城市能耗将占全国能耗的83%。

显然，中国快速人口城市化还会继续下去。这将极大地提高中国对能源的需求，也会继续增加碳排放。如果快速人口城市化不遵循一条低碳发展的途径，整个世界将会受到重大的气候变化的影响。在这诸多问题之中，能源短缺和高水平的碳排放问题在中国人口城市化过程中逐渐突出，成为影响未来城市及整个国家可持续发展的关键所在。因此，首先应该进一步了解中国人口城市化现状及未来发展趋势及其与碳排放之间的关系。

2. 人口城市化及其驱动下的城市发展要素与碳排放之间关系的定量分析

本书将定量分析人口城市化及其驱动下城市发展的具体要素与碳排放之间的关系，考察目前进行的人口城市化路径是否是碳排放增加的主要因素。分析过程揭示人口城市化本身并非导致碳排放增加的必然原因，关键问题是在人口城市化过程中选择什么样的战略途径、发展模式、规划方案以及人口城市化驱动下的城市发展模式。例如，是优先发展大城市还是积极发展小城市（镇），是推进摊大饼式的城市扩展（非密集型人口分布）还是规划发展紧凑式城市，以及是否允许奢侈型的生活方式、高能耗的产业结构、私家车导向的城市交通系统都会极大地影响能耗和CO_2等温室气体。相反，可持续人口城市化发展既能提高城市适宜居住度，又能实现低碳排放。

这一研究将主要包括两个部分：一是分析人口城市化基本要素与碳排放的关系，主要包括城市人口规模增长、城市化水平、城市化人口向不同规模城市迁移的流向分布等要素与碳排放关系的分析；二是考察人口城市化驱动下城市发展要素与碳排放的关系，这是本书探讨人口城市化低碳减排政策措施的重点和关键。根据对碳排放源头的分析，本书拟把人口城市化驱动下城市发展部门归纳为城市民生（生活）部门、交通部门和产业（生产）部门，这是城市碳排放的三大源头。然后分别选择一角度考察该部门城市发展要素与碳排放的关系。其中，民生部门主要考察和分析城市人口生活消费模式变化对碳排放的影响，交通部门主要考察和分析城市人口空间分布模式对碳排放的影响关系，产业部门主要考察和分析城市就业结构及产业结构变动对碳排放的影响关系。

通过以上研究，分别从不同侧面揭示中国目前人口城市化路径阻碍能效的改进以及不利于碳减排目标实现的主要原因。为了实现中国未来碳减排目标，必须克服这一系列的障碍，实施低碳城市化战略和一系列有效的能确保这一低碳城市化战略顺利实施的政策措施。

3. 人口城市化与碳减排战略政策综合模拟分析系统研制

这是本书研究内容的核心部分。针对这一专题，本书将在以上分析研究的基础上，总结和借鉴国内外低碳人口城市化研究的经验，尝试探索新的思路和方法，开发一种新型的符合中国国情和中国人口城市化特点、具有高度科研功能的新型计算机评价决策支持系统，用以对人口城市化要素对碳排放的影响进行分析，并对低碳人口城市化的各种战略方案和政策措施进行评估，提出未来低碳人口城市化战略规划及政策选择方案，为政府部门决策提供科学依据。政府决策、规划人员或社会公众可以利用这一决策支持系统设计中国未来低碳人口城市化的美好未来，并探讨选择低碳人口城市化的发展战略、规划方案或政策手段。本书拟开发的这一低碳人口城市化计算机评价决策支持系统，将综合中国低碳人口城市化发展趋势、人口城市化各要素对碳排放的影响、投入−产出经济预测模型、线性规划模型、土地规划、节能住宅建筑、低碳交通系统、政府行政管理及其他一些重要部门的决策支持。从这一点上看，本书拟开发的这一低碳人口城市化综合模拟研究工具，实际上是代表了一种复杂的系统工程方法。

这一研究途径基于中国人口城市化及城市系统规模分布和城市内部人口空间分布模式、城市居民消费模式，并考虑城市部门及宏观经济间的反馈机制，将根据中国人口城市数据库调试和测试 IOA-LP 模型，这一模式将反映人口城市化进程中人口要素与城市部门之间、人口城市化与国民宏观经济及碳排放之间的相互作用。拟开发建立的这一模型将提供有关低碳人口城市化空间和社会经济方面的信息数据。开发建立的这一 IOA-LP 决策系统，将能够对不同人口城市化发展途径、土地及部门规划以及各种城市发展政策进行能耗、碳排放及经济增长等方面影响的评价分析。低碳人口城市化政策分析的目的是对比不同人口城市化发展战略途径及人口城市化政策措施对低碳−可持续城市发展的影响程度，从而提出有效、合理及满意的人口城市化战略及政策，为政府决策者及规划人员提供科学依据，实现低碳−可持续人口城市化发展。

4. 国外人口城市化与城市低碳发展战略与转型研究——国际经验借鉴

本书将利用日本等发达国家较完备的统计数据，首先通过分析若干代表性城市的历史数据（时间序列数据），考察伴随经济发展水平、环保意识、人口结构等全国性的变化，城市化地区 CO_2 排放量的一般变化过程，分析在控制城市经济发展水平（人均 GDP 水平）影响的同时，考察不同类型城市的产业结构、城市规模与人口分布、交通系统、居住消费行为等特征对城市化地区 CO_2 排放量的影响。在分析 CO_2 排放量和城市经济发展水平、城市特性关系的基础上，再对日本北九州市等 13 个“以温室气体的大幅削减、低碳社会的实现为目标”的“环境示范都市”，以及欧洲、美国、巴西的代表性城市的低碳发展战略与具体措施进行详细考察与比较。主要考察内容包括：各城市低碳发展战略的总体目标以及城市间、国家−地区间利益的协调机制，各城市低碳发展战略的分部门（制造业、商业、运输业、建筑业、民生）目标与部门间利益的协调机制，低碳发展战略以及主要政策措施的决策过程，市场机制（排放税、排放量交易市场）的导入状况与作用，非政府组织（non-government organization，NGO）在实施低碳发展战略中的作用，低碳发展战略带来城市产业结构的变化以及新兴产业的成长状况，低碳发展战略带来城市交通系统、空间结构的变化，低碳发展战略带来市民消费行为等生活方式的变化等。通过比较各国各类城市的低碳发展战略模式的特色、实施效果及成功经验与存在问题，为地区差异显著的中国各地、各类城市的低碳发展战略设计提出针对性建议。

5. 中国人口城市化低碳发展战略及综合政策模拟与选择

本书以解决低碳人口城市化与城市发展中的具体问题为出发点，借鉴发达国家人口城市化低碳减排的先进经验，结合人口城市化与城市发展要素对碳排放的影响进行评价分析、科学决策及社会科学研究，在强化科研功能的基础上融入多利益相关集团参与，代表了一种新的研究理念和方法。这一方法可以称作互动性社会政策决策方法或互动性低碳人口城市化研究方法。其前提是以解决低碳人口城市化与城市发展的具体问题为出发点而不是纯科学的研究。在整个研究的设计和研发过程中，政府决策人员和不同社会团体代表的充分参与以及他们与研究人员的互动是本书研究的又一重要特点。在此过程中，将创造一种概括提取的简化过程，把以上建立的复杂计算机模拟及数学模型转换为与发展中的实际问题相联系的形式，并将其进一步设计成一种操作简便的人-机对话可视系统，从而使政府一般决策人员甚至普通市民就可以理解并对非常复杂的低碳人口城市化战略规划方案及政策手段等重大问题进行反复互动式模拟研究，直到得出满意的结果。

这一部分是本书研究的归结。如前所述，人口城市化既是驱动和增加碳排放的主要原因，也是控制和减少碳排放的希望和关键。为了实现中国未来碳减排目标，根据开发建立的人口城市化与碳减排战略政策综合模拟分析系统，分别从通过认真研讨设计的一系列战略规划及政策措施情景清单中，选择不同的人口城市化发展战略及相关组合政策措施，进行反复分析和模拟，直到选择出可以确保中国实现未来（如 2030 年实现碳达峰）碳减排目标的人口城市化发展战略及相关组合政策措施，为政府部门提供决策参考。

为了更好地完成以上研究，具体拟设计以下八个专题。

（1）人口城市化发展及其对碳排放影响的基础研究。

（2）居民生活方式变化与碳排放。

（3）居民生活耗能碳排放的增长及其地区差异。

（4）产业结构变动发展与碳排放。

（5）城市规模与碳排放。

（6）城市空间结构与碳排放。

（7）人口城市化与碳排放战略政策模拟分析系统开发及应用。

（8）国外低碳城市发展战略及其建设经验。

第2章　已有研究评述与本书特色及贡献

如第 1 章所述，人们已充分认识到：人类活动是造成二氧化碳排放增加及气候变暖的主要原因之一。人类活动所导致的碳排放三个主要来源，都与人口城市化密切相关，城市以及推动城市发展的人口城市化，已被视为控制和减少碳排放、应对全球气候变化挑战的“钥匙”与关键。基于如此认识，学术界已对人类活动中的人口要素特别是人口城市化及城市发展等对二氧化碳排放的影响关系开展了广泛的研究。中国作为拥有 14 亿人口规模的人口大国，20 世纪 70 年代改革开放以来人口城市化快速推进、经济高速增长及粗放式的发展模式，造成二氧化碳排放量的空前增长。中国是一个负责任的大国，政府已承诺 2030 年要实现碳达峰，使每单位国内生产总值二氧化碳排放比 2005 年下降 65%以上；到 2060 年实现碳中和。应该认真总结国内外关于人类活动与碳排放相关问题的研究，进一步深入研究人口城市化对碳排放的影响关系，从人口城市化角度探索控制和减少碳排放的途径，为实现政府承诺的碳排放控制目标提供科学依据，为全球控制和减少碳排放、缓解气候变暖做出应有的贡献。

2.1　已有研究评述

国内外学术界对人口城市化、城市发展及生活方式、经济增长等人类活动与二氧化碳排放及其控制的影响关系，主要开展了以下几个方面的研究。

2.1.1　人口总量及增长对碳排放的影响

世界人口在 1830 年达到 10 亿，100 年后的 1930 年达到了 20 亿，之后每增加10亿的时间不断缩短，在20世纪的最后40年，基本上每隔12~14年，世界人口就会增长10亿。进入21世纪，人口增速逐渐放缓，但预计于2050年将突破90亿。目前国内外的研究普遍认为，影响碳排放的驱动力主要有人口、经济与技术等。而其中人口对碳排放的影响因子之一就是人口总量。

联合国人口基金发表的《2009年世界人口状况报告》指出："通过人口增长对全球二氧化碳排放量增长影响的计算，已经得出了非常一致的结论，即过去的人口过快增长和人类的活动是导致温室气体总排放量增长40%~60%的主要原因"。姚从容（2010）认为，人口变动对气候变化的影响，不仅取决于人口的自然变动、迁移变动，更取决于人口的社会变动。人口变动对气候变化的影响是一种乘数效应，包括人口规模增加产生的气候效应、人口空间集聚产生的气候效应、人口生产方式变化导致的气候效应、人口生活方式变化导致的气候效应。蒋耒文（2010）根据系统整合模型得到了人口变动与温室气体排放大体上存在着正相关关系：缓慢的人口增长导致低排放，人口高速增长导致高排放，中速人口增长方案下的排放居中。Murtaugh和Schlax（2009）通过建立数学模型，模拟和推测人口增加对CO_2排放的作用，认为每个人不但自身经济活动会产生碳排放，而且通过生育行为间接影响碳排放。Shi（2003）认为人口增长与碳排放之间的关系不是单一的弹性相关，即每增长1%的人口，就会造成1%的碳排放。他使用1975~1996年全球93个国家的相关数据，得出人口增长与碳排放之间的关系远不只是比例相关，它们之间存在一个弹性系数，为1.42，而且在发展中国家人口变化对碳排放的影响比在发达国家显著得多。Dietz和Rosa（1997）采用IPAT模型得出在规模不经济最大的国家，人口变化与碳排放并非线性关系，这与之前的一些研究是不一致的，并且预计未来人口的变化将会使碳排放更加严重。Knapp和Mookerjee（1996）使用协整和误差修正模型、格兰杰（Granger）因果关系检验法分析1880~1989年全球CO_2排放的数据来研究全球CO_2排放量和全球人口之间的关系，研究发现两者之间不存在长期的协整关系，但是存在一个短期的动态关系，这说明了全球人口增长是碳排放增长的一个原因。Birdsall和Wheeler（1993）认为降低人口增长率可以导致森林破坏减少，减少能源使用，从而减少温室气体排放，而控制人口增长速度相比于其他的方式是最合算的减排措施，在发展中国家为了减少碳排放控制人口增长是非常可行的。Lantz和Feng（2006）研究探讨了加拿大石油消耗造成的CO_2排放的宏观驱动因子，考察人均GDP、人口和技术对CO_2排放量的影响，结果表明人均GDP不符合环境库兹涅茨曲线（environmental Kuznets curve，EKC）倒"U"形关系，而人口总量和技术变革是符合这种倒"U"形关系的。

关于全球人口总量与碳排放变化的确切关系至今仍存在不少争论。2009年伦敦政治经济学院发布的一项研究报告显示，采用计划生育措施只需花7美元就可以降低1吨的CO_2排放，减排成本仅为采用低碳技术的1/5。而国际环境与发展研究所的 Satterthwaite（2009）提出人口总量的增长并非全球温室气体排放增长的主要驱动力，简单控制人口数量措施并不能达到减缓全球温室气体排放的目的。吴文恒和牛叔文（2009）指出改革开放以来的经济快速发展、消费水平极大改善对资源环境的影响作用已经从隐性上升到突出的显性位置，应当引起人们的足够重视，驳斥了人口数量是影响资源环境的根源这种观点。彭希哲和钱焱（2001）对人口的消费活动与环境压力之间的联系进行定量分析，同样指出人口问题是重要的，但在可持续发展框架下的人口研究，不能把人口增长的作用绝对化。人口的绝对数量和一定的消费和生产方式相结合形成消费人口，才成为对环境造成影响的要素。这些争论并不存在本质的分歧，只不过各自考察的区域尺度与时间范围有所不同。因此，针对不同区域不同时期人口总量与碳排放的定量关系的实证研究更具有说服力，这也是近年来国际学术界研究的一个热点问题。

2.1.2　人口分布及结构对碳排放的影响

人口对碳排放的影响是多方面的，除了由人口数量增加带来的碳排放总量的增长外，人口分布、人口迁移、人口结构、人口素质等也会对温室气体的排放产生不同程度的影响。但由于许多人口因素处于不断变化之中，并通过生产、生活、消费等行为间接地影响碳排放，如何具体考察这些人口因素与碳排放之间复杂的关系就变得相对困难，国内外的研究主要集中在人口数量对碳排放的影响分析上，而对于人口分布和人口结构对碳排放的影响的研究则相对较少，其中人口结构主要包括人口城市化率、家庭户规模、人口年龄结构等方面。

Zheng 等（2011）引入“标准家庭”概念试图通过排除个体因素的差异，找出城市因素对居民碳排放的纯影响。他们分析了中国 74 个城市的空间分布和碳排放水平，认为北方城市的户均碳排放水平明显高于南方城市，这是源于南北方截然不同的供暖体制；东部沿海城市的户均碳排放水平高于内陆城市，这主要是由于东部城市居民较高的收入和消费水平。该结果说明人口空间分布也直接影响着城市的碳排放水平。

20 世纪 90 年代以来，美国国家大气研究中心（National Center for Atmospheric Research，NCAR）Brian O'Neill 及其研究团队利用改进的综合人口–经济–技术–科学（the integrated population-economy-technology-science，IPETS）评估模型，发表了一系列关于人口与气候变化关系的研究成果。IPETS 模型的人口模块并不是以总人口作为人口变量，而是以家庭户作为分析对象，考虑了城镇差异、家庭户规模、年龄结构等主要特征。主要研究结论是：人口规模增长和户平均规模缩小对世界各地区温室气体的排放都有重要的影响，人口老龄化是影响发达国家温室气体排放的重要人口因素，而人口城市化则在发展中国家具有更重要的意义（蒋耒文，2010）。

人口在不同地区流动，尤其是城市化过程中大规模人口从农村迁移到城市，从内陆不发达地区迁移到沿海发达城市，使得人口的空间分布对各地区碳排放的作用越来越重要。周勇（2008）通过研究中国农民工与城市生态环境间的关系发现，农民工担当了基于生态福利和经济收益的中国非农产业调整的均衡稳定器角色。当城市产业需要他们时，他们进城务工，当城市环境压力大时，他们又回家务农。Glaeser和 Kahn（2010）关于美国的研究表明，城市的碳排放一般比郊区明显低，城郊差异在老城区更加明显。他们的研究表明如果人口规模和收入不变，人口空间分布也是影响温室气体产生的重要因素。可见，人口在农村和城市间的迁移流动和空间分布会对城市生态造成显著影响。此外，中国人口的南北、东西区域分布也会影响不同区域城市的碳排放，南北截然不同的气候特征及供暖体制使得北方城市的户均碳排放水平明显高于南方城市，东部城市居民的较高收入和消费水平使得东部沿海地区的户均碳排放水平高于内陆城市（郑思齐和霍燚，2010）。关于美国的研究也得出了相似结论，Glaeser 和 Kahn（2010）认为经济活动在美国的地理分布对温室气体减排具有重要意义。如果家庭集中在加利福尼亚州的城市而不是潮湿的南方城市比如孟菲斯和休斯敦，平均家庭碳排放将更低，因为这些家庭的电消费量更少，而且发电厂的发电设备更清洁。从人口迁移流动的角度考察人口的区域分布对碳排放的影响是从地域的大尺度进行考察，这种高屋建瓴的研究对区域合作和发展具有重要政策意义，但是对城市具体的发展模式缺乏实际而有效的指导。

人口城市化速度的增加通常将直接导致城市用地不断扩大，市政建设及各种配套设施需求扩张，消费行为及习惯改变，而这些都将增加能源的需求，从而导致温室气体排放量的增加。钟宜根等（2010）利用灰色斜率关联度对南京的城市规模与碳排放之间的关系进行实证研究，随着南京城市建设用地面积的增加，每平方公里内的碳排放量增加了 1.5 倍。但也有学者对人口城市化对碳排放的影响持相反意见。Jiang 等（2008）认为人口城市化通常会使经济规模扩大、技术革新及生育率下降，从而使长期的能源消耗和温室气体排放减少。Satterthwaite（2009）研究了 1980~2005 年世界各国碳排放增长与人口增长及人口城市化之间的关系，研究表明，人口城市化对碳排放具有显著影响。

MacKellar 和 Vining（1995）在研究发达国家 1970~1990 年人口变化对能源消费带来的影响时发现，以人口规模为单位与以家庭户规模为单位进行分析，得出的结论有显著的差异。如果以人口规模作为分析单位，约 33%的能源消费增长是由人口因素所带来的；若以家庭户规模作为分析单位，则 76%的能源消费的增长可归于人口因素影响。陈佳瑛等（2009）就中国 1978~2007 年的家庭模式变化对碳排放影响情况进行了实证研究，发现由于家庭户单位体现了以个人为单位未能反映出来的家庭消费模式及消费行为，所以以家庭户为单位研究人口对碳排放的影响更加准确。彭希哲和朱勤（2010）将人口结构相关指标引入 STIPRAT[①]模型，将家庭户规模代入模型后再运用岭回归估计方法进行系数估计，模型拟合结果显示，家庭户规模变化对研究期内（1980~2008 年）中国碳排放增长表现出显著的负效应，家庭户规模的减小导致家庭消费的规模效应减弱，并最终使人均消费支出增加，因此直接推动了居民消费规模的扩张，其对中国碳排放增长的解释力高于人口规模对碳排放的影响。Common 和 Salma（1992）研究了澳大利亚家庭能源消费产生的碳排放。Weber 和 Perrels（2000）采用不同的模型，计算了法国、德国和荷兰的家庭消费二氧化碳排放并进行了比较。Bin 和 Dowlatabadi（2005）利用消费者生活方式研究了美国消费者行为与能源利用及二氧化碳排放量之间的关系。

人口年龄结构对碳排放的影响主要是通过对生产、生活和消费等的影响体现。Dalton 等（2008）将人口年龄结构变量引入到能源–经济增长模型中，通过调查美国消费者的支出数据，考察不同年龄组特征的家庭消费、储蓄、资本形成及劳动力供给等状况后认为，不同年龄结构特征会导致家庭能源消费需求不同，从而影响温室气体的排放情况。而在中国，经济增长与碳排放的高度关联，可以用来解释劳动年龄人口比重变化对碳排放的间接影响。康建英（2010）利用 1983~2007 年的省级面板数据分析了不同年龄组的人口对全要素生产率、经济增长率的影响。李文星等（2008）利用 1989~2004 年的省级面板数据和动态面板广义矩估计方法（generalized method of moments，GMM），考察了中国人口年龄结构变化对居民消费的影响。总体来看，人口的年龄结构主要是通过对生产力而非消费行为的影响来间接影响温室气体的排放。

2.1.3　就业及经济结构对碳排放的影响

目前国内外针对就业结构对碳排放影响的研究，大多是结合其他因素一起讨论。Bossier 和 Brechet（1995）探讨了通过在欧洲实行财政改革来同时实现减少碳排放和刺激就业增长两个目的，发现增收的 CO_2 税或能源税能够减少政府社会公共支出，该部分支出将相当于欧洲 GDP 的 1%。他们在 6 个欧盟国家的实验证明，虽然该方法在增加就业率和减排方面的影响力有限，但该方法是可行的。Zhang 和 Folmer（1998）通过生态模型来评估减排方法的优缺点和适用条件，这些方法包括自组织方法、动态规划方法、投入–产出方法、宏观经济方法、可计算一般均衡方法、混合方法等。Soytas 等（2007）研究了美国国内生产总值、能源

① stochastic impacts by regression on population，affluence，and technology，基于回归分析的人口、财富和技术的随机影响。

消耗与碳排放的关系，并考虑了劳动力和固定资产形成两个因素。其研究发现，长期资料显示收入不是碳排放的格兰杰原因，能耗量才是其排放原因，因此生产总值或收入本身不能成为解决环境问题的一个途径。Soytas 和 Sari（2009）通过控制总固定资产形成和劳动力，研究了土耳其经济增长、二氧化碳排放量和能源消耗之间的格兰杰因果关系。研究结果表明，能源消耗是碳排放的格兰杰原因，但反过来却不成立，生产总值和碳排放并无明显因果关系，这可能意味着土耳其没必要牺牲经济增长来减少碳排放。帅通和袁雯（2009）采用 IPCC 2006 年提出的各类能源排放二氧化碳量的计算方法，探讨了上海市产业结构和能源结构变动对碳排放量的影响，发现能源结构变动尤其是高排碳的煤类能源比重下降，热、电等能源比重上升是上海万元地区生产总值碳排放量下降的主要原因。

产业结构对碳排放影响的研究主要包括三个方面，一是探讨 GDP 与碳排放之间的因果关系及作用机理；二是 GDP 结构或产业结构对碳排放影响的因果关系及作用机理；三是 GDP 增长对碳排放影响的定量评估。

韦保仁和八木田浩史（2007）通过 NICE（national integration of CO_2 emission）模型得到中国的基于经验函数的 GDP 模型，并以 2005 年统计数据为基准计算，得出人口城市化率增加所带来的 GDP 增长，主要表现为第三产业 GDP 的增加；各产业 GDP 相同规模的增加所消耗的能源是不同的。他们考察了中国目标年份在投资保持不变的情况下，城市化率提高 1% 时由于 GDP 增长以及生活能耗增长对能耗和二氧化碳排放的影响。研究表明中国人口城市化率增加时，不仅将导致 GDP 的增长（主要是第三产业的 GDP 的增长），也将导致生活能耗及二氧化碳排放量的增加。程爱雷等（2009）采用公式“源强=排放因子 × 活动率”估算二氧化碳的排放量，并以此研究二氧化碳与 GDP 的关系，发现高生产总值地区也是二氧化碳排放量较高的地区，技术水平的地区差别没有导致二氧化碳排放量的明显差异。王中英和王礼茂（2006）通过相关分析探讨了中国 GDP 的增长与碳排放量的关系，结果表明二者有明显的相关性（R^2=0.9581）。

Hoffert 等（1998）假定 CO_2 的各种稳定方案，采用碳–循环/能源模型，研究碳排放的自由模式，认为在持续的经济增长中要稳定 CO_2 的排放规模需要有创新的、成本有效的碳排放技术，因为在 21 世纪中期，这些技术能提供额外的数万兆的主动力，甚至能给经济生产力的可持续发展提供主动力源。Tucker（1995）通过研究 137 个国家 1971~1991 年的资本收入和 CO_2 排放量情况，总结出碳排放、影响全球变暖的主要温室气体和 GDP 三者之间的关系。他发现资本收入增长越快，碳排放量就越大，高收入水平要求增加对环境保护的资金投入，在发展中国家可在保证收入的前提下，采用有效的碳减排措施。

在 GDP 对碳排放影响的定量评估研究方面，胡初枝等（2008）基于环境库兹涅茨曲线模型，采用平均分配余量的分解方法，构建中国碳排放的因素分解模型，定量分析 1990~1995 年的经济规模、产业结构和碳排放强度对碳排放的贡献，即规模效应、结构效应和技术效应。结果表明，中国碳排放变化效应均值为 19.55%，经济增长与碳排放之间呈“N”形关系。何建坤和刘滨（2004）利用历史统计数据，定量考察了碳排放强度下降率与 GDP 的增长率、碳排放增长对 GDP 的弹性、能源消费强度以及能源消费的碳强度等相关关系，并分析了处于不同经济发展阶段国家的碳排放强度以及碳排放强度下降率的特点，认为以碳排放强度作为各国减缓气候变化贡献的衡量指标，对发展中国家而言，可以认可和反映其对减缓气候变化的贡献；对发达国家来说，则不能只谈这一单一指标，而必须将碳排放强度的下降率大于 GDP 增长率作为重要基准。陈文颖等（2004）在构造未来二氧化碳排放基准情景的基础上设计了 6 种减排情景，应用中国 MARKAL-MACRO 模型进行模拟分析，定量描述各种减排情景下减排对 GDP 增长影响的时间模式，并比较了不同减排情景下规划期内未贴现的 GDP 总损失。结果表明，当减排率为 0~45% 时，实施减排约束当年的 GDP 损失率在 0~2.5%，且越早实施减排 GDP 损失率越大；碳减排对 GDP 增长的影响在减排实施之前约 10 年发生，并逐渐增强一直延续到实施减排以后若干年；若从 2040 年提早到 2030 年、2020 年或 2010 年开始实施碳减排，规划期内未贴现的 GDP 总损失将分别增大 0.58~0.74 倍、1.00~1.32 倍和 1.10~1.83 倍。Ramanathan（2005）运用数据包络分析（data envelopment analysis，EDA）模型，研究了 1980~2001 年世界 CO_2 排放、GDP 和能源消费三者之间的关系，并分别计算出在达到 GDP 目标的前提下，1980~2001 年的消费和非化石燃料的碳排放量、GDP 以及世界总的非化石能源消费，计算得出保证 GDP 目标的发展效率指数。

2.1.4　人口城市化对碳排放的影响

工业革命带来了工业化的大规模发展，人口城市化也伴随工业化快速发展，与此同时大规模的化石燃料的使用，也导致 CO_2 排放量大幅度增加。全球 CO_2 排放量和城市化水平一直在同步稳定增长，且均有加快趋势（顾朝林，2009）。城市是人口、建筑、交通、工业、物流的集中地，也是高耗能、高碳排放的集中地。全球超过 80%的 CO_2 排放来源于城市区域（O'Meara，1999）。可见，城市是碳排放的重要源头，人口城市化过程对碳排放具有重要影响。

随着人口城市化水平的不断提高以及由碳排放增加带来的温室效应的加剧，城市化与碳排放关系的研究已经成为国际社会关注的热点。目前，对该方面的研究主要包括两类：一是人口城市化水平的不断提高对碳排放可能产生怎样的影响；二是通过寻求合理的人口城市化发展模式，实现低碳的发展目标。前者的研究多集中在人口职业结构的转变、产业结构的转变、土地利用及地域空间的变化等城市化过程对碳排放的影响方面，其中有关人口和产业结构的转变在前文已有所述。在土地利用及地域空间的城市化方面，李颖等（2008）以江苏省为例，计算并分析了1995~2004年工业化、城市化快速发展时期的主要土地利用方式的碳排放量，研究表明建设用地是主要碳源，建设用地碳排放每年可达1.09×10^8t，对碳排放量的贡献高达96%以上。张安等（2009）和王慎敏等（2010）借助连续逼近法与交通周转量法构建城市微观土地利用影响下的碳排放评测模型，并依据该模型对南京市某单位双园区土地利用模式所带来的碳排放进行了评测，结果表明不同交通方式下的碳排放量不同，城市公交交通方式年碳排放量最低，私人轿车交通方式年碳排放量最高，同一交通方式下不同等级车型的碳排放量相同。

Glaeser 和 Kahn（2010）认为城市规模与居民生活碳排放量存在一定的正相关关系，城市规模增大会导致更高的碳排放。罗婷文等（2005）对北京城市化过程中家庭食物碳消费进行了研究，随着经济增长和食物消费结构的转变，人均食物碳消费量仍在继续增加。钟宜根等（2010）利用灰色斜率关联度，综合研究了城市规模中的人口、经济和土地因素和碳排放量的关系，结果表明人口和经济因素与碳排放有正相关关系，土地开发密度与碳排放量有负相关关系。

针对城市化过程中碳排放量增加的趋势，一些学者提出了低碳城市的发展模式，即通过对城市发展进行合理规划来实现碳减排的目标。Fong等（2009）提出在马来西亚的城市规划过程中采用系统动力学模型作为一个决策工具，将碳排放和全球变暖考虑到城市规划的过程中，这将有助于碳排放量的降低以及解决全球变暖问题；并认为碳排放与城市形态结构存在着一定关系，提倡紧凑城市的空间发展模式。顾朝林（2009）认为在中国城市化高速发展不可避免的前提下，探索中国高速城市发展与低碳目标的协调与契合，其碳排放与城市系统耦合关系研究是寻求城市经济、社会、环境等方面均衡发展的关键。庄贵阳和张伟（2004）认为在中国城市化快速发展的进程中，寻求基础设施建设的低碳发展路径，对中国减少能源浪费和温室气体排放具有非常重要的意义。

2.1.5 居民消费水平和消费结构对碳排放的影响

人口城市化必然导致居民消费水平和消费结构的变化，而居民消费水平和消费结构的变化又必然会对碳排放产生影响。国内外关于居民消费对碳排放影响的研究大多采用投入产出模型，分析人们行为方式对能源消费及碳排放的直接影响和间接影响（Schipper et al.，1989；Lenzen，1998；Weber and Perrels，2000；Kim，2002；刘兰翠等，2005）。居民消费水平作为衡量一国居民富裕程度的重要指标，其对碳排放的影响主要表现在两个方面：一是居民生活消费对能源的直接消耗及其产生的直接碳排放，二是支撑居民消费需求的整个国民经济产业的发展及其对能源的消耗与对环境的影响，后者被认为是居民消费产生的间接碳排放。居民消费水平的提高对碳排放产生了深刻的影响——财富增长刺激了人们消费的欲望，而消费增长将会对碳排放产生直接的促进作用。

不同装修类型的家庭能源消费及碳排放有很大差异。例如，日本不同装修类型的家庭能源消费和碳排放中，钢筋混凝土地板的多户型家庭每平方米产生的碳排放为 10GJ，远大于木质板的单一家庭（3GJ）和轻钢结构单一家庭（4.5GJ）产生的碳排放（Suzuki et al.，1995）。居民家庭消费支出的增加与能源需求的较快增长有关（Park and Heo，2007）。居民消费支出中，大部分用于居民化石燃料的消费，例如，1990~2006 年希腊居民家庭消费支出增加了 44%，其中 67%用于对化石燃料的消费支出（Papathanasopoulou，2010）。因此，减少化石燃料消费是碳减排的重要措施之一。

魏一鸣等（2008）利用投入-产出法分析了 1992 年、1997 年、2002 年城乡居民不同消费支出的间接碳排放。结果显示，食品、衣着和居民设备用品及服务引起的间接二氧化碳排放占间接二氧化碳排放的 50% 以上。他们同时分析了 1992~2002 年居民碳排放的影响因素，研究表明中国人口增长、人均消费的增加、消费结构变化都对居民二氧化碳排放增长起了推动作用。陈佳瑛等（2009）分析了家庭规模、总户数、居民消费水平、能源强度等变量对中国碳排放总量的影响程度，结果显示，人口因素对于碳排放的影响强度大于实际人均居民消费与实际能源强度。对中国人口、消费及技术因素对碳排放的影响的研究（朱勤等，2010a；彭希哲和朱勤，2010）结果显示，中国人口结构与居民消费水平变化对碳排放的影响力已高于人口规模变化的影响力。居民消费水平提高与碳排放增长高度相关。这在一定程度上说明居民消费水平与消费模式等人文因素的变化有可能成为中国碳排放的新的增长点。

2.1.6　城市规模与城市空间结构对碳排放的影响

总体而言，国内外学术界对城市人口规模及城市内部人口空间分布结构对碳排放影响的研究近年才发展起来，还是一个有待开拓探究的新领域。从国外研究来看，日本内阁官房通过对 13 个环境样板城市的研究，发现城市人口规模与民生部门、交通部门的人均 CO_2 排放量存在负向关系。规模较大的城市，民生部门、交通部门的人均 CO_2 排放量较小；而规模较小的城市，民生部门、交通部门的人均 CO_2 排放量反而比较大（内閣官房地域活性化統合事務局，2012）。美国学者

Bento 等（2005）研究发现，城市人口越集中，铁路里程越多，公路密度越低，这些因素可以导致开车上班的频率越低。因此，人口集中度、工作地与居住地的平衡、城市形状、公路密度等因素对每年汽车里程数有着显著的影响。每年汽车里程数的减少，自然有利于减少 CO_2 的排放。谷口守等（2008）通过对日本大城市圈中心城市、大城市圈周边城市及地方城市的研究，也得出规模较大、人口密度较高的城市，人均汽车 CO_2 排放量较少。

Glaeser 和 Kahn（2010）通过对美国 66 个大城市的研究发现，人口的空间分布结构与 CO_2 排放有密切关系，人口密集的城市中心地区，人均 CO_2 排放量较少；人口密度低的郊区则人均 CO_2 排放量较多。Glaeser 和 Kahn（2010）还发现，美国城市二氧化碳排放与土地利用管制之间存在着明显的负相关关系，土地利用管制越严格的地区其二氧化碳排放水平越高。城市的二氧化碳排放水平明显比郊区低，并且老城市城郊二氧化碳排放水平的差距相对新城市较大。日本的研究结论与此相同，如前桥市和高知市，两个城市面积和人口规模都大致一样，但前桥市可住地面积占 85%，人口呈分散型分布结构，其客运部门人均年 CO_2 排放量为 1.2 吨；而高知市可住地面积占 39%，人口呈紧凑型分布结构，其客运部门人均年 CO_2 排放量为 0.87 吨，只有前桥市的七成（日本环境省，平成 18 年《环境白书》）。花木啓祐研究组还分别按"城市集中型社会""地方分散型社会""中间状况"等三种情景，模拟预测了日本 47 个都道府县到 2050 年的住宅 CO_2 排放量（藤野純一，2005）。

在快速城市化过程中，中国城市人口、空间、经济规模急剧扩张的同时，城市结构形态发生显著变化，由此造成土地利用方式的改变，影响了城市碳排放并对生态环境产生了巨大影响。赵荣钦和黄贤金（2010）研究发现不同土地利用类型的碳足迹由高到低为：居民点及工矿用地>交通用地>未利用地及特殊用地>农用地和水利用地。人类活动对碳循环的影响在很大程度上是通过改变土地利用方式来实现的，土地利用方式变化会改变人为能源消费的格局，并进一步影响区域碳循环的速率。近年来城乡建设用地增加 2639 万亩[①]，其中 81%的新增建设用地来自对耕地的占用（即占用耕地 2138 万亩）（刘纪远等，2003）。城市化带来空间结构变化是引起陆地系统碳循环过程改变的重要因素，对全球碳排放产生重要作用。

大规模的城市用地开发导致空间利用方式对各种自然过程和生态过程的改变，产生了复杂的生态环境后果。低居住密度的"摊大饼"式城市蔓延不仅使得人与人之间产生经济隔离而且也恶化了环境（Ligmann-Zielinska et al.，2005）。Stone（2008）利用美国 45 个大城市数据证明"摊大饼"式城市蔓延比紧凑型城

① 1 亩≈667 平方米。

市空气污染物超标情况更严重，汽车是“摊大饼”式城市蔓延导致环境恶化的众多机制的纽带。高达 70%的能源消费与城市土地的利用形式有关（Barton，1990）。Huang 和 Chen（2005）从城市系统角度出发，通过引入能值分析能源在城市生态系统中的流动以及对城市系统演进的作用。仇保兴（2009）则认为，城市化的模式在一定程度上决定了能耗的高低，中国应该走建设紧凑型城市的城市化道路。刘永亮和王丽民（2010）选用中国 286 个地级以上城市的截面数据，对 1984 年、1996 年、2002 年和 2007 年的中国城市规模经济从人口规模经济、资金规模经济和土地规模经济三个方面进行了分析，结果显示城市规模级别越高，效益越好，其中人口规模经济和土地规模经济较为突出，而资金规模经济相对较弱。Parikh 和 Shukla（1995）指出，通勤能源支出与城市空间结构相关，能源消费与城市规模相关，紧凑的城市结构比松散的城市结构更节约能源，而通勤量和高峰时段塞车的能源浪费也会随着城市化规模的扩大而增加。

人口城市化过程中大量农村人口转移到城市中，人口在城市内急剧增长导致城市有限的空间要承载更多的人口。人口规模与人口密度在快速的城市化进程中呈现加速增长的势头。在人口增长的推动下城市规模不断扩张。与此同时，城市的碳排放量也会明显地上升。Birdsall（1992）、Dietz 和 Rosa（1994）、Lonngren 和 Bai（2008）以及 Jiang 和 Hardee（2009）利用不同国家和不同时间段的数据以及不同的研究方法所做的研究结论都不约而同地指出，人口规模与温室气体排放同步增长，因为人口规模扩大增加了对化石能源的需求。王锋等（2010）运用对数平均 Divisia 指数分解法，把 1995~2007 年中国能源消费的 CO_2 排放增长率分解为 11 种驱动因素的加权贡献，并对这一时期中的 6 个时间段和每一种驱动因素进行了研究。结果表明，1995~2007 年，人口总量是中国 CO_2 排放量年均增长 12.4%的主要正向驱动因素之一，其平均贡献为 1.28%。虽然人口规模与碳排放二者之间同向变动的趋势得到了学术界的广泛认可，但是关于二者变动的具体弹性大小还没有统一的结论。一些学者（Dietz and Rosa，1997；York et al.，2003）研究估计，碳排放的人口弹性接近 1。Shi（2003）认为人口增长与碳排放间的关系不是单一的规模正相关，即每增长 1%的人口就造成 1%的碳排放增长。他利用 1975~1996 年全球 93 个国家的相关数据，得出人口增长与碳排放之间的关系远不只是比例相关，它们之间存在一个弹性系数为 1.42，而且在发展中国家人口变化对碳排放的影响比发达国家显著得多。二者之间的弹性系数到底具体是多大这方面的研究取决于使用的数据、研究模型和计量方法。

也有一些学者的研究结论不支持以上观点，Satterthwaite（2009）认为简单控制人口数量的措施并不能达到减缓全球温室气体排放的目的。虽然人口问题很重要，但是在可持续发展框架下的人口研究，不能把人口增长的作用绝对化（彭希哲和钱焱，2001）。解决城市碳排放过多问题必须通过综合的方法，就中国而言，在保证经济可持续增长和人民生活水平不断提高的前提下，控制城市碳排放增长不能仅仅依靠限制城市人口规模的方法进行。Chen（2005）运用MARKAL-MACRO模型对中国到2050年的能源消费增长和碳排放进行了模拟，结果表明通过结构调整、能源效率提高、能源替代，到2050年中国初级能源消费预计为4818Mtce，碳排放为2394MtC，人均GDP碳排放年下降3%。中国目前的城市化率已超过60%，基本达到世界平均城市化水平，但还明显远低于高收入的发达国家的平均城市化率（80%左右）。如果中国要达到发达国家城市化水平，那么可以预计未来中国仍将处于快速城市化进程中，这意味着仍将有数亿农村人口转化为城市居民。由于中国主要消费能源为煤炭，在保证经济增长的条件下中国依靠限制能源消耗进行碳减排的空间有限。为了应对全球的气候变化问题，中国必须通过采取可持续发展战略在国际碳减排活动中积极合作而不是接受碳排放限额。在中国城市化进程快速发展的背景下，应该采取低碳城市化战略，寻求更加合理合适的方式达到既保证城市经济增长又有利于城市碳排放减少的目标。

在人口城市化进程中大量的农村人口转移到城市，劳动力、资源、资本等要素在城市快速集聚，城市面临公共交通、空间、城市生态环境、社会环境等各种客观约束，要实现多目标协调式的城市经济增长，必须依靠科学合理的城市空间和产业规划。针对城市化过程中碳排放量增加的趋势，一些学者提出了低碳城市的发展模式，即通过城市发展进行合理规划来实现碳减排的目标。

为了实现城市空间结构的低碳化，城市规划领域的学者建议利用城市规划的方法对城市空间进行低碳式重构。Fong等（2009）提出应采用系统动力学模型作为一个决策工具，将碳排放和全球变暖考虑到城市规划的过程中，这将有利于碳排放量的降低以及解决全球变暖问题；并认为碳排放和城市形态结构存在一定的关系，提倡紧凑的城市空间发展模式。紧凑型城市能够节约交通成本，减少交通消耗的能源，从而减少CO_2的排放。潘海啸（2010）提出为了构建低碳的城市空间，必须对城市的交通和土地使用发展模式进行必要的控制，首先提出了有利于建设具有中国特点的低碳城市的城市交通与土地使用的5D模式①，即以良好步行环境为导向的开发建设要优先于以方便自行车使用为导向的开发建设，在此基础上倡导以公共交通为导向的开发建设，其次考虑城市的形象改善工程和小汽车的发展。顾朝林（2009）、庄贵阳（2008）都提出中国应该将高速的城市发展与低碳目标结合起来，以求在城市快速发展过程中减少能源浪费和温室气体排放。在大都市市区内，城市经济学理论表明家庭如果更接近市中心那么碳排放会更少。从

① 5D模式为：步行系统优先开发（pedestrian oriented development principles，POD）、自行车系统优先开发（bicycle oriented development principles，BOD）、以公共交通为导向的开发（transit oriented development principles，TOD）、以城市基础设施为导向的复合发展模式（X-oriented development，XOD）、特色小镇导向型发展模式（character oriented development，COD）。

这个角度讲实现城市空间结构的低碳化，实际上就是要在一定的人口、经济规模下实现碳排放的最小化。这与城市空间减载的理念一脉相承，或者可以将这种观点视为空间减载的深化和具体化。

综上所述，目前国内外人口城市化与碳排放的相关研究已取得阶段性成果，但已有文献较多地关注能源消费导致的国家总量层次上的碳排放，对于区域尺度上的碳排放研究并不多见，尤其缺乏人口城市化对碳排放影响的系统探索方面的研究。本书通过对中国人口城市化对碳排放的影响机制以及低碳发展战略研究，不但可以拓展现有的碳排放评估方法，反映中国人口城市化对碳排放的贡献，也可以为国际气候谈判、国家气候政策和区域可持续发展管理提供数据、方法和决策支持。

2.2　人口城市化与碳减排研究面临的挑战

2.2.1　人口城市化与碳减排研究需要突破的重点与难点问题

人口城市化与碳减排研究主要面临以下三个方面的挑战。

第一，目前，人口城市化的快速发展将明显增加全球碳排放，但国际上却缺乏如何制定有效的人口城市化低碳发展战略政策方面的研究。国内外预测人口对未来碳排放量影响时主要考虑人口数量，而忽略对碳排放量有明显影响的人口城市化这一关键要素。综合探讨人口城市化要素和碳排放之间的关系，制定有效的人口城市化低碳战略政策以控制碳排放量，具有挑战性和创新性，因而具有开创性难度。

第二，目前国际上非常缺乏综合分析和模拟人口城市化与碳减排以及低碳城市化战略政策的定量分析模型，本书研究将以区域投入产出模型与线性规划模型为基础，开发和构建人口城市化与碳减排战略政策模拟分析系统，为今后更好地开展人口城市化与碳减排及战略政策研究提供有效的计算机系统分析工具。开发和构建符合中国国情的人口城市化与碳减排战略政策模拟分析系统，是本书研究拟解决的难点和关键技术问题。

第三，在中国，诸多研究机构和科学家致力于低碳经济技术和管理以及能源政策研究。经过多年的研究积累，政府部门和研究机构拥有翔实却分散的人口城市化数据和碳排放信息，因此模拟分析人口城市化对碳排放的影响及低碳城市化战略政策，收集和整合所需众多数据信息的工作将十分艰巨。

2.2.2　国内外低碳人口城市化研究方法现状

前面的讨论显示，国内外学术界对人口城市化、碳排放、低碳政策，以及经济成本评估方法研究已经做了大量工作，取得了很大进展。人口城市化以及人口老龄化、家庭结构变化等都将会导致能源消耗的变化，从而增加碳排放量(Cole and Neumayer，2004；Fan et al.，2006)。在未来几十年，这些人口要素将会发生很大变化。

为了更好地了解以上这些人口要素变化对碳排放的影响，人口学家和其他社会科学家应用一些相对比较简单的分析方法进行了各种分析和预测。以往的研究主要考虑人口数量或家庭数量（Bongaarts，1992；MacKellar and Vining，1995），还有一些研究把 Ehrlich 和 Holdren（1971）的 IPAT 模型进行调整，应用人口、消费水平和技术条件计算一个国家或地区的碳排放量或碳足迹。人口城市化或城市人口增长在推动经济发展、提高人类生活水平的同时，也带来了许多问题。世界环境与发展委员会指出，相对来说，城市居民比农村居民消耗更多的能源，同时排放更多的污染物。IPAT 模型是一个很简单的公式，被用来表示人口增长及消费水平提高与碳排放量之间的关系。

$$I = P \times A \times T \tag{2.1}$$

式中，I 表示总排放量；P 表示人口数量；A 表示消费水平或生活水平；T 表示技术水平。

例如，Zhuang 等（2011）应用 IPAT 模型计算了河北省石家庄市不同收入水平的居民住房和旅行产生的碳足迹。研究结果展示，收入水平高的居民产生的碳足迹也高。而技术水平提高可以帮助减少碳足迹。虽然 IPAT 在研究人口对碳排放量的影响时考虑了多个要素，但是这些要素之间的关系并没有在研究中体现出来。

近期，社会情景法被广泛应用于全球气候变化评估工作中。所谓情景，乃指一种表达清楚、内部一致、有一定可信度的对未来社会或世界各种条件和发展状况的描述，是对未来某种特定发展态势的表达。在气候变化影响研究中，一般应考虑设立气候、环境、社会经济条件等三类基本控制条件。这样，就需要设立气候、环境和社会经济的未来情景。全球增温的研究需要人们考虑长远的变化，如需要考虑未来（到 2100 年）的变化。在从现在到 21 世纪末这么漫长的时间里，各种经济与社会条件必然会发生很大的变化。其中，包括一些可以预见的重大变化，如人口数量的增长、城市化水平的提高、经济发展、收入增加、需求改变、技术进步等。

设计可选择的数个未来社会情景的方法，是气候变化研究中使用较为普遍的一种方法。在气候变化影响研究中，设计未来情景反映未来碳排放量具有重要作用。一个简单的说明就是人口增长将增加大气中二氧化碳浓度，从而加剧气候变化的程度。

可以看出，设计未来情景与预测或预报未来是不同的。情景是建立在一定科学基础上的对未来各种社会经济及气候、环境等条件的描述或假设。未来情景只能被看作可能出现的某种未来条件。气候变化研究具有时间尺度很长的特点，这样就使对未来的估测充满了不确定性，所有可能出现的未来情景条件必然很多。对某一种情景条件的假设和研究所产生的结果，只能说明假如这种情况在未来出现，那么碳排放可能产生的气候变化影响将会是这样的情况。因此，设计未来社会经济情景的目的，就是探讨在各种可能出现的未来社会经济条件下，气候异常或变化可能对不同地区或不同部门造成的影响。

IPCC 的技术指导书提供了如何设置未来不同社会经济发展情景的一般步骤。这种情景设置方法的主要步骤，是先选择几个重要的社会经济因素，如人口增长和经济发展；然后用趋势分析预测方法来推测其未来的变化情况。但由于气候变化影响评价需要考虑的时间尺度很长（如 50~100 年），而社会经济预测又充满了不确定性，所以一些科学家对用这种趋势分析方法预测未来变化情况持不同意见。考虑到这些问题和情况的存在，《IPCC 排放情景特别报告》提出了所谓的"故事式"情景设计方法。根据这种"故事式"情景设计方法，可以较好地设置可能出现的具有一定可信度的未来变化情景（Nakićenović，2000）。

为了估测低碳发展策略对不同部门或地区碳排放的影响，投入产出分析法已经被广泛地开发及应用，为低碳发展政策评估提供了一种有效的分析途径和工具（朱勤等，2012；Andrew et al.，2009；Lenzen and Peters，2010；Miller and Blair，2009）。付雪等（2012）基于 2007 年中国能源—碳排放—经济投入产出表建立了投入-产出优化模型，从行业减排角度，按照哥本哈根联合国气候变化大会目标下的二氧化碳减排约束，假设一定的经济增长率，对间接碳排放进行了计算。顾鹏和马晓明（2013）使用 IPCC 2006 年提供的碳排放系数法，分析了中国居民生活消费产生的直接碳排放量，并应用 Hendrickson 等（1998）发展的经济投入产出生命周期评价方法计算居民间接碳排放的变化及现状。同时根据国内主要消费部分的碳排放水平，比较国际先进水平和国内碳减排升级潜力。文章也提供了中国城乡居民生活消费差异的数据。

然而，在中国，诸多研究机构和科学家致力于低碳经济技术和管理以及能源政策研究，许多政府部门和研究机构拥有翔实却分散的人口城市化数据和信息，这些数据并没有被很好地用来对碳排放进行系统分析。另外，目前国际上缺乏人口城市化，特别是人口从农村向城市迁移与低碳经济政策的定量分析，人口城市化低碳政策标准制定也缺乏详细的政策分析依据。人口城市化、城市规划和建设部门、行业也缺乏有效的政策、技术和措施支持。研究探讨这些问题可以推进低碳人口城市化，支持低碳经济政策的制定和实施。

到目前为止，研究人员所发表的使用各种分析方法或工具进行人口城市化碳排放的研究的文章不断增加，但其中绝大部分的研究，基本上仅侧重于对一个国家、城市地区或农村地区的人口碳排放量现状的核算。这些评价方法也被用来估测各种人口要素碳排放量。这些研究途径往往注重于对某一人口要素碳排放进行核算，而真正从系统角度把各个方面综合进行考虑的全方位研究尚不多见。例如，在对低碳人口城市化政策分析中，能够把各个经济部门综合起来进行优化规划的研究就很少，对估测人口城市化过程中人口迁移引起的碳排放变化研究存在明显的不足。人口城市化、人口迁移将增加全球碳排放，国际上目前也缺乏这方面研究。IPCC SRES 情景报告预测人口对未来碳排放量的影响时主要考虑了人口数量，忽视了对碳排放量有明显影响的其他人口要素，包括人口年龄结构、家庭结构、消费方式及人口城市化，特别是人口迁移的影响。气候变化政策研究和决策领域越来越认识到必须加深了解这些人口要素和碳排放量之间的关系，制定有效的人口城市化政策以控制碳排放量。

显然，如果仅侧重于对低碳人口城市化的某一方面进行研究，那么综合政策分析是不可能完成的。要全面了解人口城市化对整个区域碳排放的总体影响，就必须进行多学科的全面研究，把人口、城市化、环境、经济、社会等各个子系统以及它们之间的相互联系和作用结合起来综合考虑。系统分析或运筹学方法为完成这种综合评估提供了一个有效的研究框架，并为把科学研究和决策制定统一起来发挥了一定的桥梁作用。

2.3　本书研究的主要结论及方法论贡献

2.3.1　本书研究的主要发现和结论

本书研究的主要发现和结论有以下几点。

1. 人口城市化发展及其对碳排放影响的基础研究

本书在阐述人口城市化基本理论的基础上，考察中国人口城市化的发展特征及存在问题，探讨人口城市化、经济发展与碳排放的相互关系及人口城市化对碳排放的影响机制，构建人口城市化与碳排放控制的分析框架。要谋求经济发展的同时又要控制碳排放，推进人口城市化是其重要路径。人口城市化在与经济互动发展的同时，又把碳排放聚焦到人口城市化本身及城市化所塑造的城市。因此，抓住了人口城市化和城市，就抓住了控制碳排放的“钥匙”和根本。但目前人口城市化存在的一些问题，不利于碳排放的控制。

2. 城市化人口生活、生产行动变化与碳排放研究

城市化人口伴随着从农村迁移到城市而发生的生活行动与生产行动的变化，是人口城市化的重要内涵和表现。根据以上所建分析框架，分别考察了人口城市化过程中人口生活行动（生活方式）、产业结构（生产行动）变化对碳排放的作用影响机制，定量分析了城市化人口生活方式变化、产业结构变动对碳排放影响的大小，以及调整产业结构对碳排放控制的影响。发现农村人口迁移到城市使城市碳排放不但因人口增长而增加，而且随着农村人口生活、生产行动的变化而增加。城市与农村人口因生活行动（生活方式）不同而造成耗能不同，城市人口人均耗能明显多于农村人口。在 1980 年到 2000 年间，城市人口人均耗能波动下降，农村人口人均耗能基本稳定增加，但城市人口人均耗能一直保持在农村人口人均耗能的 1.5 倍以上。农村人口迁移到城市以后主要从事非农生产活动，耗能和碳排放比在农村时多，但迁移到城市以后随着产业结构由工业向服务业的转变，耗能和碳排放出现减少趋势。

3. 城市人口规模、空间结构与碳排放研究

人口城市化的直接结果是城市人口密度的提高和规模的扩大。本书针对城市化“塑造”的不同人口规模的城市和不同人口密度及空间结构的城市，考察其碳排放的内在机制，定量分析不同人口规模城市和不同人口密度及空间结构城市碳排放的大小及差异。发现规模大的城市相对小城市更有利于控制和减少碳排放。因为城市的主要优势是集约、高效。至少在现有城市规模条件下，城市规模越大，资源利用越集约，产品生产越高效。例如，人口规模在 50 万到 100 万之间的中等城市、人口规模在 100 万到 300 万之间的大城市、人口规模在 300 万到 1000 万之间的特大城市节能减排的效果好于其他规模等级的城市。城市人口规模越大，一般专业化程度也越高，碳排放越少。例如，城市支柱性产业就业比率提高 1%，城市碳排放减少 8.33%~10.57%；能源利用效率提高 1%，城市碳排放减少 1.23%~1.42%。城市人口密度和城市空间结构对碳排放也有重要影响。本书研究显示，人口密度越高的城市，越有利于控制碳排放。特别是呈紧凑型空间结构的高人口密度城市，减少碳排放的效果更明显。这是因为紧凑型、高密度的人口空间分布结构集聚效益较高，可提高生活能源利用效率，而且对汽车交通能源的消费少，因而有利于减少碳排放量；反之，分散型、低密度的人口空间分布结构集聚效益较低，生活能源利用效率低，对汽车交通能源的消费相对较多，由此造成

碳排放也比较多。

4. 总结国外低碳城市发展战略及其建设经验，提出人口城市化与碳减排战略及政策建议

本书主要考察并总结了日本、英国及美国纽约和巴西里约热内卢的低碳城市发展战略及经验，为中国推进人口城市化与碳减排提供了经验借鉴。

在以上研究基础上，提出以下中国人口城市化与碳减排的应取战略及政策建议：要正确认识和遵循人口城市化客观规律，实现城市化由追求速度向重视质量的战略转变，推进城市化健康发展，使城市化既促进经济发展，又有利于减少碳排放；科学制订人口城市化规划，促进大、中城市合理发展，引导人口城市化过程中农村人口主要向大、中城市迁移；合理提高城市人口密度，形成紧凑型城市空间结构，实现就业、居住和休憩“三位一体”，提高集中供热、供能效率，减少通勤距离，发展绿色公共交通，建设低碳城市；引导城市化人口的生活行动，反对奢侈和片面追求物质享受，提倡不主要依赖物质满足的积极向上、健康低碳又富有幸福感的生活方式；调整产业结构，由高耗、低效的偏重型、生产型产业结构向高效、低耗的偏轻型、服务型产业结构转变。特别在当前推进经济高质量发展时期，一定要坚决调整高耗、低效、产能过剩的产业；根据经济发展及碳减排目标，制定人口城市化与碳减排总体战略，根据碳减排目标分解和责任分担机制，建立政府主导、企业与社区共同参与和监督的碳减排综合管理体系；大力发展教育，提高人力资本，促进技术进步和科技创新。不仅要通过技术进步提高能源利用效率、降低碳排放强度，更要培养和树立控制碳排放共同参与、人人有责的全民意识。

2.3.2 本书研究方法论方面的主要贡献

本书研究在方法论方面主要具有以下贡献。

（1）以新的思路和方法，首次把中国人口城市化过程中的人口迁移规模、流向分布以及城市规模、城市空间结构、居民消费水平、产业结构特征等人口城市化及其驱动下的城市发展要素和碳减排目标联系起来，并综合考虑这些因素开发人口城市化与碳减排战略政策模拟分析系统进行系统研究。这一人口城市化低碳发展战略及政策模拟分析系统不仅在实践上具有重要意义，可为中国实现人口城市化低碳发展和碳减排目标提供科学与政策依据，而且在学术研究上也更具挑战性和创新性，从设计理念到研究方法都将尝试新的开拓和创新。

本书研究将在总结国内外低碳-人口城市化研究经验的基础上，尝试探索新的

思路和方法，开发一种新型的符合中国国情和中国人口城市化特点、具有高度科研功能的新型计算机评价决策支持系统，用以对低碳人口城市化的各种战略方案和政策规划进行评价，并提出未来低碳城市化城市优化规划方案，为政府部门决策提供科学依据。

（2）本书开发构建的人口城市化与碳减排战略政策模拟分析系统，是一种高效能的科学模拟分析系统，能把国家碳减排目标、人口城市化低碳发展战略政策情景设计、人口城市化各要素碳排放影响分析、以 IOA-LP 为核心的综合低碳发展战略模拟及决策规划人员与公众参与等综合在一起，为探讨和制定人口城市化低碳发展战略及相关组合政策、对策提供了有效工具。

本书开发和应用这一综合评估模型对人口城市化进行优化规划，挑选有效的或者优化的人口城市化决策方案，以达到人口城市化的低碳目标（使碳排放最低化）。这种政策分析关注人口城市化途径以及人口城市化优化规划方案。

这一 IOA-LP 综合模型是本书的一个重要创新方面，研究人员通过对系统工程中物流优化管理线性模型进行调整和转型，应用于人口城市化优化人口迁移的规划分析。LP 模型在物流优化管理中被广泛应用于选择有效的、成本最低的运输途径和方式方案。在应用 LP 进行人口城市化优化人口迁移规划中，需要组织最佳的人口迁移流动路线、方式、途径和不同城市规模，以满足城市对劳动力的需求，同时需要考虑经济有效性以及低碳目标。作为系统工程或运筹学的 LP 模型，已经被广泛用于货物运输的决策支持中。通过适当改进和调整，就可以把物流优化管理模型发展成优化人口城市化管理模型。

目前少见 LP 模型在人口城市化规划和政策分析中的应用案例。因此，开发低碳人口城市化人口迁移线性规划模型，并应用这种模型进行人口城市化规划的优化分析，在方法论上推进了人口城市化规划和控制碳排放的分析研究能力。

（3）本书开发构建的人口城市化低碳发展战略及政策模拟分析系统，是一种高效能的开放系统，可以升级、改进和扩展并用于其他政策模拟研究，因而具有广阔的应用前景。

由于本书开发的 IOA-LP 模型可以不断地重复运行，可以被用来测试各种不同的未来低碳人口城市化规划方案或政策措施，并计算可能产生的各种结果。整个操作过程简便、易懂，也可以用来鼓励公众或决策人员不断探索，用 IOA-LP 模型模拟各种有关低碳人口城市化方面的问题，同时增进他们对未来情景、政策选择以及预期影响等方面的讨论。

第 3 章　人口城市化的发展及其对碳排放影响的基础研究

人口城市化与碳排放密切相关，但二者关系却具有不确定性。人口城市化可以带来碳排放大量增加，是碳排放增加的重要致因。正由于此，人口城市化又成为有效控制碳排放的“钥匙”。本章构建了人口城市化碳排放控制机制的分析框架，并进行了初步验证：人口城市化的发展，必然带来城市数量的增加和规模的扩大；城市化人口迁入城市后的生活行动、生产行动和空间分布，涉及城市发展的生活、生产、交通三大部门，同时也成为城市碳排放的三大源头。城市化人口向城市迁移的不同流向，以及城市化人口迁入城市后的空间分布、生活行动和生产行动的变化，将产生不同的碳排放。这既是人口城市化的碳排放机制，也是推进人口城市化低碳发展的科学路径依据。

3.1　人口城市化的基本理论

3.1.1　人口城市化的概念

人口城市化的概念非常复杂，既可以从个体考察，也需要从群体考察。从个体来看，一个人从农村迁居到城市、从农村人口转变为城市人口，那么他就实现城市化了。如果这个人在城市居住工作多年之后又回到农村，就像 20 世纪 50 年代后期从农村迁居到城市又返回农村的人，又实现了乡村化。也就是说，从个体来看，一个人的城市化是可逆的，既可以城市化，又可以乡村化。

在通常意义上，人口城市化基本上都是依据群体来考察的。以下如无特殊说明均属此含义。根据群体考察的人口城市化，从长期趋势来看城市化水平是不断发展提高的，但某一个具体时期的城市化也可能是可逆的。同样如 20 世纪 50 年代后期，大规模迁居城市的农村人口后又被迫迁出城市返回农村，造成城市化水平出现下降；“文化大革命”时期，城市知识青年大规模上山下乡接受再教育也造成该时期城市化水平的下降，所以说根据群体考察的人口城市化的发展也是可逆的。但这种可逆的人口城市化只发生在中国特殊的国情背景下，而在正常情况下人口城市化一般都是不可逆的。

一般意义的人口城市化通常有狭义、广义之分。狭义上就是指人口城市化，即农村人口迁移到城市转变为城市人口或农村地区转变为城市地区使农村人口转变为城市人口，由此使城市人口规模增大、比重提高的过程。其中，农村人口迁移到城市转变为城市人口的人口城市化称为迁移城市化，农村地区转变为城市地区使农村人口转变为城市人口的人口城市化称为就地城市化。多数情况下，农村人口迁移到城市转变为城市人口的迁移城市化为人口城市化的主流，农村地区转变为城市地区使农村人口转变为城市人口的就地城市化通常是人口城市化发展到一定阶段因城区扩大或新设城市带来的人口城市化现象。就地城市化一般是通过行政区划变更实现。

城市化的广义概念，除包括人口城市化以外，还包括人们通常所说的土地城市化、生活方式的城市化等。应该说，人口城市化是基础，城市化的这些丰富内涵都是从人口城市化衍生出来的。例如，人口城市化（主要是迁移城市化）使城市人口增多、城市规模增大，造成城市地区扩大或设置新的城市，这样就使农村用地转变为城市用地形成土地城市化，土地城市化再把原农村地区的农村人口就地城市化；农村人口通过城市化改变为到城市工作生活，逐步适应并接受不同于农村的城市生活方式，由此带来其生活方式的城市化。李克强总理2013年提出“人的城镇化”[①]概念，并指出人的城镇化是城镇化的核心（王子约，2013）。李克强总理所提的人的城镇化可能有更深奥的内涵，但在一定意义上也可视为等同于人口城市化，因为人口城市化作为城市化的基础，也可以理解为是城市化的核心。

3.1.2 城市化的基本原理

1. 城市化发生的前提

城市及城市化的产生，首先来自农业发展的推动。在生产力不够发达的农业社会，人们都在从事农业生产活动。由于生产力水平低下，即使人人种地生产粮食也难以满足人们的需求。随着生产力的发展，农业劳动生产率和生产水平不断提高，一部分人种地生产的粮食可以供应更多的人消费，于是开始有了剩余劳动

① 李克强提“人的城镇化”强调不能人为“造城”，http://www.chinanews.com.cn/gn/2013/03-18/4651594.shtml。

力和剩余粮食。这些农业剩余劳动力可以依赖种地农民生产而消费不了的剩余粮食，寻求集中到某些适宜的人口较多的地方从事用具制作及市场交易等非农业生产活动，于是产生了以非农业人口为主、非农产业活动集中的城市。可以说，农业生产力发展产生的这两大“剩余”，是城市形成和城市化发展的两大前提（麦克齐等，1985）。

2. 城市化的动力机制

如上所说，非农业人口及非农产业活动一旦集中形成城市，即逐步产生集聚经济和规模效益。本来，农村农业部门劳动力的大量盈余抑制了农业劳动生产率的提高，使农业劳动力长期以来只能获得仅等同于其最低生存水平的收入。在这种情况下，城市工业部门（或非农产业部门）长期以来也就相应以低工资雇用农村迁入劳动力。低工资雇用形成的资本积累、较高劳动生产率的产业属性、一定的集聚、规模效益，以及人口和非农产业活动集中所带来的城市扩大和公共基础设施的建设，就使城市创造出越来越多的就业机会。城市工业部门不断增加的就业机会，吸引农业部门劳动力源源不断地从农村迁入城市，推动城市化的发展。

在经济发展的不同阶段，推动城市化发展的主要动力因素不同。根据刘易斯经济增长理论，在经济发展初期及之后较长一段时间，农业劳动生产率低下，边际劳动生产率通常为零甚至为负值，存在大量过剩劳动力。城市工业部门的企业主一般都按照市场规律决策，这样城市工业部门的雇佣工资就被压低到农业部门劳动力的生存水平（或平均水平）。这时即使城乡收入差距不大，但由于农业部门存在大量剩余劳动力，所以只要城市工业部门创造出就业机会，农业劳动力仍然会从农村迁向城市工业部门就业。耕地等自然资源的相对不足，以及农业劳动生产率的逐步提高，使农村农业剩余劳动力不断增加，农业劳动力的收入水平甚至被降低到“生存水平”以下，形成了过剩劳动力从农村农业部门脱出的“推力”。显然，这时城市工业部门创造的“就业机会”和农村农业部门对过剩劳动力形成的“推力（排斥力）”，是影响农村人口向城市迁移、人口城市化发生和发展的主要动力因素。这一状态将一直持续到经济增长的刘易斯“拐点”。

随着生产力的发展和经济增长，农村农业部门和城市工业部门劳动力的边际劳动生产率逐步接近。经济增长一旦到达刘易斯“拐点”，农村农业部门的剩余劳动力已基本转移完毕，城乡两部门劳动力的边际劳动生产率也将趋向一致。这时，农村农业部门劳动力是否向城市工业部门转移、迁移城市化能否发生，将主要取决于城市工业部门的工资水平以及两部门之间的收入差距。由于低工资雇佣形成的资本积累、较高劳动生产率的产业属性、一定的集聚经济和规模效益将使城市工业部门发展相对较快，生产效益及劳动力收入水平相对较高，由此形成对农村农业部门劳动力的“拉力（吸引力）”，吸引农业劳动力继续向城市迁移、到工业部门就业。显然，这时城市工业部门较高的收入水平和较大的城乡收入差距对农村农业部门劳动力形成的“拉力（吸引力）”，是影响农村人口向城市迁移、城市化发展的主要动力因素。

3.1.3　城市化的本义及城市化发展的一般规律

1. 城市化的本义

从以上城市化的概念和基本原理可以看出，人口城市化是经济社会发展的产物，体现了人类社会的进步和人类社会的发展趋势。人口城市化的概念及基本原理也说明，城市化的本义或目的就是通过城乡协调发展实现城乡平等和城乡居民同富。也就是说，就人口城市化的本义或目的而言，城市化的发展应该以人为本，体现城乡共生发展，体现城乡居民社会福祉共同提高，体现人类社会的整体进步（王桂新，2013）。主要原因如下。

第一，城市之所以形成或人口城市化之所以发生，主要是由于农村（或农业）生产水平提高产生了农业剩余粮食与剩余劳动力两大剩余。没有农业生产力的发展，不产生农业剩余粮食与剩余劳动力两大剩余，城市或城市化就不可能形成或发生。所以，从这一意义来看，农村和农业是孕育城市或城市化发生的“母亲”。

第二，城市和城市化的发展始终需要农业持续提供剩余粮食和剩余劳动力。城市形成之后一定阶段，虽然城市非农产业特别是工业部门的发展成为人口城市化的主要动力，但即使在这一阶段，城市和城市化的发展仍然不能脱离农村和农业的发展。同样的道理，没有农业持续提供剩余粮食，城市（人口）就没法生存；没有农业持续提供剩余劳动力，又哪来城市化人口？！所以即使城市形成以后的发展，也仍然离不开农业，也必须继续以农业发展为基础。

第三，城市和城市化发展的持久动力主要来自城市以及农村地区的广大腹地，因为城市和城市化的发展主要依赖于城市基本产业的发展，而城市基本产业的发展需要的能源和原材料都主要依赖城市以外包括农村地区的广大腹地及其他地区，其生产的产品和服务也主要是提供给城市以外包括农村地区的广大腹地消费。没有包括农村地区的广大腹地提供能源和原材料及消费其产品和服务，城市和城市化就不能持续发展。

第四，城市虽然通过集聚经济和规模效益成为创造物质财富的经济中心，但随着人类社会的发展，特别是在全社会都在应对气候变化的今天，人们越来越倡导生态文明的建设，追求人与自然的和谐。而农村和农业最接近自然生态（本身就是自然生态的一部分），是城市生存发展所依托的重要生态基础。如果没有以与自然一体的生产、生活为特征的农村和农业，就难以改善城市生态环境、维持地球环境的持续性、实现建设可持续社会的目标。

2. 城市化发展的一般规律

根据以上城市化的概念、城市化原理及城市化的本义，考察欧美、日本等发达国家或地区城市化的历史，可发现城市化的发展具有以下基本规律。

第一，城市化具有集约性并能创造效益。本来，城市化就是社会经济发展的产物，城市化可以通过推动城市发展把非集约转变为集约、把低效益转变为高效益。特别是它能集约利用土地，创造空间效益和集聚、规模效益。

第二，城市化过程中非农产业与农业生产应协调发展。城市非农产业发展创造就业机会，农业生产发展创造农业剩余劳动力和剩余粮食。农业生产发展创造的剩余粮食可以供养农业剩余劳动力迁移进城，满足城市非农产业发展对劳动力的需求。若农村人口、劳动力迁移进城过多，说明人口城市化超前发展，呈过度城市化状态；若农村人口、劳动力大量剩余而迁移进城过少，说明人口城市化滞后发展，呈不足城市化状态。过度城市化易造成城市大量失业，出现“贫民窟”，形成城市二元社会结构；不足城市化则不利于农业劳动生产率和农民收入水平的提高，而且将影响城市非农产业的发展。

第三，人口城市化决定土地城市化，土地城市化应与人口城市化相适应。人口城市化带来城市人口增加、规模扩大，城市原有用地不足就要向外扩张，增大城市用地面积，由此形成所谓的土地城市化。城市用地规模通常由常住人口规模决定，城市常住人口增加多少，城市用地一般也需相应增加多少。如果城市用地增加少了，可能造成城市过度拥挤；增加过多，则失去城市土地资源利用的集约性，造成土地资源的浪费。

第四，城乡协调发展、城乡居民共享城市化成果是城市化健康发展的内在要求。在市场体制下，城市化的集约和效益属性，决定了城市化一般更有利于城市的发展和城市居民收入水平的提高。如果城市过度发展或城市居民收入水平过高，不仅会破坏城乡发展的协调性，而且容易造成社会不稳定，这样都将影响城市化的健康发展。因此，在城市化过程中，政府要调控可能的市场失灵，增加农村投资，加快农村发展，并通过保护农产品价格及收入转移支付等手段提高农民收入，使农民也能分享城市化的成果。

第五，城市化发展进程具有一定的阶段性和周期性。诺瑟姆提出的“城市化水平发展模型”，揭示了区域整体的城市化在时间轴上发展的阶段性和周期性规律（Northam，1979）；Klaasen 等（1981）提出的“城市化空间发展模型”，揭示了城市地区的城市化在空间轴上发展的阶段性和周期性规律（Bourne，1996）。城市化在不同的发展阶段一般表现出不同的属性特征。

第六，城市化的发展具有区域差异性。由于不同国家或一个国家的不同地区，自然环境基础、经济发展条件以及人文历史特征互不相同，所以不同国家或一个国家不同地区城市化的发展阶段、发展水平及发展特征也都互不相同，表现出明显的区域差异性规律。

第七，城市化具有系统性和复杂性。上述规律已经足以说明，城市化作为一种社会经济现象或作为社会经济发展的产物，具有明显的系统性和复杂性。它不仅本身的各种构成要素相互作用、有机联系构成一个系统，而且要受其外部环境因素甚至整个国家系统的深刻影响。这就决定了人们必须要以系统的视角和方法，才能正确认识和全面把握人口城市化过程和规律。

3.2　人口城市化发展进程及特征

中国改革开放以来，人口城市化的发展主要表现出以下特征。

第一，从低起点起步，呈单调升势快速发展。新中国成立以来，由于实行计划经济，出台城乡分割的户籍制度，把全体国民划分为城市人口和农村人口两大人口集团，并严格控制农村人口向城市迁移，向城市人口转变，造成人口城市化长期以来发展曲折，速度缓慢，水平不高。例如，1949 年新中国成立时城市化率为 10.64%，到启动改革开放的 1978 年也只曲折增长到 17.92%。进入 20 世纪 80 年代以来，经济体制的改革、市场经济的导入，首先在农村地区解体了人民公社制度，实行家庭联产承包责任制，形成了几乎可无限供给的农业剩余劳动力迁移“资源”；在城市地区，快速的城市建设与经济发展，以及就业制度的改革和劳动力市场的初步建立，创造并拓展了农村劳动力入迁、就业机会和“空间”容量。加之户籍制度等二元社会结构体制的改革及其对农村人口乡—城迁移制约作用的逐步弱化，给中国人口迁移，特别是农村人口向城市的迁移注入了巨大动力，驱动长期受计划经济体制及城乡分隔制约所形成、集聚起来的迁移“势能”得以释放，使人口迁移，特别是农村人口向城市的迁移日趋活跃，并推动人口城市化呈单调升势快速发展。2000 年城市化率即在 1978 年的低起点上快速增长到 36.22%，比 1978 年提高了 18.3 个百分点；到 2012 年进一步增长到 52.57%，比 1978 年提高了 34.65 个百分点，平均每年约提高 1 个百分点。而且城市化速度[①]在 1980~1990 年、1990~2000 年和 2000~2010 年分别为 3.09%、3.16%和 3.21%，显示改革开放以来中国人口城市化呈加快发展趋势。

第二，城市人口增长规模大，以人口迁移增长为主。改革开放以来，中国人

① 这里所说的城市化速度是根据连续变化率方法计算的，计算公式为 $T_m=\left(\ln P_{t+n}-\ln P_t\right)/n$。式中，$T_m$ 为城市化速度，P_t、P_{t+n} 分别为时点 t 和 $t+n$ 的城市化水平，n 为计算期间的长度（年数）。

口城市化的快速发展，直接导因是城市人口大规模快速增长。如图 3.1 所示，中国城市人口规模 1978 年为 17 245 万人，到 1990 年增长到 30 195 万人，12 年增长了 75.09%，年均增长规模达 1079 万人，超过葡萄牙一个国家的人口（2012 年为 1051.5 万人）。2000 年以来城市人口快速增长，到 2010 年即增长到 66 978 万人，比 2000 年的 45 906 万人增长了 45.90%，年均增长规模进一步增大到 2107 万人，几乎相当于捷克人口的 2 倍（2012 年捷克人口为 1051.1 万人）。而城市人口的增长，又以人口迁移增长为主。一般来说，城市人口的增长由三部分构成：一是城市人口的“自然增长”，二是农村人口迁移到城市转变为城市人口的“迁移增长”，三是行政区划变更使农村人口转变为城市人口的“区划变更增长”。根据估算，在 1991 年，城市人口增长尚以区划变更增长为主，其次是自然增长，迁移增长最少，三者分别占城市增长人口的 41.88%、33.35% 和 24.77%，但此后人口迁移日趋活跃，增长规模及所占比重逐年增大，1996 年即超越区划变更增长（39.14%）达到 41.30%。到 2010 年城市迁移增长人口已达到 2300 多万人，占城市增长人口的比重进一步提高到 73%以上（王桂新和黄祖宇，2014）。因此，也可以说，自 20 世纪 90 年代中期以来，中国人口城市化的快速发展，主要是受农村人口向城市迁移的迁移增长推动；人口城市化率的快速上升，主要是由城市人口迁移增长的贡献所致。

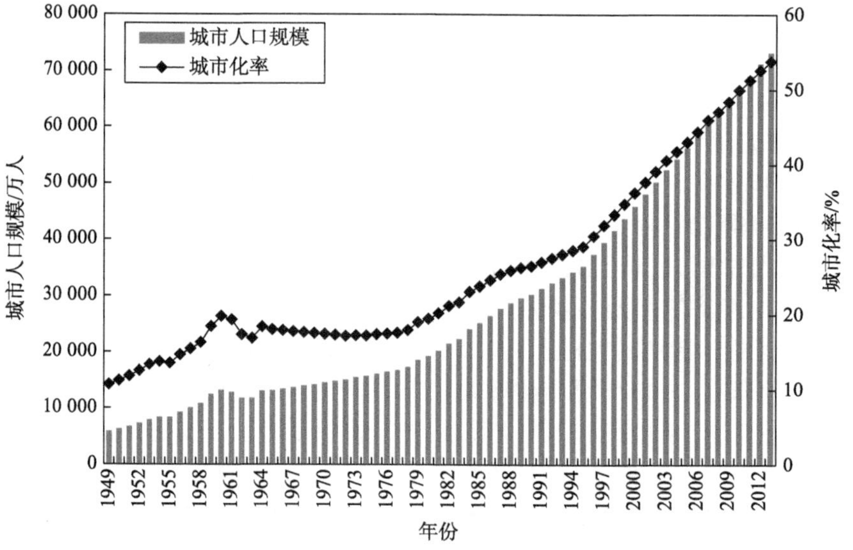

图 3.1　中国人口城市化的发展趋势（1949~2013 年）

资料来源：历年《中国统计年鉴》

第三，集聚效益的作用及收入预期、就业机会等因素的吸引，使农村迁向城市的城市化人口更趋向大城市迁移集中。大城市具有的大规模、高密度、开放性、流动性及多样化人口、多元化文化的异质性和包容性等特征，形成明显的集聚经济效益，吸引企业大量集中；企业的大量集中，又创造出较高的收入水平和较多就业机会，吸引人口、劳动力进一步向大城市迁移。如我国尽管“京、沪、广”都已很大、很拥挤，但奥运会仍被安排在北京，世博会、迪士尼乐园仍被安排在上海，亚运会仍被安排在广州。由此导致人口特别是农村转移人口向大城市迁移集中，进而造成大城市特别是特大城市人口规模的更快增长。这几乎已形成我国城市化快速发展时期农村人口集中向大城市迁移、大城市人口快速增长的必然趋势。如表 3.1 所示，在 2000~2010 年，市区人口规模小于 50 万人的城市个数及人口规模均呈减少趋势；就市区人口规模在 50 万人及以上的城市来看，规模越大、数量越少的城市，城市个数及人口总量均增长越多。例如，市区人口规模大于 200 万人的大城市，数量由 20 个增加到 44 个，增长了 1 倍多；人口总量增长了 98.51%，几乎增长 1 倍，高居各规模城市人口增长幅度之首。特别是其中的京、津、沪三大直辖市，2000 年与 2010 年人口普查显示，其常住人口平均增长 39.53%，高于城市人口平均增长率。北京、上海增速甚至高达 44.54% 和 40.20%。中国自 1980 年就实施“控制大城市规模，合理发展中等城市，积极发展小城市”的城市发展方针，但也一直未能改变小城市吸引力较弱、人口特别是农村转移人口更趋向大城市迁移集中的“大城市化”趋势，大城市及特大城市人口仍在政府的严格控制下快速增长。

表 3.1　不同规模城市增长的比较（2000 年，2010 年）

规模分级	城市数量			市区人口数		
	2000 年/个	2010 年/个	2000~2010 年变化/个	2000 年/万人	2010 年/万人	2000~2010 年变化/%
合计	262	287	25	28 583.28	38 866.02	35.97
>200 万人	20	44	24	9 006.98	17 879.52	98.51
100~200 万人	70	81	11	9 715.24	11 136.87	14.63
50~100 万人	103	110	7	7 234.73	7 944.31	9.81
<50 万人	69	52	−17	2 626.33	1 905.32	−27.45

资料来源：《中国城市统计年鉴》2001 年、2011 年版

第四，受户籍制度等二元社会体制制约，城市迁移增长人口基本呈“半”城市化形态。在中国特有户籍制度下，人口城市化过程也相应形成了独特的“两阶段”模式（王桂新等，2008）：第一阶段为集中化阶段，农村人口从农村迁向城市并常住城市工作生活，完成从农民向农民工的转变。这些农民工虽然已长期在城市居住工作生活，也已被统计为城市常住人口，但受户籍制度等二元社会体制的

制约，他们却得不到城市户籍，不能享受城市居民的福祉待遇，所以他们只是完成了表面形式的地域城市化，故称为形式（或地域）城市化阶段；第二阶段为市民化阶段，已“常住”城市的农民工，试图通过持续努力逐步获得迁居城市的户籍，争取在就业、医疗、社会保障、子女教育等若干方面也获得与城市居民同样的权益，从农民工进一步转变为城市居民，真正实现由农村人口向城市居民的质变——市民化。农村人口经历完这一阶段的城市化，才是真正地完成城市化，故称为实质城市化阶段。改革开放以来，大量农村人口相继迁向城市，并常住城市工作生活，即形成了庞大的被统计为城市化人口的农民工队伍。根据 2010 年人口普查数据测算，居住在城市①半年以上、户籍在其他区县的外来人口约有 2 亿人，其中真正来自农村的农民工约有 1.4 亿人，包括他们的子女可达 1.6 亿人左右。这数以亿计的农村人口，受户籍制度等二元社会体制的制约，都仍处于半城市化状态，他们以后还面临一个进一步向城市居民转变的市民化过程。

第五，人口城市化地区发展不平衡，东部沿海地区人口城市化水平普遍较高，中西部地区城市化水平大多较低。中国不同地区的自然环境条件、经济发展水平以及人文历史基础等都互不相同，致使不同地区城市化的发展阶段、发展水平也都表现出明显的地区差异。根据 2010 年全国人口普查数据计算，人口城市化率总体趋势是，自然环境及区位条件优越、经济比较发达的东部沿海地区城市化率普遍较高，自然环境及区位条件较差、经济相对落后的中西部地区的人口城市化率大多较低。例如，京津沪三大直辖市人口城市化率都在 70%以上，以上海最高，接近 90%（89.30%）；其次为江苏、浙江、广东、辽宁四省，城市化率也都在 60%以上；而中西部地区的山西、安徽、江西、湖北、湖南、陕西、宁夏、青海、新疆和四川等省区的城市化率都在 40%以下，西藏最低，还不到 30%。从作为城市化发展主要推动因素的城市净迁入人口规模来看，其也基本表现出与城市化率相似的区域差异特征。京津沪三大直辖市和广东、浙江两省，城市净迁入人口不仅规模大，而且以省际净迁入人口为主；江苏、福建两省城市的省际和省内净迁入人口规模基本相当。其余各省区除新疆以外，城市净迁入人口基本上都是来自省域内。这说明，中西部绝大部分省区人口城市化的发展，主要受省域内乡城人口迁移的推动；京津沪三大直辖市和广东、浙江两省人口城市化的发展，则受区域内外乡城人口迁移的双重作用，而且以省际净迁入人口的推动为主。

第六，人口城市化的快速发展为推动社会经济发展做出重要贡献。因为农村人口向城市迁移的城市化，就是农村人口从低生产率地区或部门迁向高生产率地区或部门，从分散形态趋向集聚状态，从而提高“生产力”，创出集聚效益，推动经济的发展。所以，人口城市化过程本身也是一种生产要素空间配置的效率化过

① 这里所说的城市包括城市和镇。

程、集聚经济的创出过程和推动经济发展的作用过程。随着改革开放的不断深化，中国户籍制度等二元社会体制也有所改革和软化，逐步放松了对农村人口迁入城市的控制，使数以亿万计的农村人口得以迁入城市工作生活。数以亿万计的农村人口迁入城市，不仅缓解了农村劳动力剩余、农业劳动生产率低下的矛盾，也很好地满足了东部地区城市经济快速发展对劳动力的需求，解决了迁入城市劳动力结构性不足的问题，为城市建设和社会经济快速发展做出了重要贡献。根据蔡昉和王德文（1999）的研究，在 1978~1998 年中国 GDP 的增长中，劳动力从农业向非农业转移的贡献达到 21%。王桂新和陈冠春（2010）的研究也说明，人口迁移对经济增长具有明显的推动作用，如在 1982~2000 年，中国省际人口迁移规模每增加 1 万人，GDP 和人均 GDP 将分别增加 100 亿元和 8 元；省际人口迁移率每提高 1 个千分点，其对经济增长的即时作用可使 GDP 增加 1.3 万亿元，人均 GDP 约增长 1000 元。进入 21 世纪以来，省际人口迁移推动经济增长的经济效应更加显著（王桂新等，2005）。所以，在一定意义上可以说，改革开放以来数以亿万计的农村人口向城市迁移的城市化成为推动经济增长的重要动力，为中国经济的快速增长做出了重要贡献。

3.3　人口城市化与碳排放及其控制

人口城市化，即农村人口转变为城市人口，是人类社会发展的必然趋势。到 2010 年，全世界城市人口增长到 34.78 亿，城市化水平已达到 50.7%（世界银行网站，2012 年访问），即全世界半数以上的人口已转变为城市人口。由以上可以看出，从人口城市化的定义本身，以及由其衍生出来的土地城市化及生活方式的城市化，都与碳排放密切相关。而且，人口城市化的进展速度、迁移人口规模的大小、向哪一规模的城市迁移、迁进城市以后做什么等，都对碳排放有很大影响。如在改革开放之前，中国人口城市化水平低，速度慢，二氧化碳排放量也少；改革开放以后，城市化速度加快，碳排放也明显增加；城市化发展的地区差异，又带来城市化影响碳排放的地区差异。

所以，在人口城市化不断发展的同时，全球碳排放量也逐年增加，气候变化日益加剧，并对人类社会的发展产生了深刻影响。因此，人口城市化的发展与碳排放之间的关系，值得高度重视和研究。本书构建了一个人口城市化碳排放机制的分析框架，以此考察中国人口城市化发展与碳排放的关系，揭示人口城市化发展的碳排放机制，探索推进人口城市化低碳发展的科学路径。

3.3.1 人口城市化与碳排放关系的初步考察

1. 人口城市化与碳排放关系的不确定性

前已述及，气候变化已越来越直接和深刻地影响着人类社会发展的可持续性，由此引起了世界各国政府和学术界的高度关注。IPCC 发布的第四次评估报告认为，1906~2005 年全球平均地表温度上升了 0.74℃，人类活动导致温室气体（主要是二氧化碳）浓度的增加可能是致使气候变暖的主要原因之一。世界气象组织发布的 2007 年度《温室气体公报》也指出，在 1997~2006 年，二氧化碳对全球变暖的贡献高达 87%。气候变化主要由人类活动所引起，已基本达成共识。

人类活动主要为生活与生产（经济）活动，城市又是人口与经济活动的高度集中地区。因此，气候变化与城市发展具有密切关系，城市是造成碳排放增加和气候变化的主要原因。正如美国世界观察研究所《世界报告 2007：我们城市的未来》指出的：只有城市才是导致和解决气候变化问题的“钥匙”。而城市和城市的发展，又主要受人口城市化所驱动，是人口城市化驱动发展的必然结果。所谓人口城市化，主要是指农村人口迁移到城市或农村地区转变为城市地区，使城市人口数量增加、比重提高的过程。因此，人口城市化是城市形成和发展的主要驱动力，没有人口城市化，就没有城市的形成和发展。在此意义上又可以说，人口城市化是驱动城市形成和发展、控制和减少碳排放的“钥匙”，是把握全球社会经济发展脉络、应对气候变化、实现人类社会可持续发展的关键。

需要指出的是，我们说碳排放与人口城市化密切相关，但并不是说二者之间一定具有对应的正相关或负相关关系；人口城市化是造成和增加碳排放的主要原因，但它又是控制和减少碳排放的“钥匙”。考察欧美、日本等发达国家或地区人口城市化和碳排放的关系可以发现，在各自不同的发展阶段，人口城市化水平与碳排放量之间并不存在对应关系，一些人口城市化水平高的城市（或国家）的碳排放量反而比城市化水平低的城市（或国家）少。所以说，虽然碳排放与人口城市化密切相关，但从长期来看，一个城市（或国家）人口城市化水平的高低与该城市（或国家）碳排放量的多少之间并没有必然的对应关系，关键在于这个城市（或国家）如何选择战略规划和发展模式，如何利用好人口城市化这把控制碳排放的“钥匙”。一般说来，主要有两种选择，一是随着人口城市化的发展，继续增加碳排放；二是探索人口城市化低碳发展模式，在推进人口城市化发展的同时控制和减少碳排放。这也正是本书所要讨论的人口城市化低碳发展机制和所要探索的从人口城市化角度控制和减少碳排放的基本依据。

2. 中国人口城市化与碳排放关系的基本走向

中国还是一个发展中国家。长期以来，中国人口城市化水平低，发展曲折，直到改革开放，才开始步入比较正常的发展轨道。1960 年以来人口城市化的发展，基本呈现出二次函数曲线的形式。到改革开放后 30 多年，伴随着经济的高速增长，人口城市化也进入快速发展阶段（图 3.2）。2011 年，中国已发展为世界第二大经济体，跨入中上等收入国家行列。人口城市化水平也已由 1980 年的 19.39% 迅速提高到 2010 年的 47.5%，30 年时间增加了 28.11 个百分点，几乎每年增长 1 个百分点。到 2011 年，人口城市化水平进一步提高到了 51.27%，实现了城市人口过半。

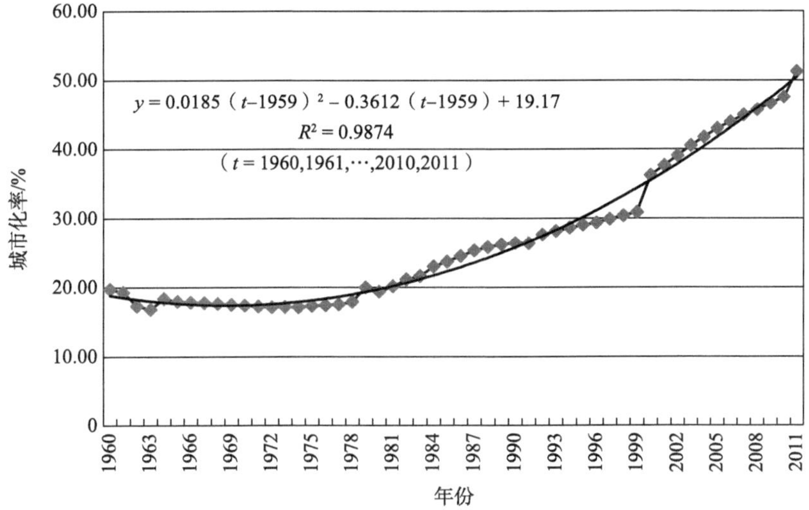

图 3.2　中国人口城市化的发展（1960~2011 年）

资料来源：历年《中国统计年鉴》

图中模型的 t 为年份，y 为城市化率；R^2 为回归模型的说明系数，R^2 越大，显示模型的自变量 t 对因变量 y 说明程度越高。本模型的 R^2 为 0.9874，显示模型的自变量 t 几乎可说明因变量 y 的 99%

人口城市化的发展首先带来了城市数量的增加和规模的扩大。改革开放以来，城市规模的扩大不仅表现在其人口规模的快速增加，更表现在其建成区面积的高速扩张。大致以 1996 年为界，此前人口城市化驱动下的城市发展以城市数量增加为主，此后则以城市面积的高速扩张为主（图 3.3）。1981~1997 年，城市数量增加明显，建成区面积增加缓慢；到 1997~2010 年，城市数量基本稳定，甚至略有减少，但建成区面积则由 20 791.3km^2 迅速扩张到 40 058.0km^2，13 年时间几乎增加了 1 倍，城市建成区面积的扩张速度也明显快于人口城市水平的提高。人口城市化的这一发展特征，对碳排放具有重要影响。

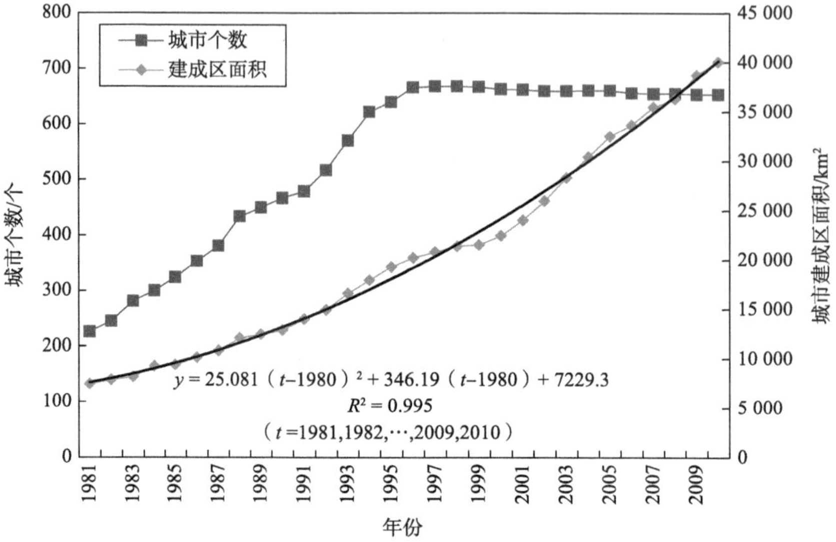

图 3.3　中国县级以上城市个数与城市建成区面积的变化（1981~2010 年）

资料来源：历年《中国统计年鉴》

图中模型的 t 为年份，y 为城市建成区面积，R^2 为回归模型的说明系数

伴随着人口城市化的发展，中国碳排放量也呈不断增加趋势。根据世界银行发布的研究报告，在 20 世纪 60 年代，中国碳排放总量及人均碳排放量与人口城市化率一样基本维持在一个比较低的水平上。但自 20 世纪 70 年代后期改革开放以来，随着人口城市化的发展，碳排放总量及人均碳排放量呈明显增加趋势，特别是进入 21 世纪以来，人口城市化速度加快，碳排放总量及人均碳排放量也同时呈迅速增加趋势，增速甚至已明显超过人口城市化的发展（图 3.4）。据此计算得出，在 1960~2008 年，中国碳排放总量及人均碳排放量与人口城市化率的相关系数分别高达 0.9683 和 0.9596，均呈高度正相关关系。到 1998~2008 年，碳排放总量、人均碳排放量与人口城市化率的相关系数分别减小为 0.8905 和 0.8852。可见，总体而言，中国碳排放总量及人均碳排放量与人口城市化水平都呈高度正相关关系，随着人口城市化的发展，碳排放总量及人均碳排放量也随之持续增加。特别自 21 世纪以来，随着人口城市化的快速发展，人均碳排放量更呈急剧增加趋势。这说明，到 2011 年前后中国人口城市化也与经济增长一样，走的是一种粗放型、高能耗、高排放的不可持续的发展模式，进入 21 世纪 10 多年来尤为突出。

21 世纪是一个城市化快速发展的世纪。特别是中国的城市化，更与美国的高科技一样被视为“深刻影响 21 世纪人类发展的两大主题”之一。据统计，到 2011 年，中国 GDP 达到 40 万亿元人民币[①]。中国经济的未来发展，尤其离不开人口

① www.gov.cn/wszb/zhibo491/content_2013602.htm。

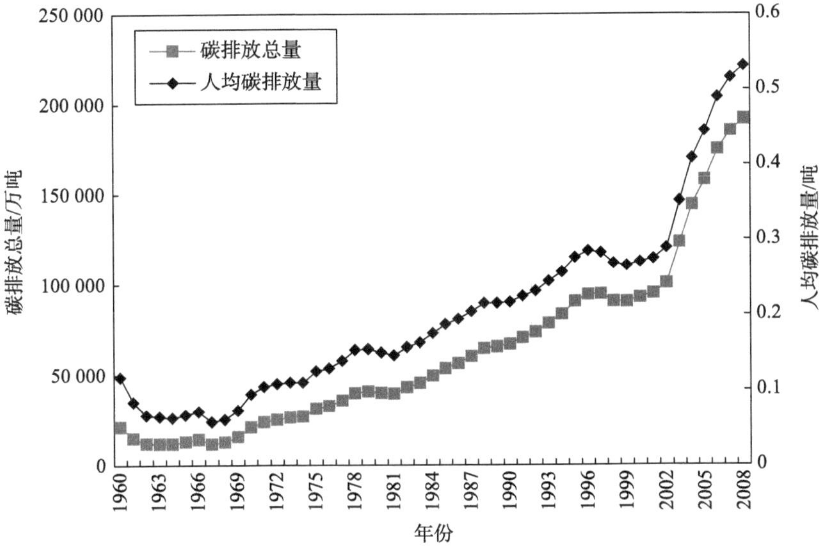

图 3.4　中国碳排放总量与人均碳排放量的变化（1960~2008 年）

资料来源：世界银行研究报告（2012）

城市化的强力驱动。因此，未来一二十年中国的人口城市化仍将呈持续、快速发展态势。这样，如果人口城市化与经济增长仍将继续以往这种粗放型、高能耗、高排放的不可持续的发展模式，碳排放总量及人均排放量都将达到一个惊人的水平，对环境及气候变化将带来严重的影响。所以，必须尽快转变人口城市化与经济增长模式，探索和选择人口城市化的低碳发展路径，为控制碳排放、建设可持续低碳社会做出贡献。

3.3.2　人口城市化、城市发展及其碳排放机制的分析框架

人口城市化的发展不仅带来城市规模的扩大和数量的增加，而且将带来城市化人口以消费水平和消费结构变化为主的生活行动（或生活方式）的城市化、城市化人口由第一、二产业向第二、三产业转移的就业结构及经济结构的城市化，以及城市化人口在迁入城市空间分布与城市空间重构的土地利用的城市化（或集约化和紧凑化）。人口城市化是城市化发展的先导和基础，城市化人口生活行动的城市化、就业结构及经济结构的城市化和城市空间重构及土地利用的城市化，是人口城市化直接驱动和进一步深入发展的结果。在此意义上，人口城市化可以看作一种狭义的城市化，而城市化人口生活行动的城市化、就业结构及经济结构的城市化和城市空间重构及土地利用的城市化则是一种广义的城市化。或者说，后三者乃人口城市化推而广之的广义城市化的基本内涵。正是广义城市化基本内涵的

这三个方面，构成了城市发展的三大部门和城市碳排放的三大源头——生活部门、产业部门和交通部门。据此，本书构建了一个分析框架（图 3.5），这一框架不仅揭示了人口城市化发展与碳排放的关系，也提供了从人口城市化角度控制碳排放、探索人口城市化低碳发展机制和模式的可循路径。

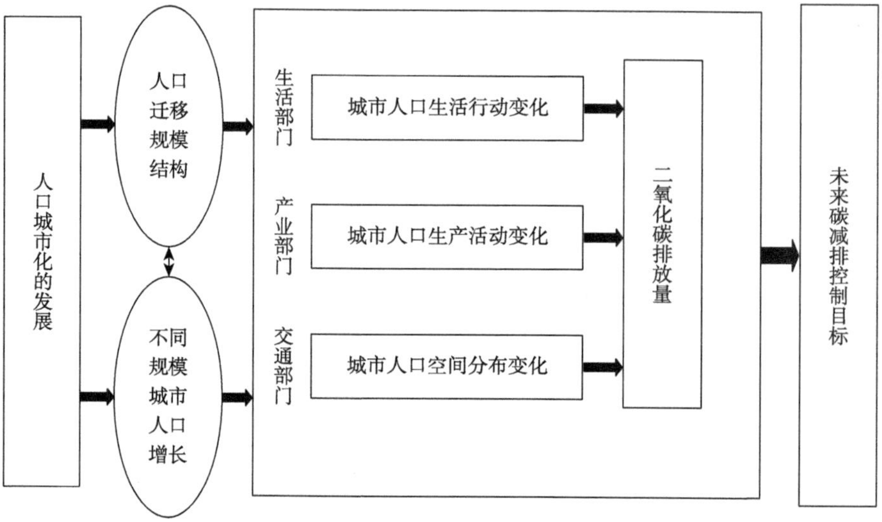

图 3.5　人口城市化与碳排放控制机制的分析框架

资料来源：作者绘制

1. 城市化人口生活行动变化与碳排放

城乡人口具有不同的生活行动（或生活方式）。农村人口向城市人口的转变，不仅是其身份的“非农化”，更是其生活行动的城市化。人口城市化所带来的城市化人口生活行动的城市化，主要表现为其消费水平与消费结构的变化。而城市化人口消费水平与消费结构的变化，又必然影响碳排放的变化。其一，人口城市化带来城市化人口收入水平的提高，收入水平的提高又将刺激消费欲望带来消费增长和消费水平的提高，消费增长必然增加能耗，进而促进二氧化碳的排放。其二，城市化人口在提高消费水平的同时，也将带来消费结构的变化特别是高档、高碳消费品的增加，这样也将刺激碳排放的增加。例如，城市人口随着收入水平的提高，将购置冷暖设备，增加使用时间和能耗，甚至购买家用车等高耗能消费品。研究显示，我国城市人口消费水平的提高及消费结构的变化与碳排放增长高度相关，人均消费的增加及消费结构的变化都对居民消费的碳排放增长起了推动作用（魏一鸣等，2008）。目前，一些发达国家居民生活消费的直接与间接能源消耗都已经超过了产业部门，成为碳排放的主要增长点。欧盟居民消费的能源需求在 20

世纪 90 年代就已经超过了工业能源需求。我国人口城市化还将快速发展，城市化人口还将进一步增加，其生活行动的城市化所带来的碳排放也将成为我国未来碳排放的重要增长源。

2. 城市化人口生产行动变化与碳排放

城乡人口的生产行动（或经济活动）也不同。农村人口以从事第一产业为主，城市人口则主要从事第二、三产业。所以农村人口向城市人口转变的人口城市化，必然要带来其就业结构及经济（GDP）结构的高度化。改革开放以来，随着人口城市化的发展，中国 2010 年的就业结构已从 1978 年的第二、三产业占 17.3%和 12.2%上升到 28.7%和 34.6%；经济结构也已从 1978 年的第二、三产业占 47.9%和 23.9%上升到 46.8%和 43.1%。而不同就业结构和经济结构的生产行动有不同的碳排放属性。一般来说，在农业生产尚处较低水平的情况下，第一产业能耗低，碳排放量也相对比较少。第二产业的能耗及碳排放不仅多于第三产业，更多于第一产业。其中，工业更是第二产业中耗能高、碳排放多的主要部门。长期以来中国都注重推进工业化特别是重工业化的发展，给碳减排形成很大压力。第三产业的能耗及碳排放虽然通常少于第二产业，但随着经济发展和收入水平的提高，第三产业的能耗及碳排放已呈快速增加趋势。所以在人口城市化过程中，城乡人口由第一、二产业向第二、三产业转移而带来的生产行动的高度化和城市化，将影响能耗并对碳排放产生深刻的影响，即随着人口城市化的发展以及所带来的城市化人口生产行动的变化，将导致能耗和碳排放均呈快速增加趋势。过去，中国过分依赖投资的粗放型经济增长方式和以第二产业特别是以工业为主的经济结构，在很大程度上是导致碳排放量迅速增加的主要原因（陈诗一，2009）。

3. 城市化人口空间分布变化与碳排放

城市化人口主要是指由农村向城市迁移常住的人口。城市化人口的流向及在迁入城市空间分布的变化，都将引起不同城市人口规模、分布的变化和城市空间的重构，并形成不同总量和结构的碳排放。

3.3.3　城市人口空间分布结构与碳排放

从长期来看，城市人口基本上都是从农村迁入（包括其迁入后生育的子女）的城市化人口。城市化人口迁入城市后不同的空间分布将对碳排放产生不同的影响。例如，城市人口不同的分布形态对碳排放的影响就有所不同。首先，如图 3.6 所示，城市人口分布相对集中，而且工作地、居住地邻近，形成紧凑式空间模式，就可以缩短通勤距离，减少交通部门的碳排放。以日本前桥市和高知市为例，两个城市面积和人口规模都大致一样，但前桥市可住地面积占 85%，人口分布呈分散型结构，其客运部门人均年碳排放量为 1.2t；而高知市可住地面积占 39%，人口分布呈紧凑型结构，其客运部门人均年碳排放量为 0.87t，只有前桥市的七成（日本環境省，2012a，2012b）。其次，城市人口分布相对集中，形成高密度、紧凑式空间模式，可以集中利用能源，提高能源利用效率。能源利用效率提高了，就相当于减少了碳排放。Glaeser 和 Kahn（2010）通过对美国 66 个大城市区的研究发现，人口的空间分布结构与 CO_2 排放有密切关系，人口密集的城市中心地区，人均碳排放量较少，人口密度低的郊区则人均碳排放量较多。最后，城市人口分布相对集中，形成高密度、紧凑式空间模式，就可以腾出更多的空间增加城市的“绿”和“水”，不仅可以改善环境，还可以控制和减少碳排放（图 3.7）。

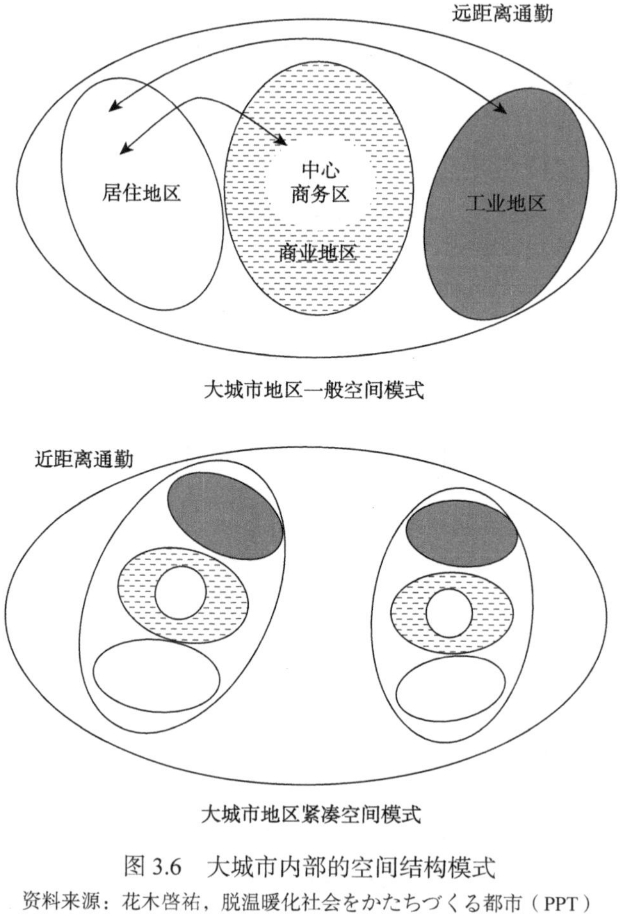

图 3.6　大城市内部的空间结构模式

资料来源：花木啓祐，脱温暖化社会をかたちづくる都市（PPT）

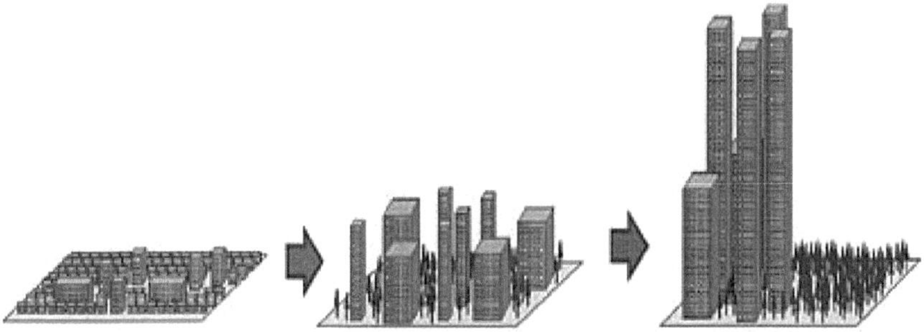

图 3.7　大城市内部人口分布与空间结构的紧凑化

资料来源：脱温暖化 2050 プロジェクト・都市チーム，
低炭素都市の実現へ向けての解析，2009 年 2 月

在人口城市化过程中，由农村向城市迁移的城市化人口，将选择迁向不同的城市，从而引起不同城市规模的扩大和密度的上升。在一定规模范围内，一般是人口密度高，可以减少交通耗能和碳排放；人口密度较低，则交通耗能和碳排放也会比较多。具体到交通部门而言，由于规模越大的城市交通网络越发达，公共交通设施越完善，这样就有助于减少人们出行时对汽车交通的依赖，从而减少交通能源消费，减少碳排放量。例如，日本内阁官房通过对 13 个环境样板城市的研究发现，城市人口规模与生活部门、交通部门的人均碳排放量存在负向关系。规模较大的城市，生活部门、交通部门的人均碳排放量较小；而规模较小的城市，生活部门、交通部门的人均碳排放量反而比较大。谷口守等（2008）通过对日本大城市圈中心城市、大城市圈周边城市及地方城市的研究，也得出规模较大、人口密度较高的城市人均汽车碳排放量比较少的结论。考察中国城市人口规模与碳排放量的关系还可以发现，产业集聚的节能效应随城市规模的扩大而增强。人口规模在 300 万~1000 万的大城市，不仅有利于居民生活水平的提高，还可以最大限度地利用产业集聚的节能效应相对降低城市化带来的碳排放增量（王桂新和武俊奎，2012）。

3.3.4　人口城市化碳排放机制分析框架的初步检证

以上构建的人口城市化碳排放机制分析框架能否经得起更严谨的统计检证呢？现建立以下模型对此做初步检证。

1. 模型和变量选取

向量自回归（vector auto regressive，VAR）模型是一种经典的非结构化模型，其核心思想是把系统中每一个内生变量作为系统中所有内生变量滞后期的函数，可很好地反映系统变量之间的动态关系，适用于人口城市化与碳排放机制的研究。根据前述分析，以碳排放量为因变量、以下述变量为自变量构建描述人口城市化与碳排放动态关系的 VAR 模型。模型中的自变量选取如下。

第一，城市化人口的生活行动，主要是指城市人口的消费行动，而其消费水平又主要决定于收入水平，故选用城市居民人均可支配收入（PDPI）表示。

第二，城市化人口的生产行动，主要是指城市人口的产业活动，而其产业活动又主要体现在产业结构上，故选用第二产业就业人数占总就业人数比重（TSEP）表示。陈诗一（2009）的研究也说明了这一点。

第三，城市化人口的空间分布，选用城市人口密度（TCD）表示。前述考察也已说明选用这一指标表示城市化人口空间分布的合理性。

由于碳排放量在很大程度上受人口城市化水平的影响和制约，所以在模型自变量中再引入城市化率（URBL）指标。具体所建模型如下：

$$Y_t = \alpha + \sum_{i=1}^{n} A_i Y_{t-i} + \varepsilon \tag{3.1}$$

考虑到异方差性对模型的影响，以及减小数据处理中的误差，对模型两边都取自然对数。式中，Y_t=[lnY_t, ln$PDPI_t$, ln$TSEP_t$, lnTCD_t, ln$URBL_t$]表示因变量与自变量的当期值，i 为滞后年数，A_i 是对应的系数矩阵，ε 是回归方程的随机扰动项。

在进行统计分析时，模型中的碳排放量数据来自国际能源署，其他数据绝大部分来自《新中国六十年统计资料汇编》和历年《中国统计年鉴》，由于城市人口密度数据小部分缺失，拟采取线性插值方法，具体操作通过频率转化功能实现。另外，考虑到数据的稳健性，模型选用的样本年度是 1978~2009 年。

2. 统计分析检证

以上所建 VAR 模型科学有效的前提是模型变量及模型本身时间序列的变化都必须是平稳的，所以必须对其进行平稳性检验。

第一，变量平稳性检验。对变量的时序平稳性检验，采用 ADF[①]单位根方法，检验结果如表 3.2 所示。可以看出，二阶差分后，在 1%的显著水平上，这些变量二阶差分的 Mackinnon 临界值均大于相应的 ADF 检验统计量值，因而其二阶差分都是平稳的，即它们都是二阶单整序列。

① ADF 即 augmented Dickey-Fuller，增广迪基-富勒。

表 3.2　单位根检验结果

变量	趋势类型（*C*, *T*, *L*）	ADF 检验统计值	1%临界值	5%临界值	10%临界值
$\Delta^2\ln Y$	（*C*, 0, 2）	−5.6934***	−3.6793	−2.9677	−2.6229
Δ^2lnPDPI	（*C*, 0, 2）	−5.4168***	−3.6793	−2.9677	−2.6229
Δ^2lnTSEP	（*C*, 0, 1）	−6.2277***	−3.6793	−2.9678	−2.6230
Δ^2lnTCD	（0, 1, 1）	−10.4142***	−4.3098	−3.5742	−3.2217
Δ^2lnURBL	（*C*, 0, 2）	−10.5807***	−3.6793	−2.9677	−2.6229

注：①检验类型（*C*, *T*, *L*）分别表示单位根检验中常数项、时间趋势项和滞后阶段；②Δ^2 表示变量在二阶差分后的统计值，最优滞后期由 SIC 准则给出

***表示在 1%的显著性水平下 ADF 检验量统计值小于相应的临界值

第二，VAR 模型滞后期选择。VAR 模型在选择最优滞后阶数时，既要考虑能完整反映模型的动态特征，又要兼顾自由度，综合 LR、FPE、AIC、SC、HQ①等检验准则并经多次试验，可知其最佳值为 2（表 3.3）。

表 3.3　VAR 模型最优滞后期说明

滞后期	LogL	LR	FPE	AIC	SC	HQ
0	63.6473	—	1.38×10^{-8}	−3.9098	−3.6762	−3.8351
1	288.9011	360.4059	2.26e-14	−17.2600	−15.85887	−16.8118
2	336.0451	59.71576*	6×10^{-15}*	−18.7363*	−16.1674*	−17.9145*

*表示最优滞后期

第三，VAR 模型平稳性检验。以 $\ln Y_t$、lnPDPI_t、lnTSEP_t、lnTCD_t、lnURBL_t 为变量建立二阶 VAR 模型。通过计算其 AR（auto regressive）特征多项式，发现其特征多项式根的倒数全部小于 1，即全部落于单位圆内（图 3.8），这表明所建立的二阶 VAR 模型也是平稳的。

第四，VAR 模型的求解及结论。在上述检验基础上，可以对原 VAR 模型进行自回归分析，具体表达式如下。

① LR 为综合似然比（likelihood ratio），FPE 为最小最终预报误差（final prediction error），AIC 为赤池信息准则（Akaike information criterion），SC 为施瓦兹准则（Schwarz criterion），HQ 为汉南-奎因（Hannan Quinn）信息准则。

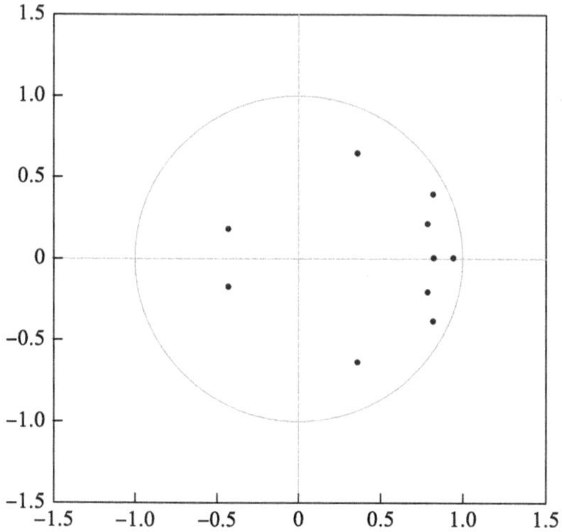

图 3.8　VAR 模型 AR 特征多项式根倒数值示意图

$$
Y_t=\begin{bmatrix}0.6815\\-0.5624\\0.1579\\2.3066\\0.6256\end{bmatrix}+\begin{bmatrix}1.3561&0.1900&-0.1827&0.0244&-0.7720\\0.0384&1.4860&-0.6068&0.0313&0.4875\\0.2505&-0.0548&0.0312&0.0009&-0.0457\\-1.1072&-0.1052&-0.0988&0.3687&0.6809\\-0.0564&-0.1029&0.1669&0.0109&0.5714\end{bmatrix}Y_{t-1}
$$

$$
+\begin{bmatrix}-0.5916&-0.1827&-0.0388&-0.3487&1.1299\\0.1044&-0.6068&-0.2821&-0.1020&-0.0601\\-0.1145&0.0312&-0.4031&-0.0073&0.0299\\2.5536&-0.0988&-3.8915&0.2593&0.2505\\-0.0725&0.1669&-0.3487&-0.0031&0.3107\end{bmatrix}Y_{t-2}+\varepsilon_t
$$

式中，$Y_t=(\ln Y_t,\ln \mathrm{PDPI}_t,\ln \mathrm{TSEP}_t,\ln \mathrm{TCD}_t,\ln \mathrm{URBL}_t)^{\mathrm{T}}$；$Y_{t-1}$ 和 Y_{t-2} 分别表示 Y_t 滞后 1 年和 Y_t 滞后 2 年；$\varepsilon_t=(\varepsilon_{1t},\varepsilon_{2t},\varepsilon_{3t},\varepsilon_{4t},\varepsilon_{5t})^{\mathrm{T}}$。

上式为 VAR 模型回归方程的参数估计结果，整个模型的拟合优度为 0.9968，说明该模型高度拟合了 1978~2009 年中国人口城市化与碳排放的动态关系。也就是说，本书所构建的人口城市化与碳排放机制分析框架也经得起严谨的统计检验，是一个科学的研究人口城市化与碳排放机制的综合分析框架；这一分析框架所提供的人口城市化与碳排放机制的分析思路，以及从人口城市化角度探讨控制碳排放的有效路径都具有科学价值和重要参考意义。

第4章　居民生活方式变化与碳排放

城市与农村是两种截然不同的地域，生活在这两种不同地域的居民即城市居民与农村居民的生活方式也存在明显差异。农村人口迁移到城市转变为城市居民以后，其生活方式也随之发生变化，并对碳排放产生重要影响。本章主要考察中国人口城乡结构的变动趋势和居民生活能源消费及碳排放的城乡差异，测算并分析居民生活碳排放的总量、构成及其变动趋势，重点考察作为研究对象的261个地级以上城市市区人口的基本状况，分析在城市化过程中不同规模城市人口变动与碳排放的影响关系。

4.1　人口变动、生活方式对碳排放的影响

4.1.1　人口变动对碳排放的影响

二氧化碳被认为是最重要的人为温室气体，对全球变暖产生巨大影响。有效减缓和控制二氧化碳的排放成为国际社会的热点议题。联合国人口基金在《2009年世界人口状况报告》中指出：人口增长对温室气体排放的影响，受到年龄结构、城乡人口比例、家庭户规模、地理分布以及人均收入等因素的影响，对于与能源相关的二氧化碳排放量的增加有着持续、长远的影响。该报告指出一些发展中大国排放的温室气体量快速增长的原因在于其碳密集型工业的发展、消费模式的转变和人口的增长。

人口因素对碳排放的影响是多方面的，甚至可能存在多个层次。除了体现总量层面的人口规模指标外，具有不同年龄、性别、城乡结构和家庭规模等不同自然和社会经济特征的人口，通过调整消费水平与消费结构等其他因素间接作用于碳排放，使得结构差异显著的人口往往具有不同的能源消费和温室气体排放行为特征（Cole and Neumayer，2004），进而对全球气候变化形成不同的影响。我国面

临着人口规模扩大、人口老龄化、快速城市化等多种人口变化趋势交错并存的局面。中国作为一个人口规模庞大的发展中国家，工业化和城市化正在加速推进，人口内部结构因素正日益深刻地影响着全球碳排放和气候变化，其影响已超过人口规模的单一影响力（彭希哲和朱勤，2010）。

1. 人口规模增长对碳排放的影响

近年来人们对于人口增长的速度和规模在增加未来温室气体排放中的显著作用已基本达成共识。实证分析表明，1850~2000 年全球矿物能源消费与人口增长的相关系数不仅高达 0.9844，而且回归方程中的增长系数为正（0.0513）（张雷和蔡国田，2005）。人口增长与能源消费和温室气体排放同步增长（Jiang and Hardee，2009）。《2009 年世界人口状况报告》中通过对人口增长对全球二氧化碳排放量增长的影响的计算得出，人口增长是导致过去总排放量增长 40%~60%的主要原因。Ehrlich 和 Holdren（1971）首次基于 IPAT 恒等式的完全分解法分析人类活动对环境压力的影响，该模型是一个获得广泛认可的分析人口对环境影响的方程。为反映自变量对因变量非单调、不同比例的影响变化，Dietz 和 Rosa（1994）将 IPAT 方程扩展为一随机形式——STIRPAT 模型，通过对人口、财富和技术条件的统计回归，进行碳排放影响的随机估计，分析碳排放对人口规模变化的敏感性，即温室气体排放对人口规模变化的弹性。国外许多研究估计，碳排放量的人口弹性接近 1（Dietz and Rosa，1997；York et al.，2003）。Shi（2003）用 STIRPAT 模型，采用 1975~1996 年全球 93 个国家的数据，对人口压力对排放的影响进行实证研究，测算得出全球碳排放对人口总量变化的弹性系数为 1.42，即人口规模扩大 1%，碳排放增加 1.42%，而且发现人口变化对二氧化碳排放影响的显著水平与国家经济发展水平负相关，中低收入国家的 GDP 中通常能源密集型的制造业占主体，人口规模的二氧化碳排放弹性要显著高于以发展服务业为主的高收入发达国家，中低收入国家碳排放的人口弹性接近 2，高收入国家则小于 1。Cole 和 Neumayer（2004）和 Rosa 等（2004）在相同的模型基础上，得出的全球碳排放量对人口总量变化的弹性系数分别为 0.98 和 1.02。朱勤（2011）得出人口规模对数序列是碳排放对数序列的格兰杰成因，20 世纪 80 年代开始近 30 年我国碳排放量对人口规模的弹性系数为 1.05~1.26。针对不同区域、不同时期人口总量与碳排放的定量关系的实证研究将更具有说服力。

世界人口在 1959 年 30 亿的基础上仅耗时 40 年即实现了规模总量倍增。尽管现阶段全球人口增长率已出现缓慢下降趋势，但总量仍处于持续快速上升阶段。从长远角度来看，减缓人口增长，可能有助于全球温室气体排放恢复到可持续的均衡状态，并使得更快速适应当前已经发生的气候变化成为可能。尽管我国人口的自然增长率在 1987 年以来一直呈下降的态势，现阶段人口发展已经进入低增长时期，且预计未来人口增长速度将进一步减慢，但由于人口基数庞大和惯性作用，我国人口总量仍将维持增长态势，是我国碳减排过程中面临的一个巨大挑战，科学把握人口动态对碳排放的影响规律对实现节能减排具有积极意义。

2. 人口年龄结构变化对碳排放的影响

人口结构的转变是影响社会经济发展的关键因素之一。年龄结构作为人口结构的一个重要组成部分，是指把人口按年龄标志划分为不同年龄组，各年龄组人口占总人口的比重以及它们之间的比例关系。Bloom 和 Williamson（1998）提出伴随人口年龄结构转变而来的被抚养人口减少、劳动年龄人口增加的“人口红利期”，是经济加速发展的黄金时期。“东亚的‘经济奇迹’是近代历史‘人口红利’最有力的证据”。中国人口的年龄结构正处于剧烈转变中，中国目前仍处于“人口红利期”，由人口红利导致的经济超常规发展，需要更多的能源消费作为支撑。在中国改革开放以来的人均 GDP 增长中，人口结构大部分是通过影响劳动力结构发挥出来的，至少贡献了约 1/4（蔡昉，2004）。可见，人口年龄结构对能源消费的影响是一种引致影响，即人口年龄结构变动显著影响经济增长的同时引起能源消费增长，进而对气候变化产生间接影响。

有研究表明人均 CO_2 排放量随年龄的增长呈倒“U”形变化趋势，转折点出现在 60 岁左右（Zagheni，2009）。对全球范围的相关数据分析得出，15~64 岁人口的经济活动对排放的影响大于其他年龄组，因此这一年龄阶段人口在总人口中占比越大，温室气体排放量越大（Dietz and Rosa，1994；Shi，2003；Cole and Neumayer，2004）。年龄结构变化不仅通过改变消费结构影响单位消费的碳排放量，还因为社会生产结构随着消费结构改变而影响生产部门的能源消费量和碳排放量。不同地区温室气体排放受年龄结构的影响不同。有研究表明，在高收入国家 15~64 岁劳动适龄人口占总人口的比重对 CO_2 排放为负的影响，在中低收入水平的国家为正的影响（李齐云和商凯，2009；Fan et al.，2006）。

人口老龄化是全球各地区人口年龄结构的一个长期变化趋势，老龄人口比重增加无疑会导致整个社会的消费和生产结构发生变化，有研究提出，65 岁以上老龄人口比重的增加会增加居住能源的使用，同时降低对交通能源的需求。人口年龄结构对碳排放的影响尚有待进一步考证。

3. 人口迁移（城市化）对碳排放的影响

人口向城市地区的迁移集中，会从多方面对居住地和全球气候变化产生全面而深远的影响。与农村地区相比，一方面城市化地区有较高的收入、消费水平和工业化程度，这些会导致较高的能源使用量，从而排放更多的温室气体。另一方面，城市化地区高强度的经济活动和高密度的人口居住对环境承载力是一个很大的负担，高强度的交通和建筑需求导致燃料和水泥的使用增加，从而导致 CO_2 排放增加。城市生活对能源的直接和间接需求被认为是城市化导致的不良环境影响的重要原因（Cole and Neumayer，2004；Parikh and Shukla，1995）。

20 世纪世界城市人口增长迅速，发展中国家的城市规模呈现急剧扩张态势。根据《2007 年世界人口状况报告》，2030 年，发展中国家的城市人口预计将占世界城市人口的 81%。发展中国家城市化程度远低于发达国家，从而城市化对发展中国家影响更大。有研究表明，对于发展中国家而言，人均 GDP 增长 1%，温室气体排放增加 0.60%；城市人口增加 1%，能源消费增加 0.85%，总排放增加 0.72%，即城市化对温室气体排放的影响要大于人均 GDP 增长对温室气体排放的影响（Parikh and Shukla，1995）。

另外，人口聚集带动工业高速发展的同时，也极大推进了技术的革新和教育的普及，节能技术的集中发展和应用，以及市民环保意识和节能习惯的培养可能在一定程度上有利于缓解城市化对气候变化产生的负面影响。

4. 家庭模式变化对碳排放的影响

陈佳瑛等（2009）将总人口环境压力模型转变为家庭户环境压力模型，对家庭模式变化对碳排放影响情况进行了实证分析，分析了家庭规模、总户数、居民消费水平和能源强度等变量对中国碳排放总量的影响程度。研究发现，家庭户数和家庭规模均对碳排放有显著的影响作用（陈家瑛等，2009）。以家庭作为能源消费的基本经济单位，发现通过居住空间、出行交通的共用等途径，实现家庭规模与人均能源消费量负相关。大规模家庭的人均能源消费量要显著低于小规模家庭，有助于实现节能减排的家庭规模最优。家庭小型化的趋势导致能源使用的规模经济效应丧失（O'Neill and Chen，2002），我国家庭户小型化和家庭户剧增的趋势，加速了碳排放的增长。

5. 其他人口因素对碳排放的影响

人均收入和人口性别构成等人口结构因素也对温室气体排放产生影响。有研究指出，人均 CO_2 排放量随收入变化的变化曲线与发展经济学中的库兹涅茨曲线（Kuznets curve）类似，呈倒“U”形。人均收入 10 000 美元是人均 CO_2 排放量与收入变化关系的拐点。伴随着人均 GDP 的增加，人均 CO_2 排放量将呈现上升的趋势；随着人均 GDP 的进一步提高，人均 CO_2 排放量会呈现下降的趋势（Dietz and Rosa，1997）。由于大多数国家人均 GDP 要达到这一转折点仍需较长时间，因此在许多研究中认为在未来短期内人均 CO_2 排放量与人均收入水平同向变化（Shi，2003；Cole and Neumayer，2004；Rosa et al.，2004）。

另外，人口性别比的不同也会导致温室气体排放量的不同。一些研究表明支撑男性日常生活所直接或间接消耗的能源相对较高，由此进一步推算得出女性人均碳排放量小于男性。其原因可能与男性更多从事碳排放强度高的活动有关，如通勤人群中男性比例更高等。

4.1.2　生活方式对碳排放的影响

生活方式是指人们在日常生活中的活动形式和行为特征。就一般意义而言，低碳消费主张在生产消费过程中，将碳排放量减少到一定的限度，减少温室气体排放，从而有利于人与自然环境和谐发展。从这一角度讲，低碳消费观倡导改变传统的高碳生活方式，既是一种理性的消费观，也是一种科学、文明的消费方式。许多实证研究表明居民的消费行为与生活方式因素是影响能源消费和温室气体排放的重要因素（Lenzen，1998；Weber and Perrels，2000）。近年来，先行工业化国家经济社会发展的统计数据表明，工业生产碳排放占据的排放权重较大的局面正逐渐发生转变，部分发达国家的家庭能源需求逐步逼近甚至超过工业能源消费，如欧盟家庭能源需求在 20 世纪 90 年代就已超过工业能源需求（陆莹莹和赵旭，2008）。人们逐渐意识到居民消费所引致的直接、间接能源消耗，已经或将超过产业部门，成为新的碳排放增长点（Schipper et al.，1989）。金洪（2012）利用动态面板数据验证了城市化水平与居民消费水平都对我国碳排放规模具有正向影响且处于主导地位，影响最大的区域分别是我国东部和中部地区。刘兰翠（2006）和 Wei 等（2007）分析了中国城镇和农村居民消费行为对终端能源消费及碳排放的影响。研究表明，每年有 30%的碳排放是直接由居民的消费行为产生的。樊杰与李平星（2011）构建了以生产能源消费和生活能源消费两大分类为主体的中国未来能源消费预测模型，提出生产领域能源消费逐渐趋于稳定，我国总能源消费量将保持增长趋势，主要归因于城市化过程中导致的生活能源消费的巨大增量。实现“低碳城市”不仅需要产业转型和技术革新，也需要生活方式逐步向“低碳”方式转变（张英杰和霍燚，2010）。

生活方式除了受到政治、经济、文化、技术等外部宏观因素影响，也与消费个体的性别、年龄、收入、职业、家庭特征、受教育程度、偏好等微观因素密不可分。因此，同一社会中的微观个体具有不同的生活方式，进而表现出差异化的生活能耗水平，由此产生不同的碳排放量（Cosmas，1982）。上述宏观和微观条件都具有动态演变特征，由此个体的生活方式也随着改变，直接影响个体的消费行为模式。即生活方式影响消费行为的方方面面，同时在消费社会中，消费方式成为生活方式的主要内容和具体表现（Engel et al.，1978），而消费的习惯会强化或者维持一种相对稳定的生活方式。日本市场调查机构富士经济 2011 年公布了对北美洲、欧洲、亚洲、大洋洲等的 15 个国家和地区家庭住宅能源消费的调查，结果显示，以每个家庭为单元的能源消费量统计，全球家庭住宅能源消费美国位居首位，其次分别为德国、澳大利亚、英国、丹麦。日本排在第 10 位，包括中国在内的亚洲其他国家排名紧随其后。调查表明，各国及地区的家庭住宅能源消费状况，因气候、住房结构、生活方式、政策等各方面的差异而有所不同。从电力、煤气、石油相关产品等能源消费的类别看，发达国家和地区，多以电力和煤气作为主要能源，但不同国家和地区的能源消费结构也不完全相同，用电比率较高的是澳大利亚（51%），韩国使用煤气的比率高达 40%。北欧等高寒地区的供热（区域供热系统）以及欧美和亚洲地区的家庭住宅对液化石油气和煤油等石油相关产品也有一定的需求。另外，在此次调查的国家和地区中，碳密度低的可再生能源的比率还相当低。使用太阳能和地热占能源消费的比率为 1.5%。澳大利亚由于有丰富的日照资源和财政补贴政策，太阳能热水器的使用相对普遍。

从制冷、取暖、热水供给、照明、炊事等家庭生活能源消费的用途看，取暖所占的比率最高，特别是在欧洲。家庭住宅能源消费最多的美国，其取暖占能源消费总量的 42.2%，照明和家电占 29.9%。在地处高寒地区的瑞典和丹麦，区域供热系统的普及大大降低了居民家庭冬季用于取暖的能源需求量。另外，制冷所需能源的比率也比较低，尤其是在夏季平均温度相对较低的高纬度国家和地区，或无须制冷，或所需能源的比率极低。而在中央空调使用普及率相对较高的美国以及常年受温暖湿润气候影响的地区，能源消费量的季节影响相对较小，家庭能源消费量则比较大。热水供给方面的能源消费以澳大利亚、美国、日本、丹麦居多。厨房用于炊事的能源消费量的比率偏高，表现出明显的地域指向性，亚洲成为炊事能源的消费中心。家电和照明使用能源方面，美国和澳大利亚的电视、冰箱等家电的能源消费量最大。

1992 年，在巴西里约热内卢召开的联合国环境与发展大会通过的《21 世纪议程》着重阐明了人类在环境保护与可持续之间应做出的选择和行动方案。中国在此全球性的框架下制定了《中国 21 世纪议程——中国 21 世纪人口、环境与发展白皮书》，并以此作为中国国民经济和社会发展中长期规划的指导性文件。其中明确提到了“消费形态”“人口动态”“可持续能力”等问题，提出将环境与发展问题纳入公共政策决策过程，加速发展中国家可持续发展的国际合作。家庭用于终端生活能源消费的直接能耗以及日常消费品在生产等环节的间接载能是当前可持续研究中的一个热点问题（Zahn，2009）。在不同的国家和地区，居民家庭直接生活能源的需求约占包括间接载能在内的总生活用能需求的 34%~64%（Papathanasopoulou，2010）。随着人民生活水平的普遍提高及城市人口规模的扩大，居民生活用能呈刚性强势增长趋势，预计将进一步加剧碳减排的压力。

欧洲居民生活能源消费在 20 世纪 90 年代就超过了工业能耗（Schipper et al.，1989）。根据美国同时期的数据，生活能耗及由此产生的碳排放占总能耗和碳排放总量的比重也在 80%以上（Bin and Dowlatabadi，2005）。根据发达国家的经验，即便是完成了工业化过程的产业结构调整，能源消费仍将由于消费领域能耗的持续增加而面对巨大的压力（陆莹莹和赵旭，2008）。《2011 年人类发展报告》将人口增长、消费增长和碳密集生产作为全球二氧化碳排放增长的三个主要刺激因素。虽然在生产领域的技术进步可以通过提高能源效率抵消部分增长，但“负不抵正”，技术进步占碳排增长的−70%左右，但消费和人口增长对碳排放增长的贡献分别为 91% 和 79%，碳排放效率的提高速度远滞后于人口和消费的增长，碳排放增长的实质是在社会经济发展中，越来越多的人表现出越来越高的能源消费水平。也有研究表明，能源效率提高和能源消费水平由于存在“反弹效应”所以会共同存在，也就是说能效的提高会鼓励消费更多的能源，这部分能耗的增加量超过能效提高在微观层面的节约量，反而促使宏观层面能源消耗总量不降反升。改变居民消费方式相比于改变能源消费方式，对资源环境的可持续发展的影响更显著且更深远。高消费不仅直接导致高生活能耗和高二氧化碳排放，而且在高消费的促进支持下，会导致生产领域的高耗能和高排放。

4.2　城乡人口结构变动与生活用能差异

4.2.1　人口城市化与城乡人口结构变动

作为传统人口大国，尽管政策调控干预和社会经济条件发展的共同影响，加速了人口再生产类型的转变，人口自然增长率在改革开放以后整体呈下降趋势，总量增速放缓，但增长趋势仍将维持。联合国预测中国人口总量将在 2033 年前后达到峰值 14.6 亿，随后人口出现回落，实现人口负增长，现在看这一时间可能提前。

新中国成立初期，在人口数量平稳增长的过程中，中国人口的城乡构成发生了重要变化。随着“一五”时期众多重点工业项目的陆续启动，中国的城市化首先进入一个快速发展时期。从 1949 年到 1957 年，中国城市数目由 136 个增长到 178 个，城镇人口占总人口的比重由 10.64%提高到 15.39%，在城市扩张和新城建设的过程中，吸引了大批农村人口进入城市和工矿业就业，市镇人口规模的增长主要由人口迁移所致。城镇人口年平均增长 7.06%，其中迁移增长贡献率高达

56%，自然增长只占 44%（李林，2008）。

城市化进程以国家“十五”计划纲要中首次提出“城市化战略”为标志，正式步入快速发展轨道。如图 4.1 所示，1978~2010 年中国人口总量由 96 259 万人发展至 134 091 万人，年均增长约为 1182 万人。按城乡进行划分，城镇人口始终持续高速增长。由图 4.2 可知，1978~2010 年城镇人口环比增长率始终为正，最小值为 2.2%（1990 年），最大值为 7.8%（1984 年），平均值为 4.3%。同时期，中国乡村人口数的规模变动相对较小，人口环比增长率在 1995 年之前总体表现为正值（1984 年乡村人口环比增长率为−0.5%），其间年均环比增长 0.5%，乡村人口由 1978 年的 79 014 万人稳步增长至 1995 年的 85 947 万人，达到历史峰值，此后中国乡村人口数量呈持续下降趋势，环比增长率无一例外地表现为负值，说明中国农村人口数已经从减速增长转变为负增长，农村人口绝对数量逐渐减小且减少速度逐年加大。至 2010 年乡村人口数仅为 67 113 万人，比 1978 年减少 1 亿多人。同年城镇人口数增长至 32 年间的最大值，达到 66 978 万人，城镇人口规模总量已与乡村人口相当，中国社会结构经历着历史性转变时期。随着人口城市化步伐的不断加快，人口城市化和产业结构升级得到积极推进，在城乡人口的差异变动的共同作用下，人口城市化率不断提高，以每年约 1 个百分点的速度增长。城镇人口比重的增速在 1995 年之后显著加快，与中国在该时期经济转型结构调整、工业化带动城市化的加速发展有着密切联系。从城镇人口和乡村人口的发展趋势可以预期，中国的人口城市化率仍将持续走高。这也与许多基于钱纳里“发展模型”中的工业化与城市化的关系的结论基本相符。《中国城市发展报告（2011）》显示，2011 年城镇人口首次超过农村人口，达到 69 079 万人，比上年末增加 2101 万人，城镇人口占总人口比重达到 51.27%。中国城市化率实现历史性突破，但在中国户籍制度改革滞后、城乡二元结构特征依旧显著的背景下，人口城市化水平依旧落后于世界同期平均水平，也与中国同时期的经济工业化发展水平不匹配。中国的城市化的规模和速度在未来相当长一段时间内仍将保持高增长态势。美国著名经济学家、诺贝尔奖获得者施蒂格利茨（J. E. Stiglitz）教授早在 2001 年就预言中国的城市化是 21 世纪中国的第一大挑战，其不仅是一个区域经济发展的专题，而且是一个引起世界关注的重大问题。它与美国的高科技并列为影响 21 世纪人类社会未来发展进程的两大关键因素。中国社会科学院经济研究所的研究表明，中国经济增长已开始由工业化单引擎，发展到工业化与城市化的双引擎。“城镇化是现代化的必由之路”在 2013 年中央城镇化工作会议中被着重强调。城市化不是局部地区指标化的单一事件，而是一个不断发生、发展的复杂过程，是人口的城市化、经济的城市化和社会生活的城市化三方面的相互耦合①。

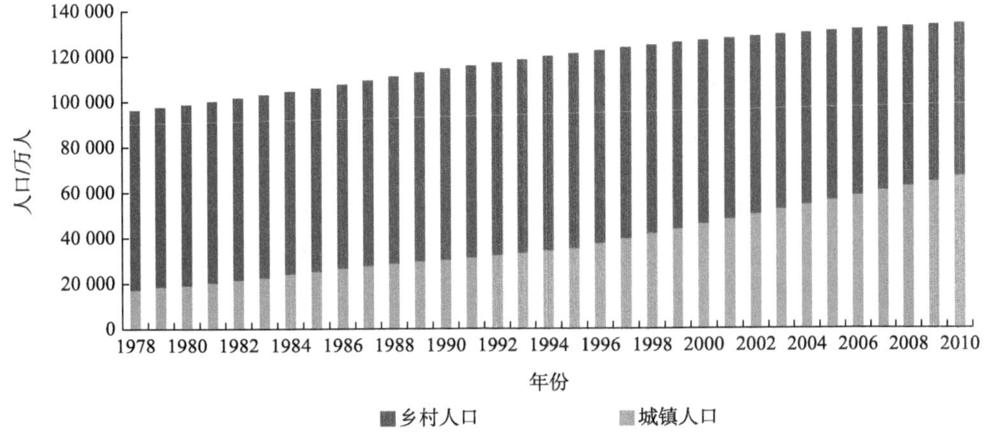

图 4.1　中国人口城乡结构（1978~2010 年）

资料来源：《中国统计年鉴 2011》

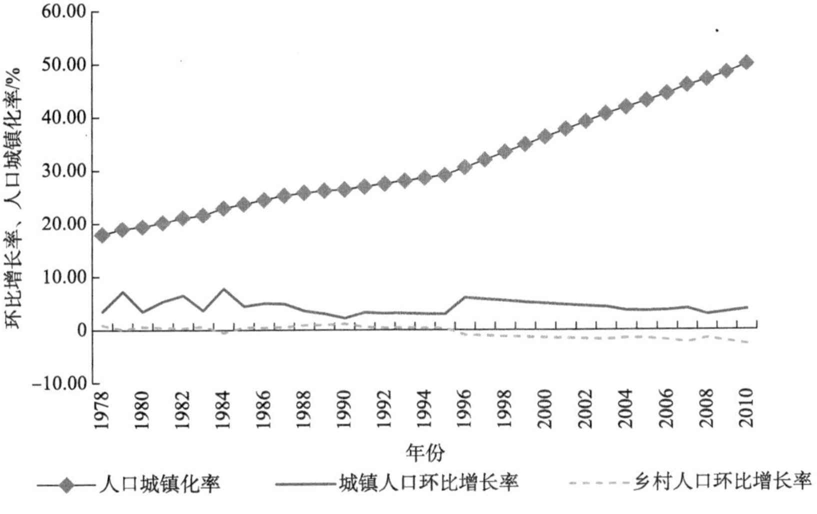

图 4.2　中国人口城镇化率与城镇人口环比增长率（1978~2010 年）

资料来源：《中国统计年鉴 2011》

① 本书对“城市化”与“城镇化”不做概念区分，认为是一个概念的两种提法。与城镇人口统计口径不同，本书为研究需要，仅将研究对象的 261 个城市市辖区范围内的乡、镇、街道人口定义为“城市人口”，不包含所辖县及县级市人口。

4.2.2　中国不同规模城市人口增长趋势

人口城市化是当前中国社会的基本问题之一，根据美国地理学家泽林斯基的世界城市化的“历史阶段”说，随着医疗技术的进步，人口死亡率率先出现下降，之后人口出生率开始下降，人口自然增长率上升，农村大规模被机械代替的剩余劳动力转移到城市，导致城市化的速度加快。中国城市化初期阶段的城镇人口规模的迅速扩张正是劳动力由农村向城镇转移的具体表现。在出生率紧随死亡率出现下降趋势以后，农村向城市的人口迁移活动将趋于平稳，城市之间的迁移活动将日趋频繁。西方发达国家的城市化已基本形成以城市间迁移为主的特征。

多数理论都认为城市化的发展是以经济为主因，尤其在发展中国家二元经济结构理论中，分别将城市和农村作为现代经济和传统经济的代表，将人口迁移作为资本要素的空间配置，从劳动生产率、经济效益等各方面的部门差异阐述经济发展与城市化的关系，但需要强调的是，经济因素并非唯一因素。从城镇人口变动相关因素分析（图 4.3）可知，城镇人口变动受到经济、人口和政策三方面因素共同影响。中国城镇人口的增长应被分解为三个来源——人口迁移增长变动、自然增长变动，以及通过区划调整、扩大城市的管辖范围等行政管理手段，以乡改镇、撤县建市等方式实现县级市和建制镇数量扩张及由此产生的“行政扩张型”城市化，而统计数据往往无法剔除由于行政区划变更或统计口径调整而表现为“虚假”的城市化水平，无法真实体现包含人口和经济要素从农村向城镇地区的空间集聚和行为方式及价值观念的转变的城市化“实质”。

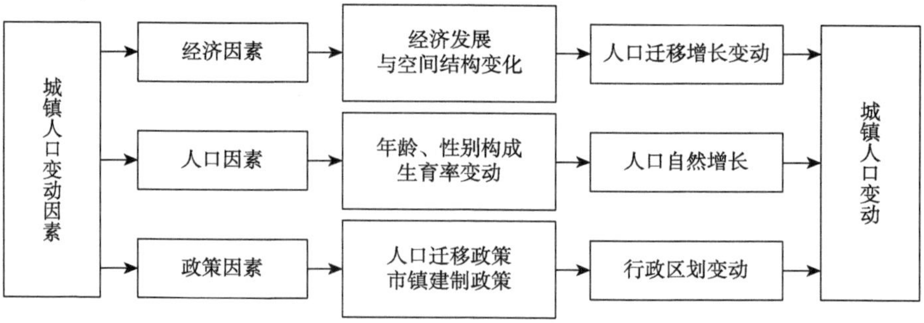

图 4.3　城镇人口变动相关因素图示

资料来源：马清裕（2011）

基于人口现行的城市统计多基于行政范畴的城市定义，鉴于城镇的实体地域范围是在不断变化的，对其范围内的人口进行统计缺乏可操作性，中国城乡人口的划分和统计主要依托城镇行政建制和户籍统计。为尽可能减少城镇设置、户籍政策、城镇地域范围的变化等政策因素对城镇人口的统计数量的影响，同时便于有针对性地研究城市特征显著区域的人口变动的情况，本章将研究范围缩小为建制市中地级及以上城市（含直辖市，不含港澳台地区）。在行政区划改革不断深入的过程中，地级市是“地级行政区”的主体，在城市行政的级别中上接直辖市和省会城市，下辖县级市，作为区域发展的“中心城市”，在中国的城市化进程中发挥着重要作用。本书对“城市”在统计上设定为“市区”范围，即市辖区，包括城区和郊区。市区的情况基本反映了（狭义上的）城市各个主要功能。市辖区资料便于剔除非城市的因素，能真实反映特定历史时期下城市主体作用的发挥和发展特点。

中国城市化进程进入加速时期以来，城市规模结构差异日趋突出。尽管中国制定和实施的“严格控制大城市，合理发展中等城市，积极发展小城市”方针，在一定程度上抑制了大城市的发展，但大城市具有规模经济递增的显著特点，在工业化过程中的主导地位无可取代。一方面城市以聚集效应引导工业向自身集中，另一方面这种集中又在不断地加强城市的聚集效应，循环往复的过程促进城市规模不断扩大。国家统计局数据显示，2000~2011 年地级及以上城市的数量从 262 个增加到 288 个，共增加 26 个。其中数量增加最多的是市辖区人口数达 200 万~400 万的城市，城市个数从 2000 年的 12 个增加到 2011 年的 31 个，增加 19 个。之后依次是 100 万~200 万的城市（增加 12 个），400 万以上的城市（增加 6 个），50 万~100 万的城市（增加 5 个），20 万以下的小城市个数基本维持在 4 个左右，2011 年相比 2000 年仅增加 1 个（图 4.4）。值得注意的是，市辖区年末总人口 20 万~50 万的城市数量明显下降，从 2000 年的 66 个减少至 2000 年的 49 个，减少 17 个。从趋势分析看，增速最快的是 200 万~400 万的城市，预计年均增加 1.493 个。100 万~200 万的城市数量也呈快速增长趋势，增速达每年 1.3287 个。中小城市的数量将进一步呈下降趋势，城市数量下降速度最快的是 20 万~50 万的城市。

2000 年末，中国建制市中地级及以上城市共 262 个，由于拉萨数据缺失，本章以 261 个城市 2000~2010 年的数据建立面板数据库，剔除考察期内新设立的地级市，追踪分析市辖区人口增长的区域差异。在不考虑新增地级市的情况下，将 261 个地级市作为一个队列，观察在 2000~2010 年市辖区人口的变动情况。

首先就城市规模划分标准在本章的应用进行说明。本章人口数据来自历年《中国城市统计年鉴》市辖区年末总人口，根据该年鉴附录指标解释系本市当年 12 月 31 日 24 时的户籍人口数，与人口普查和抽样调查中的分地区常住人口数据存在较大出入。但由于时间序列的相对连续性，相关研究通常采用这类户籍人口数据考察地区人口的历史变革及变动过程，具有一定代表性。《中华人民共和国城市

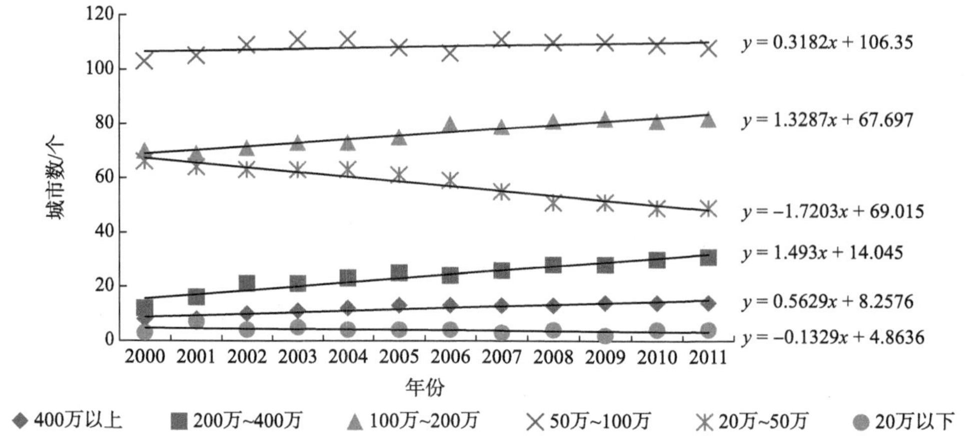

图 4.4　按城市市辖区年末总人口划分的地级及以上城市数（2000~2011 年）

资料来源：国家统计局网站

规划法》中对大中小等城市规模的划分主要是依据市区和近郊区非农业人口数，大城市是指市区和近郊区非农业人口 50 万以上的城市，中等城市是指市区和近郊区非农业人口 20 万以上、不满 50 万的城市，小城市是指市区和近郊区非农业人口不满 20 万的城市。但该法已于 2008 年 1 月 1 日废止，而同时实施的《中华人民共和国城乡规划法》没有设定城市规模的条文。根据 2010 年出版的《中小城市绿皮书·中国中小城市发展报告：中小城市绿色发展之路》，依据中国城市人口规模和城市发展理论，考察指标从“市区和近郊区非农业人口数”调整为“市区常住人口”，城市规模体系总体上分为五个类别，提出的全新划分标准为：市区常住人口 50 万以下的为小城市，50 万~100 万的为中等城市，100 万~300 万的为大城市，300 万~1000 万的为特大城市，1000 万以上的为巨大型城市。目前，中国尚未从立法的层面对大、中、小等城市规模概念进行定义。

本章基于各时期城市规模体系设定的标准和研究对象 261 个城市市辖区人口的变动情况，重新划分城市规模。从图 4.5 明显看出，2000 年、2005 年、2010 年市区人口数 20 万以下的人口数占总城市人口的比例不足 1%，2010 年甚至仅有黑龙江省的黑河市一个城市市区人口数低于 20 万的临界值。显然，伴随着中国城市的飞速发展，城乡人口流动频繁，农业人口、非农业人口之间的界限逐渐模糊化，城市人口规模迅速膨胀，原有的城市划分标准已经不适应现实的需要。然而《中小城市绿皮书·中国中小城市发展报告：中小城市绿色发展之路》提出的新标准是基于地区常住人口进行划分，仅能通过人口普查和抽样调查获得普查年份的时点数据，不利于考察地区人口的历史变革及变动过程。综合上述划分标准，基于 2000 年和 2010 年两次人口普查数据中常住人口和户籍人口的差值，本章在研究中将城市等级划分为：市辖区户籍人口 50 万以下的为小城市，50 万~100 万的为中等城市，100 万~200 万的为大城市，200 万~400 万的为特大城市，400 万以上的为巨大型城市。

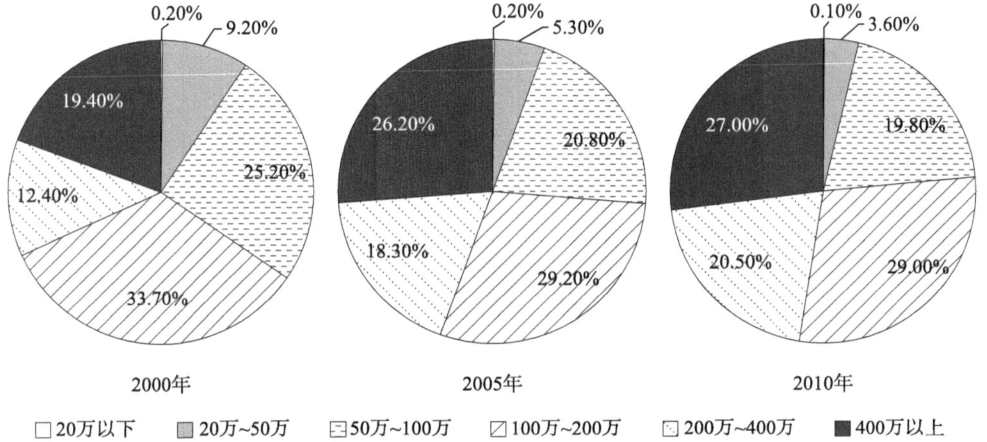

图 4.5　中国不同规模城市的人口构成比（261 个样本城市）

资料来源：历年《中国城市统计年鉴》

从图4.6和表4.1可以看出2000~2010年261个城市市区人口的动态发展过程。从各规模等级城市数量变化情况看，只有小城市数量出现逐年下降，从 2000 年的 70 个减少至 2010 年 35 个，仅为期初的一半。其他规模等级城市数量均有不同程度增加，新增数量最多的是特大城市，其次为大城市，巨大型城市数量实现翻倍，中等城市的数量基本保持不变。从城市人口在五类城市的分布情况看，2000 年 261 个城市的市区人口中近 1/3 人口集中在 100 万~200 万的大城市，其次是 50 万~100 万的中等城市，比例约为 25%，7 个巨大型城市的人口比重不足 20%。2000~2010 年，城市人口分布逐渐呈现向规模等级高的城市集中的趋势。50 万以下的小城市、50 万~100 万的中等城市和 100 万~200 万的大城市占 261 个城市总人口的比例均出现不同程度下降，小城市人口比重从 9.4%下降至 3.6%，中等城市人口比重从 25.2%下降至 19.8%，大城市的人口比重从 33.7%下降至 29%，而 200 万~400 万的特大城市和 400 万以上巨大型城市的人口比重总计已接近 50%，分别由 12.4%上升至 20.5%，19.4%上升至 27%。从中国地级及以上城市数量的变化趋势分析，100 万以上大城市无论从城市数量还是人口绝对数量来看都显著提高。2000 年至 2010 年间 261 个城市市区人口数从约 2.8 亿增长至约 3.8 亿，这新增约一亿的城市人口中，主要来自 200 万以下的大城市、中等城市和小城市，贡献率分别达 29%、24%和 19%。2000 年人口数在 200 万~400 万的 13 个特大城市中，总计新增人口为 1450 万人，其中只有郑州、南京、成都、西安和哈尔滨 5 座城市人口增长超过 100 万，跻身巨大型城市行列。在世界经济一体化的过程中，大城市特别是巨大型大城市承担着国民经济旗舰的作用。它们既是民族经济走向世界经济、占领国际市场的桥头堡，又是国际资本、跨区域知识技术人才导入的消化地，成为城市人口不可忽视的增长极。人口规模位居前三的上海、北京和重庆，新增人口总计超 1000 万人。

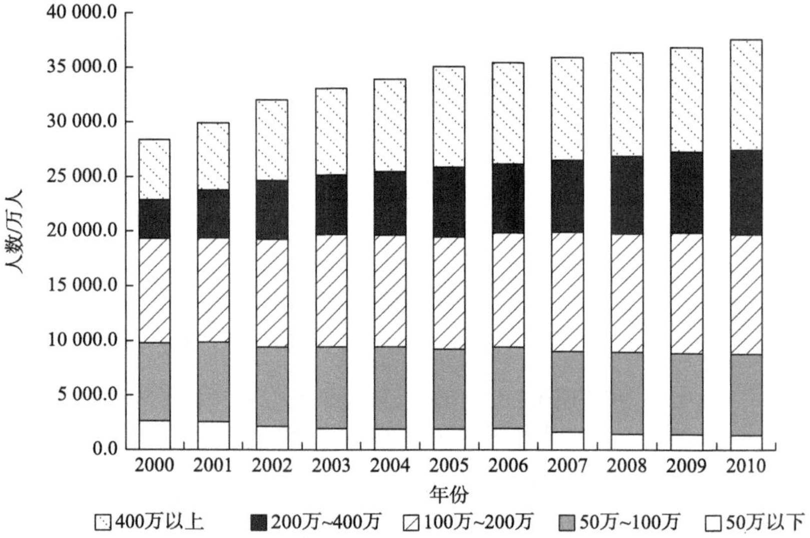

图 4.6　中国不同规模城市的人口变化趋势（261 个样本城市 2000~2010 年）

资料来源：历年《中国城市统计年鉴》

表 4.1　中国不同规模城市的人口变化趋势（261 个样本城市 2000~2010 年）

年份	50 万以下小城市			50 万~100 万中等城市			100 万~200 万大城市		
	城市数	人数/万人	比例	城市数	人数/万人	比例	城市数	人数/万人	比例
2000	70	2 659.2	9.4%	102	7 151.8	25.2%	69	9 550.3	33.7%
2001	67	2 569.1	8.6%	101	7 309.2	24.4%	68	9 534.6	31.9%
2002	57	2 160.2	6.7%	102	7 283.9	22.7%	71	9 846.2	30.7%
2003	52	1 972.2	6.0%	104	7 502.4	22.7%	73	10 250.8	31.0%
2004	50	1 924.6	5.7%	103	7 534.9	22.2%	73	10 185.2	30.1%
2005	49	1 919.3	5.5%	100	7 311.7	20.8%	74	10 259.8	29.2%
2006	47	1 967.0	5.5%	98	7 460.6	21.0%	79	10 451.9	29.5%
2007	42	1 647.8	4.6%	102	7 403.2	20.6%	78	10 876.4	30.3%
2008	38	1 456.5	4.0%	104	7 513.4	20.7%	78	10 823.4	29.8%
2009	37	1 420.2	3.9%	103	7 460.0	20.2%	79	11 015.8	29.9%
2010	35	1 354.2	3.6%	103	7 448.6	19.8%	79	10 914.1	29.0%

续表

年份	200 万~400 万特大城市			400 万以上巨大型城市			总和		
	城市数	人数/万人	比例	城市数	人数/万人	比例	城市数	人数/万人	比例
2000	13	3 516.6	12.4%	7	5 490.4	19.4%	261	28 368.3	100%
2001	16	4 374.5	14.6%	8	6 124.6	20.5%	260	29 911.9	100%
2002	21	5 393.8	16.8%	10	7 346.7	22.9%	261	32 030.6	100%
2003	21	5 464.7	16.5%	11	7 914.1	23.9%	261	33 104.2	100%
2004	23	5 841.6	17.2%	12	8 406.0	24.8%	261	33 892.2	100%
2005	25	6 406.2	18.3%	13	9 193.0	26.2%	261	35 089.9	100%
2006	24	6 304.3	17.8%	13	9 278.2	26.2%	261	35 462.1	100%
2007	26	6 630.5	18.4%	13	9 390.8	26.1%	261	35 948.7	100%
2008	28	7 102.1	19.5%	13	9 480.9	26.1%	261	36 376.4	100%
2009	29	7 422.3	20.1%	13	9 569.8	25.9%	261	36 888.1	100%
2010	30	7 719.4	20.5%	14	10 160.2	27.0%	261	37 596.5	100%

资料来源：历年《中国城市统计年鉴》

4.2.3　城乡居民生活能耗差异比较

中国经济发展的二元结构导致城乡发展水平存在天壤之别，城镇与农村生活消费水平的差异主要表现在对资源、环境的直接和间接占有程度不同。城镇和农村作为两种不同的承载人类生产和生活活动的空间载体，对自然资源尤其是能源的消费有着数量和结构上的差异，城镇人均生活用能量远远高于农村人均生活用能量。城市化水平的提高必将带动整体能源消费水平的上升。城市化通过总量效应与结构效应两种机制促进居民能源的消费需求增加。

（1）城市化推进与经济增长共同推动居民收入水平提高，居民收入水平提高促使能源消费特征也会发生较大转变：能源消费需求增加与能源消费结构升级。首先，在能源需求结构不变的情况下，能源年消费总量会随着居民收入水平提高而增加。其次，收入水平的提高会增加人们对高耗能产品的需求，并对高能耗的生活生产模式产生依赖。城镇人口相对农村人口是高耗能群体，生产及生活方式更为耗能，总体而言，表现出更高的碳排放水平。

（2）经济增长使得所有居民的能源需求提高的同时，城乡结构效应也影响居民对能源的需求。随着城市化率提高，人口大规模迁入城市，在农村人口转变为城市人口的过程中，不仅需要为新增城市人口提供足够的生活能耗配套，除了对住房和家庭能耗的直接需求增加，同时也对交通运输、医疗卫生、城市绿化等公共设施提出了更高要求，这些城市基础设施的建设、运行和维护都需要消耗更多能源。生活方式的转变导致生活能耗水平的提高是人口城市化过程中温室气体排放增长的主要原因。

从图 4.7 可以看出，中国城乡的人均生活用能量存在的剪刀差呈现逐渐减少的趋势，表明城乡居民在生活用能方面的差距不断缩小。城镇人均生活用能量在 1980 年之后近 20 年时间内基本保持波动下降趋势，从 332 千克标准煤降至 2001 年的 207 千克标准煤，但仍始终高于全国和农村同期人均水平。农村人均生活用能量在 1980~2010 年总体呈稳固上升趋势。在城镇人均生活用能量急剧下降期间，农村人均生活用能基本维持在 70 千克标准煤左右，呈小幅上扬态势。由此迅速将城乡人均生活用能差距由期初 1980 年的 272 千克标准煤缩小至 2001 年的 127 千克标准煤。无论是城镇还是农村人均生活用能在 2000 年以来均出现强势反弹趋势。2010 年数据显示，城镇人均生活用能量回升至 315 千克标准煤的高位，同期全国和农村人均生活用能量增至 258 千克标准煤和 204 千克标准煤，人均生活用能城乡比降至最低值 1.55。从绝对量而言，农村人均生活用能仅比城镇人均生活用能少 111 千克标准煤。该结果与已有研究中得出的居民人均生活用能碳排放变动情况的城乡比较结果一致，城镇人均生活用能碳排放量呈先降后升的态势，而同期农村居民人均生活用能碳排放量则呈波动上升的态势，城乡居民生活用能碳排放的城乡比从 4.15 波动下降至 1.84（朱勤，2011）。

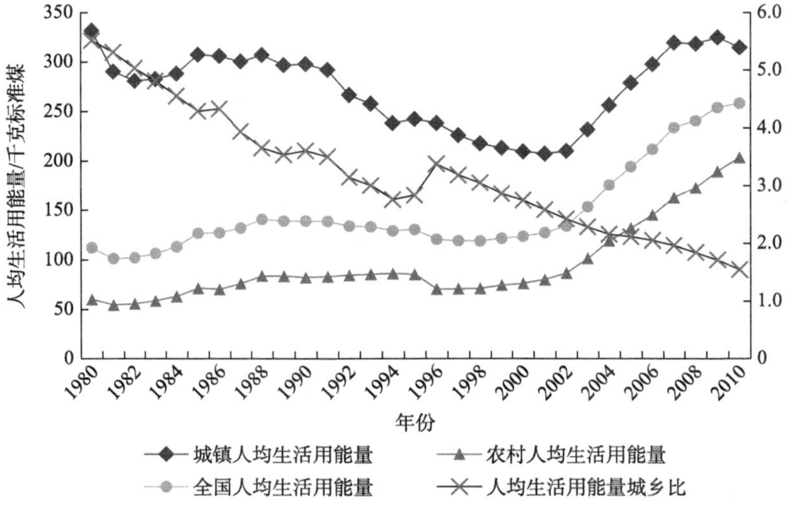

图 4.7　城乡人均生活用能量的变化趋势（1980~2010 年）

资料来源：《中国能源统计年鉴 2011》

在中国居民整体生活用能碳排放量呈较快上升的同时，城镇居民人均生活用能消费量从改革开放以来呈先降后升的变化趋势，基本持平。而该阶段，农村居民人均生活用能的消费量则呈波动上升态势，增幅近 3 倍。城乡人均生活用能量差距逐渐缩小。究其原因，一方面由于改革开放以后，农村生活水平显著提高，生活消费能源总量与农村居民消费水平成正比。陈婧（2012）关于上海高能耗群体的生活方式的研究表明，人均收入和消费水平的提高会直接体现在生活方式的改变上，居住和交通是能耗占比较大的消费项，尤其表现为对私家车和家电的拥有和使用更多。家用电器的普及情况可以较为集中地反映居住用能模式的变化与发展。表 4.2 为城乡居民平均每百户家庭年末耐用消费品拥有量的变动情况。随着电力事业的发展与居民生活水平的提高，城镇居民家庭家用电器的普及率逐年提高，其中洗衣机、电冰箱、彩色电视机和空调在城镇居民家庭已基本达到普及的程度，但当时农村居民家庭中家用电器的普及程度远远落后，各类家用电器的拥有率均不同程度滞后于城镇居民家庭 10~20 年，城乡居民对于彩色电视机等普通家电的普及情况差异不大，但对于空调和家用电脑等高档电器城镇每百户拥有量远高于农村。但与日本部分年份居民家用电器的普及情况相比，中国存在巨大差距。日本居民平均每百户电冰箱和彩色电视机的拥有量早在 20 世纪 80 年代就超过 100 台，即达到户均拥有一台电冰箱和彩色电视机的普及水平，而中国城镇地区居民家庭中电冰箱和彩色电视机的普及程度虽然相对较高但仍不及日本 1980 年的户均持有水平，农村家庭的差距则更为显著。2000 年，日本居民家庭电冰箱和彩色电视机的拥有量分别是中国城镇居民家庭同期水平的 1.5 倍和 2 倍左右，是中国农村居民家庭拥有量的 10 倍和 5 倍。同年空调和家用电脑的拥有量更是中国城镇居民家庭每百户拥有量的近 7 倍，分别是中国农村居民家庭每百户空调和家用电脑拥有量的 167 倍和 132 倍。两国居民主要家用电器普及水平的差距在 30 年以上，但随着农村居民生活水平的提高，中国与发达国家的差距在逐渐缩小。2005 年中国城镇居民家庭空调和家用电脑普及率与日本的差距有所减小，而农村居民家庭空调和彩色电视机的普及情况也得到大幅改善，与日本 2005 年家庭拥有水平的差距减少为 2000 年差距的约 1/5。碍于统计数据有限，无法对淋浴热水器、微波炉和组合音响等现代城镇家庭越来越常见的高耗能电器的普及程度进行城乡比较，但从城镇家庭的拥有率逐年提高的趋势以及主要电器普及程度仍远远滞后于发达国家的情况判断，中国居民的家用电器消费潜力巨大。考虑到农村家庭户均人口数略高于城镇家庭，因此，城镇居民人均家用电器的拥有率高于农村居民。收入水平提高引致的高消费能力，不仅体现在购买力上，导致家用电器的普及程度逐年提高，也表现为日常使用频率的提升。虽然城乡居民在生活用能，尤其是电力能耗的绝对量上仍有巨大差距，但随着农村居民家用电器普及程度和用电水平的逐年大幅提高，人均家居生活中电器的能耗及碳排放水平的差距也有较大程度的收缩。

表 4.2　中国城乡居民家庭平均每百户家用电器拥有量与日本对比情况（单位：台/百户）

家电名称	日本				中国城镇						中国农村					
	1980年	1990年	2000年	2005年	1985年	1990年	1995年	2000年	2005年	2010年	1985年	1990年	1995年	2000年	2005年	2010年
洗衣机					48.3	78.4	89.0	90.5	95.5	96.9	1.9	9.1	16.9	28.6	40.2	57.3
电冰箱	115.2	126.5	121.4	—	6.6	42.3	66.2	80.1	90.7	96.6	0.1	1.2	5.2	12.3	20.1	45.2
彩色电视机	150.9	119.4	230.6	250.3	17.2	59.0	89.8	116.6	134.8	137.4	0.8	4.7	16.9	48.7	84.1	111.8
空调	59.7	74.7	217.4	255.3	0.1	0.3	8.1	30.8	80.7	112.1	—	—	0.2	1.3	6.4	16.0
家用电脑	—	12.7	65.8	104.1	—	—	—	9.7	41.5	71.2	—	—	—	0.5	2.1	10.4
淋浴热水器					—	—	30.1	49.1	72.7	84.8						
微波炉					—	—	17.6	47.6	57.2	59.0						
组合音响					—	—	10.5	22.2	28.8	28.1						

资料来源：2050 中国能源和碳排放研究课题组《2050 中国能源和碳排放报告》；中国城乡居民家用电器普及情况根据国家统计局相关年份《中国统计年鉴》整理

注：从 2002 年起，城镇住户调查对象由原来的城市市区和县城关镇的非农业居民家庭改为居住在城镇区域范围内的常住户

另外，20 世纪 80 年代中国生活用能的结构虽在一定程度上得到优化，但城乡间能源结构存在显著差异，中国化石能源的终端消费以及能量转换产生的碳排放中，煤炭的比重始终长期占据主导地位，结构调整和技术进步的任务依然艰巨。有研究表明城镇居民生活用能结构优于农村，城镇居民生活用能终端消费中以电力、天然气等更清洁的能源替代煤炭、木材等传统能源，对煤炭的需求量大幅下降。已基本形成了以电力为主，其他能源类别为辅的结构格局。农村生活能耗的结构虽也在一定程度得到优化，电力比重大幅上升，逐渐取代煤炭成为比重最高的能源类型，但煤炭比重的下降远不如城镇地区，形成电力、煤炭分占五成和四成，其他能源合计占一成的生活用能结构。不同碳密度能源结构的差异导致单位能耗的碳排放水平存在城乡差距。农村居民的煤炭消费量虽低于电力，但煤炭消费的单位能耗的碳排放水平高于电力，由此引致煤炭消费的碳排放量与电力相当。与农村居民相比，城镇居民生活用能结构中煤炭比重低，电力和天然气消费所占比重高。对于碳密度不同的能源类型的人均终端消费的城乡差异，致使城镇居民生活用能的消费结构及用能效率整体优于农村居民。

4.3 城市居民生活能耗与碳排放

哥本哈根联合国气候变化大会结束之后，“低碳”概念开始高频率地走进人们日常生活。由于城市居民生活用能碳排放的测算受到统计资料的可得性所限，本章所考察的生活能源消费不包括间接载能和直接用能中的交通能耗，仅涉及城市家庭在炊事、热水、采暖、制冷、家用电器等生活起居方面对煤气（人工、天然气）、液化石油气和电力三种能源的直接消费所产生的二氧化碳。研究证明，燃料中所含的碳在燃烧过程中被氧化成二氧化碳，而不同类型燃料具有不同的二氧化碳排放因子，差异主要取决于燃料的含碳量，对燃烧过程本身并不敏感。不同种类的能源含碳量不同，导致相同单位的能量所产生的二氧化碳排放量不同。

4.3.1 分区域电力碳排放估算

电力是二次能源，在终端消费不经过化石燃料的燃烧过程，不产生二氧化碳排放，因此电力消费的碳排放的计算需要对能源生产、转换过程中所包含的间接化石能源损耗进行核算。电力排放因子随着区域电网中火电、水电、核电、风电及其他电力的装机容量的改变而发生变化。由于电力产生方式的复杂性，无法直接获得电力的碳排放因子，需要从中分离出火电并转换化石能源及其能源损失所产生的相应碳排放。

本章首先重点考察电力能耗碳排放的区域差异和变化趋势。已有研究根据中国能源平衡表中火力发电指标中各种不同类型能源的投入量，乘以相应的碳排放因子加总得出碳排放量再除以总电力消费量，由此得到电力的碳排放系数为 0.358 97 千克 CO_2/千克标准煤，但未进行区域电网划分，默认各地区消费的电力碳排放因子相同，全国均采用相同碳排放系数。国家发展改革委应对气候变化司组织专家研究在明确划分电网边界的基础上，确定了历年中国区域电网的基准线排放因子（$EF_{grid,BM,y}$），部分指定经营实体（designated operational entity，DOE）及相关部门一致认为该排放因子数据真实、计算合理、结果具有一定可信度。

1. BM 计算过程的说明

根据“电力系统排放因子计算工具”（第 01.1 版），容量边际排放因子（build margin，BM）可按 *m* 个样本机组排放因子的发电量加权平均求得，公式如下：

$$EF_{grid,BM,y} = \frac{\sum_m EG_{m,y} \times EF_{EL,m,y}}{\sum_m EG_{m,y}} \tag{4.1}$$

式中，$EF_{grid,BM,y}$ 表示第 y 年的 BM 排放因子（$tCO_2/MW \cdot h$）；$EF_{EL,m,y}$ 表示第 m 个样本机组在第 y 年的排放因子（$tCO_2/MW \cdot h$）；$EG_{m,y}$ 表示第 m 个样本机组在第 y 年向电网提供的电量，也即上网电量（MW·h）。

其中第 m 个机组的排放因子 $EF_{EL,m,y}$ 是根据“电力系统排放因子计算工具”的步骤 3（a）中的简单电量边际排放因子（operation margin，OM）中的选项 B2 计算。

2005~2010 年历次中国区域电网基准线排放因子的公告中的排放因子 BM 的结果是基于“电力系统排放因子计算工具”提供的事前计算，即在第一个计入期，基于项目设计文件（project design document，PDD）提交时可得的最新数据事前计算；在第二个计入期，基于计入期更新时可得的最新数据更新；第三个计入期沿用第二个计入期的排放因子。不需要事后的监测和更新。

由于数据可得性的原因，基准线排放因子（$EF_{grid,BM,y}$）的计算沿用了清洁发展机制执行理事会（The Clean Development Mechanism Executive Board）统一的变通办法，即首先计算新增装机容量和其中各种发电技术的组成，然后计算各种发电技术的新增装机权重，最后利用各种发电技术商业化的最优效率水平计算排放因子。

由于现有统计数据中无法从火电中分离出燃煤、燃油和燃气的各种发电技术的容量，因此在计算排放因子的过程中采用如下方法：首先，利用最近一年的能源平衡表数据，默认氧化率为 1，计算出各省发电用固体、液体和气体一次化石燃料对应的二氧化碳排放量在总排放量中的比重；其次，以此比重为权重，以商业化最优效率技术水平对应的排放因子为基础，计算出各电网的火电排放因子；最后，用此火电排放因子乘以火电在该电网新增的 20%容量中的比重，结果即为该电网的 BM 排放因子。

具体步骤和公式如下。

步骤 1，计算发电用固体、液体和气体燃料对应的二氧化碳排放量在总排放量中的比重。

$$\lambda_{Coal,y} = \frac{\sum_{i \in Coal,j} F_{i,j,y} \times NCV_{i,y} \times EF_{CO_2,i,j,y}}{\sum_{i,j} F_{i,j,y} \times NCV_{i,y} \times EF_{CO_2,i,j,y}} \tag{4.2}$$

$$\lambda_{Oil,y} = \frac{\sum_{i \in Oil,j} F_{i,j,y} \times NCV_{i,y} \times EF_{CO_2,i,j,y}}{\sum_{i,j} F_{i,j,y} \times NCV_{i,y} \times EF_{CO_2,i,j,y}} \tag{4.3}$$

$$\lambda_{\mathrm{Gas},y}=\frac{\sum_{i\in \mathrm{Gas},j}F_{i,j,y}\times \mathrm{NCV}_{i,y}\times \mathrm{EF}_{\mathrm{CO_2},i,j,y}}{\sum_{i,j}F_{i,j,y}\times \mathrm{NCV}_{i,y}\times \mathrm{EF}_{\mathrm{CO_2},i,j,y}} \tag{4.4}$$

式中，$F_{i,j,y}$ 表示第 j 个省份在第 y 年的燃料 i 消耗量（质量或体积单位，对于固体和液体燃料为吨，对于气体燃料为立方米）；$\mathrm{NCV}_{i,y}$ 表示燃料 i 在第 y 年的净热值（对于固体和液体燃料为 GJ/t，对于气体燃料为 GJ/m^3）；$\mathrm{EF}_{\mathrm{CO_2},i,j,y}$ 表示燃料 i 的排放因子（tCO_2/GJ）。

Coal、Oil 和 Gas 分别为固体燃料、液体燃料和气体燃料的脚标集合。

步骤 2：计算对应的火电排放因子。

$$\mathrm{EF}_{\mathrm{Thermal},y}=\lambda_{\mathrm{Coal},y}\times \mathrm{EF}_{\mathrm{Coal,Adv},y}+\lambda_{\mathrm{Oil},y}\times \mathrm{EF}_{\mathrm{Oil,Adv},y}+\lambda_{\mathrm{Gas},y}\times \mathrm{EF}_{\mathrm{Gas,Adv},y} \tag{4.5}$$

式中，$\mathrm{EF}_{\mathrm{Coal,Adv},y}$，$\mathrm{EF}_{\mathrm{Oil,Adv},y}$ 和 $\mathrm{EF}_{\mathrm{Gas,Adv},y}$ 分别表示商业化最优效率的燃煤、燃油和燃气发电技术所对应的排放因子。

步骤 3：计算电网的 BM。

$$\mathrm{EF}_{\mathrm{grid,BM},y}=\frac{\mathrm{CAP}_{\mathrm{Thermal},y}}{\mathrm{CAP}_{\mathrm{Total},y}}\times \mathrm{EF}_{\mathrm{Thermal},y} \tag{4.6}$$

式中，$\mathrm{CAP}_{\mathrm{Total},y}$ 表示超过现有容量 20%的新增总容量；$\mathrm{CAP}_{\mathrm{Thermal},y}$ 表示新增火电容量。

2. 数据来源

BM 计算过程中用到的各关键参数说明（主要包括：各燃料的低位发热值、氧化率、潜在排放因子和各种发电技术的供电效率）及历年各电网计算过程详见相应公告的附件。计算 BM 所需的数据来源包括《中国电力年鉴》《中国能源统计年鉴》《电力工业统计资料提要》《电力工业统计资料汇编》；不同燃料品种的潜在碳排放因子和碳氧化率数据来源为《2006 年 IPCC 国家温室气体清单指南》（第二卷：能源）①，第一章 1.21~1.24 页的表 1.3 和表 1.4。分燃料品种的潜在排放因子均采用上述表中 95%置信区间下限值计算。

3. 电力排放因子的变动分析

改革开放以来，中国居民生活能源结构有所优化，终端消费中电力比重大幅上升。电力作为最重要的商品能，电力消费是城市生活能源消耗的重要指标，电力成为不同区域、不同人口规模和不同经济发展水平城市生活能耗的主要构成，是具有一定代表性的居民生活用能品种。随着科学技术水平的发展和家用电器的

---

① “2006 IPCC Guidelines for National Greenhouse Gas Inventories” Volume 2 Energy.

普及，电力在城市能源结构中的地位日趋重要，且相比煤气和液化石油气，更能体现技术革新在生活节能减排领域的贡献。在调整优化能源结构的过程中，以电力为代表的二次能源消费水平的提高，可为在居民生活用能方面争取减排空间拓展新的发展方向。

综合比较国家发展改革委应对气候变化司历年发布的数据，不难发现以下规律。

第一，各电网的排放因子之间存在地区差异。如图 4.8 所示，以 2005 年为例，碳排放因子最小值为覆盖陕西省、甘肃省、青海省、宁夏回族自治区、新疆维吾尔自治区的西北区域电网，为 0.5739tCO_2/MW·h。同年单位发电量碳排放最多的为覆盖北京市、天津市、河北省、山西省、山东省、内蒙古自治区六个省市自治区的华北区域电网，排放因子高达 0.9397tCO_2/MW·h，是西北区域电网排放因子的 1.6 倍，说明在两个电网发电量相同的情况下，华北区域电网产生的碳排放量将是西北区域电网的碳排放量的 1.6 倍。2005 年至 2008 年，7 个电网中，高出当年各电网排放因子的平均水平的电网数目分别为 2005 年 3 个，2006 年 4 个，2007 年 4 个，2008 年 5 个。其中，华北区域电网、东北区域电网和华东区域电网始终高于平均水平，华北区域电网的排放因子始终居于各电网首位。2009 年以前，南方电网下属的海南省为孤立岛屿电网，排放因子较高。2009 年由于海南省电网并入南方区域电网，电网数目减少为 6 个。2009 年和 2010 年，高于平均值的电网数稳定在 4 个。包括华北、东北和西北在内，覆盖整个北方地区的三个区域电网排放因子均高于平均值，华东区域电网取代华北区域电网成为排放因子最大值，上海市、江苏省、浙江省、安徽省、福建省五个省市单位电力生产的碳排放量最高。华中区域电网和南方区域电网的排放因子始终保持在平均值以下。

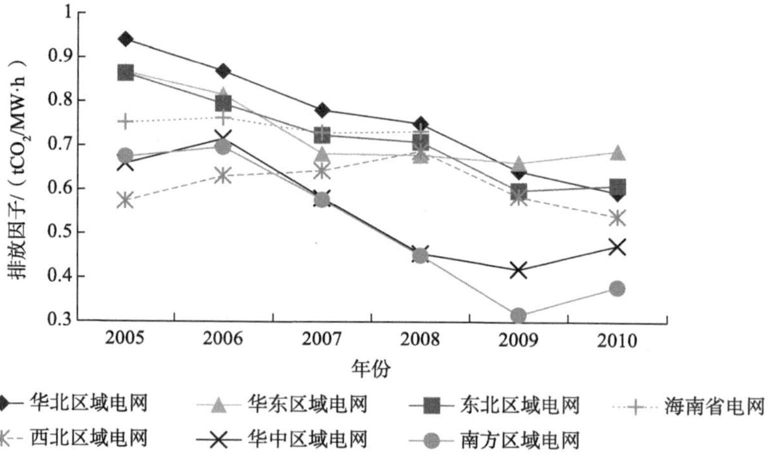

图 4.8　各区域电网排放因子的变化趋势（2005~2010 年）

第二，排放因子总体呈显著减小趋势。各区域电网排放因子均表现出不同程度的下降趋势，说明各电网中单位发电量所产生的碳排放量有所减少。2005~2010年排放因子数值变化量由大到小分别是华北区域电网、南方区域电网、东北区域电网、华中区域电网、华东区域电网和西北区域电网①。华北区域电网的排放因子在2009年前始终居于各电网首位，2005年排放因子高达0.9397tCO_2/MW·h，随着各类化石能源产电比重的调整和技术升级，华北电网也创下了碳排放因子变化量的记录。2010年排放因子降至0.594tCO_2/MW·h，虽然仍高于同年各电网的平均水平，但仅为2005年时的63%，变化量为0.3457tCO_2/MW·h，即单位发电量的碳排放量减少近一半。除海南省之外，2005~2010年排放因子数值下降幅度最小的是覆盖陕西省、甘肃省、青海省、宁夏回族自治区、新疆维吾尔自治区的西北区域电网。该电网在2006年前排放因子都保持全网最低，但在2005年至2008年期间基本持走高态势，2008年一度达到0.6878 tCO_2/MW·h，甚至超过同年华东电网的排放因子0.6789tCO_2/MW·h。尽管西北区域电网的排放因子在2008年达到峰值之后出现下降，但由于起点低，进一步下降空间有限，至2010年仅比2005年减少0.0341tCO_2/MW·h。南方区域电网在发电过程中碳减排措施的实践效果最显著，初期排放因子数值与华中区域电网相当，在经过短暂上扬后，在2006年之后出现骤减，自此始终保持全电网的最小排放因子。2009年一度减至0.3157tCO_2/MW·h，2010年小幅升至0.3791tCO_2/MW·h，但仍远远小于同时期其他电网的排放因子，仅为2005年的56%左右，排放因子减少的绝对量为0.2957 tCO_2/MW·h。

第三，各电网排放因子表现出一定空间收敛性，组内趋同，组间趋异。空间计量经济学认为一个地区空间单位上的同一现象或属性值与邻近地区空间单位上同一现象或属性值是相关的，存在一定的空间依赖性。华北、东北、西北三个北方区域电网和华东区域电网的排放因子表现出显著的趋同变化特征。除西北电网以外，华北、东北和华东三个电网排放因子的年均值都约为0.7 tCO_2/MW·h，而华中和南方电网该值仅为0.5tCO_2/MW·h左右。尽管技术进步在全国范围内都促使单位发电的排放因子出现减小的趋势，但从历年各电网的排放因子数值和标准偏差的变化可见："高碳排放组"（华北、东北、华东、西北区域电网）内部逐渐趋同，尤其东北和华北几乎保持同趋势变化，2010年两者的差距仅为0.02tCO_2/MW·h。同时与"低碳排放组"（华中、南方区域电网）组间差距依旧显著，"高碳排放组"和"低碳排放组"的排放因子平均值分别0.6 tCO_2/MW·h和0.4 tCO_2/MW·h，前者为后者的1.5倍，明显形成两个内部差异逐渐缩小、组间差异逐渐扩大的"俱乐部"。

① 海南省电网并入南方区域电网前后排放因子数值变化巨大，为避免干扰，2009年后不单列海南省电网。

4. 电力排放因子的贡献计算

虽然排放因子总体呈下降趋势并表现出一定的趋同性，但地域差异依然显著。基于电力消费所引致的二氧化碳排放是由排放因子和居民生活用电的乘积计算获得，因此进一步核算电力排放因子对当年二氧化碳排放量的具体贡献时，除了考虑相应电网覆盖的城市数量，更要考虑不同城市之间居民生活用电水平的差异。从各区域覆盖的范围内的地级及以上城市数量看，261 个城市中（拉萨数据缺失，区域电网划分中也未包含西藏自治区）华中电网覆盖城市数量最多，为 72 个，之后依次为华东电网 51 个，华北电网 45 个，南方电网 37 个（2009 年后由于海南电网并入，供电城市数增加至 39 个），东北电网 34 个，西北电网 20 个，海南电网 2 个（海口和三亚，2009 年后并入南方电网），具体各电网覆盖的城市名单详见本章后附录。不同城市居民生活用电量不同，以 2000 年为例，261 个城市居民生活平均用电量为 3.4 亿 kW·h，中间值仅为 1.4 亿 kW·h，说明有超过半数的城市居民用电水平在平均用电水平以下，而 2000 年仅上海一座城市居民生活用电就高达 53 亿 kW·h，重庆、北京和广州等城市的电力能耗水平在 40 亿 kW·h 左右，远高出同年平均用电水平。22 座城市的居民生活用电累计量就超过 261 个城市用电量总和的 50%。2010 年 261 个城市居民生活用电总量从 2000 年的 887 亿 kW·h 增至 2627 亿 kW·h，增长近两倍。电力消费在少数城市高度集中的态势依旧保持。261 个城市中仅有 52 个城市的居民电力消费水平高于 2010 年约 10 亿 kW·h 的平均水平，半数城市的电力能耗在 4.3 亿 kW·h 以下。从历年情况看，居民生活用电主要集中在大城市及巨大型城市，如上海、北京等直辖市和武汉、成都、贵阳等省会城市和大连、深圳等沿海开放城市和经济特区城市。

居民生活用电量在空间上的分布严重不均衡，会缩小和放大各电网排放因子变化对二氧化碳排放总量的影响程度。根据每个城市实际的电力消费量对各区域排放因子的影响进行权重分配。

具体公式如下：

$$\overline{\overline{\mathrm{BM}}}_y = \frac{\sum_{i=1}^{261}\left(\mathrm{BM}_{i,y} \times E_{i,y}\right)}{\sum_{i}^{261} E_{i,y}},\ i = 1, 2, \cdots, 261;\ y = 2005, 2006, \cdots, 2010$$

式中，$\overline{\overline{\mathrm{BM}}}_y$ 表示第 y 年电力排放因子的加权平均值；$\mathrm{BM}_{i,y}$ 表示第 y 年城市 i 所属电网的电力排放因子；$E_{i,y}$ 表示第 y 年城市 i 居民生活实际用电量。

表 4.3 中算术平均是假设不同区域电网覆盖区域内的城市具有相同的电力消费水平，各电网排放因子的区域整体碳排放总量的影响只会与覆盖范围内城市数

量的多寡有关，而与城市的电力消费水平无关，显然违背现实规律。$\overline{\overline{\mathrm{BM}}}_y$ 则是根据每个城市实际的电力消费量对各区域排放因子的影响进行权重分配。2006 年和 2007 年 $\overline{\overline{\mathrm{BM}}}_y$ 加权平均大于 $\overline{\overline{\mathrm{BM}}}_y$ 算术平均，说明高碳排放因子的电网覆盖范围内消费电力总量高于同时期电力排放因子相对较低的其他区域电网，即高消费的是碳密度较高的电力，进一步加剧了电力消费引致的碳排放。一方面，这可能是由于区域电网覆盖范围内城市数量存在差异，另一方面，上海、北京等巨大型城市由于其单个城市的超高消费能力大大增加了其所属电网的排放因子的影响权重。无论算术平均还是加权平均都呈现下降趋势，印证了上述得出的各区域电网电力排放因子均表现出不同程度的下降趋势的结论，各电网单位发电量所产生的碳排放量均有所减少。$\overline{\overline{\mathrm{BM}}}_y$ 加权平均的下降幅度大于 $\overline{\overline{\mathrm{BM}}}_y$ 算术平均，说明覆盖范围内电力消费总量相对较高的电网其排放因子的下降对碳减排的影响相对更显著。

表 4.3　电力排放因子的加权平均与算术平均

年份	居民生活用电总量 /（10^8kW·h）	电力消费碳排放总量 /（10^8kgCO_2）	$\overline{\overline{\mathrm{BM}}}_y$ 加权平均 /（kgCO_2/kW·h）	$\overline{\overline{\mathrm{BM}}}_y$ 算数平均 /（kgCO_2/kW·h）
2006	1591.05	1249.34	0.7852	0.7712
2007	1756.57	1366.45	0.7779	0.7686
2008	1928.37	1273.25	0.6603	0.6590
2009	2051.99	1312.03	0.6394	0.6471
2010	2405.37	1261.72	0.5246	0.5258

4.3.2　城市生活碳排放的估算及构成差异

本章主要通过城市家庭的直接能源消费，折算温室气体主要构成物二氧化碳的排放量。多数研究中二氧化碳排放量通过化石能源消费量推算得来，主要以煤炭、石油和天然气这三种消耗量较大的一次能源为基准来核算二氧化碳排放量。根据 2006 年 IPCC 为《联合国气候变化框架公约》及《京都议定书》所制定的《2006 年 IPCC 国家温室气体清单指南》（第二卷：能源）第六章提供的参考方法，二氧化碳排放总量可以根据各种能源消费导致的二氧化碳排放估算量加总得到。具体公式如下：

$$\mathrm{CO_2}=\sum_{i=1}^{3}\mathrm{CO}_2,i=\sum_{i=1}^{3}E_i\times\mathrm{NCV}_i\times\mathrm{CEF}_i\times\mathrm{COF}_i\times(44/12)$$

式中，CO_2 表示估算的二氧化碳排放量，$i=1,2,3$ 分别代表各种能源类型；E 表示它们的消耗量；NCV 表示各种能源的平均低位发热量（IPCC 也称为净发热值）；

CEF 表示《2006 年 IPCC 国家温室气体清单指南》提供的碳排放系数；COF 表示碳氧化因子；44 和 12 分别表示二氧化碳和碳的分子量。由于不同类型能源消耗单位的不统一，为方便计算一次能源消费，首先必须换算成中国能源度量的统一热量单位“标准煤”消费量，各种能源折标准煤系数出自《中国能源统计年鉴》。

城市生活直接能耗的碳排放量计算公式如下：

$$\begin{aligned} \mathrm{CE} &= \mathrm{CE}_{\mathrm{pe}} + \mathrm{CE}_{\mathrm{se}} \\ &= \sum_{p=1}^{P}\left(k_p \times \mathrm{EC}_{\mathrm{pe}\_p}\right) + \sum_{p=1}^{P}\left(k_p \times \sum_{q=1}^{Q}\mathrm{EC}_{\mathrm{te}\_p\_q}\right) \\ &= \sum_{p=1}^{P}\left(k_p \times \mathrm{EC}_{\mathrm{pe}\_p}\right) + \sum_{p=1}^{P}\left(k_p \times \mathrm{ED}_{\mathrm{te}\_p}\right) \\ &= \sum_{p=1}^{P}\left[k_p \times \left(\mathrm{EC}_{\mathrm{pe}\_p} + \mathrm{ED}_{\mathrm{te}\_p}\right)\right] \end{aligned}$$

式中，CE 表示生活直接用能碳排放量；EC 表示生活直接用能标准量；k 表示能源碳排放系数；各变量下标：pe 表示一次能源（primary energy）；se 表示二次能源（secondary energy）；te 表示转换的能源；p 表示一次能源类型编号；q 表示二次能源类型编号。

城市生活能耗结构中，煤气和液化石油气的消费是一次能源的终端消费，其碳排放量可根据相关碳排放折算系数计算获得。城市中家庭使用煤气多为煤气公司煤气（Gas Works Gas），根据《2006 年 IPCC 国家温室气体清单指南》（第二卷：能源）第一章表 1.4 缺省 CO_2 排放因子中对燃料类型的说明，燃气公司煤气（Gas Works Gas）和焦炉煤气（Coke Oven Gas）缺省碳含量一致，在使用“完全氧化”的默认值即缺省二氧化碳因子均为 1 的情况下，有效 CO_2 排放因子相同。因此，本章中城市煤气的相关折算系数与焦炉煤气的相关系数保持一致。电力是二次能源消费，在终端消费不经过化石燃料的燃烧过程，不产生二氧化碳排放，因此电力消费的碳排放的计算需要区分能源生产、转换过程中所包含的化石能源损耗。朱勤等（2010b）通过当年火力发电量、电力生产转换各类化石能源量和电力生产损失各类化石能源量计算出火力发电标准煤耗率和各类化石能源产电比重，结合生活用能电力终端消费量，测算居民生活用能电力消费折算为化石能源消费量，计算流程与区域电网基准线排放因子估算基本一致，因此本章电力消费的碳排放折算系数参照当年各区域电网的排放因子。2005 年以前各区域电网的排放因子数据缺失，因此参照 2005 年水平。

计算用到的经济、人口、能源消费的实物量等相关数据来源于历年《中国城市统计年鉴》，其中 GDP 数据均以 1978 年为不变价格折算。各类能源标准煤折算系数和 CO_2 转换系数如表 4.4 所示，分能源类型二氧化碳排放量的变化趋势如图 4.9 所示。

表 4.4　各类能源标煤折算系数和 CO_2 转换系数（王桂新和武俊奎，2012）

能源名称	折标准煤系数	CO_2 转换系数
煤气	0.6143（千克标准煤/米^3）	0.2290（千克 CO_2/米^3）
液化石油气	1.7143（千克标准煤/千克）	0.8631（千克 CO_2/千克）
电力	0.1229（千克标准煤/kW·h）	详见历年各区域电网排放因子

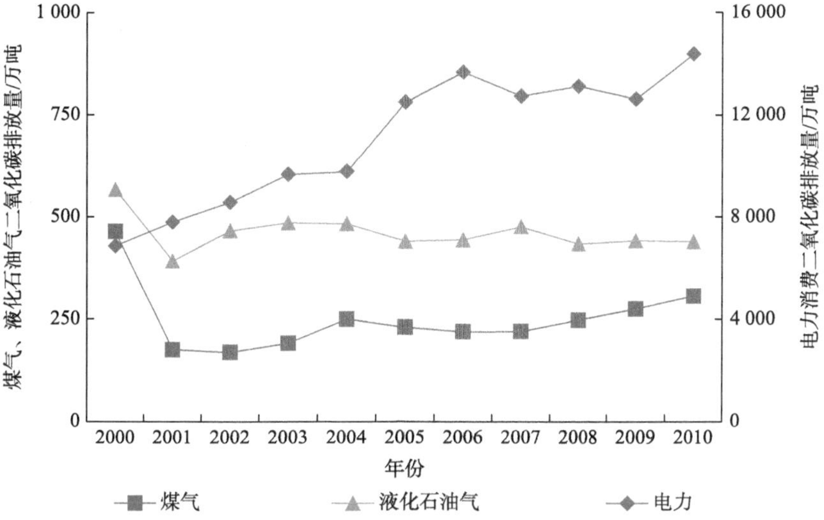

图 4.9　分能源类型二氧化碳排放量的变化趋势（2000~2010 年）

能源是社会发展的重要物质基础，中国社会经济的持续快速发展使得能源供给压力逐渐变大，能源的供需矛盾日益凸显。能源消费品种繁多，包括煤炭、焦炭、天然气、液化石油气、煤气、电力、热力、油品等不可再生能源及地热能、太阳能等可再生能源。中国幅员辽阔，地区经济发展水平和资源赋存条件差异显著，造成不同地区能源消费结构差异显著。从生活用能的结构变化角度考察，可较为明显地反映居民生活用能二氧化碳的排放路径。面对社会经济发展过程中对能源需求量日益剧增的客观需求和碳减排压力的矛盾，根据地区发展的实际情况，在掌握不同类型能源的消费量和相应二氧化碳排放量的变化趋势和地区差异的基础上调整优化能源消费结构，将对城市居民生活领域直接碳排放的控制产生积极的作用。

从图 4.10 中国 2000 年、2005 年、2010 年的不同生活能源类型的二氧化碳排放结构来看，电力的二氧化碳排放量始终占据绝对的主导地位，远远超过煤气和液化石油气的比重。从各能源类型二氧化碳排放量的变化趋势看，居民生活直接能耗中电力消费引致的二氧化碳排放量快速增加，煤气和液化石油气的二氧化碳排放量的年际变化则相对较小。如图 4.10 所示，比较 2000 年和 2005 年数据，由于 2005 以前各区域电网均采用 2005 年的排放因子数值，煤气和液化石油气的二氧化碳转化系数也均采用相同数值，因此同种能耗的碳排放量的年际差异仅由消费量的差异导致。2000 年电力能耗的二氧化碳排放量约为 6867.0 万吨，占当年排放总量的 86.9%。2005 年，电力能耗的二氧化碳排放量增长至 12 495.0 万吨，所占比重升至 94.9%。在电力消费量实现翻倍的同时，煤气和液化石油气的消费量均出现明显下降，2005 年煤气消费量减少至一半，液化石油气也减少了近 1/3。相应的二氧化碳排放量煤气从 464.3 万吨减少至 230.0 万吨。液化石油气 2000 年的二氧化碳排放量高达 567.2 万吨，五年后该数值减少为 440.6 万吨。2005 年到 2010 年，煤气和液化石油气的消费量变化幅度较小，煤气的二氧化碳排放量略有上升，占总排放量的比重从 2005 年的 1.7% 上升至 2010 年的 2.0%，液化石油气的消费量继续下降，比重从 2005 年的 3.3% 进一步下降至 2010 年的 2.9%。煤气和液化石油气二氧化碳排放量的总和占生活碳排放总量的比重基本维持在 2005 年 5%的水平，电力消费的二氧化碳排放量在 2005 年和 2010 年均维持在 95%左右。但从电力原始消费量看，2000 年、2005 年和 2010 年分别为 878 亿 kW·h、1591 亿 kW·h 和 2627 亿 kW·h。居民生活用电实际消费量 2000 年到 2005 年增长约 1.8 倍，2005 年到 2010 年增长约 1.7 倍，在不考虑分区域电网排放因子年际变化的情况下，2000 年到 2005 年增长约 1.8 倍，而在居民生活用电实际消费量增长约 1.7 倍的 2005 年到 2010 年，而相应的二氧化碳排放量仅增长 0.82 倍，该时期电力消费引致的二氧化碳排放量的增长明显慢于用电量的增长，说明清洁发展机制项目在电力领域的投产和应用对生活节能减排方面发挥的作用已颇见成效。

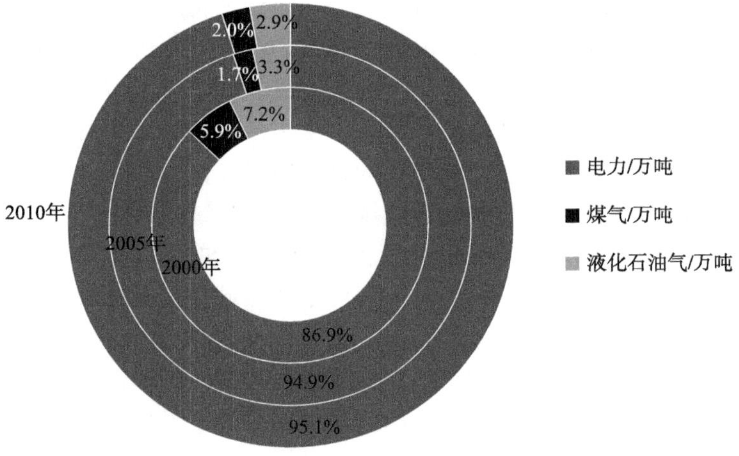

图 4.10　分能源类型二氧化碳排放量的百分比重（2000 年、2005 年和 2010 年）

附录 各区域电网覆盖的城市名单

电网名称	覆盖省市（城市数）	所辖地级及以上城市（2000 年）
华北区域电网	北京市（1）	北京
	天津市（1）	天津
	河北省（10）	唐山、秦皇岛、邯郸、邢台、保定、张家口、承德、沧州、廊坊、衡水
	山西省（11）	太原、大同、阳泉、长治、晋城、朔州、晋中、运城、忻州、临汾
	山东省（17）	济南、青岛、淄博、枣庄、东营、烟台、潍坊、济宁、泰安、威海、日照、莱芜①、临沂、德州、聊城、滨州、菏泽
	内蒙古自治区（5）	呼和浩特、包头、乌海、赤峰、通辽
东北区域电网	辽宁省（14）	沈阳、大连、鞍山、抚顺、本溪、丹东、锦州、营口、阜新、辽阳、盘锦、铁岭、朝阳、葫芦岛
	吉林省（8）	长春、吉林、四平、辽源、通化、白山、松原、白城、
	黑龙江省（12）	哈尔滨、齐齐哈尔、鸡西、鹤岗、双鸭山、大庆、伊春、佳木斯、七台河、牡丹江、黑河、绥化
华东区域电网	上海市（1）	上海
	江苏省（13）	南京、无锡、徐州、常州、苏州、南通、连云港、淮安、盐城、扬州、镇江、泰州、宿迁
	浙江省（11）	杭州、宁波、温州、嘉兴、湖州、绍兴、金华、衢州、舟山、台州、丽水
	安徽省（17）	合肥、芜湖、蚌埠、淮南、马鞍山、淮北、铜陵、安庆、黄山、滁州、阜阳、宿州、巢湖、六安、亳州、池州、宣城
	福建省（9）	福州、厦门、莆田、三明、泉州、漳州、南平、龙岩、宁德
华中区域电网	河南省（17）	郑州、开封、洛阳、平顶山、安阳、鹤壁、新乡、焦作、濮阳、许昌、漯河、三门峡、南阳、商丘、信阳、周口、驻马店
	湖北省（12）	武汉、黄石、十堰、宜昌、襄樊、鄂州、荆门、孝感、荆州、黄冈、咸宁、随州
	湖南省（13）	长沙、株洲、湘潭、衡阳、邵阳、岳阳、常德、张家界、益阳、郴州、永州、怀化、娄底
	江西省（11）	南昌、景德镇、萍乡、九江、新余、鹰潭、赣州、吉安、宜春、抚州、上饶
	四川省（18）	成都、自贡、攀枝花、泸州、德阳、绵阳、广元、遂宁、内江、乐山、南充、眉山、宜宾、广安、达州、雅安、巴中、资阳
	重庆市（1）	重庆

① 2019 年 1 月，国务院批复同意山东省调整济南市莱芜市行政区划，撤销莱芜市，将其所辖区域划归济南市管辖；设立济南市莱芜区，以原莱芜市莱城区的行政区域为莱芜区的行政区域；设立济南市钢城区，以原莱芜市钢城区的行政区域为钢城区的行政区域。

续表

电网名称	覆盖省市（城市数）	所辖地级及以上城市（2000年）
西北区域电网	陕西省（9）	西安、铜川、宝鸡、咸阳、渭南、延安、汉中、榆林、安康
	甘肃省（5）	兰州、嘉峪关、金昌、白银、天水
	青海省（1）	西宁
	宁夏回族自治区（3）	银川、石嘴山、吴忠
	新疆维吾尔自治区（2）	乌鲁木齐、克拉玛依
南方区域电网	广东省（21）	广州、韶关、深圳、珠海、汕头、佛山、江门、湛江、茂名、肇庆、惠州、梅州、汕尾、河源、阳江、清远、东莞、中山、潮州、揭阳、云浮
	广西壮族自治区（9）	南宁、柳州、桂林、梧州、北海、防城港、钦州、贵港、玉林
	云南省（3）	昆明、曲靖、玉溪
	贵州省（4）	贵阳、六盘水、遵义、安顺
海南省电网	海南省（2）	海口、三亚

第5章　居民生活耗能碳排放的增长及其地区差异

随着人口城市化的进展及经济增长，城市人口在快速增长的同时，生活、消费水平也在不断提高。城市人口增长及生活、消费水平的提高，无疑将带来碳排放量的增加及碳排放结构的变化。例如，洗衣机、电冰箱的广泛使用，家用空调、轿车的日益增多，都将使城市生活用电及生活用电碳排放增加。本章将在第4章的基础上，进一步探讨城市居民生活耗能碳排放的增长及其构成的变化。

5.1　城市碳排放效率评估及影响因素

中国目前仍处于工业化和城镇化快速发展阶段，以能源为典型代表的资源消耗强度尚未得到明显改善。资源投入增加、耗能与污染未减的快速经济增长方式，进一步加剧了能源供求矛盾，成为中国经济社会高质量发展的瓶颈。在能源消费总量持续快速增长，化石能源占比远大于可再生能源或新能源的比重，面对国际社会的碳减排压力和能源对外依存度高的现实背景，节能减排是中国必然的战略选择，从可持续发展的角度把握碳排放效率的内涵是实现经济、社会和环境和谐共进的基础。

5.1.1　能效的内涵及评估方法

中国“十一五”规划中，明确提出到2010年单位GDP能源消耗比“十五”期末降低20%左右。国家发展改革委、国家能源领导小组办公室和国家统计局于2005年印发《关于建立GDP能耗指标公报制度的通知》（发改环资〔2005〕2584号），通知强调了以科学发展观统领经济社会发展全局，广泛深入开展节能降耗工作的必要性。提出通过结构调整、技术进步、深化改革和加强管理等各项措施，采取经济的、法律的以及必要的行政手段，在生产、建设、流通、消费等各领域大力节约能源，不断提高能源资源利用效率。

能源效率在很多国家公共政策的制定中是不可忽视的重要问题。如何科学地评价各地区能源效率是中国实现节能降耗及碳减排目标的重要的科学前提和保证。对碳排放效率的评价是一项基于投入产出关系的复杂经济系统过程，国内国外关于能效的研究很多，根据不同的产出和投入的度量方法，能效有不同的变种形式，根据能效指标考察的生产要素基本可分为单要素生产率框架和全要素生产率框架（杨红亮和史丹，2008）。早期学者主要以碳排放总量与某一要素的比值作为碳排放效率的标准。例如，Yamaji 等（1993）提出碳生产效率，即一段时期内 GDP 与同期生产中的碳排放量之比。Mielnik 和 Goldemberg（1999）提出将单位能源消费的二氧化碳排放量作为发展中国家应对气候变化所做努力的评价标准。Sun（2005）认为碳强度（单位 GDP 的碳排放量）是评价国家能源政策和碳减排效果的一个合适指标，被广泛应用于各国际公约和协议中，用于量化减排责任和成效。宋国君和马本（2013）分别就单位 GDP 能耗、人均能耗和人均生活能耗三个指标制定了能效标杆。从 2006 年开始，每年 6 月底国家发展改革委、国家能源局和国家统计局联合公布上一年度各地区万元 GDP 能耗、规模以上工业企业万元工业增加值能耗和万元 GDP 电力消费量指标。各省级行政区也完善了相应的 GDP 能耗指标公报制度，公众可以获得城市层面的单位 GDP 能耗、单位工业增加值电耗和单位 GDP 电耗。

基于全要素生产率框架的能源效率将能源、劳动力、资本等各要素作为投入，测度各要素之间的替代关系，通过相对于生产前沿的逼近程度进行相对效率比较，包括参数和非参数两种方法。前者是通过先验的生产函数进行参数估计，将函数中的误差项区分为无效率和随机误差，优点是能够在一定程度上解释随机噪声，一般可选取 C-D 函数①或者 CES 函数②，包括收入份额法、随机边界法和计量经济学法。非参数方法是通过基于数据的线性包络凸面作为前沿，不涉及参数函数的估计，也放弃了研究对象在技术上是有效率的假设条件，主要以数据包络分析为代表，但不足是无法解释随机扰动。王群伟等（2010）利用了 2001~2007 年中国 28 个省区市的面板数据③，在全要素的框架下构建了 Malmquist 二氧化碳排放绩效指数，研究发现区域差异显著，存在收敛特征。

单要素指标只是从一个方面对碳排放效率进行衡量，不能反映出一个经济体

① Cobb-Douglas production function，柯布–道格拉斯生产函数。

② constant elasticity of substitution production function，固定替代弹性生产函数。

③ 海南和西藏数据缺失过多而不包括在内，重庆并入四川一起计算。

碳排放绩效的多维度特征，具有一定的局限性，但其优点是简单、容易运用（杜克锐和邹楚沅，2011）。

5.1.2　碳排放效率的影响因素

史丹研究发现能源效率较高的省市主要集中在东南沿海地区，能源效率最低的地区主要是煤炭资源比较丰富、以煤炭消费为主的内陆省区。由此提出在制定节能措施时既要考虑影响能源效率的一般性因素，也要考虑本地区的特殊因素。提高中国的能源效率需要改变地区自我平衡的能源配置方式，使能源流向效率高的地区（史丹，2006）。

1. 地理区位

吴国培和吴伟（2011）对中国人均生活能源消费的地区性差异进行了归纳，发现生活能源消费与人口数量、经济发展水平和所处纬度等因素均显著正相关，且人口对能源消费影响最大。中国北方地区的人均生活能源消费普遍高于南方地区，与气候因素有直接关系。夏立新等（1998）也基于郑州市的案例分析，发现由于空调等降温电器普遍具有高耗能特征，夏季日平均温度、持续高温天数等均与水电消耗量显著正相关，提出气温条件对能源消费存在显著影响。牛强等（2010）以 1978~2008 年全国各省区市的面板数据，计算各省区市能源消费及其省会城市（首府）的年平均气温的 Pearson 相关系数，证明了能温相关性在中国各省区市具有普适性。

2. 经济发展水平

许多研究运用计量经济学的方法，证明了经济发展水平与能源消费之间存在因果关系（Akarca and Long，1980；Lee，2005；贾俊松等，2011；崔和瑞和王娣，2010）。贾俊松等（2011）分析了全球主要国家和地区能源消费的规模、结构和效率的空间差异，发现油气资源丰富、经济发达地区人均能耗较高。能源经济效率，即单位能源消耗量的经济产出呈现显著的空间差异性。Wei 等（2007）通过生命周期法和灰色关联度模型分析了不同生活方式下能源消费、消费支出和碳排放之间的关系。贺仁飞等（2012）通过面板格兰杰因果检验和面板模型的参数估计对中国 30 个省区市（不含西藏）的城镇、农村两类消费群体的人均生活用能、收入和生活能源碳排放之间的内在关联和变化趋势进行了研究。岳瑞锋和朱永杰（2010）以 1990~2007 年能源碳排放作为数量指标，以排放强度和人均排放作为效率指标，对中国省域的能源碳排放类型进行聚类分析。表明 GDP 标准下的经济强省大多属于“高排放”类型，其中部分省甚至属于“高排放–低效率”类别。

中国经济增长中的大部分与处于环境非友好的相对高排放发展模式有关，这对于中国是一个严峻的挑战。

5.2 城市居民生活能耗碳排放增长驱动因素

5.2.1 城市生活能耗碳排放增长的分类

为了方便进行历史文献的比较，将作为研究队列的 261 个案例城市，按所处的地带分为东部城市、中部城市和西部城市（有别于西部大开发战略提出时的“西部地区”划分范围，不包括从东部地区划入西部地区的广西和由中部地区划到西部地区的内蒙古）。其中，东部城市包括北京、天津、上海 3 个直辖市及大连、青岛、宁波等沿海开放城市以及深圳、珠海等经济特区城市等共计 110 个城市；中部地区则包括山西、内蒙古、河南等 9 个省和自治区的 105 个城市；由于缺少西藏数据，西部城市则包括重庆等 9 个省市和自治区的 46 个城市。

首先，在 2000~2010 年 261 个地级及以上城市的碳排放面板数据的基础上，根据各城市 2000 年排放水平的初始状态量和 2000~2010 年的增长量，分别以 2000 年 261 个城市二氧化碳排放水平作为“高水平”和“低水平”的划分标准；以各城市在 2000~2010 年碳排放量的增长值作为划分“高增长”和“低增长”的依据，将各城市分为四个类型。

类型 I 是“高水平、高增长”，即 2000 年初始状态碳排放高于全国城市平均水平，且 2000~2010 年碳排放增长量超过全国城市平均水平。说明在研究时序的初期，生活能耗的碳排放水平已经处于高位水平，且继续保持强势的增长势头。属于该类型的城市共计 40 个。北京、上海、天津、重庆四个直辖市和石家庄、南京、杭州等主要省、自治区的省会城市和首府均包括在内。其中以上海最为典型，2000 年生活能耗二氧化碳排放全国城市平均水平为 28.16 万吨，而同年上海的碳排放水平高出平均水平近 19 倍，约 558.67 万吨，稳居 2000 年榜首位置。2010 年在 2000 年的高位基础上碳排放量进一步增长至 1216.50 万吨，净增加量达 657.83 万吨，增加率高达 118%。2000 年至 2010 年间各城市平均增长排放约 30 万吨，而上海该期间的碳排放增加量是平均增长量的近 22 倍。从 2000 年生活能耗碳排放水平来看，紧随上海之后的分别是北京（434.06 万吨）、广州（287.19 万吨）、重庆（279.06 万吨）、深圳（276.41 万吨）、天津（243.72 万吨）等在全国政治、社会、经济、文化等活动中具有重要地位并在一定区域范围内具有主导作用和辐射带动能力的城市。而从 2000 年至 2010 年期间生活能耗二氧化碳排放增长量的角度看，增长量仅次于上海的分别是北京、杭州、苏州、广州、天津等城市。从排序的结果看，北京、上海、广州，中国最具影响力的三个一线城市，都显著表现出高水平和高增长的特点。从地区分布看，40 个类型Ⅰ“高水平、高增长”的城市中以东部城市居多，共计 27 个，而中部城市和西部城市所占份额相当，分别为 7 个中部城市和 6 个西部城市，中西部该类型城市数合计值仅约为东部该类型城市数的一半，分别是中部地区的太原市、长春市、合肥市、南昌市、郑州市、武汉市、长沙市，西部地区的重庆市、成都市、贵阳市、昆明市、西安市、乌鲁木齐市，除重庆外，中西部隶属于类型Ⅰ的城市无一例外地均为各省、自治区的省会或首府城市。而类型Ⅰ中非省会城市而碳排放表现出“高水平、高增长”特征的城市主要集中在东部地区的江苏省、浙江省、广东省和山东省。

类型Ⅱ是“高水平、低增长”，即 2000 年初始状态碳排放高于全国城市平均水平，且 2000~2010 年碳排放增长量低于全国城市平均水平。说明该类型城市期初虽然表现为较高的碳排放水平，但增长趋势在研究时序内或已得到有效遏制，呈现低增长或处于停滞状态，甚至出现负增长。或者该类型城市由于所处的发展阶段，碳排放增长的潜能还未充分体现。该类型城市在地区间的分布相对均衡，仍以东部城市为主。24 个“高水平、低增长”类型Ⅱ城市中，东部城市 12 个，中部城市 8 个，西部城市 4 个。该类型城市主要是河北省、辽宁省、山东省、四川省除省会城市之外经济较发达和人口规模在 100 万左右的大城市，另外包括两个省会城市，分别是黑龙江省省会城市哈尔滨市、甘肃省省会城市兰州市。

类型Ⅲ是“低水平、高增长”，即 2000 年初始状态碳排放低于全国城市平均水平，但 2000~2010 年碳排放增长量超过全国城市平均水平。这类型城市具有较强的增长潜力，虽然期初状态表现出较低的碳排放水平，但如果保持如此强势增长态势极有可能超过全国城市平均水平，跻身生活能耗碳排放高水平城市之列。该类型城市数量最少。261 个案例城市中只有 16 个属于该类别，其中 12 个属于东部城市，中部和西部城市各 2 个，其中包括青海省的省会城市西宁和内蒙古自治区的首府城市呼和浩特。这些虽然 2000 年表现为低于全国平均碳排放水平却表现出高增长势头的“低水平、高增长”城市主要集中在东部地区的苏浙两省和广东省。

类型Ⅳ是“低水平、低增长”，即 2000 年初始状态碳排放低于全国城市平均水平，且 2000~2010 年碳排放增长量低于全国城市平均水平。说明该类型城市期初表现为相对较低的碳排放水平，且在 2000 年至 2010 年间该类型城市的生活能耗碳排放的增长态势呈缓慢低增长甚至出现负增长。类型Ⅳ是中国城市主体，属于该类型的城市数量达到 181 个且分布于东、中、西部各个省、自治区。

该类型城市以中部城市数量最多，为 88 个，其次是东部城市 59 个，西部城市为 34 个。其中包括海南省的海口市和宁夏回族自治区的首府银川市。

根据图 5.1 和表 5.1 可以看出，中国 181 个地级及以上城市中属于类型Ⅳ，碳排放特征表现为“低水平、低增长”的城市数量远高于其他三个类型，比例高达近 70%。其次，分别是类型Ⅰ“高水平、高增长”，占城市总数的 15%；类型Ⅱ“高水平、低增长”所占比重约为 9%，类型Ⅲ“低水平、高增长”的城市数量相对最少，该类型城市比重仅为 6%左右。从分地区，东部、中部和西部城市各类型的比重看，类型Ⅳ城市所占的比重相比其他类型的比重在各个地区都最高，但东部地区“低水平、低增长”城市的比重仅为 54%，分别比中部城市和西部城市中该类型城市的比重低 30 和 20 个百分点。东部地区约 1/4 的城市表现为“高水平、高增长” 的类型特征。从类型分布结构的严重不均匀的结果看出，不同城市之间的碳排放水平和 2000~2010 年的增长量存在显著差距。少数“高水平”和“高增长”的城市拉高了整体碳排放水平和增长量的平均数，导致与中位数严重偏离。261 个城市中涵盖类型Ⅰ“高水平、高增长”和类型Ⅱ“高水平、低增长”的碳排放“高水平”城市数仅为 64 个，即 2000 年有 197 个城市达不到全国城市碳排放平均水平。而涵盖了类型Ⅰ“高水平、高增长”和类型Ⅲ“低水平、高增长”的“高增长”城市数量更少，仅为 56 个，而增长量低于平均水平的“低增长”城市数量为 205 个。碳排放增长分布的不均衡胜于碳排放水平分布的不均衡。

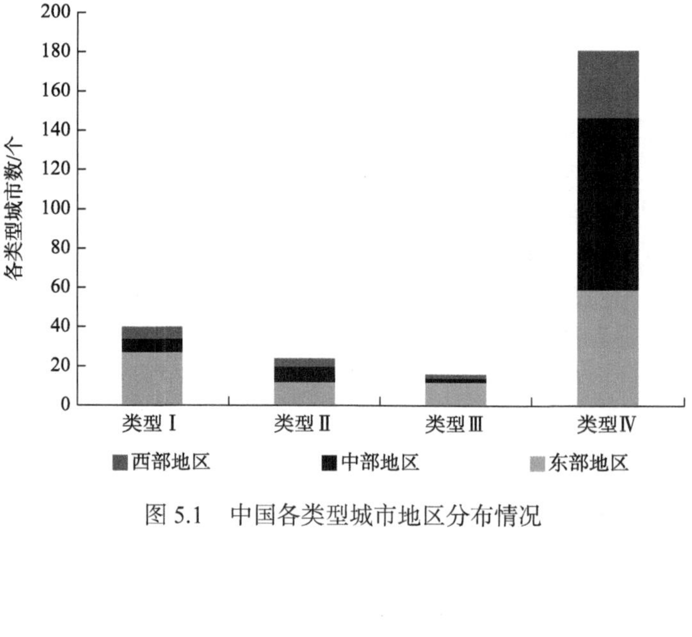

图 5.1　中国各类型城市地区分布情况

表 5.1　中国城市生活能耗碳排放水平和增长量分类情况①

	高增长		低增长	
	类型Ⅰ（40 个）		类型Ⅱ（24 个）	
高水平	东部	北京、天津、石家庄、沈阳、大连、上海、南京、无锡、徐州、常州、苏州、杭州、宁波、温州、台州、福州、厦门、济南、青岛、临沂、广州、深圳、汕头、佛山、东莞、中山、南宁	东部	唐山、邯郸、鞍山、抚顺、锦州、淄博、烟台、潍坊、珠海、茂名、柳州、桂林
	中部	太原、长春、合肥、南昌、郑州、武汉、长沙	中部	吉林、哈尔滨、齐齐哈尔、大庆、牡丹江、安庆、洛阳、安阳
	西部	重庆、成都、贵阳、昆明、西安、乌鲁木齐	西部	攀枝花、泸州、绵阳、兰州
	类型Ⅲ（16 个）		类型Ⅳ（181 个）	
低水平	东部	保定、南通、淮安、盐城、扬州、镇江、金华、莆田、泉州、枣庄、湛江、惠州、	东部	秦皇岛、邢台、张家口、承德、沧州、廊坊、衡水、本溪、丹东、营口、阜新、辽阳、盘锦、铁岭、朝阳、葫芦岛、连云港、泰州、宿迁、嘉兴、湖州、绍兴、衢州、舟山、丽水、三明、漳州、南平、龙岩、宁德、东营、济宁、泰安、威海、日照、莱芜、德州、聊城、滨州、菏泽、韶关、江门、肇庆、梅州、汕尾、河源、阳江、清远、潮州、揭阳、云浮、梧州、北海、防城港、钦州、贵港、玉林、海口、三亚
	中部	呼和浩特、包头	中部	大同、阳泉、长治、晋城、朔州、晋中、运城、忻州、临汾、乌海、赤峰、通辽、四平、辽源、通化、白山、松原、白城、鸡西、鹤岗、双鸭山、伊春、佳木斯、七台河、黑河、绥化、芜湖、蚌埠、淮南、马鞍山、淮北、铜陵、黄山、滁州、阜阳、宿州、巢湖、六安、亳州、池州、宣城、景德镇、萍乡、九江、新余、鹰潭、赣州、吉安、宜春、抚州、上饶、开封、平顶山、鹤壁、新乡、焦作、濮阳、许昌、漯河、三门峡、南阳、商丘、信阳、周口、驻马店、黄石、十堰、宜昌、襄樊、鄂州、荆门、孝感、荆州、黄冈、咸宁、随州、株洲、湘潭、衡阳、邵阳、岳阳、常德、张家界、益阳、郴州、永州、怀化、娄底
	西部	遵义、西宁	西部	自贡、德阳、广元、遂宁、内江、乐山、南充、眉山、宜宾、广安、达州、雅安、巴中、资阳、六盘水、安顺、曲靖、玉溪、铜川、宝鸡、咸阳、渭南、延安、汉中、榆林、安康、嘉峪关、金昌、白银、天水、银川、石嘴山、吴忠、克拉玛依

资料来源：见注①

① 根据《中国城市统计年鉴》按城市地理位置分组：①东部地区包括北京、天津、河北、辽宁、上海、江苏、浙江、福建、山东、广东、广西、海南等 12 个省、自治区的城市和直辖市；②中部地区包括山西、内蒙古、吉林、黑龙江、安徽、江西、河南、湖北、湖南 9 个省和自治区的城市；③西部地区包括重庆、四川、贵州、云南、西藏、陕西、甘肃、宁夏、青海、新疆 10 个省和自治区的城市和直辖市。本章研究中西藏数据缺失。

以 2000 年和 2010 年各个城市生活能耗碳排放水平状态量和变化量作为划分依据进行分类虽具有一定说服力，但受 2000 年和 2010 年统计数据质量的影响较大，因此，研究进一步利用 Stata 的作图模块绘制 261 个城市 2000~2010 年生活能耗碳排放的散点图并利用二次多项式（即 $y=\alpha+\beta x+\gamma x^2+\varepsilon$ ）进行回归曲线拟合，逐一考察各城市 2000~2010 年碳排放的变化路径。

261 个城市 2000~2010 年生活能耗碳排放的散点图及二次回归曲线拟合图总体上分为三类：增长型、波动型和负增长型。碍于数据质量、考察时序等限制，部分城市碳排放表现为无序的波动变化，曲线拟合度较差，变动趋势不具有表征性，该类城市暂且划分为“波动型”，另一类是，以双鸭山市和揭阳市为代表的“负增长型”，变动趋势基本成倒“U”形，碳排放经历先增后降的过程，经历转折之后稳定呈负增长。除此之外，中国城市生活能耗碳排放主要表现为不同趋势形态的增长型（姜惠敏，2014）。图 5.2 为碳排放变动的理想模式图，图 5.3 是各城市生活能耗碳排放增长的趋势形态。

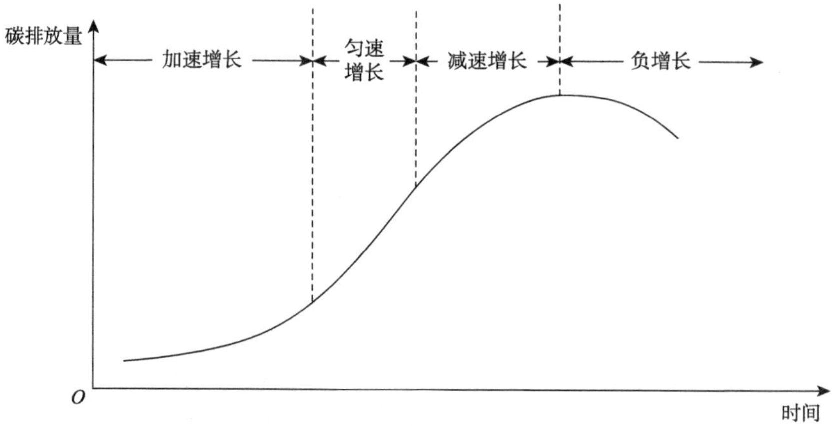

图 5.2　碳排放变动的理想模式图

“加速增长型”，这类型城市二氧化碳年排放量保持强势增长态势，且涨幅逐年扩大，碳排放增长速度逐渐提高，拟合曲线表现为斜率逐渐扩大。62 个城市在 2000~2010 年表现出加速增长特征，以长江三角洲苏浙皖三省三线新兴型城市和起步型城市最为典型，包括江苏省徐州市、南通市、连云港市、盐城市、泰州市、宿迁市，浙江省湖州市、金华市、舟山市、台州市、丽水市，安徽省芜湖市、淮南市、马鞍山市、淮北市、铜陵市、阜阳市、巢湖市、六安市、亳州市、池州市、宣城市。另外河南省也有包括开封市、平顶山市等 7 个城市碳排放变动表现为加速增长型。

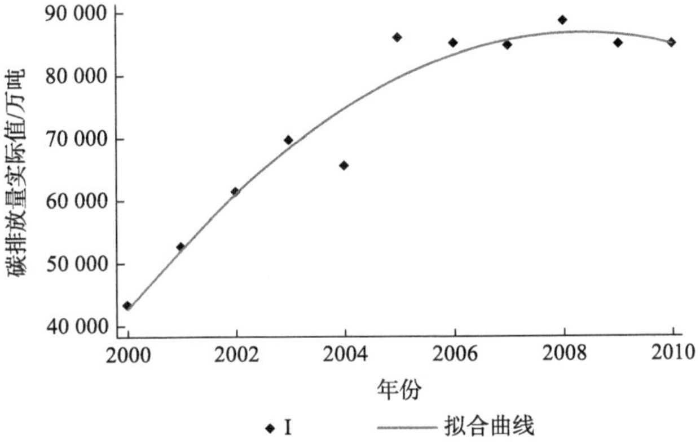

（a）减速增长型（以北京市为例）

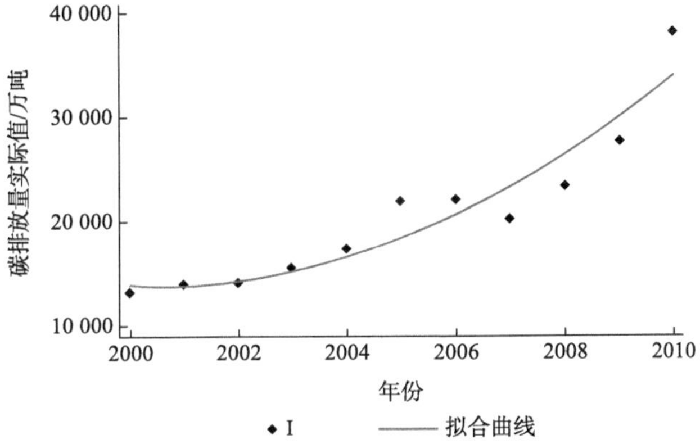

（b）加速增长型（以泰州市为例）

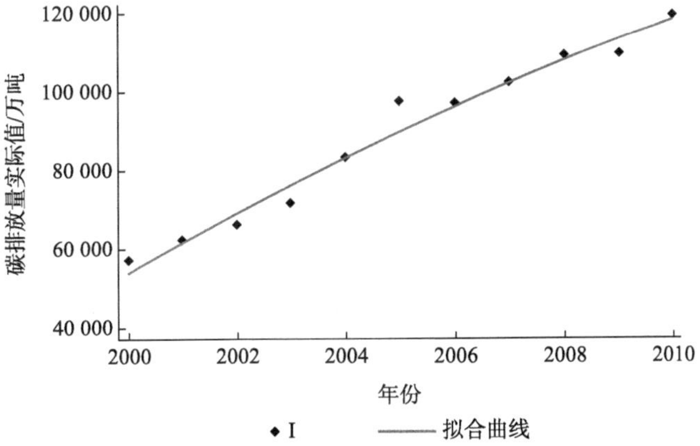

（c）直线增长型（以太原市为例）

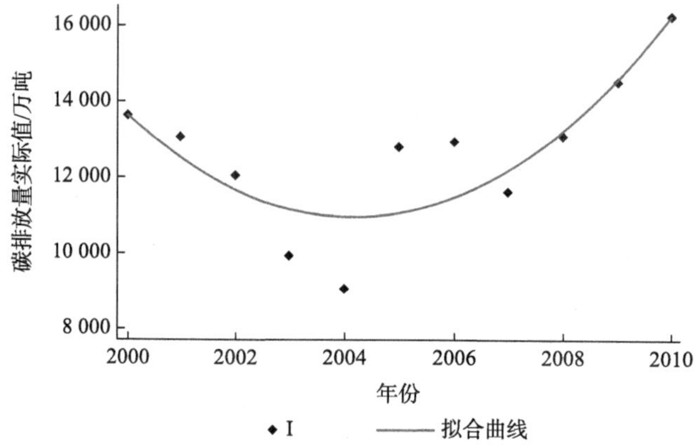

（d）“U”形（以三明市为例）

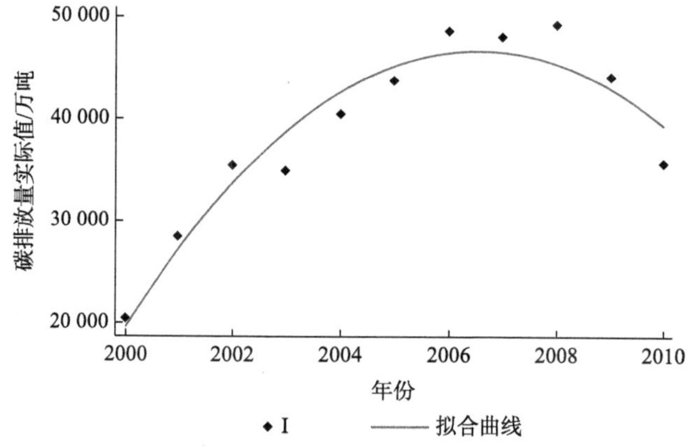

（e）倒“U”形（以营口市为例）

图 5.3　生活能耗碳排放“增长型”城市的不同趋势形态

“直线增长型”，亦可称之为“匀速增长型”，即年均增长量保持一个相对稳定的常值，不随时间的改变而改变，碳排放增长速度保持不变。散点图的拟合曲线表现为一条斜率为正值、倾斜向上的直线。表现出直线增长变动特征的城市数量为 54 个。其中以山西省的城市最为典型，包括太原市、大同市、阳泉市、晋城市、朔州市、运城市，碳排放量都基本呈直线型增长。除了山西省之外，江苏省南京市、苏州市等城市，浙江省的宁波市、温州市、嘉兴市等城市，安徽省合肥市、蚌埠市等城市，山东省青岛市、日照市等城市也均表现出直线增长的特征。

“减速增长型”，即增速趋缓的增长，这类型城市二氧化碳年排放量仍保持增长态势，但涨幅逐年缩小，虽然未真正达到“碳减排”目标，但已基本实现“碳缓慢”，碳排放增长速度逐渐放缓，拟合曲线表现为斜率逐渐减小趋向于零。81 个城市在 2000~2010 年表现出减速增长趋势，以北京市为例，属于类型Ⅰ，“高水平、高增长”，但其碳排放增长的趋势已经显著放缓，年增长量逐年下降，但由于前期增长迅猛，尽管后期增长趋缓，但碳排放量仍稳定在高位水平。包括上海、广州、重庆、石家庄、沈阳、呼和浩特、福州、杭州、南昌、武汉、长沙、成都、贵阳、西安、乌鲁木齐等多个具有典型“高水平、高增长”特征的直辖市及省会、首府城市的碳排放量在 2000~2010 年表现为减速增长趋势变动特征。

另有两类比较特殊的形态，分别为“U”形和倒“U”形。该类型城市 2010 年的排放水平较 2000 年水平有所提高，但其间经历了转折。以三明市为例，虽然属于“低水平、低增长”的类型Ⅳ，但碳排放变动趋势呈“U”形，说明期间碳排放水平经历了先降后升的转变，2011 年前后处于强势反弹期，每年新增二氧化碳排放的增量预计将逐年扩大，而营口市虽然也属于类型Ⅳ，与其他城市相比表现为“低水平、低增长”的碳排放特征，从 2000~2010 年碳排放变动过程倒“U”形的趋势分析看，碳排放水平首先经历上升阶段，2008 年左右达到峰值后发生趋势性转变，之后处于碳排放量逐年下降的“负增长”阶段。预计按此趋势发展，碳排放水平将进一步降低。

5.2.2　城市生活能耗碳排放增长的因素分解

1. 城市生活能耗碳排放增长变动情况

从图 5.4 可知，中国 261 个城市生活能耗碳排放总量在 2000~2010 年总体呈减速增长态势，趋势线的 R^2 达到 0.9185，二次多项式拟合程度较高，具有一定可靠性。从碳排放量变动的趋势和年际变化量的变动判断，总体呈增长态势，2000 年 261 个城市生活能耗碳排放总量为 7893.4 万吨，2010 年二氧化碳排放量上升至 15 123.0 万吨，2010 年碳排放总量是 2000 年碳排放总量的近 2 倍，经过 10 年增长几乎实现翻一番，增长量共计 7229.6 万吨，平均每年新增碳排放约 723 万吨，相当于 2003 年碳排放水平最高的城市上海一整年的排放量。碳排放总量在 2004 年之前基本呈加速增长趋势，碳排放增量逐年扩大。2001 年碳排放总量在 2000 年的基础上进一步上涨约 484.0 万吨，2002 年的涨幅进一步增至 831.6 万吨，增长量扩大近一倍。2003 年中国 261 个城市生活能耗碳排放总量已超过 1 亿吨，比 2002 年高出 1139.5 万吨。2004 年增幅迅速缩水至 180.4 万吨，但碳排放总量仍然继续保持小幅增长趋势，直到 2007 年增长量变为负值，说明 2007 年城市生活能耗碳排放水平与前一年相比出现了负增长，从 2006 年的 14 328.4 万吨下降为 13 428.6 万吨，减少排放约 899.8 万吨。但负增长的态势没有持续保持，2008 年碳排放水平反弹回 2006 年水平，增加量与减少量基本持平。之后两年的变动趋势高度类似，2006~2010 年，即“十一五”期间，中国城市碳排放基本呈波动上升的态势，期间经历了两次先降后升的趋势变动，2010 年碳排放水平比 2006 年水平高出 794.7 万吨，增量不及“十五”期间（2001~2005 年）的 20%。

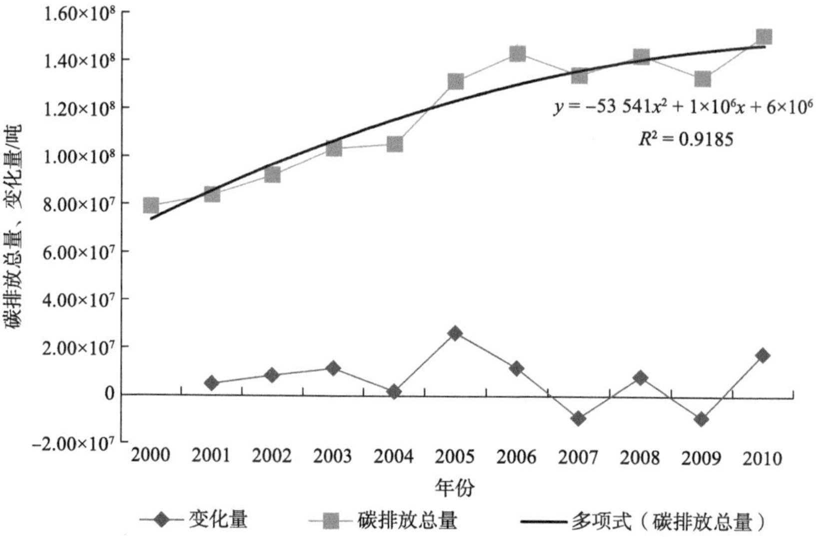

图 5.4　中国城市碳排放总量和年际变化量变动趋势（2000~2010 年）

2. 影响因素分解结果

图 5.5 表示的是 2000~2010 年，中国 261 个地级及以上城市生活能源消费的碳排放强度或能源结构碳密度（Ic）、能源强度（Ie）、人均 GDP（A）和人口总量（P）对碳排放总量增长的贡献量的变动情况，分别概括为碳密度效应（Ic-effect）、能源强度效应（Ie-effect）、财富效应（A-effect）和人口效应（P-effect）。

从中国城市整体碳排放增长的影响而言，能源使用的碳排放强度或能源结构碳密度对碳排放的影响与以 G7+5[①]国家为研究对象在国家层面获得的结果一致，经历了多次正负效应交替的转变，从累计影响看最终表现为微弱的正效应（姜惠敏，2014）。能源强度是唯一对碳排放的增长始终表现为负效应的因素，而分别反映人均 GDP 和人口规模变动的财富效应和人口效应始终表现为促进城市生活能耗碳排放增长的正效应。各效应在影响碳排放增长的过程中，同向影响相互叠加，而反向影响则相互抵消。从累积影响看，期末 2010 年中国城市生活能耗碳排放水平与期初 2000 年水平相比，约 7229.6 万吨的增长量中，碳密度效应、能源强度效应、财富效应和人口效应的累积贡献率分别为 5.6%、−103.38%、151.21%和 46.57%。

① G7 是美国、日本、英国、德国、法国、意大利、加拿大，5 国是中国、巴西、印度、南非、墨西哥。

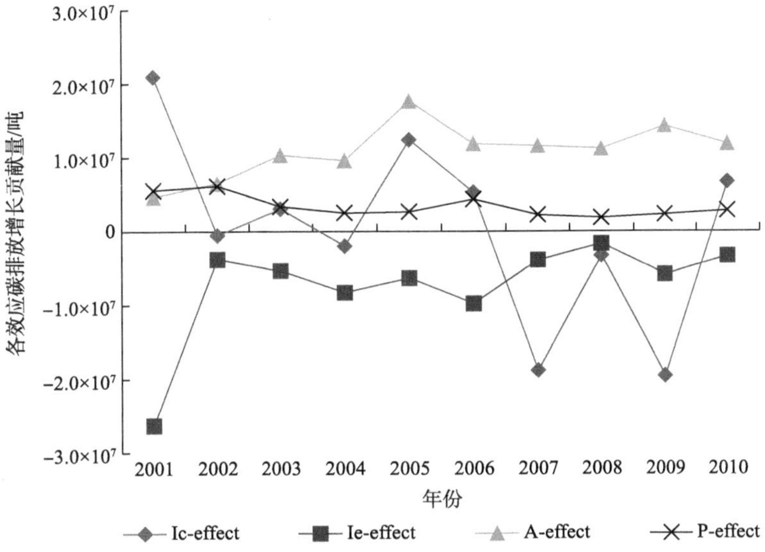

图 5.5　中国城市碳排放增长各效应贡献量变动趋势（2000~2010 年）

从图 5.5 所示的 2000~2010 年各分解因素对中国城市生活能耗碳排放的贡献量的相对比重和变化趋势可以看出，碳密度效应对碳排放总量增长的影响十分显著，多数情况下表现为促进碳增排的正向影响，尤其对 2001 年和 2005 年相对上一年度的增长量有显著的推动作用。但又会对碳排放增长产生阶段性抑制作用，如 2007 年和 2009 年碳密度效应带来的减排量分别高达 1886.2 万吨和 1959.0 万吨，是导致城市碳排放总量水平在 2007 年和 2009 年出现短暂负增长的主要影响因素。

因素分解结果显示，能源强度变化对 2000~2010 年中国城市生活能耗碳排放增长的贡献表现为显著的负效应。能源强度指标是以单位 GDP 的一次能源消费总量来表征能源系统的投入产出特性，在一定程度上反映了能源经济活动的效率。本章中涉及的一次能源消费量不同于全行业的能源消费总量，碍于城市层面能源数据的可及性，仅针对居民家庭生活直接能耗。能源强度与产业结构、能源结构和技术进步等多种因素相关，已有研究论证了中国自 20 世纪 80 年代以来，包括电力和燃气生产和供应业以及与家用电器相关的制造业在内的各产业能源强度均有大幅度下降（朱勤，2011）。能源强度效应对城市生活能耗碳排放减缓的贡献主要是由于技术进步提高了能源产出效率。值得注意的是，虽然能源强度效应表现为持续稳定的负效应，但在该效应影响下产生的减排量略有所下降。能源强度效应贡献的减排量的平均值约为 747.4 万吨，而 2007~2010 年能源强度效应最大贡献量为 588.6 万吨，2008 年贡献的减排量最小仅为 169.0 万吨，对碳排放的环节作用明显减弱。能源强度的下降的作用机制是在一定技术进步水平下，改善能源投入产出中的低效环节，在能源具有不可替代性的前提下，能源产出效率就不可能无限持续提高，因此能源强度效应对碳排放减缓作用的发展潜力也存在极限值。但就中国当时的技术发展水平而言，与同时期先行工业化国家相比尚有较大差距，相信通过先进节能技术的研发投产驱动能源效率大幅提高，将成为中国推进节能减排的核心手段。

LMDI①分解结果显示，财富水平持续增长是中国城市该阶段生活能耗碳排放增长的主要因素。图 5.6 为 2000 年至 2010 年中国 261 个地级及以上城市居民家庭生活能源消费碳排放量与 GDP 数据（以 1978 年为基期进行不变价折算）的散点图和拟合趋势线，从图 5.6 可以看出该阶段中国城市居民家庭生活能耗碳排放与 GDP 变动呈现出较显著的正相关关系。一次线性趋势线的拟合度较高，回归分析模型的 R^2 达到 0.89，显示城市生活能耗碳排放量随着经济总量的增长而增长，具有较高可信度。王锋等（2010）基于能源需求模型认为中国当时二氧化碳排放量的增长是经济发展的必然结果，人均 GDP 增长是贡献最大的驱动因素。2000~2010 年财富效应对中国城市居民家庭生活能源消费碳排放增长的平均贡献量为 1093.2 万吨，从财富效应的贡献变动情况看，在“十五”期间随着国际经济形势的好转和 2001 年末中国加入 WTO，中国的经济重新开始加速增长，财富效应对碳排放增长的促进作用日趋显著，贡献量呈逐年扩大趋势。2001 年由人均 GDP 提高引致的碳排放增长量为 466.0 万吨，2007 年该数值增至 1765.5 万吨，达到该时期财富效应贡献量的最高值。“十一五”期间，经济发展对碳排放增长的正效应持续扩大的增长势头得到有效遏制，财富效应对碳排放增长的贡献量与 2005 年相比出现大幅下降并基本保持在 1212.5 万吨左右。

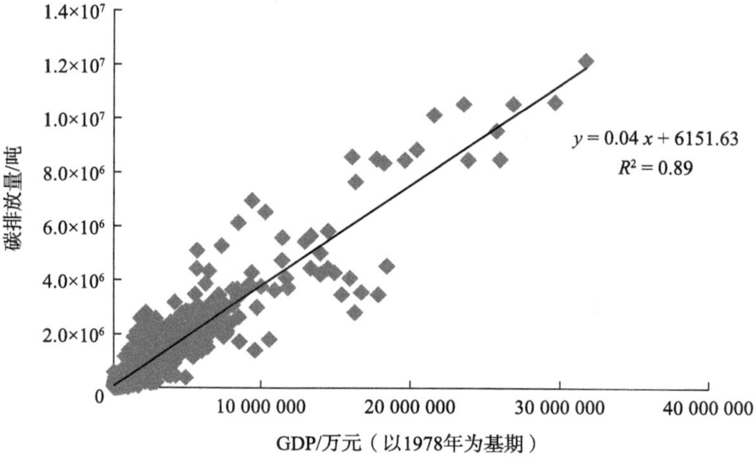

图 5.6　中国城市碳排放量与 GDP 变动关系（261 个城市，2000~2010 年）

① logarithmic mean Divisia index，对数平均 D 氏指数。

Grossman 和 Krueger（1995）认为经济增长通过规模效应、技术效应与结构效应三种途径影响环境质量，并提出库兹涅茨曲线，环境污染程度与人均收入呈倒“U”形关系：当一个国家经济发展水平较低的时候，环境污染的程度也相对较轻，但随着人均收入的增加，环境污染的程度会随着经济的增长而加剧；当经济发展达到一定水平时，环境污染程度达到最大值，之后，随着人均收入的进一步增加，其环境污染的程度逐渐减缓，环境质量逐渐得到改善，经济增长与环境改善出现并行。从图 5.7 看出，中国在 21 世纪初期仍处于倒“U”形曲线临界点或称“拐点”之前的爬升阶段，面临经济发展与碳减排的两难困境。值得谨慎乐观的是，尽管财富效应始终是该阶段碳排放增长的首要因素，但该效应贡献量在经历了 2005 年最高点（1765.5 万吨）之后便转变为下降趋势。有学者基于能源消费指标的聚类分析和国际比较，提出人均 GDP 在 3000 美元左右是经济发展与能源消费重要的分水岭，经济发展水平与能源消费的正向关联性会发生转变（余国合和吴巧生，2008）。不同的国家或地区经济发展与碳排放之间不存在单一的、精确的演变规律（中国科学院可持续发展战略研究组，2009）。能源作为维持社会经济系统运行的基本投入，在一定程度上反映了国家经济活动的强度和国民消费水平，以化石燃料为主的能源消费方式导致了碳排放与经济产出在研究期必然保持较高的相关度。《中华人民共和国气候变化初始国家信息通报》指出，气候变化既是环境问题，也是发展问题，但归根到底是发展问题。《联合国气候变化框架公约》强调在公平的基础上，承担共同而有区别的减排责任。尽管发展中国家在全球排放中所占份额将会增加，但人均排放仍相对较低，应满足其经济和社会发展的需要。中国仍然是发展中国家，面对庞大的人口基数和巨大的区域差距，人均资源占有量、社会生产力水平和人民生活水平仍然较低，经济增长是满足中国国民生存与发展基本需要的必要条件，因此“发展”仍将会是中国今后相当长一段时期内的首要任务。预计伴随着工业化进程的推进和消费水平的提高，各种高能耗产品的产量和使用量还将持续增长，进一步加剧对能源的需求。中国节能减排不能寄希望于牺牲经济增长，而应该着眼于提高能源效率，寻找低能耗、低排放的经济与环境并行的可持续发展路径。

LMDI 因素分解的结果显示，城市层面人口规模对该阶段碳排放的增长具有显著正向影响，表现为促进碳增排，与国家层面的研究结论一致。从人口效应对碳排放增长贡献的变动情况（图 5.7）可以看出，城市人口规模对碳排放的贡献总体呈波动下降趋势。人口效应在 2001 年和 2002 年对碳排放增长量的贡献值均在 600 万吨左右，此后贡献量下降至 300 万吨左右，2008 年人口效应的贡献量更是一度降至 200 万吨以下，虽然贡献量 2006 年出现过短暂回升，但仍远远低于期初

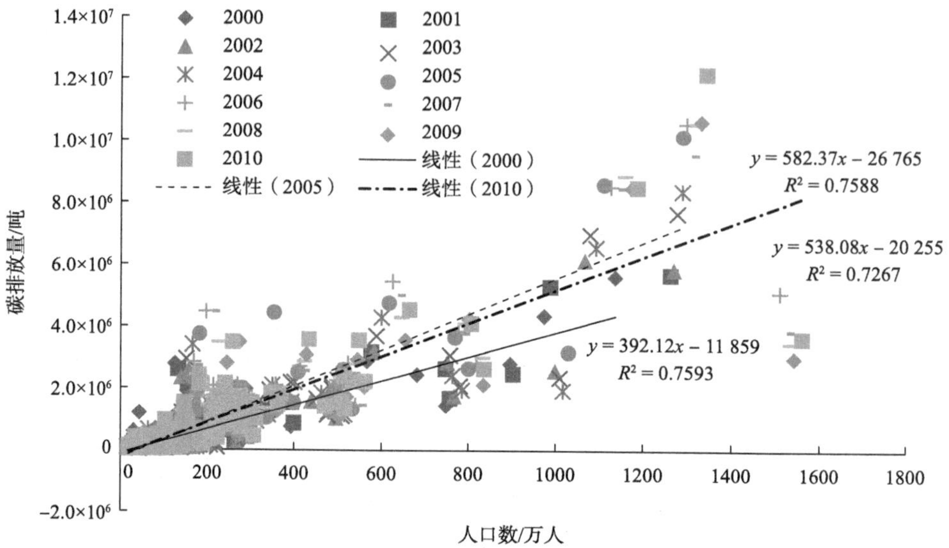

图 5.7　中国城市碳排放量与人口变动关系（261 个城市，2000~2010 年）

水平。这表明，城市人口规模对居民家庭生活能耗碳排放增长的影响力在该阶段正逐渐减弱。图 5.7 是 2000 年至 2010 年中国 261 个地级及以上城市居民家庭生活能源消费碳排放量与城市人口数的散点图和 2000 年、2005 年和 2010 年三个时间截面数据的线性拟合情况，从图 5.7 可以看出该阶段中国城市居民家庭生活能耗碳排放与人口规模变动呈现出较显著的正相关关系。线性回归方程的拟合度较高，R^2 均超过 0.7。利用 2000 年 261 个城市碳排放和人口的截面数据进行一元线性回归分析，获得的回归系数为 392.12（R^2 = 0.7593），每增加一个单位人口会相应增加 392.12 单位的碳排放。2005 年获得回归方程的系数增长至 582.37（R^2 = 0.7588），即每增加一个单位人口增加的碳排放增加至 582.37 个单位。而 2010 年回归系数减小为 538.08（R^2 = 0.7267），单位人口增加导致的碳排放增加下降为 538.08 个单位。回归方程系数均为正说明该阶段城市生活能耗碳排放量始终随着人口数量的增加而增加，回归系数先增大后减小的转变，说明人口因素对碳排放的作用在 2000~2010 年经历了先增强后减弱的转变过程，与 LMDI 因素分解结果显示的人口效应的贡献变动情况一致。国家层面研究人口规模变动对碳排放的影响多从人口年龄结构和生育政策等角度探讨人口“自然增长”的影响，而较少涉及国际迁移对人口规模变动的影响。从中国人口基数庞大的实际情况出发，确实由国际迁移导致的“迁移增长”的影响几乎“微不足道”，但在城市研究中，人口迁移对迁入城市和迁出城市的人口发展的作用就不容忽视了，在许多城市甚至可能超过“自然变动”的影响。人口迁移是一个涉及流向和流量的动态问题，在人口迁移的过程中势必会伴随碳排放的转移，之后的章节会做进一步探讨。

5.3　城市居民生活能耗碳排放的地区差异

城市是以人为主体，社会经济文化各种多元载体高度集中并不断运转的有机整体。高度集中是城市区别于农村的基本特征。城市成为能源消费的主体，但是，差异化的自然禀赋条件、发展模式与发展水平使得不同的城市在能源消费系统中各自发挥着不同的作用。能源消费及二氧化碳排放情况都必然受到自然和社会经济条件的影响，进而表现出一定的地域性差异，而任何基于同质化假设的“一刀切”的政策制定和实施都会降低能源管理的效率，导致节能减排目标难以达成。因此，考察中国城市生活碳排放的空间分布特征，以及与城市人口规模和经济规模的相互关系就显得至关重要。

5.3.1　集中化程度

为揭示地理现象分布的基本格局，常常用地理数据分布的集中化程度与均衡度来描述。洛伦兹曲线就是用累计频率曲线的上凸程度形象而直观地描述要素分布在地域空间上的集中化程度，上凸程度越大表示集中化程度越高，如果完全均匀分布则表现为直线型的对角线。

假设洛伦兹曲线的解析式为

$$Y = f(X) \quad X = 0,1,\cdots,n$$

则曲线下方区域面积为

$$A = \int_0^n f(X)\mathrm{d}X$$

当数据均匀分布时，A 就变成了对角线以下三角形的面积（R）；当数据完全集中分布于一点时，A 就变成了整个矩形面积（M）。

集中化指数 I，是一个与洛伦兹曲线相对应的统计量，用来分析和衡量区域内工业或经济部门专门化（或集中化）程度的一项重要的数量指标，可以定量化描述地理数据分布的集中化程度。在实际应用中，因为无法准确获得洛伦兹曲线的解析式，因此用近似取值的方法代替公式法计算面积 A。

计算公式如下：

$$I=\frac{A-R}{M-R}$$

式中，A 表示实际数据的累计百分比总和；R 表示均匀分布时的累计百分比总和；M 表示集中分布时的累计百分比总和。

通过计算集中化指数，比较 2000~2010 年的人口、GDP 和二氧化碳排放量的集中化程度。根据定义，集中化指数取值范围为 $0 \leqslant I \leqslant 1$。集中化指数 I 越大，说明数据分布的集中化程度越高，当某一数据完全集中于一个点时，$A = M$，集中化程度最大，I 达到最大值 1；反之，I 越小，说明要素在地域空间上分布越均衡。当地理数据在空间中均匀分布时，$I = 0$。

由图 5.8 中 2010 年人口、以 GDP 为指标的经济状况和二氧化碳排放量的洛伦兹曲线的上凸程度和表 5.2 中 2000~2010 年各要素在城市间分布的集中化指数可以看出，人口、经济和生活能耗碳排放在 261 个城市间的分布均显著偏离均衡状态。其中，人口的空间分布相对均匀，经济分布最不均衡，集中化程度最高。2000~2010 年人口的集中化指数平均为 0.4454，从标准偏差的结果可以看出，离散程度相对最小，说明人口的集中化程度在考察期间未出现显著改变。从城市个体数据看，人口始终高度集中在重庆、上海、北京等直辖市以及广州、西安、南京等省会城市。集中化程度的小幅变化说明，在城市人口剧增的过程中，各城市人口增长的速度基本保持一致。而 GDP 的集中程度远高于人口，且表现出日趋集中的态势，2000 年集中化指数为 0.6296，2005 年一度增至 0.6599，之后平稳回落至 0.6487，平均值为 0.6492，说明国民经济总量的地域差异在城市层面显著。尽管直辖市和省会城市之外，许多地级市通过不断完善城市功能，已具备一定吸纳农村人口的潜力，或居当地经济的主体地位，对区域经济发展产生巨大的带动作用，但横向比较各地级城市的经济发展水平仍存在一定差距。从集中化指数的计算结果可以看出，二氧化碳排放量分布的基本格局与 GDP 的分布格局具有一定相似性，均值达到 0.6282，说明二氧化碳排放主要集中在少数城市。但从变化趋势看，与 2000 年相比，2010 年的集中化指数降低了 0.0167，也就是说，与 2000 年相比，2010 年各城市二氧化碳排放量的集中化程度降低了，即不同城市的排放水平在一定程度上趋向均衡了。从变化趋势看，城市二氧化碳排放量的集中化指数在 2004 年达到峰值 0.6468，2005 年维持在高位，之后便出现骤降。2008 年降至最小值 0.6090，均衡度提高至 2000~2010 年最高水平，二氧化碳排放量的集中化程度的年际变化相对较大，标准偏差为 0.0112，大于人口和经济指标集中化程度的变化幅度。

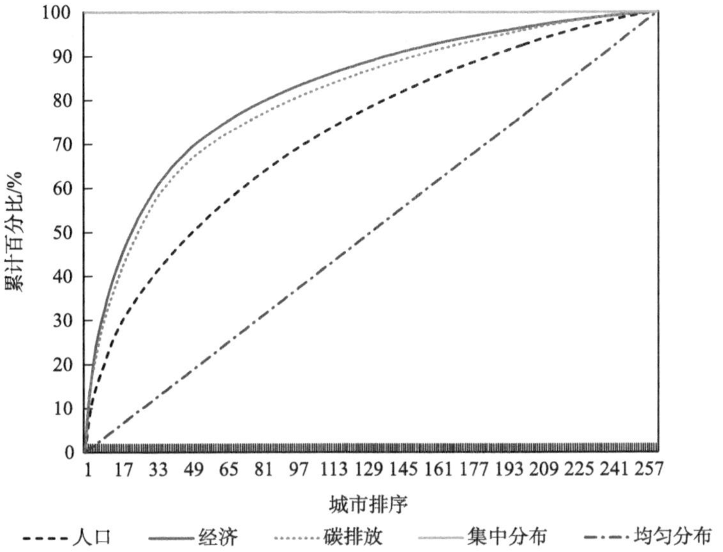

图 5.8　中国城市人口、经济（GDP）和碳排放的洛伦兹曲线（2010 年）

表 5.2　城市人口、经济（GDP）和碳排放量的分布的集中化指数（2000~2010 年）

集中化指数	人口	经济（以 1978 年为基期）	二氧化碳排放量
I_{2000}	0.4346	0.6296	0.6323
I_{2001}	0.4414	0.6421	0.6283
I_{2002}	0.4467	0.6460	0.6286
I_{2003}	0.4466	0.6485	0.6344
I_{2004}	0.4444	0.6452	0.6468
I_{2005}	0.4506	0.6599	0.6439
I_{2006}	0.4471	0.6584	0.6279
I_{2007}	0.4468	0.6564	0.6200
I_{2008}	0.4462	0.6519	0.6090
I_{2009}	0.4463	0.6543	0.6237
I_{2010}	0.4486	0.6487	0.6156
平均值	0.4454	0.6492	0.6282
标准偏差	0.0042	0.0086	0.0112

5.3.2　城市碳排放与人口、经济的关系比较

在 261 个案例城市 2000~2010 年人口、经济和碳排放数据的基础上，分别考察东、中、西三大地带和不同规模等级城市，二氧化碳排放量、碳排放能源结构

及其与人口和经济的相互关系。

1. 城市地理位置分组

中国地域辽阔、自然条件和资源禀赋各异，地区间经济发展模式不尽相同，人口在空间上的分布也呈现显著的地区分化。中国著名人口地理学家胡焕庸教授就曾于 20 世纪 30 年代用一条贯穿中国版图的假想直线段描述了中国自然地理、人口地理和经济地理分布的不平衡性。改革开放以来，中国政府在区域经济发展战略上做出重大调整，变“向边远落后地区倾斜”的平衡发展战略为优先发展沿海地区，迅速拉大了沿海与内陆的经济发展差距。《中共中央关于制定国民经济和社会发展第七个五年计划的建议》在总结各地域的经济发展重点、技术结构特点以及地域之间的经济关系的基础上指出，“我国经济分布客观上存在着东、中、西部三大地带，并且在发展上呈现出逐步由东向西推进的客观趋势”。对经济区域结构的分析，中国较普遍的是采用东、中、西三大经济地带的划分方法。

首先，本章中，东部城市包括北京、天津、上海 3 个直辖市及大连、青岛、宁波等沿海开放城市以及深圳、珠海等经济特区城市等共计 110 个城市；中部地区则包括山西、内蒙古、河南等 9 个省和自治区的 105 个城市；由于缺少西藏数据，西部城市则包括重庆等 9 个省市和自治区的 46 个城市。

如表 5.3~表 5.5 所示，中国城市人口、经济和二氧化碳总量的区域差异性十分明显，可以清楚看出各时期，中国城市人口和二氧化碳排放总量按照从高到低在空间上均呈现从东部向西部逐渐过渡的特点，与中国东、中、西三大地带经济梯度表现出了很好的相关性。东部沿海地区城市密集，城市群经济的逐渐形成，尤其是长江三角洲、珠江三角洲和京津冀三大都市圈不仅是东部地区的区域重心，而且对中国经济发展具有突出地位，是全国经济增长的极化地区。根据增长极理论的基本思想，这些城市对增长的作用达到一定程度时，产生的极化效应将扩散到增长极所在的区域空间内，使得人口、能源等各生产要素在地理空间上的增长扩散不是均匀发生的。2000 年，东部城市人口约 1.35 亿人，2005 年和 2010 年分别增长至 1.8 亿和 1.9 亿，东部城市人口增速显著变缓。中国东、中、西三大地带城市人口基本保持 5∶3∶2 的分布格局。经济的空间分布，东部城市整体强，与中、西部城市的差距大。2000 年，东部城市创造的 GDP 占全国城市的 64.1%，2005 年更是进一步提高至 69.0%。之后随着西部城市经济的发展，东部城市 GDP 的贡献率在 2010 年下降约两个百分点，但从可比价的 GDP 数据看，2005 年东部城市 GDP 总量相比 2000 年净增加约 10 000 亿元，而 2010 年相比 2005 年的增加值将近 12 000 亿元，增幅进一步扩大，东部城市的经济增速尽管有所放缓，但经济增量和发展潜力依旧可观。西部大开发自 2000 年实施以来已“初见成效”，西部城市在 2000~2005 年和 2005~2010 年两个时期 GDP 增长始终“高歌猛进”，基本实现六年翻一番，年均增长率保持在 2 位数。但由于起点相对较低，中西部城市 GDP 总和占比始终不到四成。城市生活能耗二氧化碳排放总量的分布格局同样表现为东部城市排放总量最高，中部城市次之，西部城市排放总量最低。东部城市 2005 年碳排放总量为 8870.2 万吨，占到 261 个城市排放总量的 67.4%。同年西部城市排放总量为 1423.6 万吨，约占总量的 1/10，仅为东部城市排放量的 16%左右。2005 年，东、中、西部城市碳排放的比例大致为 7∶2∶1，随着城市总体间差距缩小，二氧化碳排放高度集中在东部城市的状况得到一定改善，但东部城市碳排放比重始终保持在 60%以上。无论是城市人口总量、城市经济总量还是城市生活能耗二氧化碳排放总量的绝对量和相对贡献率的区域差异都直观地反映东强西弱的基本格局，然而，随着东部城市增长疲软和中西部城市的强势崛起，这一格局有可能被打破。

表 5.3　碳排放与人口、经济变动关系的分地区比较（2000 年）

地区	人口数/万人	GDP/亿元	二氧化碳排放量/万吨	碳排放能源结构			人均碳排放/（千克/人）	单位 GDP 碳排放/（千克/万元）
				电力/%	煤气/%	液化石油气/%		
东	13 503.7（47.4%）	8 474.9（64.1%）	4 952.6（62.7%）	87.4%（63.1%）	5.1%（54.6%）	7.4%（65.0%）	366.8	584.4
中	9 714.4（34.1%）	3 198.3（24.2%）	1 906.9（24.1%）	87.3%（24.2%）	4.5%（18.6%）	8.2%（27.4%）	196.3	596.2
西	5 276.7（18.5%）	1 542.0（11.7%）	1 039.0（13.2%）	83.9%（12.7%）	12.0%（26.7%）	4.1%（7.6%）	196.9	673.8
总计	28 494.8（100%）	13 215.2（100%）	7 898.5（100%）	86.9%（100%）	5.9%（100%）	7.2%（100%）	277.2	597.7

表 5.4　碳排放与人口、经济变动关系的分地区比较（2005 年）

地区	人口数/万人	GDP/亿元	二氧化碳排放量/万吨	碳排放能源结构			人均碳排放/（千克/人）	单位 GDP 碳排放/（千克/万元）
				电力/%	煤气/%	液化石油气/%		
东	18 182.3（51.8%）	18 437.0（69.0%）	8 870.2（67.4%）	95.2%（67.6%）	1.4%（55.1%）	3.4%（67.9%）	487.9	481.1
中	10 871.0（31.0%）	5 600.5（21.0%）	2 871.8（21.8%）	94.8%（21.8%）	1.5%（19.2%）	3.7%（24.0%）	264.2	512.5
西	6 049.5（17.2%）	2 678.2（10.0%）	1 423.6（10.8%）	93.4%（10.6%）	4.1%（25.6%）	2.5%（8.0%）	235.3	531.5
总计	35 102.8（100%）	26 715.7（100%）	13 165.6（100%）	94.9%（100%）	1.7%（100%）	3.3%（100%）	375.1	492.8

表 5.5　碳排放与人口、经济变动关系的分地区比较（2010 年）

地区	人口数/万人	GDP/亿元	二氧化碳排放量/万吨	碳排放能源结构			人均碳排放/（千克/人）	单位 GDP 碳排放/（千克/万元）
				电力/%	煤气/%	液化石油气/%		
东	19 091.4 （50.3%）	30 405.0 （66.9%）	9 828.4 （65.0%）	95.1% （65.0%）	1.6% （50.5%）	3.3% （73.8%）	514.8	323.2
中	11 850.9 （31.2%）	9 908.6 （21.8%）	3 437.8 （22.7%）	95.6% （22.9%）	2.0% （22.2%）	2.5% （19.3%）	290.1	347.0
西	6 988.3 （18.4%）	5 115.8 （11.3%）	1 856.8 （12.3%）	93.8% （12.1%）	4.5% （27.3%）	1.6% （6.9%）	265.7	363.0
总计	37 930.5 （100%）	45 429.4 （100%）	15 123.0 （100%）	95.1% （100%）	2.0% （100%）	2.9% （100%）	402.2	332.9

其次，从碳排放能源结构看，尽管中部地区包括山西、内蒙古等传统产煤大省或自治区，但从城市生活能耗碳排放的结构看，仍以电力消费引致的二氧化碳排放量占比最大。无论地处东部沿海地区，或是内陆腹地的中部地区，或者是经济相对欠发达的西部地区，电力在城市碳排放能源结构中的地位日趋凸显。2000 年，东、中、西部电力的比重分别为 87.4%，87.3%和 83.9%，东部城市和中部城市比率相当，西部城市电力所占比重略低于东、中部城市和全国城市电力碳排放的平均比重 86.9%。2005 年，东、中、西部电力的比重均不同程度上升，分别扩大为 95.2%，94.8%和 93.4%，平均比重为 94.9%。西部城市电力比重依旧最低，东部城市电力能耗碳排放的相对贡献率高于中、西部城市。2010 年，各地区电力比重的差异进一步缩小，东、中、西部电力的比重分别为 95.1%，95.6%和 93.8%，平均比重为 95.1%。电力作为东、中、西部地区各城市的最主要生活能源类型，相应地产生的二氧化碳排放量最多，各地区城市的碳排放能源结构表现出趋同的变化特征。但从 2000 年、2005 年和 2010 年东、中、西部城市的碳排放能源结构不难发现，西部城市的电力比例相对最低，煤气的碳排放量超过液化石油气，成为排放量比重位居第二的能源类型，区别于其他东部和西部城市。而煤气和液化石油气在家庭中的使用主要是用于炊事，说明在西部城市炊事的电气化水平相对较低，对煤气的依赖度相对较高。尽管煤气和液化石油气在东部和中部城市生活能耗碳排放相对电力的比重不如西部城市，但由于西部城市碳排放总量低，所以从煤气和液化石油气的实际消费的实物量和相应产生的二氧化碳排放量，仍以东部和中部城市为主，尤其是东部城市。以 2000 年为例，电力和液化石油气相应的二氧化碳排放总量从大到小将地区进行排序，分别是东部大于中部大于西部，而煤气则表现出东部城市（54.6%）大于西部城市（26.7%）大于中部城市（18.6%）。

最后，有研究将人均能源消费量（单位：吨标准煤/人）和单位 GDP 能耗，即能源强度（单位：吨标准煤/万元）作为单要素的能源效率测算的约束性指标，对城市能效进行评估。与人口和经济总量的变化情况相同的是，各地区城市碳排放总量基本呈逐年增长趋势，但无论地处东部地区、中部地区还是西部地区的城市，经济增速快于碳排放增速和人口增速。而且不同地区的城市人口、经济和碳排放总量的增长速度存在显著差异，使得以人均碳排放和单位 GDP 碳排放为指标的城市二氧化碳排放效率呈现差异化的变动趋势。首先，考察人均碳排放可以发现，东部城市人均碳排放水平高于全国城市平均水平，中部和西部城市人均碳排放水平相近，前者略高于后者。然而，单位 GDP 碳排放则表现出与中国东、中、西三大地带经济梯度相反的分布特征，从东部向西部依此递增。2000 年，东部城市单位 GDP 碳排放为 584.4 千克/万元，中部城市略高为 596.2 千克/万元，而西部城市单位 GDP 碳排放高达 673.8 千克/万元，高于全国城市平均碳排放强度 597.7 千克/万元。之后虽然各地区单位 GDP 碳排放均有不同程度下降，但单位 GDP 碳排放从大到小的排序依旧是：西部>中部>东部。

2. 城市人口规模分组

城市人口规模的划分参照前文中的标准，对城市等级划分为：市辖区户籍人口 50 万以下的为小城市，50 万~100 万的为中等城市，100 万~200 万的为大城市，200 万~400 万的为特大城市，400 万以上的为巨大型城市共计 5 个组别。随着市区人口的发展，人口规模逐渐扩大，市辖区范围内的户籍人口超过阈值，升级为规模等级更高的城市，各组别所包含的城市数会随之发生变化。因此，人口、GDP 和二氧化碳排放等总量指标的年际比较将无法真实反映固定城市集合随时间的变动趋势。但某一时点的截面数据仍能进行有效的横向比较，假设人口规模近似的同组城市的社会经济发展水平和能源消费特征具有一定共性，在此假设前提下，比较不同规模的城市在人口、经济、碳排放总量指标和能源结构及碳排放效率的时空变化仍然具有一定解释力和研究价值。

首先，如表 5.6~表 5.8 所示，100 万~200 万的大城市的人口占全部 261 个城市人口的比重最大，2000 年该比例为 34.1%，2005 年降至 29.3%，2010 年进一步降至 28.5%，虽然所占比重呈下降趋势但大城市人口仍然是各时期城市人口的主体。市区人口数 100 万~200 万的城市规模是一个重要的分水岭，大于该人口规模的特大城市和巨大型城市的市辖区人口数绝对数量和占总城市人口的比重均上升，中等城市和小城市的城市人口的比重均下降，说明在该阶段城市化的发展过程中，生活在人口规模等级较高的特大城市和巨大型城市的城市人口比重逐渐提高，但人口向“特大”“巨大型”城市的集中趋势在 2005 年前后显著放缓，到 2010 年，中等城市、大城市、特大城市和巨大型城市的城市人口比例分别为 19.8%、

28.5%、20.4%和 27.7%，人口在各规模等级城市的分布比重趋于均衡。不同规模等级城市对 GDP 的贡献则表现出明显的组间差距，经济发展呈现出明显的极化特征并呈逐步增强趋势，规模等级高的城市对 GDP 的贡献日趋凸显。261 个案例城市 GDP 总量的近 1/3 是由 400 万以上的巨大型城市创造，该组别内人口规模位居前列的城市为上海、北京、重庆、天津、广州等，均为行政等级较高的各区域的首位城市，三大大都市圈中的核心城市，对中国的经济具有强大稳定的“引擎”作用。虽然生活在 100 万~200 万大城市中的人口规模最多，2000 年“大城市”的碳排放总量也超过其他规模等级的城市，但400万以上巨大型城市逐渐取代100万~200 万大城市成为二氧化碳的最主要的排放源。2010 年碳排放贡献率表现出与经济指标相同的分布规律，GDP 和二氧化碳排放总量随着人口规模等级的升高而升高。

表 5.6　碳排放与人口、经济变动关系的分城市规模比较（2000 年）

城市规模	人口数/万人	GDP/亿元	二氧化碳排放量/万吨	碳排放能源结构			人均碳排放/（千克/人）	单位 GDP 碳排放/（千克/万元）
				电力/%	煤气/%	液化石油气/%		
400 万以上巨大型城市	5 490.4（19.3%）	3 607.1（27.3%）	2 095.3（26.5%）	90.3%（27.5%）	5.0%（22.8%）	4.7%（17.3%）	381.6	580.9
200 万~400 万特大城市	3 516.6（12.3%）	1 976.1（15.0%）	1 217.9（15.4%）	84.0%（14.9%）	11.9%（31.1%）	4.2%（8.9%）	346.3	616.3
100 万~200 万大城市	9 715.2（34.1%）	4 220.3（31.9%）	2 540.8（32.2%）	88.3%（32.7%）	3.1%（17.0%）	8.5%（38.3%）	261.5	597.0
50 万~100 万中等城市	7 151.8（25.1%）	2 401.9（18.2%）	1 483.0（18.8%）	82.8%（17.9%）	7.5%（23.9%）	9.7%（25.4%）	207.4	617.4
50 万以下小城市	2 620.8（9.2%）	1 009.9（7.6%）	561.5（7.1%）	85.5%（7.0%）	4.3%（5.2%）	10.2%（10.1%）	214.3	576.5
总计	28 494.8（100.0%）	13 215.2（100.0%）	7 898.5（100.0%）	86.9%（100.0%）	5.9%（100.0%）	7.2%（100.0%）	277.2	597.7

表 5.7　碳排放与人口、经济变动关系的分城市规模比较（2005 年）

城市规模	人口数/万人	GDP/亿元	二氧化碳排放量/万吨	碳排放能源结构			人均碳排放/（千克/人）	单位 GDP 碳排放/（千克/万元）
				电力/%	煤气/%	液化石油气/%		
400 万以上巨大型城市	9 193.0（26.2%）	9 515.5（35.6%）	4 651.9（35.3%）	95.2%（35.4%）	2.4%（47.8%）	2.4%（25.6%）	506.0	488.9

续表

城市规模	人口数/万人	GDP/亿元	二氧化碳排放量/万吨	碳排放能源结构			人均碳排放/（千克/人）	单位 GDP 碳排放/（千克/万元）
				电力/%	煤气/%	液化石油气/%		
200 万~400 万特大城市	6 406.2（18.2%）	5 871.6（22.0%）	2 968.5（22.5%）	95.9%（22.8%）	1.2%（15.2%）	2.9%（19.6%）	463.4	505.6
100 万~200 万大城市	10 272.8（29.3%）	6 497.8（24.3%）	3 006.9（22.8%）	94.6%（22.8%）	1.1%（13.8%）	4.3%（29.7%）	292.9	462.5
50 万~100 万中等城市	7 311.7（20.8%）	3 836.6（14.4%）	2 015.0（15.3%）	93.5%（15.1%）	2.4%（20.6%）	4.2%（19.1%）	275.6	525.2
50 万以下小城市	1 919.3（5.5%）	994.2（3.7%）	523.3（4.0%）	93.8%（3.9%）	1.2%（2.6%）	5.1%（6.0%）	272.6	526.3
总计	35 102.8（100.0%）	26 715.7（100.0%）	13 165.6（100.0%）	94.9%（100.0%）	1.7%（100.0%）	3.3%（100.0%）	375.1	492.8

表 5.8　碳排放与人口、经济变动关系的分城市规模比较（2010 年）

城市规模	人口数/万人	GDP/亿元	二氧化碳排放量/万吨	碳排放能源结构			人均碳排放/（千克/人）	单位 GDP 碳排放/（千克/万元）
				电力/%	煤气/%	液化石油气/%		
400 万以上巨大型城市	10 494.2（27.7%）	15 963.6（35.1%）	5 376.0（35.5%）	95.2%（35.6%）	2.3%（40.8%）	2.5%（30.7%）	512.3	336.8
200 万~400 万特大城市	7 719.4（20.4%）	12 322.1（27.1%）	3 672.8（24.3%）	95.5%（24.4%）	1.8%（21.1%）	2.8%（23.0%）	475.8	298.1
100 万~200 万大城市	10 814.2（28.5%）	9 954.1（21.9%）	3 432.8（22.7%）	95.0%（22.7%）	1.4%（16.2%）	3.5%（27.5%）	317.4	344.9
50 万~100 万中等城市	7 498.6（19.8%）	5 955.1（13.1%）	2 185.5（14.5%）	94.6%（14.4%）	2.4%（17.3%）	3.0%（14.7%）	291.5	367.0
50 万以下小城市	1 404.2（3.7%）	1 234.6（2.7%）	455.9（3.0%）	93.1%（3.0%）	3.0%（4.5%）	3.9%（4.1%）	324.7	369.3
总计	37 930.5（100.0%）	45 429.4（100.0%）	15 123.0（100.0%）	95.1%（100.0%）	2.0%（100.0%）	2.9%（100.0%）	402.2	332.9

其次，从碳排放能源结构看，人口规模等级越高的城市对电力的依赖度越高，

电力消费引致的碳排放量相比煤气和液化石油气所占的比重越高。2000 年，400 万以上巨大型城市排放的总计 2095.3 万吨二氧化碳中，90.3%由电力消费引致。而 50 万~100 万的中等城市和 50 万以下的小城市该比例仅为 82.8%和 85.5%，低于城市电力碳排放比重的平均水平（86.9%）。碳排放能源结构中电力的比重逐渐增加，从 261 个城市的平均比重而言，2005 年电力碳排放的比重从 2000 年的 86.9%增长至 94.9%，而 2010 年又进一步扩大至 95.1%。不难发现“巨大型城市”“特大城市”生活用能结构中对电力能源的依赖程度显著高于中小城市，除了地区资源禀赋条件差异外，家用电器的普及程度也在很大程度上决定了城市碳排放中电力消费的贡献比重。在能源结构的限制下，大力发展绿色电力可以有效拓展城市居民家庭生活用能的碳减排空间。

最后，不同人口规模等级的城市人均碳排放和单位 GDP 碳排放差异显著。人均碳排放整体而言，人口规模等级越高的城市人均碳排放越高。市区人口数 400 万以上的巨大型城市和 200 万~400 万特大城市人均碳排放水平始终高于全国城市平均人均水平，而 200 万以下的大城市、中等城市和小城市的人均碳排放水平则相对较低，均在全国 261 个城市的人均平均排放水平之下。不同人口规模的城市，人均碳排放均呈递增的态势，但涨幅和增长率表现出明显的组别差异。2000~2005 年，巨大型城市、特大城市、大城市、中等城市和小城市的人均碳排放均达到两位数增长，增长率分别为 32.6%、33.8%、12.0%、32.9%、27.2%，2005~2010 年，规模等级高的城市人均碳排放水平增速明显放缓，除小城市继续保持两位增长（增长率 19.1%）以外，其他规模等级的城市人均碳排放增长率都由两位数降至一位数，巨大型城市、特大城市、大城市、中等城市人均碳排放的增长率分别降至 1.2%、2.7%、8.4%和 5.8%。而小城市的人均碳排放从 2000 年的 214.3 千克/人，2005 年升至 272.6 千克/人，2010 年进一步甚至 324.7 千克/人，在其他规模等级城市人均碳排放实现减速增长的同时，继续保持加速增长，2010 年，50 万以下小城市的人均碳排放水平虽然仍低于平均水平，但已反超中等城市和大城市，紧随特大城市之后。单位 GDP 的碳排放与人口规模等级的关系恰好与人均碳排放与人口规模等级的关系相反。中小城市单位 GDP 的碳排放水平始终位居前列。规模等级高的巨大型城市、特大城市和大城市则表现出相对较低的单位 GDP 碳排放水平。

第6章　产业结构变动发展与碳排放

在城市化过程中，农村人口在迁向城市转变为城市人口的同时，往往也伴随着其就业从农业向非农产业部门的转移变动，并由此推动经济产业结构的变动与发展。不同产业部门的能耗及碳排放是不同的，所以随着人口城市化的发展，劳动力将不断从农业向非农产业转移，并引起能源消耗与碳排放的增长变化。本章将考察在城市化发展过程中，不同产业的耗能与碳排放以及产业结构变动所引起的能耗与碳排放的增长变化，定量分析不同产业碳减排的潜力，最后探讨在低碳经济背景下的产业安全问题。

6.1　人口城市化与产业结构的变动

6.1.1　产业结构变动的一般规律

人口城市化过程，也是农村人口迁向城市转变为城市人口、从农业部门转向非农业部门转变为非农业劳动力的过程，农业劳动力转变为非农业劳动力又推动经济产业结构的高度化变动与发展。

威廉·配第在《政治算术》（1672年）一书中论述了产业结构演变趋势，商业比工业收入多，工业比农业收入多，由于工资的差异，劳动力会从低收入行业流向高收入行业。克拉克通过统计分析与研究得出了被称为配第-克拉克定律的关于产业结构变动的一般规律：随着人均国民收入水平提高，就业劳动力先由第一产业向第二产业转移，随着人均国民收入水平进一步提高，大量就业劳动力开始往第三产业转移。也就是说，从三大产业的内在变动来看，产业结构的演变从第一产业占主导地位过渡到第二产业占主导地位再到第三产业占主导地位。主导产业在发生变化的同时，三大产业内部也发生着变化。从第一产业内部来看，占主导地位的经济类型从粗放型经济发展到集约型经济再到绿色经济，从种植型农业发展到畜牧型农业再到工厂型农业；从第二产业内部来看，演变的一般规律是从轻纺工业占主导到基础性重化工业占主导再到加工型重化工业发展占主导；从第三产业内部来看，产业结构演变沿着传统型服务业占主导到多元化服务业占主导到现代型服务业占主导到信息产业占主导再到知识产业占主导方向进行。

库兹涅茨在威廉·配第和克拉克等研究成果的基础上，对产业结构演变做出更进一步的研究，发现被称为库兹涅茨人均收入影响论的就业劳动力变动规律，随着社会经济发展，第一产业就业劳动力占比与产值比重不断下降，第二产业就业劳动力比重基本不变或略有上升，产值比重略有上升，第三产业就业劳动力比重处于上升趋势，而产值比重大体不变或略有上升。

6.1.2 中国产业结构的变动趋势及特征

对于中国产业结构变动状况，本章利用各年三次产业产值占比进行分析，选取的数据时间区间是 1960~2018 年。

从图 6.1 中可以看到，1960~2018 年第三产业比重处于上升趋势，追赶第二产业产值比重，在 2012 年第三产业产值比重首次超过第二产业产值比重，占比达到 45.46%。然而第一产业产值比重显示出相反的变动趋势，在 1961 年，三次产业产值比重相接近；到 2018 年，第二产业与第三产业比重已显著超过第一产业，分别比第一产业高 32.7 和 46.3 个百分点。第二产业产值比重在这段时间总体呈现先上升后下降的趋势，在 1960~1980 年第二产业产值比重在波动中呈现上升趋势，在 1980~2018 年第二产业产值比重在波动中呈现下降趋势，第二产业产值比重于 1980 年达到第一个峰值 48.5%。目前中国产业结构形成了第二、三产业占主导，第一产业占比低于 8%的三大产业格局，已迈入工业化后期阶段。

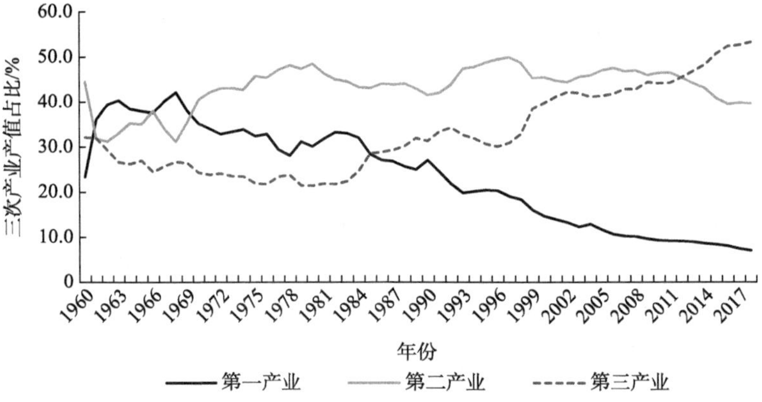

图 6.1　中国 1960~2018 年三次产业产值占比变化趋势图

资料来源：历年《中国统计年鉴》

概括上述内容可知，在 2000~2016 年，中国产业结构发生了巨大变化：在 2012 年左右，中国产业结构完成了第二产业驱动向第三产业驱动的转变，之后第三产业比重不断提升、第二产业比重不断下降；与此相反，中国第一产业比重则持续下降，基本维持在 8%。

6.2 产业结构变动与碳减排机制

6.2.1 产业结构与能源强度及经济增长

1. 产业结构与能源强度

在影响能源强度的研究中，徐丽娜等（2013）利用 1990~2010 年能源强度和能源结构、产业结构数据，采用 SVAR（structural vector autoregression，结构向量自回归）模型，分析了三者之间的关系，发现能源结构对能源强度的冲击效应较弱，能源强度受到产业结构的冲击效应较大；王文举和向其凤（2014）基于投入产出模型，综合运用回归分析与最优化技术，预测至 2020 年，产业结构调整对中国碳强度贡献率可达 60%；林伯强和杜克锐（2014）结合生产理论分解法与指数分解法，对中国能源强度进行了因素分解，认为技术进步是主推力、产业结构是阻碍；张勇和蒲勇健（2015）基于 Moore 值对产业结构升级的测度，使用动态面板广义矩估计方法实证分析发现，产业结构升级显著促进了能源强度下降，二者具有战略一致性与可行性；张伟等（2016）基于 Kaya 恒等式，构建产业体系碳排放模型，实证分析认为第二产业比重对我国能源消费强度影响重大。

2. 产业结构与经济增长

经济发展水平的提高，是量的累积，达到一定程度必然引起经济发展方式的转变，凸显在产业结构的变化上；古典经济学家和新古典经济学家普遍认为产业结构是经济增长过程中的自发产物。在研究产业结构与经济增长关系的研究中，张友国（2010）基于投入产出结构分解方法，认为经济发展方式会促进产业结构调整，从而有利于促进碳减排；付凌晖（2010）采用 EG（Engle-Granger）两步法和格兰杰因果关系检验，实证分析认为经济增长显著带动了产业结构升级；刘燕妮等（2014）基于客观因子分析法与主观打分法，采用结构方程模型，实证发现产业结构的失衡程度对经济增长质量产生负效应。

3. 能源强度与能源结构对碳排放的影响机制

现有研究单独探讨能源强度与碳排放关系的文献较少，多是在说明各因素对碳排放的影响时顺带提出了能源强度的作用。例如，陈诗一和吴若沉（2011）认为能源强度是碳减排的第一大驱动力；陈诗一（2011）指出能源强度降低是碳减排的主要且决定性因素；林涛和李灵（2013）利用天津市 2001~2009 年数据，同样分析认为能源强度是碳减排的第一大驱动力。关于能源结构对碳排放的影响机制，牛晓耕和王海兰（2011）基于 SSM①模型，采用黑龙江数据，认为能源消费结构会影响能源使用效率，进而降低碳排放；陈诗一（2011）也指出能源结构调整对碳减排具有一定的促进作用；何立华等（2015）基于灰色预测模型，利用山东省数据，分析指出能源结构优化有利于促进碳减排，但贡献程度有限。

6.2.2　产业结构对碳排放的影响机制

如上所述，在研究产业结构与碳排放关系时，一些学者认为产业结构调整促进了碳排放。例如，Foxon（2011）指出低碳经济的发展需要产业结构升级与技术变革共同推进；范丹和王维国（2012）采用 GFI②方法，分析指出我国产业结构对人均碳排放起到微弱拉动作用；鲁万波等（2013）基于 LMDI 两层完全分解法，分析认为产业结构是碳排放的第二大助长因素。另一些学者则认为产业结构调整有利于碳减排。例如，吴震信等（2012）基于中国 2000~2009 年面板数据，分析指出产业结构调整是低碳经济发展的必由之路，大力发展第三产业刻不容缓；Ahmed 和 Zeshan（2014）采用 SVAR 实证分析认为，产业结构高级化与产业转移致使产业结构对能源消费产生结构红利，促进碳减排；Narayanan 和 Sahu（2014）则认为印度经济结构的变化是碳减排的最重要影响因素；原嫄等（2016）运用面板回归分析，指出产业结构对碳减排具有显著作用，但影响强度在高等发展水平国家与中等发展水平国家间存在明显差异；赵哲等（2018）运用协整、VAR、格兰杰因果关系检验等方法，认为碳排放不是经济增长的格兰杰原因，因此必须通过产业结构调整达到碳减排的目的。

① shift-share method，偏离–份额分析法。

② generalized Fisher index，广义费雪指数。

6.3 产业结构变动与碳减排关系的一般分析

与以往研究不同，本节对产业结构与碳排放关系的研究拟从以下几个方面加以改进：第一，用产业结构熵的概念重新测度中国产业结构演进的过程；第二，用修正后的碳排放因子估算省际层面的碳排量，以提高碳排放研究的精度；第三，通过一个简洁的计量模型将产业结构对碳排放量的影响统一到一个框架下进行研究，并回避对其他控制变量选择的问题（找到了合适的工具变量）。

6.3.1 变量测度、模型设定和数据来源

1. 变量的测度

1）关于产业结构的度量

熵（entropy）的概念来源于物理学，最早是用来描述物质混乱的程度，后来被引入到经济学领域，用来刻画经济事实的不确定性问题。Utterback 和 Suárez（1993）开创性地将“熵”引入到了产业结构层面的分析，并采用“产业结构熵”来捕捉产业结构演进的动态特征，其研究结论得到了学术界的广泛认可。因此，本章借用“产业结构熵”来度量过去中国的产业结构演进过程，表示为

$$\gamma=-\sum_{i=1}^{n}P_i\times\ln P_i \tag{6.1}$$

式中，γ 表示产业结构熵；P_i 表示第 i 种产业的权重；n 表示有 n 种产业。

2）碳排放量的度量

国内多数研究在计算碳排放量时，直接采用 IPCC 所提供的碳排放系数乘以当期化石能源消费量来获得最终碳排放量值。但是，由于各个国家能源的平均低位发热量系数有所不同，其碳排放系数也是有所区别的。为了提高估计的精确性，本章基于中国现实，对各种化石能源消费的碳排放系数进行了修正，结果如表 6.1 所示。采用修正后的碳排放系数作为参考，我们估算了 29 个省（自治区、直辖市）在 1995 年到 2010 年的碳排放总量。需要说明的是，由于西藏数据较难得到，故研究没有涉及。而重庆市的数据由于行政沿革的原因，并考虑到研究口径统一的问题，我们将其纳入到了四川省中进行统一核算。

表 6.1　修正碳排放系数的确定

能源名称	IPCC 提供的标准碳排放系数	修正后的碳排放系数
原煤	0.7559	0.5339
焦煤	0.8550	0.7335
原油	0.5857	0.8370
汽油（车用）	0.5538	0.8139
煤油	0.5714	0.8445
柴油	0.5921	0.8619
燃料油	0.6185	0.8826
天然气	0.4483	0.5962

资料来源：标准碳排放系数来自中文版《2006 年 IPCC 国家温室气体清单指南》

2. 模型设定

考虑到模型中指标的经济意义以及实证研究中可能出现的异方差问题，我们对各个变量取了自然对数；另外，由于研究涉及个体只有 29 个省（自治区、直辖市），此时，将个体效应视为固定效应（fixed effects）是妥当的。基于此，有面板数据的固定效应计量模型如下：

$$\ln y_{it} = \alpha_i + \beta_1 \ln \gamma_{it} + \mu_{it} \tag{6.2}$$

式中，i 和 t 分别表示地区变量和时间变量；$\ln y_{it}$ 表示碳排放量取自然对数后的值；$\ln \gamma_{it}$ 表示产业结构熵取自然对数后的值。另外，α_i 表示截距项，β_1 表示面板数据回归系数，是面板数据回归的残差项，且满足独立同分布。

已有的研究证明，影响一个地区碳排放的因素是复杂多样的（林伯强等，2010）。因此，为更准确地捕捉产业结构对碳排放量的影响，进而更有利于刻画二者之间的动态关系，一般要在线性模型（6.2）中引入控制变量。但是，本章为了回避控制变量的“随机性”造成的估计结果偏误，借鉴了 Frank（2005）和干春晖等（2011）的分析范式，在模型中引入因变量 $\ln y_{it}$ 和自变量 $\ln \gamma_{it}$ 的交互项作为控制变量，故有新的式（6.3）所示的计量模型如下：

$$\ln y_{it} = \alpha_i + \beta_1 \ln \gamma_{it} + \beta_2 \left(\ln y_{it} \times \ln \gamma_{it} \right) + \mu_{it} \tag{6.3}$$

上述模型中的 α_i 用来说明个体的影响，也就是反映模型中所忽略的反映个体差异的变量影响。

3. 数据来源

实证部分采用 1995 年到 2014 年间除西藏自治区外的 29 个省（自治区、直辖市）的面板数据（重庆市归入四川省来核算），共有 464 个观测值。其中，刻画产业结构演进的数据来自 1996 年到 2015 年《中国统计年鉴》和《新中国六十年统计资料汇编》，计算省际层面碳排放量的数据来自 1996 年到 2015 年《中国能源统计年鉴》和《新中国五十年统计资料汇编》。另外，在实证过程中的个别缺失数据问题，研究通过移动平均法来补齐。

6.3.2　实证研究

1. 相关变量的描述性统计

首先，我们给出了各个省区市碳排放量的变化示意图，样本为前面定义的 464 个观测值，具体如图 6.2 所示。从图 6.2 可以看出，山东、山西、内蒙古、江苏、广东、河北、辽宁和河南的碳排放量增加幅度要明显快于其他地区，特别是山东的碳排放量在 2014 年增加到了 127 351.26 万吨，居全国之首。

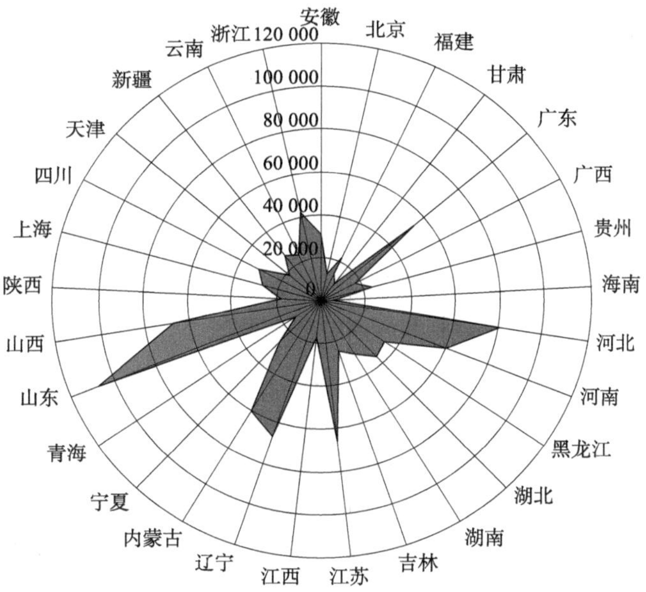

图 6.2　1995 年到 2014 年的省际层面碳排放量变化示意图（单位：万吨）

其次，我们给出了各个省区市产业结构熵的变化示意图，样本同样为前面定义的 464 个观测值，具体如图 6.3 所示。从图 6.3 可以看出，1995 年到 2014 年的产业结构熵变化表现出显著的波动性，可以认为，这与中国加大产业结构调整力度的历史进程是相契合的。

最后，考虑到研究的需要，我们对变量分别取自然对数，如表 6.2 所示。结果显示，样本区间内省际层面的碳排放量均值为 9.4211，历年产业结构熵的均值为 0.9704，两者交互项的均值是 9.1208。

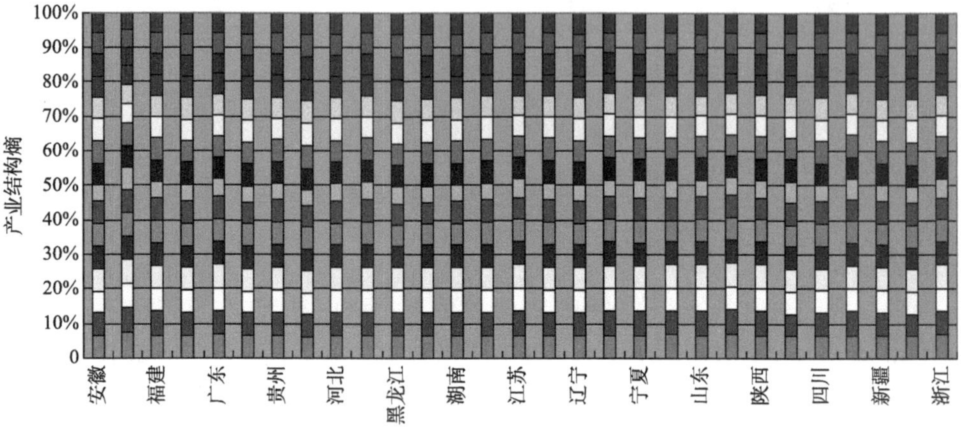

图 6.3　1995 年到 2014 年的省际层面产业结构熵变化示意图

表 6.2　变量的统计描述

变量	均值	标准差	最小值	最大值
$\ln y_{it}$	9.4211	0.8971	6.3969	11.5881
$\ln \gamma_{it}$	0.9704	0.1068	0.5986	1.0982
$\ln y_{it} \times \ln \gamma_{it}$	9.1208	1.1733	5.6251	10.9061

2. 实证检验

以下，我们将实证检验以各个地区各个年份的碳排放量的对数为被解释变量的回归模型（6.3）。需要说明的是，实证选用的回归方法是最小二乘估计。另外，容易发现，由于模型（6.3）中含有因变量 $\ln y_{it} \times \ln \gamma_{it}$ 的交互项，模型会存在内生性问题，因此，需寻找合适的工具变量（instrumental variable）予以解决。

1）产业结构变动对碳排放的影响：不考虑内生性问题

在不考虑内生性的前提之下，表 6.3 报告了样本区间内，以各个地区各个年份的碳排放量的对数为被解释变量的模型的回归结果。

表 6.3　模型回归结果

变量	模型 1	模型 2
$\ln \gamma_{it}$	-2.5124^{***} （0.3173）	-9.4474^{***} （0.0674）
$\ln y_{it} \times \ln \gamma_{it}$	—	1.0185^{***} （0.0072）
常数项	11.8592^{***} （0.3087）	9.2997^{***} （0.0485）

续表

变量	模型 1	模型 2
观测值	464	464
F 检验	41.7876	2567.2700
R^2	0.7363	0.9944
调整的 R^2	0.7187	0.9940
似然比检验	0.0000	0.0000

注：括号为标准误差；模型 2 用作控制变量

***表示 $p<0.01$

从表 6.3 可以看出，我们有充分的理由可以拒绝个体效应与回归变量无关的原假设，即印证了建立个体固定效应模型的合理性。但是，实际上模型存在着较为严重的内生性问题。为了很好地解决上述问题，我们的方法是寻求一个合适的工具变量。下面，着重讨论引入工具变量后的回归结果问题。

2）产业结构变动对碳排放的影响：引入工具变量

借鉴金瑞庭（2013）的研究成果，首先引入两个工具变量（以 IV1 和 IV2 表示，分别是解释变量的差分项以及滞后项），然后再对工具变量做一阶回归检验。并在此基础上，研究利用 IV1 和 IV2 进行两阶段最小二乘法（two stage least square，TSLS）模型回归分析。

表 6.4 报告了弱工具变量的检验结果，我们可以判定，模型并不存在弱工具变量的情况。

表 6.4　弱工具变量检验结果

解释变量	$\ln y_{it} \times \ln \gamma_{it}$
IV1	0.7019*** （0.0334）
IV2	80.3022*** （3.9747）
$\ln \gamma_{it}$	2.8569*** （0.2972）
常数项	−0.5627*** （0.3607）
观测值	435
F 检验	186.7301
R^2	0.9349
调整的 R^2	0.9299

注：括号为标准误差

***表示 $p<0.01$

表 6.5 报告了利用 IV1 和 IV2 进行 TSLS 模型回归的结果。其中，模型 3 和模型 4 分别报告了模型中引入 IV1 和 IV2 的回归结果，容易发现解释变量均不显著，但是模型 4 调整后的拟合优度约有 69%的解释力；而模型 5 报告了同时引入 IV1 和 IV2 的回归结果，解释变量 $\ln\gamma_{it}$ 在 1%的显著性水平下显著，调整后的拟合优度约有 56%的解释力。另外，我们将上述模型中的外生变量对 TSLS 模型的残差进行了回归，结果发现研究引入的两个工具变量在实证模型中具有很强的外生性。

表 6.5　TSLS 回归结果

变量	模型 2	模型 3	模型 4	模型 5
$\ln\gamma_{it}$	−9.4474*** （0.0674）	34.1350 （33.7398）	−0.2446 （0.8340）	2.6233*** （3.7019）
$\ln y_{it}\times\ln\gamma_{it}$	1.0185*** （0.0072）	—	—	—
常数项	9.2997*** （0.0485）	−23.4665 （32.5297）	9.6799 （0.8045）	6.9148*** （0.6839）
观测值	464	420	420	420
F 检验	2567.2700	36.3338	32.7728	32.1245
R^2	0.9944	0	0.7074	0.5897
调整的 R^2	0.9940	0	0.6864	0.5603

注：括号为标准误差

***表示 $p<0.01$

6.4　产业结构调整对碳减排潜力的进一步考察

碳排放的因素分解可以作为寻求影响碳排放因素的有效方法，但在研究产业结构调整与碳减排的关系时，仅仅利用碳排放的因素分解是不够的，需要对产业结构调整对碳减排影响的显著性进行检验，并比较各个因素的碳排放影响率，进而确切地掌握产业结构调整对碳减排的影响程度，以便在城市规划中为可持续发展提前做好产业布局。

综合分析产业结构对碳排放的影响，可以发现，产业结构调整对碳减排不仅具有直接影响作用，也将通过影响能源强度影响碳减排，即对碳排放存在间接作用，而且经济增长方式也会通过影响产业结构来影响碳排放的水平。所以，要研究产业结构调整与碳减排的关系，比较各要素的影响率大小，最好的方法就是建立结构方程模型，选择路径分析，对上述猜想进行检验。为此，以下首先运用 LMDI 方法对碳排放进行因素分解，明确影响碳排放的各要素；其次运用这些要素建立结构方程模型，采用路径分析方法检验产业结构调整对碳减排影响的显著性，进而对比各要素影响碳减排的程度。

6.4.1　变量选择及数据来源

关于碳排放影响因素的研究，Kaya（1990）提出了著名的 Kaya 恒等式，将碳排放归因为人口、人均财富、单位 GDP 能耗及能源碳排放系数等四大因素。Ehrlich 和 Holden（1971）构建了一个被广泛认可的环境、人口、科技和发展关系研究模型——IPAT 模型（该模型是关于能源消费量、人口、人均 GDP 与人均能源消费量四者之间关系的一个概念性框架）。此后，相关学者结合研究需要对 Kaya 模型及 IPAT 模型均做出了相应扩展。考虑到实际研究需要，采用扩展的 Kaya 模型（朱勤等，2009），将碳排放因素分解为经济增长、人口规模、产业结构、能源消费强度和能源碳排放因子等六大因素，其具体表述为

$$C=\sum_i\sum_j\frac{C_{i,j}}{E_{i,j}}\times\frac{E_{i,j}}{E_i}\times\frac{E_i}{\mathrm{GDP}_i}\times\frac{\mathrm{GDP}_i}{\mathrm{GDP}}\times\frac{\mathrm{GDP}}{P}\times P \tag{6.4}$$

式中，C 表示碳排放总量；$C_{i,j}$ 表示第 i 个行业第 j 种能源的碳排放量；$E_{i,j}$ 表示第 i 个行业第 j 种能源的消费量；GDP_i 表示第 i 个行业的生产总值；P 表示人口规模数量。具体碳排放因素分解变量说明如表 6.6 所示。

表 6.6　碳排放因素分解变量说明

因素（变量）	符号	公式	含义
碳排放系数	$\mathrm{CI}_{i,j}$	——	第 j 种能源的碳排放系数
能源结构	$\mathrm{ES}_{i,j}$	$E_{i,j}/E_i$	第 j 种能源在第 i 个行业的消费比例
能源强度	EI_i	E_i/GDP_i	第 i 个行业的能源消费比例
产业结构	SI_i	$\mathrm{GDP}_i/\mathrm{GDP}$	第 i 个行业的 GDP 占比
经济增长	GI	GDP/P	人均 GDP
人口规模	P	——	人口规模

1. 碳排放量的测算

碳排放的研究涉及碳源与碳汇。碳源，顾名思义即为二氧化碳的来源，它既来自自然世界，也来自人类生产、生活等活动。根据《2006 年 IPCC 国家温室气体清单指南》，碳排放主要来源于人类活动的部分包括能源消费、工业生产、农业、土地利用变化及林业、废物处置等。碳汇即为自然界中碳的寄存体，增加碳汇最重要的就是扩大森林覆盖面积。

中国碳排放量主要来源于生产活动，且生产活动中能源消费的碳排放贡献率

约为 75%、工业生产的碳排放贡献率约为 15%（孙建卫等，2010）[①]；工业生产碳排放主要来源于水泥生产及钢材的生产，但钢材生产的碳排放多体现在能源消费上（娄伟，2011），易引起二次计算；故本章在兼顾重点与简洁可行的原则下，测算碳排放量时主要考虑能源消费与水泥生产的碳排放。

根据现有研究文献，碳排放的测算方法不一，主要包括模型估算法（如 ERM-AIM、MARKAL、SDM、Logistic[②]、投入产出模型法、生命周期法）、物料衡算法、清单编制法及实测法等。本章认为被大多数学者采用的物料衡算法不失为一种简易、有效的碳排放测算方法，故后文在核算 2000~2016 年中国碳排放数据时，也采用此方法。具体而言，物料衡算法核算碳排放时，有如下公式：

$$C=\sum_i\sum_j E_{ij}\times \mathrm{NCV}_j\times \mathrm{CEC}_{ij}\times \mathrm{COF}_j \tag{6.5}$$

式中，C 表示碳排放量；E_{ij} 表示第 i 个产业第 j 种能源的消费量；NCV_j 表示第 j 种能源的能源低位发热量（参看表 6.7）；CEC_{ij} 表示第 i 个产业第 j 种能源的碳排放系数；COF_j 表示第 j 种能源的碳氧化因子。进一步，也可按照娄伟（2011）采用系数法，即

$$C=\sum_i E_i\times K \tag{6.6}$$

其中，E_i 表示第 i 个产业的能源消费量，可按照能源折标系数（参看表 6.7）折算为标准煤消费量；K 表示碳排放系数。关于标准煤的碳排放系数，国家发展改革委能源研究所推荐值为 0.67，日本能源经济研究所参考值为 0.68，美国能源部能源信息署参考值为 0.69：本章依据具体问题具体分析原则，采用国家发展改革委能源研究所给出的推荐值。

表 6.7　各种能源平均低位发热量、折标准煤系数及碳排放系数对应表

能源名称	平均低位发热量	折标准煤系数	单位热值含碳量/（吨碳/TJ）	碳氧化率	二氧化碳排放系数
原煤	20 908 kJ/kg	0.714 3 kgce/kg	26.37	0.94	1.900 3 kg/kg
焦炭	28 435 kJ/kg	0.971 4 kgce/kg	29.5	0.93	2.860 4 kg/kg
原油	41 816 kJ/kg	1.428 6 kgce/kg	20.1	0.98	3.020 2 kg/kg
燃料油	41 816 kJ/kg	1.428 6 kgce/kg	21.1	0.98	3.170 5 kg/kg
汽油	43 070 kJ/kg	1.471 4 kgce/kg	18.9	0.98	2.925 1 kg/kg
煤油	43 070 kJ/kg	1.471 4 kgce/kg	19.5	0.98	3.017 9 kg/kg

① 参看孙建卫，赵荣钦，黄贤金，等. 2010. 1995—2005 年中国碳排放核算及其因素分解研究. 自然资源学报，25（8）：1284-1295. 作者对中国碳排放进行了核算，本章取其平均数。

② ERM-AIM：effort-reward imbalance-Asia-Pacific integrated model（中国能源–碳排放综合模型）；MARKAL：market allocation（市场配置系统集成模型）；SDM：spatial Dubin model（空间杜宾模型）；Logistic：逻辑斯蒂曲线模拟方法。

续表

能源名称	平均低位发热量	折标准煤系数	单位热值含碳量/（吨碳/TJ）	碳氧化率	二氧化碳排放系数
柴油	42 652 kJ/kg	1.457 1 kgce/kg	20.2	0.98	3.095 9 kg/kg
液化石油气	50 179 kJ/kg	1.714 3 kgce/kg	17.2	0.98	3.101 3 kg/kg
炼厂干气	46 055 kJ/kg	1.571 4 kgce/kg	18.2	0.98	3.011 9 kg/kg
油田天然气	38 931 kJ/m^3	1.330 0 kgce/m^3	15.3	0.99	2.162 2 kg/m^3

2. 人均 GDP

人均 GDP 代表了经济发展对碳排放的影响；2000~2016 年，中国人均 GDP 从 7942 元稳步增长至 53 935 元，增长了 579%，经济发展速度迅猛。

3. 产业结构

产业结构变动对碳排放的影响是本章需要着重考察的对象。从前文考察可知，在 2000~2016 年，中国产业结构发生了巨大变化（图 6.4），主要表现在：一是在 2012 年左右，中国产业结构完成了第二产业驱动向第三产业驱动的转变，之后第三产业比重不断提升、第二产业比重不断下降；二是中国第一产业比重持续下降，基本维持在 8%左右。

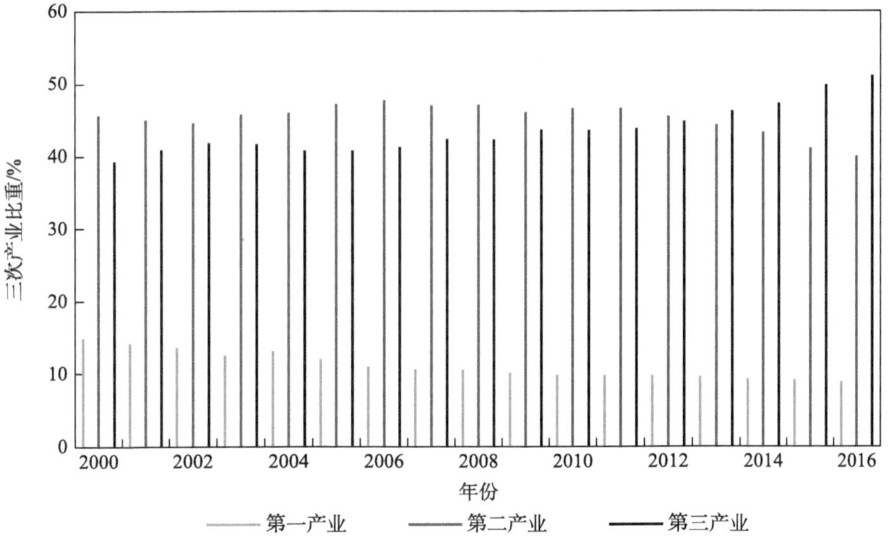

图 6.4　2000~2016 年中国三次产业结构变动图

4. 能源消费强度

能源消费强度直接衡量了单位 GDP 所需要耗用的能源。如图 6.5 所示，2000~

2016 年，中国能源消费强度呈下降趋势，由 2000 年的 1.16 万吨/亿元下降至 2016 年的 0.47 万吨/亿元，能源消费强度下降了 60%。具体而言，第一产业能源消费强度经历了缓慢上升阶段，后在 2006 年持续下降，到 2016 年基本维持在 0.05 万吨/亿元；第二产业的能源消费强度是三产业中最大的，但第二产业能源消费强度呈下降趋势，由 2000 年的 2.31 万吨/亿元下降至 2016 年的 1.06 万吨/亿元，能源消费强度下降了 54%；第三产业能源消费强度也呈现大幅下降趋势，由 2000 年的 0.24 万吨/亿元下降至 2016 年的 0.08 万吨/亿元，能源消费强度下降了 67%。

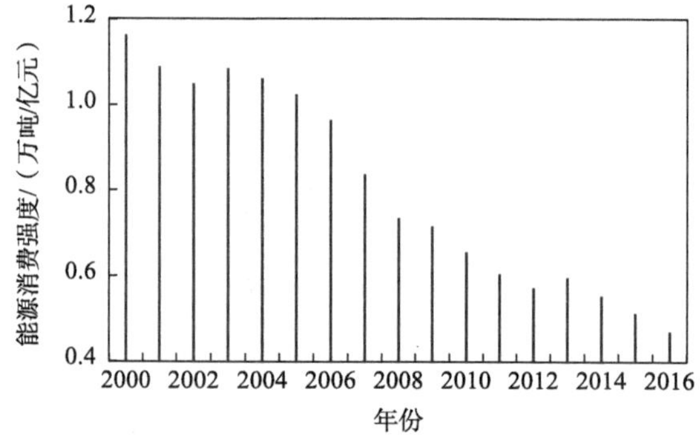

（a）整体

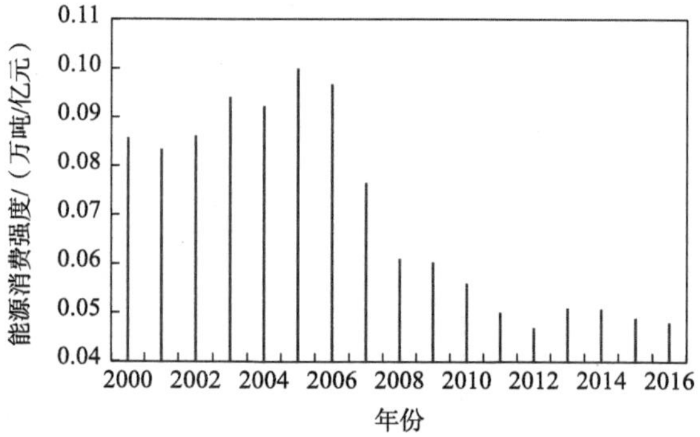

（b）第一产业

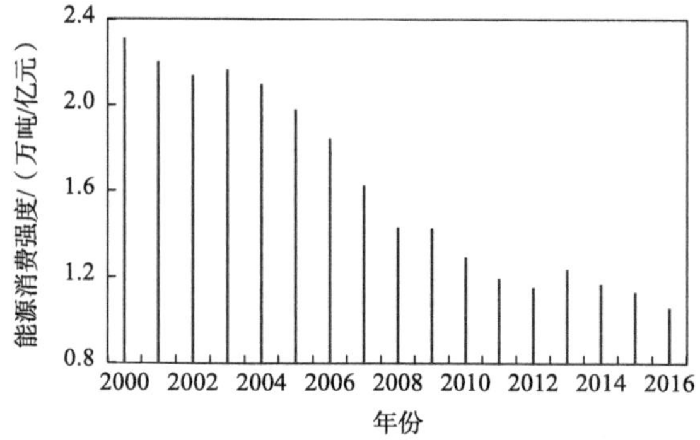

（c）第二产业

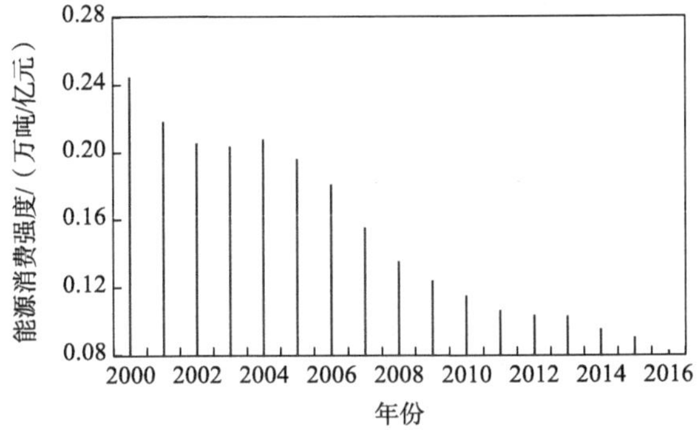

（d）第三产业

图 6.5　2000~2016 年中国三次产业能源消费强度变动图

5. 能源消费结构

中国能源消费主要包括煤炭、焦炭、原油、汽油、煤油、柴油、燃料油、天然气等，且 2000~2016 年各能源的消费结构虽然发生了一定的变化，但变动不大：各能源消费结构基本维持在 74.74%、9.69%、8.44%、1.69%、0.44%、2.56%、0.74%、1.72%；煤炭、焦炭、原油依旧是中国能源消费的三大主力。

6. 人口规模

中国是人口大国，截至 2016 年，中国约有 13.83 亿人口；但自 1982 年实行计划生育以来，中国人口增长缓慢，人口总规模得到了控制：2000~2016 年中国年均人口增长率为 0.5%。中国人口呈现出的大基数、低增长的特点，对碳排放的影响也不容忽视。

7. 碳排放系数

碳排放系数是各种能源在燃烧过程中，单位能源产生的碳排放量；且可以认定碳排放系数是稳定的；IPCC 发布的各种主要能源的碳排放系数见表 6.1。

6.4.2　模型构建及假说检验

1. 碳排放的 LMDI 分解

碳排放因素分解方法主要包括结构分解法与指数分解法，相比其他分解方法，LMDI 分解具有全分解、无残差、易使用、结果唯一、易理解等优点。具体而言，LMDI-I 加法模型更适合时间序列指标，且与乘法模型的分解结果保持一致，故本章采用此方法进行分解；用 C_0 代表基期能源消耗碳排放数量，C_t 代表第 t 期能源

消耗碳排放数量，那么第 0 期到第 t 期碳排放量的综合变化效应可表述为

$$\Delta C = C_t - C_0 = \Delta C_{\mathrm{CI}} + \Delta C_{\mathrm{ES}} + \Delta C_{\mathrm{EI}} + \Delta C_{\mathrm{SI}} + \Delta C_{\mathrm{GI}} + \Delta C_p \tag{6.7}$$

由于某种能源在不同时期的碳排放系数不会发生显著变化，能够保持一定的稳定性，因此上述表达式中可简化为

$$\Delta C = C_t - C_0 = \Delta C_{\mathrm{ES}} + \Delta C_{\mathrm{EI}} + \Delta C_{\mathrm{SI}} + \Delta C_{\mathrm{GI}} + \Delta C_p \tag{6.8}$$

进一步，可得到：

①能源结构效应

$$\Delta C_{\mathrm{ES}} = \sum_i \sum_j \frac{C_{ij}^t - C_{ij}^0}{\ln C_{ij}^t - \ln C_{ij}^0} \times \ln\left[\frac{\mathrm{ES}_{ij}^t}{\mathrm{ES}_{ij}^0}\right] \tag{6.9.1}$$

②能源强度效应

$$\Delta C_{\mathrm{EI}} = \sum_i \sum_j \frac{C_{ij}^t - C_{ij}^0}{\ln C_{ij}^t - \ln C_{ij}^0} \times \ln\left[\frac{\mathrm{EI}_i^t}{\mathrm{EI}_i^0}\right] \tag{6.9.2}$$

③产业结构效应

$$\Delta C_{\mathrm{SI}} = \sum_i \sum_j \frac{C_{ij}^t - C_{ij}^0}{\ln C_{ij}^t - \ln C_{ij}^0} \times \ln\left[\frac{\mathrm{SI}_i^t}{\mathrm{SI}_i^0}\right] \tag{6.9.3}$$

④经济增长效应

$$\Delta C_{\mathrm{GI}} = \sum_i \sum_j \frac{C_{ij}^t - C_{ij}^0}{\ln C_{ij}^t - \ln C_{ij}^0} \times \ln\left[\frac{\mathrm{GI}^t}{\mathrm{GI}^0}\right] \tag{6.9.4}$$

⑤人口规模效应

$$\Delta C_p = \sum_i \sum_j \frac{C_{ij}^t - C_{ij}^0}{\ln C_{ij}^t - \ln C_{ij}^0} \times \ln\left[\frac{P^t}{P^0}\right] \tag{6.9.5}$$

按照 LMDI 分解公式，本章对 2000~2016 年中国碳排放进行因素分解，得到了中国 2000~2016 年碳排放的经济增长、人口规模、能源强度、产业结构、能源结构等五大因素的逐年效应（表 6.8）与累计效应（表 6.9）。

表 6.8　2000~2016 年中国碳排放效应分解–逐年效应（单位：万吨）

年份	ΔGI（经济增长）	Δ*P*（人口规模）	ΔEI（能源强度）	ΔSI（产业结构）	ΔES（能源结构）	综合效应
2000~2001 年	11 047.86	824.71	−6 327.25	−1 091.72	−356.25	4 097.35
2001~2002 年	10 759.85	801.09	−3 924.08	−815.36	173.13	6 994.62
2002~2003 年	15 906.65	829.95	1 579.53	3 164.91	−38.44	21 442.60
2003~2004 年	25 244.48	940.35	−4 364.01	437.64	273.20	22 531.67

续表

年份	ΔGI（经济增长）	ΔP（人口规模）	ΔEI（能源强度）	ΔSI（产业结构）	ΔES（能源结构）	综合效应
2004~2005 年	25 478.37	1 069.66	−10 209.27	4 054.49	−227.86	20 165.39
2005~2006 年	30 763.74	1 063.56	−14 334.18	1 932.90	183.17	19 609.19
2006~2007 年	44 397.86	1 130.22	−28 253.87	−2 573.07	−7.19	14 693.97
2007~2008 年	37 424.66	1 170.70	−30 293.91	383.98	−80.49	8 604.94
2008~2009 年	20 222.60	1 178.64	−2 068.71	−4 212.93	−198.36	14 921.24
2009~2010 年	42 485.06	1 246.05	−25 208.28	2 455.49	23.76	21 002.08
2010~2011 年	46 605.35	1 356.01	−22 959.62	77.33	−31.12	25 047.94
2011~2012 年	28 525.59	1 496.64	−10 856.16	−6 041.74	−152.57	12 971.76
2012~2013 年	30 394.64	1 630.01	21 846.20	−7 262.74	−499.41	46 108.70
2013~2014 年	26 167.00	1 849.34	−20 775.00	−6 798.72	642.49	1 085.12
2014~2015 年	22 149.20	1 755.39	−12 600.49	−15 238.13	101.34	−3 832.70
2015~2016 年	24 768.42	2 054.32	−23 112.12	−7 824.22	174.88	−3 938.72

表 6.9　2000~2016 年中国碳排放效应分解–累计效应（单位：万吨）

年份	ΔGI（经济增长）	ΔP（人口规模）	ΔEI（能源强度）	ΔSI（产业结构）	ΔES（能源结构）	综合效应
2000~2001 年	11 047.86	824.71	−6 327.25	−1 091.72	−356.25	4 097.35
2000~2002 年	21 807.71	1 625.80	−10 251.33	−1 907.08	−183.12	11 091.98
2000~2003 年	37 714.36	2 455.75	−8 671.79	1 257.82	−221.56	32 534.58
2000~2004 年	62 958.84	3 396.11	−13 035.80	1 695.46	51.64	55 066.25
2000~2005 年	88 437.21	4 465.76	−23 245.07	5 749.95	−176.21	75 231.64
2000~2006 年	119 200.95	5 529.32	−37 579.25	7 682.86	6.95	94 840.83
2000~2007 年	163 598.81	6 659.54	−65 833.12	5 109.79	−0.23	109 534.79
2000~2008 年	201 023.47	7 830.25	−96 127.02	5 493.77	−80.73	118 139.73
2000~2009 年	221 246.07	9 008.88	−98 195.73	1 280.84	−279.09	133 060.98
2000~2010 年	263 731.13	10 254.93	−123 404.01	3 736.33	−255.33	154 063.05
2000~2011 年	310 336.48	11 610.94	−146 363.63	3 813.66	−286.45	179 110.99
2000~2012 年	338 862.06	13 107.58	−157 219.79	−2 228.08	−439.01	192 082.76
2000~2013 年	369 256.70	14 737.59	−135 373.59	−9 490.82	−938.43	238 191.46
2000~2014 年	395 423.70	16 586.93	−156 148.58	−16 289.54	−295.93	239 276.58
2000~2015 年	417 572.90	18 342.32	−168 749.08	−31 527.67	−194.60	235 443.87
2000~2016 年	442 341.32	20 396.64	−191 861.20	−39 351.89	−19.71	231 505.16

2000~2016 年，中国碳排放量增加了 231 505.16 万吨，经济增长、人口规模的累计效应均为正，碳排放贡献率分别为 191.07%、8.81%（图 6.6）：经济规模发展成为碳排放的主导因素，人口规模则在一定程度上增加了碳排放的来源；能源强度、产业结构、能源结构的累计效应为负，均有利于碳减排，尤其是能源强度效应与产业结构效应，二者的碳排放贡献率分别为−82.88%、−17.00%；而由于中国能源结构变动不大，能源结构对碳排放的负效应较小，在碳减排策略安排上不得不重视能源强度与产业结构的优化。

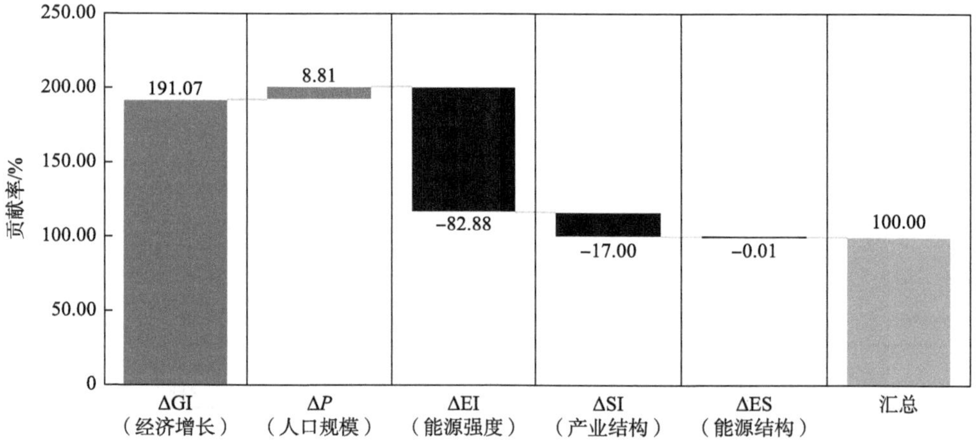

图 6.6　2000~2016 年中国碳排放累计贡献率

更进一步，如图 6.7，从逐年效应上我们发现，第一，经济增长对碳排放的影响一直为正，且其绝对贡献值居各效应之首，从 2001 年的 11 048 万吨，增加到 2007 年的 44 398 万吨，2008、2009 年持续下降，2011 年升至 46 605 万吨，继而下降到 2016 年的 24 768 万吨，呈现 M 型波动，整体而言，经济增长是碳排放的主要因素，但经济增长的碳排放贡献有所收敛。第二，2000~2016 年中国人口规模效应也是促进碳排放的：从 2001 年的 825 万吨，一路增长至 2016 年的 2054 万吨，虽然其效应一直为正，但相较于经济增长效应，其作用较弱且相对平稳。第三，除去个别年份，能源强度效应都是有利于碳减排的，且其碳减排的绝对贡献值位列前茅；第四，能源结构效应的作用较弱，可忽略不计。

但由于经济增长与碳减排是两难问题，此消彼长，很难把握二者的平衡；人口规模是一个长期积累结果，也很难把控；而能源消费强度依赖于生产技术进步、科技的发展，是碳减排的重要因素，但其也是一个市场自发调节与政策促进双重发酵的漫长过程；故产业结构效应是本章的研究重点。2000~2016 年中国产业结构逐步优化，在 2012 年左右实现了国民经济由第三产业主导、第二三产业同时驱动的新格局；相较于碳排放的变动，产业结构效应在 2012 年以前，作用方向还不明显，时正时负，可自此之后，产业结构效应不但有利于促进碳减排且其作用效应有扩大之势，这说明通过产业结构调整、升级是有利于促进碳减排的。

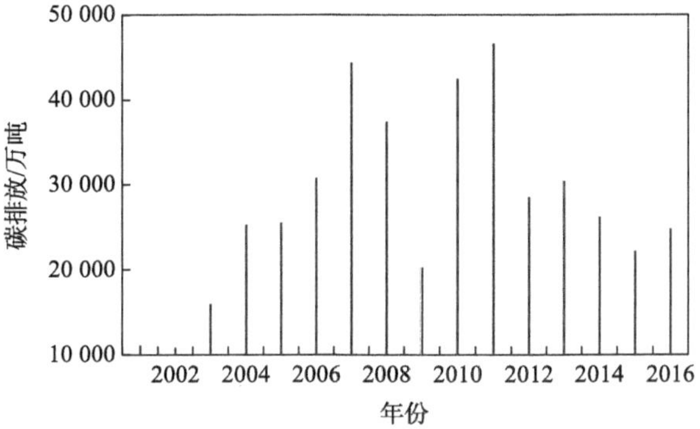

（a）经济增长效应

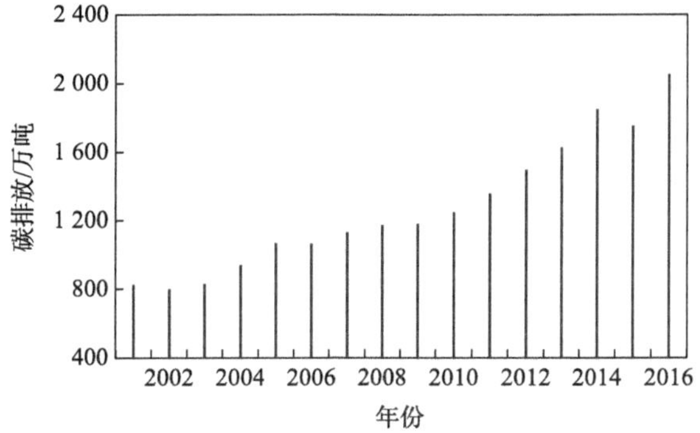

（b）人口规模效应

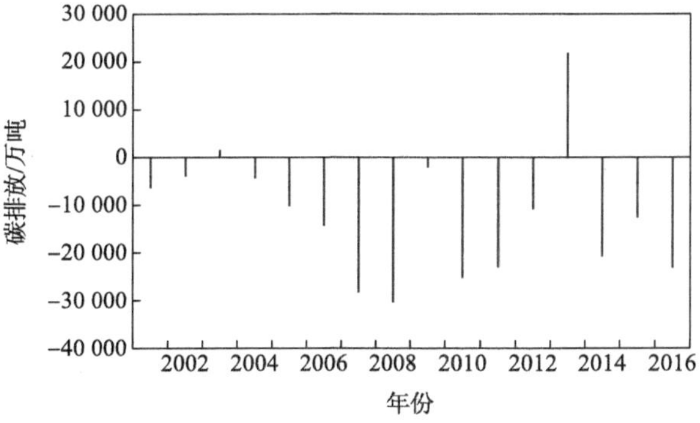

（c）能源强度效应

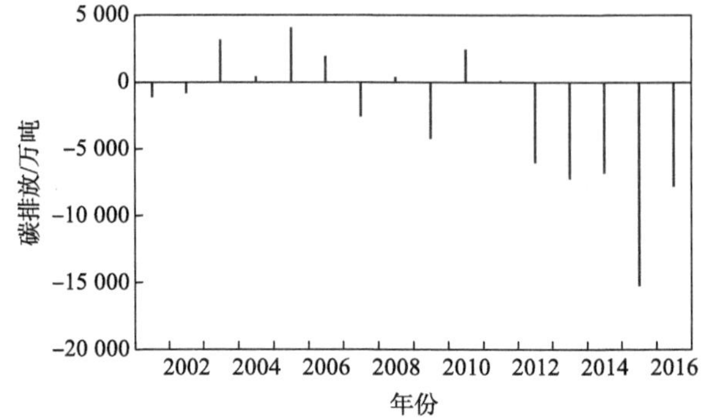

（d）产业结构效应

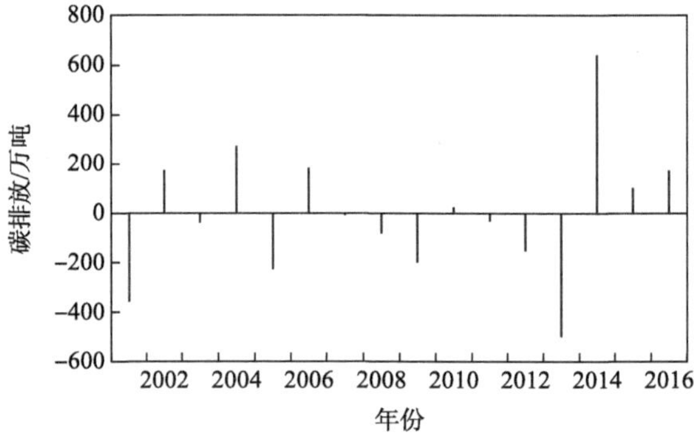

（e）能源结构效应

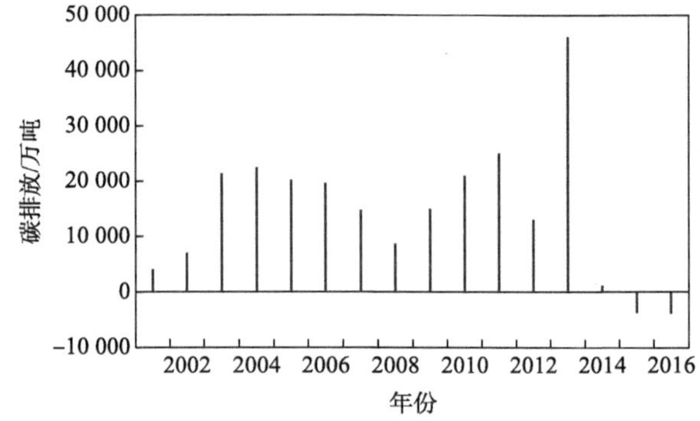

（f）整体效应

图 6.7　2000~2016 年中国碳排放逐年贡献

通过 LMDI 分解，我们发现产业结构效应为碳减排做出了重要贡献，且产业结构效应与产业结构变动息息相关，这不禁使人猜想产业结构调整与碳减排的关系；为了检验产业结构调整是否有利于碳减排，下文建立了相关结构方程模型进行实证分析。

2. 产业结构调整与碳减排的路径分析

综合以上分析结果，碳排放主要存在经济增长、人口规模、产业结构、能源强度、能源结构等五大影响因素；但，一方面，考虑到能源结构变动不大，且对碳排放的影响较小，在此就忽略能源结构的作用；另一方面，考虑到作为碳减排的重要二因素——能源强度、产业结构，众多学者认为产业结构对能源强度具有重要反馈作用，且经济增长方式对产业结构也存在一定影响，故建立如下结构方程模型[①]：

$$\begin{cases} C = \alpha_0 + \alpha_1 \times P + \alpha_2 \times \mathrm{GI} + \alpha_3 \times \mathrm{SI} + \alpha_4 \times \mathrm{EI} + e_1 \\ \mathrm{EI} = \beta_0 + \beta_1 \times \mathrm{SI} + e_2 \\ \mathrm{SI} = \gamma_0 + \gamma_1 \mathrm{GI} + e_3 \end{cases} \tag{6.10}$$

为了保持与前文 LMDI 分解变量的一致性，仍然用人均 GDP、人口存量、单位 GDP 能耗代表经济增长、人口规模、能源强度；但为了凸显产业结构变化对碳排放的影响，利用产业高度化指标（徐德云，2008）[②]来衡量产业结构调整。

各变量的描述性统计分析见表 6.10。由此可见，2000~2016 年，中国碳排放从 116 617 万吨增加到 355 894 万吨，后小幅回落；人均 GDP 则从 0.79 万元，增加到 5.39 万元，增加了 582%；人口规模则增加了约一亿人；产业结构分值从 2.24 持续增加到 2.42，中国产业结构调整的步伐持续向前；能源强度则从 1.16 万吨/亿元，下降到 0.47 万吨/亿元，彰显了能源强度下降对碳减排的作用。

表 6.10　各变量的描述性统计分析

变量	符号	平均值	最大值	最小值	标准差
碳排放/万吨	C	240 338.8	355 894	116 617	85 897
经济增长/万元	GI	2.67	5.39	0.79	1.586 3
人口规模/万人	P	132 672.9	138 271	126 743	3 535.9
产业结构	SI	2.33	2.42	2.24	0.049 6
能源强度/（万吨/亿元）	EI	0.80	1.16	0.47	0.240 1

对变量进行标准化[③]，利用软件对其进行路径分析，得到以下路径图（图 6.8）。

---

① 路径分析要求变量间呈线性关系，所以在此我们建立的是线性回归模型。

② 产业高度化指标能够很好地凸显产业结构变动，具体计算如下：$\mathrm{SI} = \sum_{i=1}^{3} Y_i \times i = Y_1 \times 1 + Y_2 \times 2 + Y_3 \times 3$，$Y_i$ 为第 i 产业的产值比重。

③ 路径分析中对各变量标准化后，变量可以相互比较，且以绝对值大小来反映自变量对因变量的影响程度。本书采用 Z-Score 法对各变量进行标准化。

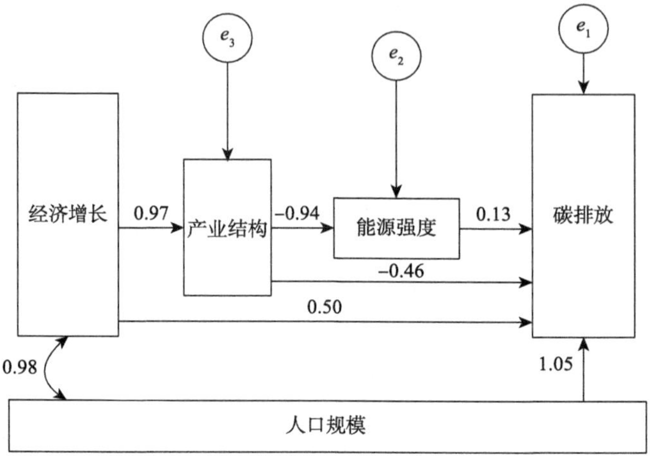

图 6.8　路径图

由图 6.8 和表 6.11 所示路径分析结果可知，产业结构对碳排放的影响在 1%的显著性水平下显著，影响系数为−0.46，说明产业结构调整对碳减排存在直接影响。进一步，人口规模、经济增长对碳排放的影响均在 1%显著性水平下显著，能源强度对碳排放的影响则在 10%的显著性水平下显著；且人口规模、经济增长的发展增加碳排放，能源强度的降低促进了碳减排[①]，说明产业结构调整对碳减排存在间接影响。

表 6.11　路径分析结果

路径方程模型	影响路径	系数、标准差、P 值
模型适配度指标：（CMIN/DF=6.53，NFI=0.912，CFI=0.920）	产业结构→碳排放	−0.46，0.13，0.00
	能源强度→碳排放	0.13，0.08，0.09
	人口规模→碳排放	1.05，0.12，0.00
	经济增长→碳排放	0.50，0.16，0.00
	经济增长→产业结构	0.97，0.06，0.00
	产业结构→能源强度	−0.94，0.08，0.00

注：CMIN/DF 是最小样本差异除以自由度，被称为相对卡方或规范卡方；NFI 是标准拟合指数；CFI 是相对拟合指数

具体而言，由路径图可知，人口规模对碳排放的影响系数为 1.05，影响最大；经济增长对碳排放的直接影响为 0.5；而产业结构对碳排放的直接影响为−0.46，间

① 注：虽然能源强度对碳排放的路径系数为 0.13，但其实质含义为能源强度降低，碳排放则减少，即能源强度下降有利于促进碳减排。

接影响为−0.12：总效应为−0.58；可见，在碳减排的影响程度上，产业结构调整的作用功不可没。

综合上述研究可以得出结论：其一，2000~2016 年，中国碳排放量增加了 231 505.16 万吨，经济增长、人口规模的累积效应均为正，碳排放贡献率分别为 191.07%、8.81%；能源强度、产业结构、能源结构的累计效应为负，均有利于碳减排，尤其是能源强度效应与产业结构效应，二者的碳排放贡献率分别为−82.88%、−17%；而由于中国能源结构变动不大，能源结构对碳排放的负效应较小，在碳减排策略安排上不得不重视能源强度与产业结构。其二，在碳排放各要素中，人口规模对碳排放的影响系数为 1.05，影响最大；经济增长对碳排放的直接影响为 0.50；能源强度对碳减排的直接影响为 0.13；产业结构对碳减排的直接影响为−0.46，间接影响为−0.12：总效应为−0.58；可见，无论是在直接影响上，还是在总影响上，产业结构的碳减排潜力均优于能源强度的碳减排潜力。因此，产业结构调整对碳减排的影响应得到重视。

6.5　低碳经济视角下的产业安全

6.5.1　低碳经济视角下产业安全的新内涵和本质特征

发展生态文明，关系人民生活，关乎民族未来。党的十八大报告将生态文明发展提到前所未有的战略高度，强调要将生态文明建设“融入经济建设、政治建设、文化建设、社会建设各方面和全过程”，推动形成人与自然和谐发展的现代化发展新格局。党的十八届三中全会通过的《中共中央关于全面深化改革若干重大问题的决定》首次确立了生态文明制度体系，并按照“源头严防、过程监管、后果严惩”的思路，阐述了生态文明制度体系的构成及其改革方向、重点任务。2015 年中共中央、国务院发布《关于加快推进生态文明建设的意见》，我国已基本形成有关生态文明发展的顶层设计。

产业安全作为生态文明发展的重要内容之一，是人类生存发展的基本安全需求，也是经济社会可持续发展的一道“重要防线”，从根本上关系到国家兴亡、民族安全和社会稳定。但是，从过去几十年的发展来看，我国对产业安全紧迫性和重要性的认识不足，结果导致资源约束未能很好解决、环境污染治理和生态系统修复亦未达到预期。

21 世纪以来，党中央和国务院对产业安全及生态安全的重视程度得到了重要提升，并相继发布实施了《国家环境保护“十二五”规划》《国务院关于加快发展节能环保产业的意见》《2014—2015 年节能减排低碳发展行动方案》《国家应对气候变化规划（2014—2020 年）》等。特别是 2014 年 4 月，中央国家安全委员会第一次会议明确将生态安全纳入国家安全体系，并在“十二五”规划中提出了我国生态安全重点工程（表 6.12）。由此，生态安全正式成为我国国家安全的重要组成部分。

表 6.12　“十二五”时期我国生态保护重点工程

名称	主要工程
生态文明示范建设工程	包括生态市、生态县、生态工业示范园区发展、生态文明发展试点等工程
生物多样性保护重点工程	包括生物多样性保护优先区域调查和评估，生物多样性保护示范区、恢复示范区、减贫示范区建设等工程
自然保护区管护工程	包括自然保护区规范化建设、国家级自然保护区监控和评估、国家级自然保护区数字化建设、自然保护区布局优化等工程
生态功能保护工程	包括生态红线划定与管理、国家重点生态功能区保护和管理试点、生态环境地面定位监测站发展、生态环境十年遥感调查和评估、易灾地区生态综合评估、流域生态健康评估和管理、资源开发生态环境监管等工程

资料来源：《全国生态保护“十二五”规划》

低碳经济是一种以低排放、低污染和低耗能为基础的经济发展模式，本质上是通过更少的自然资源消耗和更低的环境污染来获得更多的经济产出。①作为能源消费方式、经济发展模式和人类生存范式的“重大变革”，低碳经济将彻底改革现有的工业文明格局，引领国际权益和价值观念发生历史性转变，进而建构起一种新型的文明形态和体系。

当前，我国经济发展进入新常态，正向着增速更合理、分工更复杂和结构更优化阶段演变。“新常态需要新思维，新思维更需新常态”。在此背景之下，谋划新时期的产业安全战略也需遵循新途径和新思路，而从低碳经济角度出发，以低碳发展的理论来指导产业安全发展，不仅体现的是新常态下对“低碳经济”和“产业安全”两者关系的认真思考，而且更是对完善现有低碳政策和产业安全政策的一种有益探索。

1. 低碳经济视角下产业安全的新内涵

“产业安全”概念最早在俄罗斯政府颁布的《俄罗斯苏维埃联邦社会主义共和国自然环境保护法》（1991 年）中正式提出（表 6.13），主要用于描述一种产业受保护且无危险的和谐状态。

① 英国政府在《我们未来的能源——创建低碳经济》白皮书中提出。

表 6.13　俄罗斯有关产业安全的发展历程

项目	主要内容
产业安全理念	布哈林奠定了产业安全的哲学基础
	普列汉诺夫提出“人为环境”概念，并强调自然环境作用
	弗罗洛夫提出培养全体公民的生态意识，保障人类的生存安全
	基鲁索夫强调用生态思维来进行产业安全活动
	费多谢耶夫提出“人—社会—自然”的产业系统
	帕夫连科重点从伦理学角度审视产业安全问题
产业安全政策	产业安全立法逐步完善
	强调产业安全有限原则
	重点推行产业税收制度
	优先推行产业保险制度
	实施产业鉴定制度
产业安全教育	涵盖学前教育和普通教育、中等专业教育和高等专业教育、大学后教育、专门人才的专业再培训和业务进修等教育类型

随着时代形势的变化，经济学意义上“产业安全”的内涵和外延不断拓展丰富，呈现鲜明的趋势和特征。按照《科学发展观百科词典》中的提法，产业安全是指产业的环境权利及其实现受到保护的状态，具体包括三个层次含义：第一是一种状态；第二是一种受到保护、无危险或不受危险威胁的状态；第三，威胁来源是产业危险。从目前学术界来看，产业安全是指在一种相对公平的经济贸易环境下，使产业能够依靠自身的努力保证国民经济和社会全面、稳定、协调和可持续发展的一种状态。虽然国内外政策界和学术界对于产业安全尚未有一个统一的定义，但从广义上而言，代表性观点均是基于“环境—生物—经济—社会”四位一体系统发展的理念（图 6.9）来进行分析。进一步来说，“环境安全”和“生物安全”其实是产业安全的基石和落脚点，而“经济安全”和“社会安全”则是产业安全的动力和出发点。

本节的核心任务是揭示“产业安全”中内含的“经济安全”因素，并重点论述低碳经济及其对产业安全的影响，具体包含低碳产业、低碳能源开发利用、低碳交通、低碳模式、低碳体系、低碳理念和低碳体制机制等诸多领域对产业安全的内生机制问题，最后试图通过政策、市场、制度等多种支撑因素，形成有利于破解资源环境瓶颈制约，发展资源节约型、环境友好型社会的良序发展方式。

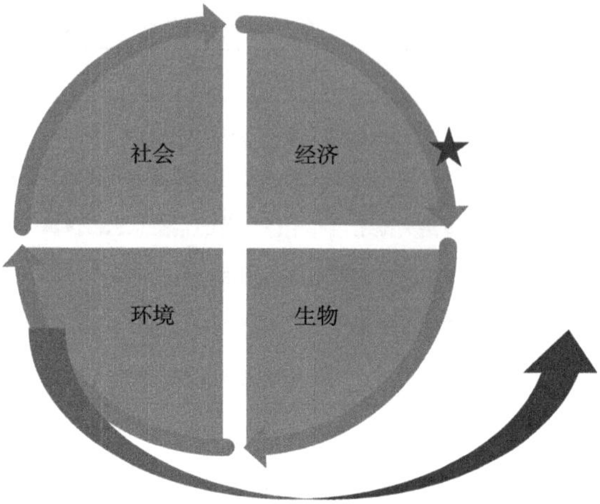

图 6.9　产业安全“环境—生物—经济—社会”四位一体示意图

资料来源：作者绘图

2. 低碳经济视角下产业安全的重要特征

低碳经济视角下的产业安全呈现以下四个显著的特征。

第一，低碳经济视角下产业安全的本质特征是可持续性。

从源头上来说，发展低碳经济是为了实现人口、资源与环境的可持续发展。低碳经济可以通过合理的市场信号来推动能源资源高效利用、清洁能源有序开发、绿色产业壮大发展，进而实现产业环境的安全、平衡、和谐。低碳经济视角下的产业安全强调的便是经济收益和环境效益相统一前提之下的经济社会的可持续性。

第二，低碳经济视角下产业安全的“价值追求”是资源节约与环境友好。

资源节约和环境友好型社会是发展低碳经济的应有之义。资源节约是生产、消费、生活方式的变革，更是资源利用方式的根本转变；环境友好以承载力为基础，以绿色科技为动力，实施清洁生产，淘汰落后产能，并以低排放甚至零排放为目标。低碳经济视角下的产业安全所追求的便是经济增长与资源节约、环境保护的“双赢”。

第三，低碳经济视角下实现产业安全具有多种实现形式。

低碳经济概念具有丰富的内涵，不同的经济发展阶段，不同的资源禀赋的地区有不同的实现路径。对于北京、上海等发达地区而言，要以低碳模式构建、低碳生活、低碳交通等为主，对于中西部欠发达地区而言，则要以产业结构调整和低碳能源开发利用等为重点。

第四，低碳经济视角下促进产业安全是长期且渐进的过程。

鉴于目前我国特殊的国情，在低碳经济视角下促进产业安全是一个长期且渐进的过程，需要在多层面克服困难，迎接挑战，特别是要更新观念，创新思路，加快推动体制、机制、制度等实现新突破。

3. 低碳经济视角下保障产业安全的现实意义

低碳经济视角下的产业安全具有三大现实意义。

1）是保障国家安全的重要组成部分

新时代新形势不仅呼唤新的发展观，还需要新的安全观。在低碳经济视角下研究产业安全，不仅可以为深化安全体制改革注入活力，而且能够有效推动经济力量参与国家安全体系发展，进而推动形成人与自然和谐发展的新格局。

2）是谋划“五位一体”总布局的有效支撑

从“三位一体”（经济建设、政治建设、文化建设）到“四位一体”（经济建设、政治建设、文化建设和社会建设），再到“五位一体”（经济建设、政治建设、文化建设、社会建设、生态文明建设），是重大的理论创新和决策部署，同时也是全面协调可持续发展的内在要求。在低碳经济视角下研究产业安全，是新时期“国家安全体系”建设的重要内容，同时也是拓展深化“五位一体”总棋局的关键一招。

3）是建设“美丽中国”的关键举措

努力建设美丽中国，实现中华民族永续发展，是党中央向全国乃至全世界做出的庄严承诺。在低碳经济视角下推动产业发展，核心是突出“低碳+产业安全”的理念，坚守“产业红线”，并着力将经济发展融入产业安全的各方面和全过程，进而推动形成人与自然和谐发展。

6.5.2 低碳经济下推进产业安全发展的基础条件

自 2003 年英国政府提出“低碳经济”概念以来，我国政府“顺应时势”，相继颁布了一系列涉及低碳经济发展的法律法规和支持措施（图 6.10），为促进产业安全发展奠定了坚实的现实基础。

1）国民经济“低碳化”步伐加快

面对经济快速增长与资源大量消耗、生态破坏之间的矛盾，党中央、国务院积极实施“双碳”目标（碳达峰和碳中和），集全民之智，举全国之力，切实推进低碳化和生态化，不断积蓄“低碳资产”。主要措施有：加快调整产业结构，提高高耗能、高排放和产能过剩行业准入门槛，并加大淘汰落后产能工作力度；大力推进节能降耗，实施节能重点工程，突出抓好工业、建筑、交通、公共机构

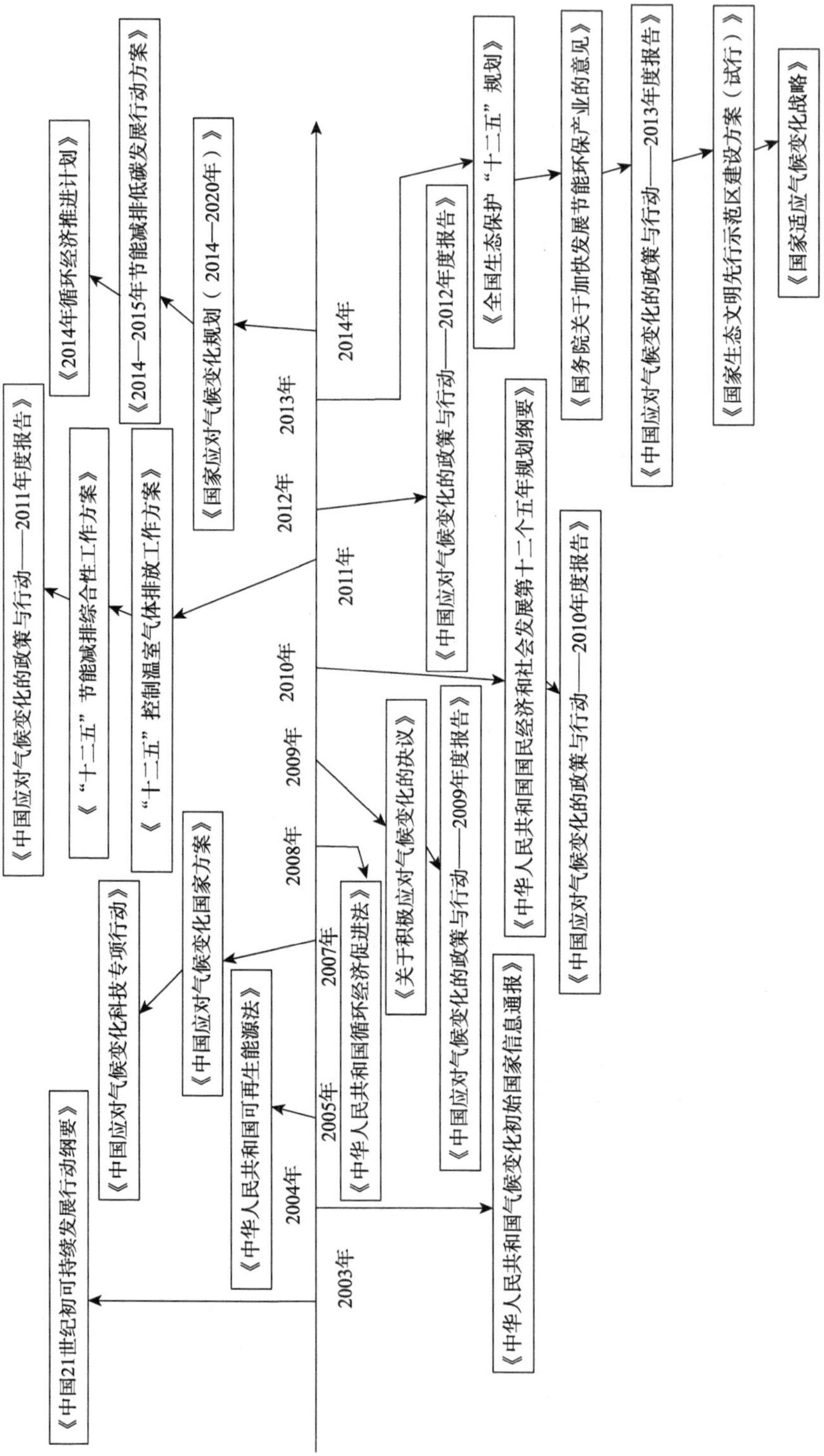

图6.10　我国历年低碳经济法律法规和支持政策示意图

资料来源：作者整理

等领域节能，并加快节能技术开发和推广应用；积极发展低碳能源，推进煤炭清洁利用，鼓励开发利用煤层气和天然气，并因地制宜大力发展风电、太阳能、生物质能、地热能等非化石能源；努力增加碳汇，加快植树造林，继续实施生态发展重点工程，开展碳汇造林项目。截至 2014 年底，我国单位 GDP 二氧化碳排放较 2005 年下降 28.5%，非化石能源在一次能源中的比重提高到 9.8%，森林覆盖率由 2005 年的 18.21%提高到 21.6%。同时，水电装机容量、风电装机容量、核电在建规模、太阳能热水器集热面积、农村沼气用户量等指标均已跃居世界第一位。

2）低碳经济和相关试点工作有序展开

近十年来，全国各级政府广泛开展了低碳城镇、低碳产业试验园区、低碳社区、低碳商业、低碳产品、低碳生态城（镇）、生态城市以及生态文明先行示范区等试点工作，对于实现我国低碳行动目标、进而推进生态文明发展具有重要引领作用（表 6.14）。

表 6.14　国家层面低碳试点情况

时间	领导单位	文件名称	试点单位
2010 年	国家发展改革委	《关于开展低碳省区和低碳城市试点工作的通知》	广东、辽宁、湖北、陕西、云南五省和天津、重庆、深圳、厦门、杭州、南昌、贵阳、保定八市
2011 年	财政部、住房城乡建设部、国家发展改革委	《关于开展第一批绿色低碳重点小城镇试点示范工作的通知》	北京密云县古北口镇等七个绿色低碳重点小城镇
	交通运输部	《关于开展低碳交通运输体系发展第一批城市试点工作的通知》	天津、重庆、深圳、厦门、杭州、南昌、贵阳、保定、武汉、无锡十市
2013 年	国家发展改革委、财政部、国土资源部、水利部、农业部、国家林业局	《国家生态文明先行示范区建设方案（试行）》	北京市密云县等 55 个地区（第一批）
2014 年	工业和信息化部、国家发展改革委	《关于组织开展国家低碳工业园区试点工作的通知》	北京中关村永丰产业基地等 55 家园区（第一批）

资料来源：作者整理

此外，低碳经济和相关试点的支持力度在不断加强，财税、金融、投资、价格、产业等方面的配套政策以及管理指标体系也在逐步完善，一些各具特色的成功经验和做法初步得到推广，形成了“互惠互鉴”的良好局面。

3）低碳经济的制度安排逐步完善

经过多年的探索和实践，我国已经初步形成了有关低碳经济的法律和制度体系。国家层面，在《联合国气候变化框架公约》《京都议定书》《巴黎协定》等国际条约的基础上，先后颁布实施了资源和生态保护法、环境污染防治法、清洁生产促进法及循环经济促进法等。地方层面，各级政府积极配合国家整体部署，出台了涉及低碳经济发展的一系列规划和实施方案，对于实现既定低碳战略谋划起到了重要的保障作用。

第7章　城市规模与碳排放

在城市化过程中，形成了若干规模不同、结构有异的城市，构造了一定的城市体系。中国自1980年开始实行“严格控制大城市规模，合理发展中等城市，积极发展小城市”的城市化战略，由此使中小城市得到更快的发展，进而导致城市平均规模显著下降。从发展低碳经济降低城市碳排放的角度看，过去坚持的这种战略方针是否合理？要回答这个问题必须研究不同规模城市对碳排放的影响机制。因此，研究城市规模对碳排放的影响对中国未来推进人口城市化发展和低碳城市的建设有非常重要的现实意义。

7.1　城市规模及其影响因素

7.1.1　城市规模的概念

城市规模是城市经济学、经济地理学等学科的主要研究内容之一，指的是在一定的城市空间中集聚的人口、资源、商品、建筑等，主要包括城市人口规模、经济规模、空间（用地）规模，这三个部分是城市规模的不同衡量角度，是构成城市规模相互关联的三个不可分割的组成部分。城市是非农产业发展及集聚经济的产物，人口集聚推动人口规模扩大，同时促进城市经济增长，而经济增长与人口规模扩大共同推动城市空间扩张。

1. 城市人口规模

城市人口规模是指城市在有限空间中所承载的人口数量。由于城市空间的有限性与空间用途的多样性，城市空间在不同功能之间的分配是有限的，因此不同发展水平的城市用于居住、生产、交通、休憩的空间比重多不相同。从理论上讲，根据要素的边际投入与产出，城市经济系统将空间分配到使社会总收益最大的部门，从而得到最优人口规模。最优的城市人口规模又可称为“适度人口规模”，即在一定的城市空间中与城市经济发展、城市建设水平、生态环境相匹配的人口规模。最优的人口规模不仅会使城市的资源、经济达到最大收益，实现城市生态环境的可持续发展，还可使城市现在和将来的总收益达到最大化。

2. 城市经济规模

经济规模，是指在一定的经济制度安排下，一个独立的经济体所具有的资本、劳动和产出的总量大小，经济学中常用 GDP 衡量一国的经济规模。城市经济规模反映一定时期内城市经济总产出，衡量一个城市经济规模最重要的尺度是地区生产总值。对城市经济规模的理解，需要注意以下两点：第一，地区经济产出只能表示城市经济规模量的方面，并不能代表城市经济的所有方面。地区经济产出不能完全代表城市经济的长久竞争力，不能反映城市经济结构的合理性；第二，城市经济产出不能反映城市经济增长的可持续性。城市经济规模一般是城市农业、工业和服务业产值之和，不能反映经济生产过程中产生的各种废弃物对环境的污染。

3. 城市空间（用地）规模

城市空间规模指的是城市居民居住、企业生产、商业贸易、交通运输、休闲娱乐场所所占据的用于城市建设的土地面积。城市空间规模扩张是在城市土地的自然承载力前提下，城市居民生活和生产活动向城市郊区延展推进的过程。土地自然承载力是指一定技术水平下、一定视点内、一定空间范围土地、水、大气、绿化等资源在管理有效的条件下所能承受的包括人口、经济等在内并使各要素相互和谐的最佳社会活动总量（张换兆和郝寿义，2008）。城市土地承载力主要是由土地自身的特点及其利用性质所决定的。由于传统的定义主要是指土地的人口承载力，忽视了土地功能的综合性和土地与生态环境的整体性，因此，城市人口集聚带来的人口规模增大是城市空间规模扩张的主要推动力。

4. 城市规模的内涵

自从城市经济学诞生以后，城市规模问题开始进入许多经济学家的视野。Gupta 等（1997）和 Evans（1972）分别从如何最小化政府的平均服务成本和城市内部生产成本来解释最优城市规模问题。随着城市经济学的发展，对城市规模的研究逐渐集中于最优城市规模的探讨和确定。

目前经济学家经过长期研究普遍认为，最优城市规模只有理论“解”，没有实际“解”。这是因为，理论上的最优城市规模是建立在边际成本等于边际收益基础上的。边际成本指的是新增加一个城市居民所带来的城市成本；边际效益指的是新增加一个城市居民所带来的城市效益，这个效益主要通过城市的集聚效应来体现。城市规模增大的同时往往由于市政管理、城市规划、基础设施建设等方面落后于城市人口数量增长速度，城市出现“大城市病”，如交通拥挤、环境恶化、城市基础设施不足、住房紧张等，这些是城市规模扩张的成本。“大城市病”的病因不是因其大，而是因其结构与管理不能满足发展要求。城市规模不是城市病的根源，城市产业集聚促进城市人口规模增长，通过共享劳动力市场以及劳动力市场所表现出来的规模递增规律，城市规模扩大反而能够为产业发展带来外部性收益。企业与劳动者都可以通过劳动力市场规模扩大获得利益。对企业而言，规模大的劳动力市场能够降低劳动力成本；对就业者而言，大城市意味着众多同样的行业或企业的聚集，从而增加了就业机会。可见，在一般意义上城市规模扩大是城市外部性收益的源泉，而不是“城市病”的根源。

7.1.2　城市规模变动及其影响因素

在《新帕尔格雷夫经济学大辞典》中，城市规模的决定因素被列为城市经济学研究领域的两个主要问题之一。虽然城市规模是一个包含人口数量、地域范围和经济总量等丰富内容的概念，但由于人口规模是推动城市空间扩张和经济增长的根本因素，所以在理论研究中通常将人口规模作为衡量城市规模的重要指标。城市人口集聚一方面具有规模经济等外部性收益，另一方面也会提高城市的拥挤程度。城市的规模和福利水平，正是在规模经济和拥挤效应的相互作用下发生动态变化。随着各国城市化水平的提高，大型城市、超大型城市出现，城市拥堵、环境污染等问题不断形成，“大城市病”造成的负面影响使得许多主流经济学家开始关注最优城市规模问题。Mirrlees（1972）利用本瑟姆特（Benthamite）社会福利函数分析了最优城市规模问题。以后的许多学者，如 Riley（1973）、Arnott 和 Riley（1977）都在此基础上进行相关实证分析，进一步推进了最优城市规模问题的理论研究。本节首先考察城市规模的决定因素，然后探讨在城市发展的不同约束条件下应该如何确定城市规模。

众所周知，城市是人口和产业集聚的产物，是集聚经济的空间反映，因此城市规模与人口、产业的集聚程度密切相关，与集聚经济的规模互为因果。新经济地理学模型，强调一国经济增长中的产业集聚效应及与之相联系的规模收益递增效应或外部经济效应。厂商内部、厂商之间、产业之内的规模收益递增效应，是指大量产业在特定的地域范围内集中，通过支持配套中间产业、创造熟练劳动力市场和促进知识与技术溢出效应等途径产生的外部性效应，这种外部性也被称为马歇尔外部性（Marshall，1920），其形成的集聚经济效应称为专业化经济，而不同产业集聚在一起所形成的产业之间的知识溢出与共享，称为雅各布斯外部性（Jacobs，1969），其产生的集聚经济效应称为城市化经济。

1. 产业集聚促进经济规模增大

现有的理论和实证研究认为，产业集聚提高生产率从而促进经济增长。产业集聚水平的提高可以通过知识和信息外溢、共享基础设施和资本劳动力市场等途径促进全要素生产率的提高。Cingano 和 Schivardi（2004）、赵伟和张萃（2008）的实证研究分别说明，意大利和中国制造业集聚程度提高可以提高生产率。Ciccone 和 Hall（1996）利用规模报酬递增模型，分析空间外部性与规模报酬递增的外部性如何对平均生产率差异产生影响，发现人口密度不同可以解释生产率差异，就业密度翻番会导致劳动生产率上升 6%，经济活动密度的差异可以解释人均产出的差异。

首先，产业集聚促进企业创新进而促进经济增长。主流的经济学理论认为创新是经济增长的源泉，产业集聚可以降低企业创新成本，促进企业创新，从而推动经济增长。Duranton 和 Puga（2004）将产品生命周期理论引入集聚经济模型，发现城市规模扩大便于企业相互模仿，企业可以参考的生产流程种类越多，其实验的成本越低，因此不同种类产业集聚于某一区域有利于降低试验成本、促进创新（石灵云和刘修岩，2008）。多样化的环境有利于创新所需要的搜寻与试验过程，集聚正是通过提供这样一种多样化的环境而促进新知识的产生（Jacobs，1969）。

其次，人力资本积累推动产业空间集聚，从而促进经济增长。内生增长理论将经济增长归结于人力资本积累，Palivos 和 Wang（1996）构建了一个包含空间影响的动态一般均衡模型，模型中人力资本是集聚的主要推动力，交通运输成本是阻止城市无限扩张的主要因素，模型分别分析了集中化与分散化情形下城市扩张与经济增长之间的动态影响。一般而言，劳动力通过交流分享信息及工作经验，可以提高劳动者的人力资本，促进生产率提高（赵伟和张萃，2008）。城市产业集聚区域为相同产业的劳动者提供了一个非常理想的场所，知识穿过走廊和街道要比跨越大陆和海洋容易得多（Glaeser，1994），城市（或集聚区）环境对于学习的优势不仅体现在前沿技术方面，而且体现在技能的获取和日常知识的创造、传播和积累方面（Lucas，1988）。Fu（2007）利用 1990 年马萨诸塞州统计数据，分析了人力资本在微观地理水平的四个作用机制，即劳动者通过四个渠道向其他人学习：人力资本存量水平、劳动力市场的马歇尔外部性、劳动力市场的雅各布斯外部性以及地方劳动力市场的厚度。不同机制的作用强度随距离增大而减弱的速度不同，人力资本存量水平作用强度的减弱速度在四种机制中最快。

再次，产业集聚促进城市专业化，从而提高劳动生产率，推动经济增长。一是大量相关产业地理集中形成专业化劳动力市场，企业一方面可以由此获得稳定的劳动力供给，另一方面也可以及时雇用到熟练的劳动力，降低培训成本和搜寻成本。二是动态学习与创新能力的增强。产业集聚是否能够导致城市生产的专业化，取决于专业化生产的规模经济效应与多样化生产的运输成本节约效应。Abdel-Rahman（1996）建立了由一系列环形城市组成的封闭经济体的一般均衡模型，经济体利用劳动和不可贸易的中间服务生产两种工业最终产品，可贸易品存在运输成本，城市中服务种类越多，那么城市制造业生产效率越高，最终城市可能处于两种均衡状态：一种状态是完全专业化，即一个城市只生产一种可贸易品和一组不可贸易的中间服务；另一种状态是完全多样化，即每个城市都生产两种可贸易品和所有中间服务。处于何种状态取决于专业化产生的规模经济与多样化节约的运输成本二者哪一个较大。

2. 规模报酬与交通运输成本对人口规模的影响

城市的规模不仅是报酬递增、专业化经济、城市化经济等向心力的函数，而且也是要素不可流动性、交通成本等离心力因素的函数。藤田昌久和蒂斯（2004）在其专著中建立了数理模型，分析了规模报酬递增与运输成本对城市人口规模的影响。他们考察一个单中心城市，在城市中只有一个企业，这个企业以价格 P 在市场中销售产品，而且只用劳动力一种生产要素。这个企业的生产函数为

$$X = F(N)$$

其中，X 表示商品产量；N 表示工人数量；N_a 表示最优状态的城市人口规模。这个函数满足如下条件：

①$F(0)=0$；

②F 关于 N 严格递增，且存在 $N_a>0$，使 $\dfrac{\mathrm{d}F}{\mathrm{d}N} \equiv F'(N) \gtreqless F(N)/N,\ N \lesseqgtr N_a$。

因此，当 $N< N_a$ 时，生产能够带来递增报酬；当 $N > N_a$ 时，生产带来递减报酬。劳动工人的保留效用水平是 $\bar{u}$ 。企业支付给工人 w 的工资，足以补偿工人在城市居住的地租和上下班所需通勤费用。当城市人口规模增大时，城市中的均衡效用水平递减。当另一个城市效用水平高于所在城市时，工人就会迁移。因此城市边界 r^* 由下式决定：

$$\psi\left[w - T(r), \bar{u}\right] = R_A$$

其中，$\psi(r,u)$ 表示居民的竞租函数，表示居民在距离市中心为 r 的地点，在既定效用水平 $\bar{u}$ 下，居民愿意支付的土地租金；R_A 表示城市 A 的土地租金；$T(r)$ 表示居民住在地点 r 处的交通成本。

当城市经济均衡时，其人口数量为 $N(w,\bar{u}) = \int_0^{r^*} \dfrac{2\pi r}{S\left[w - T(r),\ \bar{u}\right]} \mathrm{d}r$ 。随着交通

距离的增大，城市中总的交通成本增长幅度大于人口规模的增长幅度，在单一中心城市结构中，人口规模增大会导致城市交通不经济。较大的城市中居住成本也会更高，这也约束了城市规模的扩张。

如图 7.1 所示，$C(N,\overline{u})$是工人的居住总成本，PF(N)是总收入。当城市产出上升时，均衡的人口规模将随之扩张，这是因为，城市产出上升，工人的边际报酬也上升，相对于保留效用$\overline{u}$工人的效用水平提高，吸引更多的劳动力迁移到该城市，城市规模扩张。城市交通运输成本上升时，城市规模缩小。

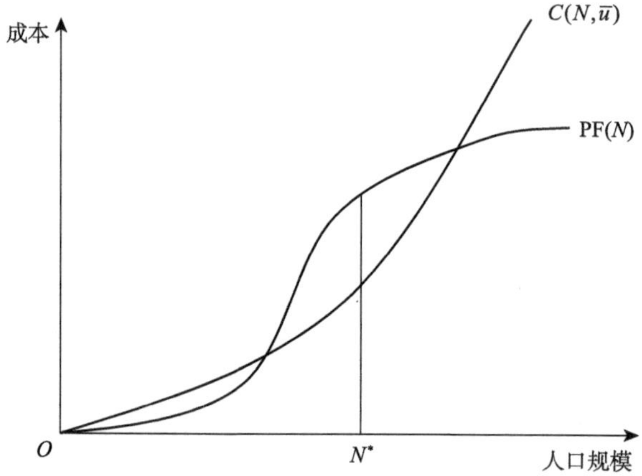

图 7.1　城市人口规模的确定

资料来源：藤田昌久，蒂斯 P. 2004. 集聚经济学. 刘峰，张雁，陈海威，译. 成都：西南财经大学出版社：148.

3. 城市规模扩张中的路径依赖属性促进城市“大者恒大”

路径依赖属性形成的循环累计效应使进入规模较大城市的人口和资本形成自选择，自选择的结果导致拥有更高人力资本的劳动者和能使资本产生更高回报的资本所有者进入规模较大的城市，从而促进城市经济进一步增长和城市规模持续扩张。Henderson（1974）曾建立一般均衡模型求解城市最优规模，假设存在规模经济，规模越大的城市居住成本越高，只有收入越高的劳动者和资本收益率更高的资本所有者才能在规模大的城市居住，城市规模由劳动力的区位和资本所有者的投资决策决定，当劳动者和资本所有者的社会福利最大时的城市规模定义为最优城市规模（图 7.2）。在这种机制下，城市居民形成自选择，人力资本水平较高的高收入者进入规模大的城市，而资本所有者必须寻求收益更高的行业进行投资才能获得足够的收入以支付较高的居住成本，促进城市经济增长和城市规模扩张。

4. 政府干预及管理对城市规模的影响

政府干预及城市管理能力是影响城市规模的重要因素。提高政府的城市管理

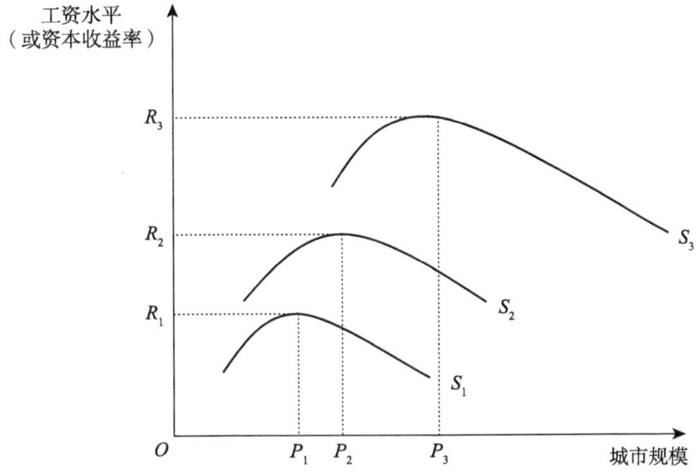

图 7.2　城市规模与工资水平关系图

资料来源：Henderson（1974）

水平可以促进劳动力在不同区域的流动，提高经济交易效率（赵红军，2005），从而有利于城市规模扩大。Arnott（1979）分析了公共产品的供求、城市形状（urban shape）和劳动力流动对最优城市规模的形成所产生的影响，并认为现实中最优城市规模的形成，主要取决于政府提供最优公共物品的水平、政府对市场的干预程度、政府对移民的控制程度以及对城市交通网络的改善程度。政府干预对城市规模的影响，在中国城市化进程中尤为明显。为了“严格控制大城市规模，合理发展中等城市，积极发展小城市”，政府通过户口迁移制度、劳动用工制度、社会福利制度、教育制度等造成了城乡人口的分隔，严格控制农村人口向城市和非农产业转移（陈明森和李金顺，2004）。城市化原生机制中城市的“拉力”和农村的“推力”未能充分体现和有机结合，城市化的动力机制不健全。与世界其他国家相比，中国城市规模偏小，特别是缺少 1000 万~1200 万人口的城市（Henderson，2007）。

城市规模的影响因素可以大致归结为两大类，一类是政府的因素，另一类为市场的因素。提高城市管理水平、增加城市交通等公共基础设施投资可以改善城市交通状况，从而促进人口的合理分布，使在有限的空间内容纳更多的人口。市场的因素又可分为集聚力和分散力。集聚力是指城市规模报酬递增、地方化、专业化、城市化经济以及生活便利性等所带来的外部性收益对企业和人口的吸引力；分散力主要是指城市因交通拥堵、环境污染、通勤与居住成本高等不利因素使企业和人口迁离市中心的作用力。城市规模在政府与市场两类因素的共同作用下不断发生改变。政府城市管理水平提高，减少城市人口集聚中产生的污染、拥挤等负外部性，改善城市环境，有利于提高城市居民的效用水平，吸引更多的人口迁入；市场的集聚力大于分散力，集聚产生的外部性经济效益高于由此产生的外部性成本，可以使城市规模扩张。

概括以上决定城市规模的主要影响因素，如图 7.3 所示。

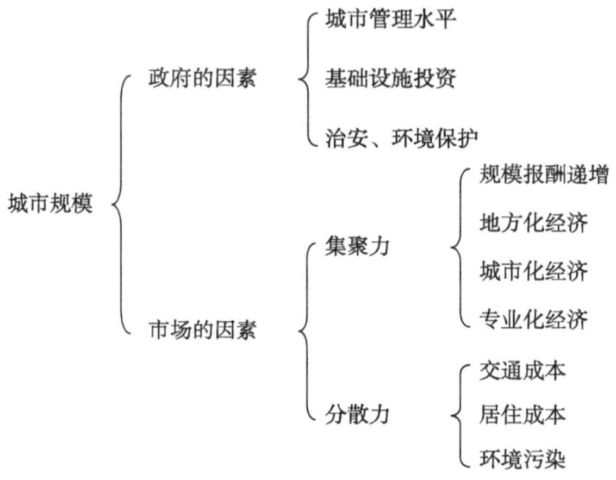

图 7.3　城市规模影响因素总结

由于城市规模扩张中的社会收益与社会成本难于度量，不同研究者分别采用各自的标准对城市最优规模进行研究。Henderson（1974）的研究更多地强调理性经济人的行为影响，将最优城市规模归结为经济参与者最大化自身潜在福利的结果。他构建了城市规模扩张路径的分析框架，特别强调规模经济收益率与土地产出率是影响最优城市规模的关键因素。张应武（2009）利用 2002~2006 年中国 285 个地级及以上城市数据，估计了中国城市的最优规模和城市规模分布函数。张应武认为从城市经济增长的角度看，中国城市发展的最优规模为 500 万人左右，而且具有地区差异性，最优规模效应主要表现在东部地区。在不同规模城市的统计分布方面，中国城市规模基本符合帕累托分布，但与位序–规模法则的理想状态相比，还存在高位城市缺失的问题，表现为大城市数量不够、规模不大。而许抄军等（2008）通过建立资源约束下的城市人口规模模型，研究发现中国最优城市规模为 1060 万人，适度城市规模是 400 万~600 万人和 1000 万~1200 万人。中国的城市规模–资源消耗经验模型为正“N”形曲线，而且通过对分区域的模型进行比较发现：东部经验模型是单调递减直线，中、西部都是正“N”形曲线。除部分省会城市外，中国大部分城市尚处于资源消耗上升阶段，城市人口规模扩张不利于资源的可持续利用。外部性对城市发展有重要影响，福利水平与城市规模之间表现出倒“U”形关系，最优城市规模随外部规模经济的增加或拥挤效应的减小而不断扩大，当人口数量持续增长时，土地租金和总地租收入也都将以递增的速率增长；单中心空间结构不再稳定，但最终会出现何种形式的空间结构则取决于外部规模经济与拥挤效应的大小（肖文和王平，2011）。

从 Fujita（1976）开始，越来越多的研究者利用动态模型分析空间集聚。但是，大多数研究者为便于分析城市规模，建立的模型往往忽视经济的最优增长率。Kanemoto（1980）首先建立最优增长模型，推导出稳定状态城市规模，Fujita 等（1999）分析了城市规模发展的空间动态性。Lucas（1988）受内生增长理论对知识积累分析的启发，特别强调城市对经济增长的重要作用。Berliant 和 Wang（2004）利用内生增长模型分析了集聚与增长之间的动态关系，发现空间相互影响过程中知识交流会导致更高的增长，并探讨了经济增长导致空间集聚的机制。2000 年以来中国处于城市化快速发展阶段，应该优先发展大城市，扩大城市规模（Henderson，2007）。城市化过程中可能出现"城市病"的问题，可以通过提高城市管理水平、合理调整城市空间布局等措施加以缓解和避免。中国人口总量规模庞大，可耕地规模有限，因此在城市化过程中更应该强调集约化的内涵发展，以缓解资源对可持续发展的制约。

7.2　城市人口规模与碳排放

城市是人口集聚和产业集聚的结果，城市化进而又是人口和产业集聚的推动力。在不同的地理环境和资源禀赋条件下，形成不同的城市规模。社会、经济活动不断冲击自然生态和环境，与此同时，生态环境恶化对社会、经济发展施加越来越大的限制。随着世界人口的急剧膨胀，粮食安全、生态环境、不可再生能源供给等各种发展要素正在面临人类经济增长的挑战。在这些约束下城市规模不可能无限制扩张，因此城市空间是一种有限的经济资源。不同的城市规模对能源消费产生不同影响，进而影响碳排放。

碳排放不断上升与近年来人类的经济活动密切相关。人类生产和生活过程中消耗煤炭、石油、天然气等化石能源、排放出大量的 CO_2、甲烷等温室气体。城市是一定地域的政治、经济、文化中心，人口、工业、商业等的集聚地，也是能源集中消耗地和二氧化碳主要排放地。城市占据世界 2%的面积排出的 CO_2 却占世界的 75%（Muneer et al.，2011）。未来只有通过降低城市碳排放，才能有效抑制全球碳排放上升的趋势。城市的生产和居民消费活动都是在一定的城市空间中进行的，城市规模扩张和空间结构演变决定生产和消费的规模和方式。由于经济产出与生产方式决定城市能源消耗量和能源利用效率，城市规模和结构因素对温室气体排放量形成重要影响。研究中国城市化进程中城市规模与空间结构对碳排放的影响必须考虑中国城市化过程的特殊性，只有控制这种特殊性对模型的干扰，我们才能得出科学的结论。本章目的是分析在中国政府主导的城市化进程中政府制度作用下城市规模对碳排放的影响，首先对中国城市化进程中城市规模扩张与碳排放的关系进行理论分析，然后建立实证模型进行检验，之后对本章的研究内容进行总结。

7.2.1 政府主导的城市化与城市空间利用率

纵观世界发达国家的现代化历史无不伴随着城市人口数量的迅速上升。联合国统计资料显示，世界城市人口的比重 1950 年为 29%，1970 年为 36%，1995 年为 45%，2025 年将达到 62%，2050 年将达到 80%左右[①]。2010 年发达国家城市化平均水平为 77.2%，最高的达 90%以上。后起的工业化国家城市化进程大大缩短。英法两国达到城市人口占总人口 70%以上的高度城市化水平，用了 120 年时间，德日两国则用了 70 年左右，韩国起步较晚，只用了不到 40 年。改革开放以来，中国城市化发展速度也比较快，如 1978~1997 年年均城市化水平提高 0.63 个百分点，是改革开放前的 1.5 倍。2010 年第六次人口普查数据显示中国总人口中有 49.7%的人口生活在大中小城市中。按照国际公认的理论，城市化水平达到 30%以后，城市化进入快速发展阶段。在改革开放以后 30 多年中，中国完成了从 19%到 50%的城市化率，年均城市化率增长 1.2%，这种高速的城市化过程在世界上是很少见的。当时预计 2020 年，中国城市化水平将达到 60%左右，意味着大约还将有 3 亿人口由农村移居城市工作生活。事实上，2020 年中国城市化水平也达到 63.89%，城镇人口超过 9 亿人。今后 20 年中国城市建设将进入一个新的发展时期。

2010 年中国城市国际形象调查结果显示，655 个城市正计划“走向世界”，200 多个地级市中有 183 个正在规划建设“国际大都市”，“大规划”之风蔓延到许多中小城市，一些市领导要求按现有人口和产业规模的两倍乃至三四倍进行规划，大马路、大立交、大草坪、大广场纷纷上马[②]。当时中国城市化最大的问题是一些地方政府主导的城市发展步伐搅乱了市场节奏，城市多处于一个无序的发展状态中（刘霞辉，2010）。伴随着国家财政税收等政策的调整，由政府而非市场主导的城市化进程成为与国外有别的“中国城市化之路”。

之所以称中国城市化是政府主导的城市化，与地方政府通过出售土地获得财政收入的土地财政行为有关。政府有关部门既负责土地管理，又负责国有土地的经营，集“裁判员”与“运动员”于一身。地方政府在参与土地交易的过程中追求土地收益最大化，并把所获土地收益作为城市基础设施投资、经济发展投资的资金。把这个作为政府的职责，客观上使各级地方政府成了市场竞争的主体，这是土地财政形成的主要制度基础。1994 年中国实施分税制改革之后，由于地方政

---

① 数据来源：http://news.sina.com.cn/c/2001-09-06/349873.html。

② 资料来源：http://news.sina.com.cn/c/sd/2010-10-26/110321354108.shtml。

府财政收入减少，为了获得财政收入有些地方政府通过低价征收农用土地再高价出售给房地产开发商赚取差额收入。之后，各地土地出让金收入增长迅速。2001 年，全国土地出让收入占地方财政收入的比重只有 16.6%，到 2009 年，该比例已上升为 48.8%，中间有几年，该比例甚至一度超过 50%。2009 年，全国土地出让金高达 1.6 万亿元，占当年地方财政收入的 48.8%。如果计入土地出让金收入，2009 年中国全口径政府收入实际已突破 10 万亿元，约占 GDP 的 32%。在土地财政的推动下，中国城市面积以前所未有的速度迅速扩张，城市建成区面积由 1982 年的 7862.1 平方公里猛增到 2010 年的 40 058 平方公里。在中国城市化进程中，土地财政行为成为推动中国土地非农化、城市空间规模扩张的主要原因。

城市用地持续扩张的同时，人口从农村向城市迁移存在制度的显性障碍以及子女就学、医疗、住房等隐性障碍，城市人口增长速度不及城市建成区面积扩张速度。由图 7.4 可知，建成区人口面积弹性从 1985 年开始呈下降趋势，而在 1994 年实行分税制改革之前建成区人口面积弹性基本大于 1，即城市人口增长速度在实施分税制改革之前快于城市面积扩张速度，而实施分税制改革之后城市人口增长速度迅速开始远远低于城市面积增长速度。近年来，中国城市建设速度举世瞩目，在日新月异的城市建设过程中，城市人口受到户籍制度等的阻碍没有与城市面积同步增长。城市化过程中只有人口集中分布才能实现城市规模扩张过程中的外部性收益。中国城市人口增长速度慢于空间的扩张速度，城市建设只是虚有其表，人口城市化进程中应有的人口集聚带来的集聚经济效益被过度的空间扩张所抵消。

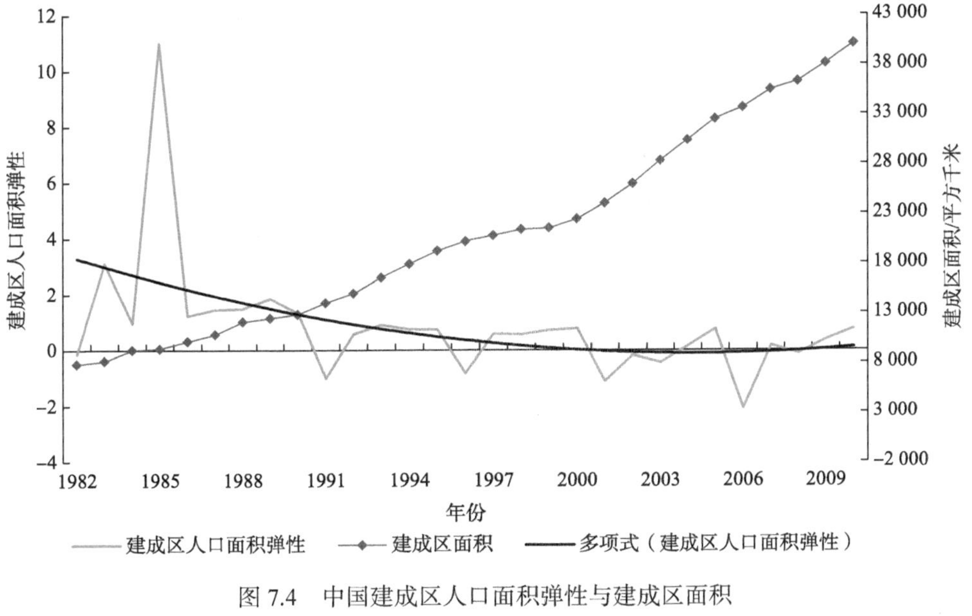

图 7.4　中国建成区人口面积弹性与建成区面积

资料来源：《中国统计年鉴》历年数据整理计算

为了进一步说明政府主导的城市空间扩张对经济增长及能源利用效率的影响，我们分别计算了 1988 年到 2010 年的能源消费和经济规模效应对城市建成区面积的弹性。用实际 GDP 计算真实的劳动生产率。经济增长来源于技术进步效应和规模效应。城市化过程中人口集聚产生的规模效应是人口集聚产生的经济效益。技术进步则劳动生产率增长，因此文献中多用劳动生产率增长率表示技术进步对经济的影响。因此，城市人口规模扩大推动经济增长的规模效应等于实际 GDP 增长率减去技术进步率，由此我们得到城市人口数量增长对经济增长产生的规模效应，并可以通过计算规模效应与城市建成区面积增长率之比得到规模效应面积弹性。如图 7.5 所示，除少数年份以外，规模效应面积弹性值都小于 1，意味着城市建成区面积增长速度快于城市人口集聚产生的经济增长效应。虽然中国改革开放以来城市面积在不断扩大，表面上中国城市化建设速度非常快，但是实际上城市化过程中城市人口空间分布密度较低，对城市经济增长的推动作用在下降。规模效应面积弹性从 1990 年开始呈下降趋势，表示城市化进程中随着城市面积增长人口集聚的规模效应正逐年减弱。

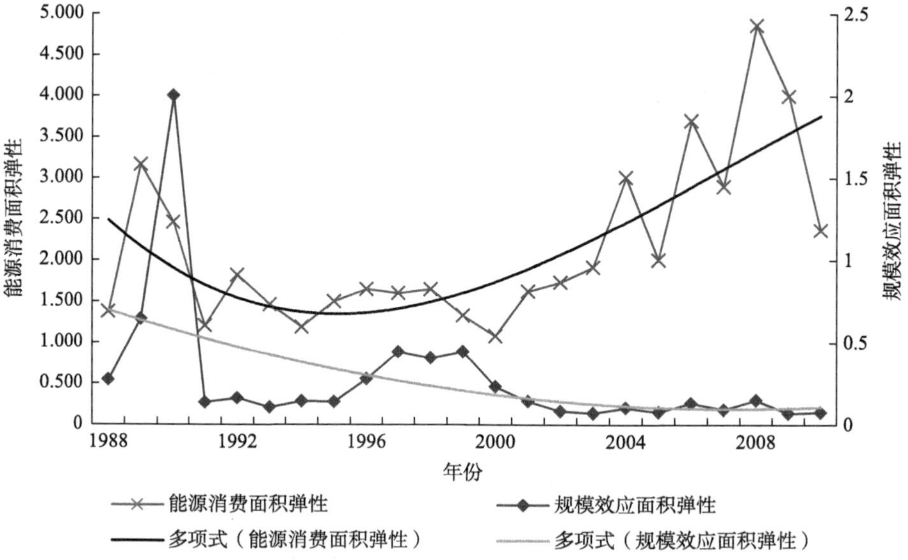

图 7.5 中国能源消费面积弹性与规模效应面积弹性图

资料来源：《中国统计年鉴》历年数据整理计算

主要有两方面因素对能源消费量产生影响，一是经济增长带动能源消费，即需求增长效应；另一个是技术进步提高能源利用效率降低能源消费，即技术进步效应。我们计算了扣除技术进步效应对能源消费造成的影响以后的能源消费面积弹性。如图 7.5 所示，能源消费面积弹性曲线呈“U”形，1994 年之前，城市面积扩张的速度与经济系统的能源消耗速度呈趋近状态，城市面积扩张的同时城市经济系统的能源消耗在相对下降。到1994年之后，城市扩张的速度开始落后于能源消耗速度，二者之间的差距越来越大，城市能源消耗速度开始远远高于城市建成区面积增长速度。一方面，由于中国经济增长导致能源需求上升，特别是2001年以后中国加入世界贸易组织，出口规模大幅上升，能源消费增长速度逐年加快；另一方面，中国城市化进程中城市空间盲目扩张导致空间结构分散化，经济系统中由空间结构不合理导致的能源浪费在逐年上升。从2002年开始，能源消费面积弹性一直保持在1之上，相同的城市面积增长伴随的经济系统的能源消耗越来越高。

分析图7.5，我们发现一个有趣的经济现象，1994年之前能源消费面积弹性与规模效应面积弹性同步下降。这说明，1988年到1994年，虽然中国城市化进程中人口集聚的规模效应呈现下降趋势，但是这一阶段城市人口集聚与空间扩张有利于节约能源，即人口在城市内部的分布合理化提高能源利用效率。而1994年之后，财政分权改革实施后地方政府严重依赖土地财政获取财政收入，推动城市空间过度扩张，由此造成能源消费面积弹性与规模效应面积弹性走势分化。城市规模扩张的同时，经济系统能源消耗上升，城市空间结构降低了城市经济系统能源利用效率，导致能源浪费问题越来越严重。

中国存在土地过度城市化、人口城市化不足问题，政府控制下的城市化带来一个不可避免的后果是导致城市集聚经济效益的扭曲，并由此造成实质性城市化的相对滞后。城乡分割的户籍管理制度是限制农民进入城镇，从而限制城市化进程的主要制度障碍（叶裕民，2001）。1998~2002年全国660个城市建成区面积增长了31%，年均增长5%，而同期人口年均增长1.3%，说明土地利用效率严重递减。非农业人口人均建成区面积由1981年的80m^{2}增加到1998年108m^{2}和2002年121m^2，而世界平均水平为83m^2，首尔为55m^2，东京为66m^2，开罗为31m^2（曲福田等，2005）。另外，政府城市公共服务能力的约束，导致了城市人口规模小于最优水平，导致实际城市化的滞后（吴耀，2010）。政府主导下的城市扩张以及户籍制度阻碍下的人口流动降低了城市新增用地空间利用效率，降低了中国城市化的集聚经济效益。

综上所述，在此阶段中国城市化进程中存在两种重要的制度性力量严重影响中国城市化进程及城市化过程中的城市空间结构。一个是地方政府积极推行的土地财政政策，在政府主导和参与下大量耕地转变成为建设用地，城市空间扩大的同时，房地产业蓬勃发展，市政建设方兴未艾。另一个制度性力量是户籍制度及其相关的社会保障、子女入学、养老医疗等制度对农村人口向城市迁移的阻碍，这导致了中国人口城市化不足。虽然表面看，中国城市建设速度举世瞩目，但是仔细考察过去的发展过程，由于城市空间规模的迅速扩张，城市内部人口分布变得越来越不合理导致经济系统能源消耗迅速上升。这种现象是数据的巧合还是存在稳定的因果关系？城市人口规模与空间演变过程中，政府制度影响是否真的降低了城市空间利用效率并导致能源浪费和碳排放上升？本章试图通过现代计量经济学方法和工具对这两个问题进行解答。

7.2.2 城市规模对碳排放影响的理论考察

所有的经济活动都依托一定的地理空间进行，城市空间是城市经济活动的载体。经济问题不可避免地涉及特定的经济活动的空间或者空间与距离的问题。原料、半成品、成品的运输，商品在不同区域的市场中的交易，劳动者从居住地到工作地的通勤，消费者在商业区的消费等活动都与城市空间因素密不可分。市场参与人的选择受到空间因素的影响，在成本与效用约束下选择在不同的城市区域进行相应的生产和消费活动。因此，家庭与企业的区位选择形成了城市内部空间结构的不同形态。空间经济活动具有自组织的特性，一旦形成某种发展趋势，相关的上下游产业和劳动、资本的要素供给就会自发地向中心集中。城市功能区的形成在集聚经济作用下又进一步推动人口和产业向相应区位的集聚。这种集聚过程既是城市规模扩张的过程也是空间形态演化的过程。在人口密度大的城市，城市内部所有人共享基础设施，具有消费与生产的规模经济，单位消费和生产的成本可以大大降低；反之，在人口密度低的城市，由于人口分布分散对城市交通、居住用地需求较大，城市空间得不到集约利用，居民消费与生产的过程中规模经济效应难以发挥，因此，市场规模也相对较小。在人均收入一定、交通技术与经济制度不变（这意味着交易半径不变）的条件下，单位面积内人口数量亦即人口密度越大，城市市场规模（劳动力和消费市场）则越大，交易成本越低，聚集效应就越大（刘青海，2009）。人口密度成为决定城市化进程中人口集聚产生的规模效应大小的至关重要的一个变量。

经济理论模型中，土地通过市场根据不同使用方式的边际回报进行分配，最终达到最优均衡状态。这种均衡状态并没有将环境污染等外部影响内生化，因而需要政府发挥作用，协调土地市场与环境之间的关系。政府的作用应该仅限于弥补土地市场的失灵。然而有些地方政府在土地市场中的角色已经不仅仅是协调者，而是充当了征收与出让的中间商角色。通过低价征收农业用地再高价出让给开发商，从中获取土地财政收入，这也导致城市空间扩展、土地过度非农化，土地资源浪费等严重问题。另外，由于户籍制度的阻碍，中国农村人口不能自由流动，城市快速扩张的同时，人口城市化不足，城市“摊大饼”式地扩张，由此导致城市内部人口密度低于最优水平，造成城市空间利用效率低。空间利用效率降低导致能源不合理分配和浪费。

过去长期发展中，受计划经济影响，中国处于政府主导下“摊大饼”式高碳排放城市化阶段，图 7.6 左半部分总结了这一过程。

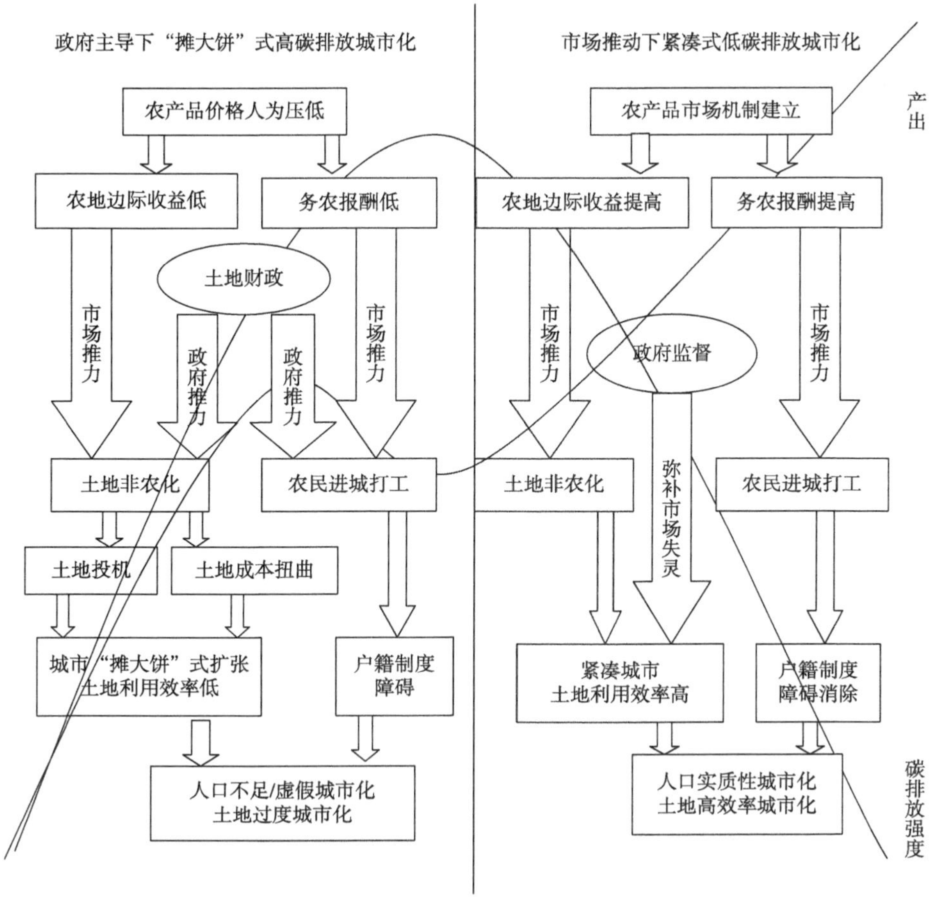

图 7.6　中国土地制度与户籍制度的碳排放影响机制

资料来源：作者绘制

首先，改革开放初期，中国市场机制还不健全，农业用地的边际收益低于工业等非农用地的边际收益，劳动者从事农业生产的报酬低于从事工业、服务业的报酬（林毅夫等，1994）。在这种情况下土地和人口在城市化的过程中由农业转向非农业，政府干预扭曲要素回报率导致要素分配不合理。

其次，有些地方政府在土地财政推动下改变土地价格，压低土地征收补偿额，使得农业用地过度非农化。地方政府间招商引资的激烈竞争迫使一些政府以低价格甚至是无偿将土地转让给企业。此外，土地财政也导致中国地价上升，房地产价格上升增加了城市生活和居住成本，尤其是沿海城市，居住成本过高降低了城市吸引力，阻碍农村人口向城市迁移。同时，就业、社会保障等压力下一些地方政府严厉地执行户籍管理制度，这种障碍限制了劳动力由农业向非农业领域的转移。

因此，一方面，土地要素被一些地方政府通过土地财政制度过度非农化；另一方面，人口被户籍制度阻碍不能与土地要素有效结合。这种依靠城市土地投入规模扩张的增长方式既低效率又不可持续。这种扭曲的要素配置降低城市空间利用效率，导致商品运输距离和人口通勤距离增加，城市单位面积的空间产出下降，碳排放强度上升。如果如图 7.6 右半部分所示，假设中国取消户籍制度等对劳动力流动的阻碍和政府不再主导土地非农化，土地与劳动要素配置由市场完成，农产品价格与劳动力报酬由市场决定，那么土地与劳动能实现最优结合，城市人口规模扩大，密度提高，进而提高城市空间利用效率，实现紧凑型低碳发展。

7.3　城市规模对碳排放影响的机制

以上研究说明，在中国城市化进程中，城市规模扩张推动城市碳排放上升过程中政府制度具有显著作用。城市规模扩张与人口的空间分布形态是政府与市场共同作用的结果，尤其是中国市场经济逐步完善的过程中，市场的作用正在逐渐上升，本节将进一步探讨城市规模扩张与碳排放上升过程中市场机制所发挥的作用。城市作为经济系统的空间载体，其规模扩张与城市经济增长、劳动和土地要素投入提高、产业集聚之间存在必然的联系。在当前建设低碳城市过程中城市规模应当符合低碳要求，研究城市规模扩张如何通过经济系统传导最终导致城市碳排放上升，即城市规模扩张对碳排放的作用机制。

7.3.1　城市化、产业集聚与能源消耗

从经济学的角度看，城市化是各种生产要素空间集聚的过程，它不仅指农业人口转化为非农业人口，人口由农村向城市迁移，而且伴随着城市数量增多，空间规模扩张，城市职能和基础设施完善，是人们的生产、生活方式由乡村型向城市型转化的一种社会现象，是人类社会文明广泛向农村渗透和从传统社会向现代文明社会全面转型和变迁的过程（周毅，2009）。城市化过程也是劳动力人口素质全面提升的过程，人口从农业转入第二、第三产业，劳动生产率、劳

动技术都将有较大的进步。因此，城市人口数量上升也会促进城市人力资本提升。城市规模扩张同时能够促进产业集聚，规模越大的城市，产业通过集聚共享产品和要素市场，由此获得的经济利益就越大。Fogarty 和 Garofalo（1988）研究发现城市人口规模翻番，则城市生产率增长 10%；Tabuchi（1986）发现城市人口规模翻番，城市生产率增长 4.3%。因此，产业空间集聚可以提高劳动生产率，发挥集聚优势。大城市集聚效应所产生的规模经济对总产出的影响远远大于小城市，城市规模越大，人均产出和地均产出越高，200 万人口以上城市的人均产值和地均产出分别是 20 万人口以下城市的 2.5 倍和 23 倍（杨波等，2006）。限制城市的发展，在某种程度上就是限制了资源的优化配置，限制了生产率的提高（王小鲁，2000）。

城市规模一般可以用经济规模、人口规模和空间规模三个指标衡量。由于在城市化进程中城市人口数量上升是推动城市经济规模和空间规模扩张的主要因素，即城市人口数量上升，经济规模就大，占地就多。因此，研究中常常用城市人口规模表示城市规模，由图 7.7 可知，2010 年中国城市人口数量由 1978 年的 7682 万人上升到 35 373.5 万人，城市个数也由 1978 年的 193 个上升到 657 个，从波动趋势看二者几乎存在完全同向运动。从 1978 年改革开放以来，中国城市人口数量和城市数量迅速增长。改革开放之后，农村人口可以进入城市从事加工、制造等行业，人口区域流动频繁。城市人口数量上升的同时，中国城市数量也在增长。由于长期以来，中国的城市发展政策是“严格控制大城市规模，合理发展中等城市，积极发展小城市”，中国地级市数量远远低于县级市数量。从 1978 年到 1996 年县级市数量增长势头强劲，1996 年之后直到 2010 年，县级市数量开始下降，而地级市数量稳中有升。中国城市数量上升与城市人口规模扩大有着密不可分的关系。城市人口数量上升既得益于城市产业集聚，也促进了城市市场规模、经济规模扩大和消费水平的提高，也拓展了城市市场的广度和厚度，从而反作用于城市产业，有助于城市产业集聚提高经济的专业化程度，通过分工与交换可以获得更多收益从而促进经济生产率的提高。国际经验表明，城市特别是规模较大的城市，会产生明显的聚集效应，从而带来较高的规模收益、较多的就业机会、较强的科技进步动力和较大的外部扩散效应（diffusion effect）。

新经济地理学认为，地区专业化水平提高有利于提高地区生产率从而促进经济增长。那么，专业化程度提高是否可以提高地区能源利用效率，从而达到节能减排的目的呢？由于城市经济增长得益于产业集聚带来的规模效应，而市场经济中产业集聚具有自组织特点，产业集聚程度越高越有利于通过共享信息、共享劳动力市场、共享基础设施等途径降低企业的生产成本，从而提高企业在市场上的竞争力。而且，企业成本降低程度与产业集聚程度呈非线性关系，这主要是因为

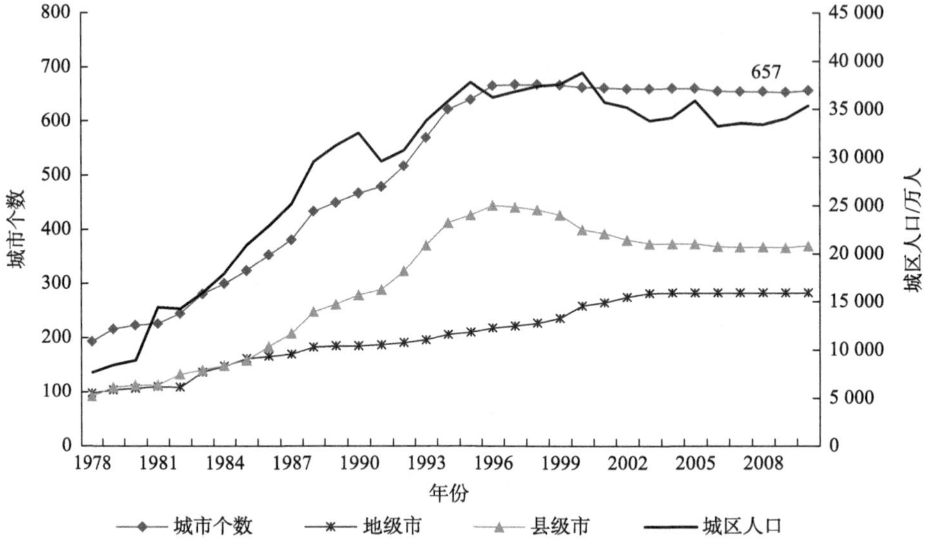

图 7.7　各行政级别城市数量及人口统计

资料来源：《中国统计年鉴》历年数据整理

产业集聚的外部经济收益随经济规模而增大。因此，产业集聚程度越高，企业的市场竞争力越大，企业规模扩大的同时吸引城市内更多的资本和劳动力从其他产业转移出来进入该产业，那么城市的专业化程度必然提高。可见城市规模扩大既有利于促进产业集聚，也能提高经济的专业化程度。

利用中国 2002~2010 年 285 个城市各行业就业人口数据，我们可以计算每个行业内部的空间分布基尼系数①，即每个产业的空间集聚度。聚集效应是指因社会经济活动及相关要素的空间集中而产生的效应，一直被视为城市形成、存在和发展的动力与依托。人口和产业等要素因聚集效应不断向城市集中，推动城市规模扩大，并反作用于产业集聚。产业的地理空间集聚度提高可以实现劳动力市场共享，降低对熟练劳动的搜寻成本；同时，同一产业在某一地理区域的高度集中能够通过学习效应，加快新技术、新知识的扩散，从而实现生产技术的改进、生产效率的提高，从而提高能源利用率，达到节能减排的最优目标。产业的空间集聚也可以通过共享城市交通、建筑等基础设施实现能源节约，而且产业的空间集聚度提高往往伴随着劳动力就业的集聚度提高，因此提高城市空间的紧凑度，可以

---

① 限于数据可得性，我们计算了如下行业的空间集聚度：石油和天然气开采业、煤炭开采和洗选业、黑色金属矿采选业、有色金属矿采选业，石油加工、炼焦加工业，非金属矿采选业、农副食品加工业、食品制造业、饮料制造业、烟草制品业、纺织业，纺织服装、鞋、帽制造业，造纸及纸制品业，化学原料及化学制品制造业、医药制造业、非金属矿物制品业、交通运输设备制造业、电气机械及器材制造业，通信设备、计算机及其他电子设备制造业，仪器仪表及文化、办公用机械制造业，电力、热力的生产和供应业等行业。

实现空间效率的提高，进而降低能源消耗。为了从行业层面考察产业集聚与能源消耗之间的关系，分别对各行业的 2002~2010 年数据取平均值，如图 7.8 所示，制造业空间集聚度与各行业的能源利用效率之间呈同步变动，空间集聚度较高的行业能源利用效率也相应较高，空间集聚度较低的行业能源利用效率也较低。尤其是烟草制品业和通信设备、计算机及其他电子设备制造业在地理空间呈高度集中状态，而且这两个行业的能源效率也远远高于其他行业。造纸及纸制品业、化学原料及化学品制造业的空间集中程度较其他行业最低，同时能源效率也非常低。这说明，产业的空间集聚程度影响产业的能源利用效率，集聚度高则可以提高能源利用效率，反之则降低能源利用效率。

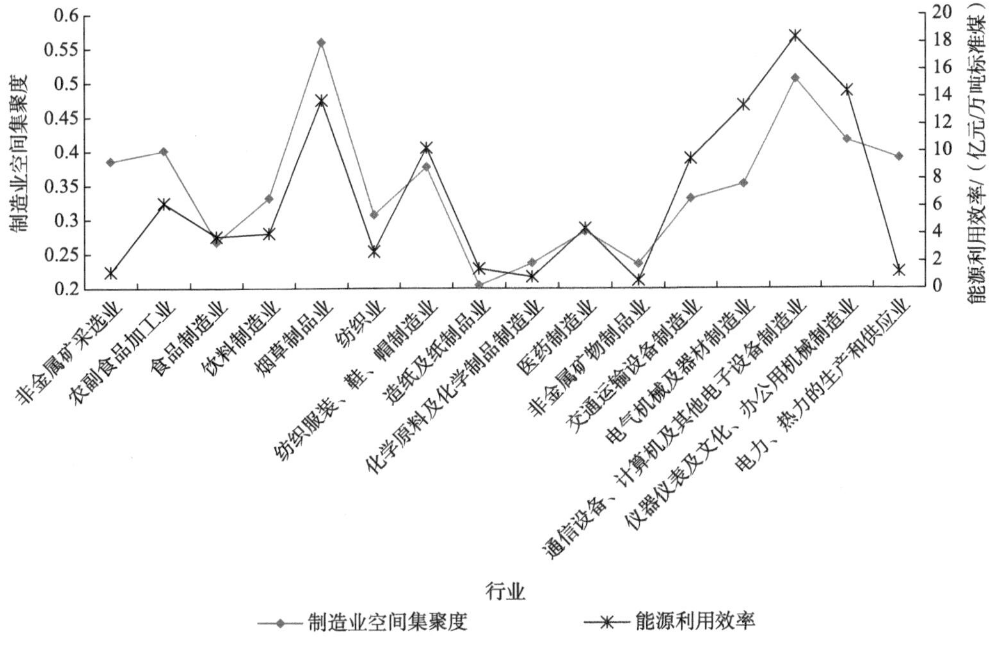

图 7.8　制造业空间集聚度与能源利用效率

资料来源：《中国城市统计年鉴》计算整理

如图 7.9 所示，我们还发现制造业各行业的空间集聚程度与各行业的劳动生产率之间也存在稳定的同向变动。当制造业的空间集聚度提高时，该行业的劳动生产率也有明显提高，这说明，产业的空间集中度提高，该产业的劳动生产率提高。由于集聚效应的存在，产业集聚可以使同行业的劳动力分享行业信息，彼此之间更容易相互学习，掌握先进的生产技术进而提高技术水平；劳动者通过彼此之间的相互学习可以提高劳动熟练程度。

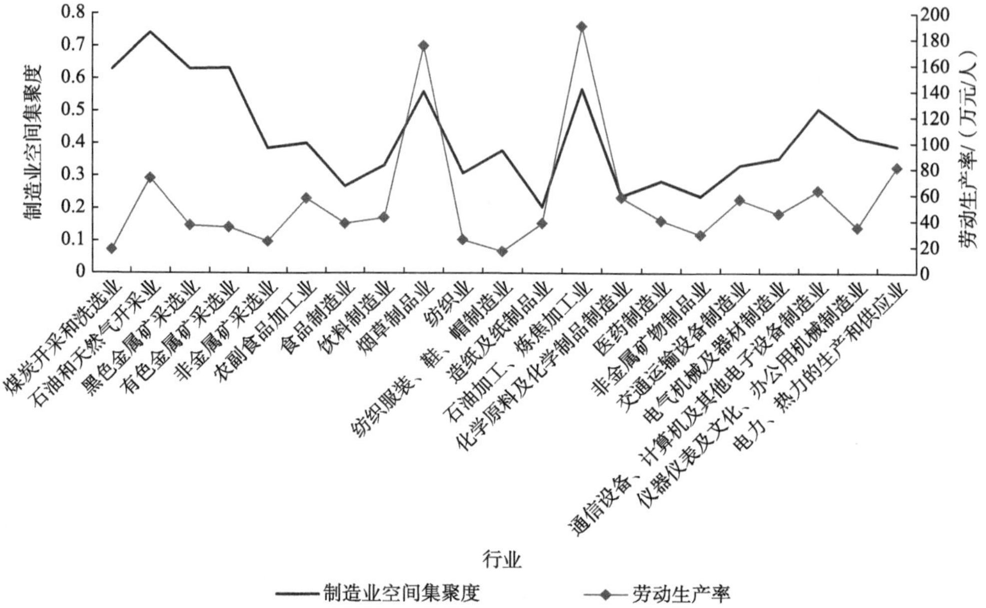

图 7.9　空间集聚与劳动生产率

资料来源:《中国城市统计年鉴》历年数据整理计算

图 7.10 是各行业产业集聚程度与能源利用效率在 2002 年到 2010 年的变动趋势图。由图 7.10 可以看出，几乎所有行业产业集聚度提高的同时该行业能源利用效率也在提高。在 2002 年到 2010 年，农副食品加工业、烟草制品业、医药制造业、通用设备制造业、有色金属矿采选业的空间聚集度有大幅度提高；黑色金属冶炼压延制造业、非金属矿物制品业、造纸及纸制品业空间分布比较分散、集聚度相对较低，而且在 2002 年到 2010 年没有显著变化。而金属制品业、造纸及纸制品业在 2002 年到 2010 年期间能源利用效率在不断下降。由于能源的消耗量和能源利用效率共同决定城市碳排放，那么，在城市规模扩张的同时，产业集聚对碳排放的影响是否存在稳健的统计关系？以下对这个问题进行详细研究。

7.3.2　城市规模、产业集聚对能源消耗的影响

城市化是人口在城市空间聚集的结果，城市存在的基础与聚集效应密切相关。城市借助规模优势和区域核心地位不断吸纳第二产业和第三产业集聚，进而引起人口集中和城市规模扩大。由于城市是人口、产业等聚集的结果，城市经济规模扩大为经济集聚提供劳动、资本、信息等要素，使经济集聚的优势越来越明显。自马歇尔首次提出产业集聚以及空间外部性的概念以来，Hoover（1937）、

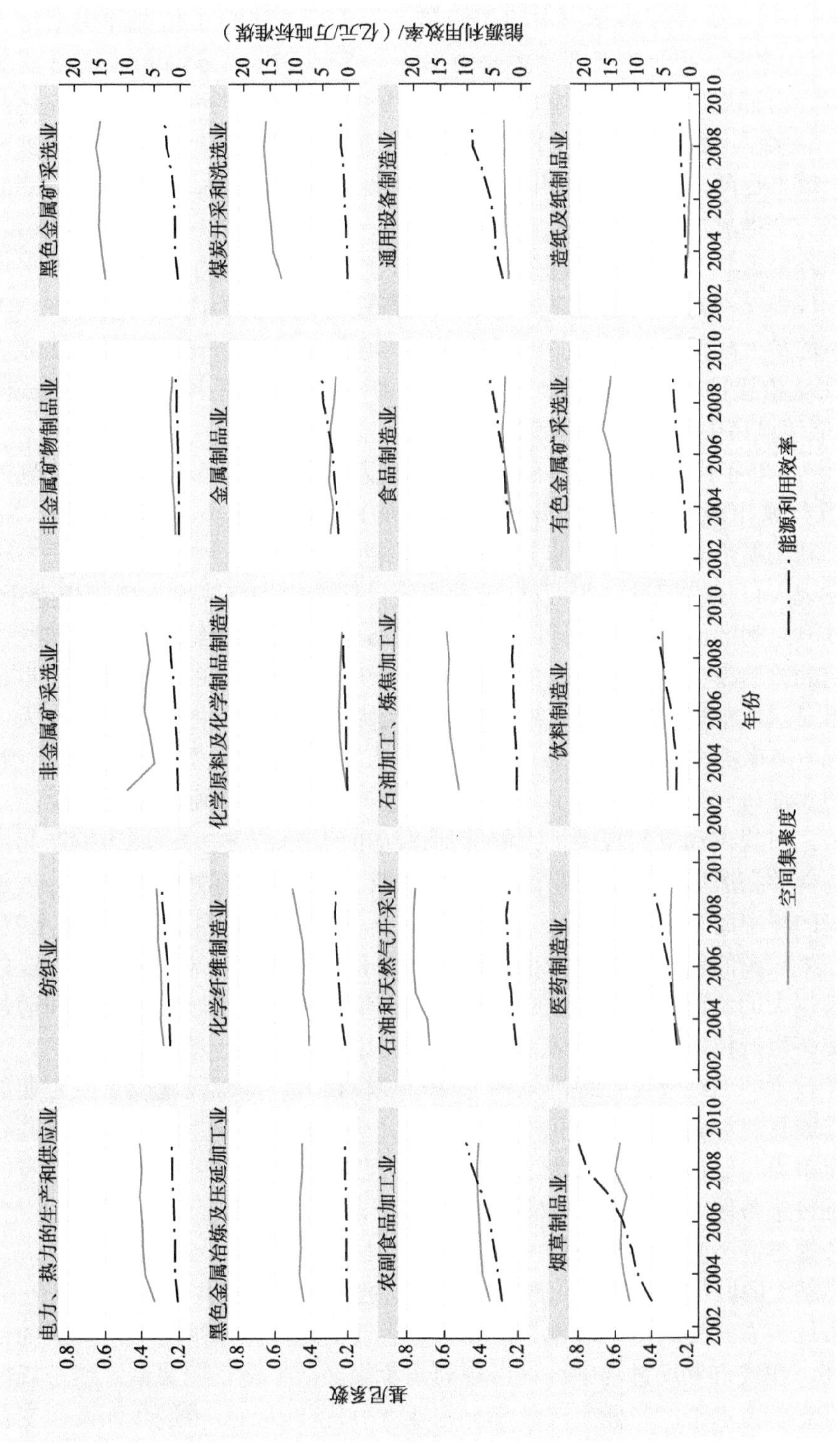

图7.10　2002~2010年分行业集聚度与能源利用效率变化图

Henderson（1974）等经济学家对集聚经济的理论研究进行了拓展和模型化。20世纪50年代之前，产业集聚理论主要应用静态微观方法，Hoover（1937）将集聚经济分解为内部规模经济、区域化经济和城市化经济三种类型：内部规模化经济指的是厂商水平上的规模经济，即随着定位于某一区位生产厂商规模的扩大，其单位生产成本也随之下降；区域化经济也称为地方化经济（localization economy），其特点是一个区域内含有同一行业的许多企业，该区域内共享基础设施和信息、实现知识外溢，具有完善的熟练劳动力市场，由此降低了单个企业产品的平均成本，这类规模经济对厂商来说是外部的，对行业来说体现为内部规模经济，随着行业规模的扩大降低了单位产品的平均成本；城市化经济（urbanization economy）指的是在城市层面的规模经济，它对企业和产业而言都是外部经济（Jacobs，1969），能使城市中所有的企业都受益。

20世纪70年代到80年代，经济学家和地理学家对城市规模与产业集聚的研究试图解释城市规模与产业集聚间的关系及其对经济增长的作用机制。Segal（1976）利用城市总体数据而非分产业的数据对城市规模与生产率之间关系进行检验，发现人口规模超过200万标准都市统计区的生产率要比人口规模介于25万与200万之间的标准都市统计区高6%。Moomaw（1998）给出了一个控制资本存量影响的检验模型，并利用新的检验模型对美国1967年的数据进行了重新分析，结果显示城市规模对生产效率的影响要大大低于Segal的估计，城市人口翻番、城市生产率提高仅2.7%。城市规模与生产率之间具有坚实的理论基础，并且大部分的实证研究结论都证实了城市规模对生产率有正向作用的理论假说。

城市人口规模和空间规模扩大能够促进城市经济规模扩大，城市生产与消费水平提高能够拓展城市市场交易的广度和深度。集中的、有规模的市场会由于企业和人口的集中而在技术、知识、信息传递、人力资本贡献等方面形成溢出效应，因而会产生较高的经济效益。城市规模越大越有利于城市内部企业进行专业化生产，规模越大的城市，其分工也必然更详细。集聚在同一区域的企业之间通过学习效应提高生产技术，可以有效地分担研发费用等。随着产量的增加，工人可以提高生产技术的熟练程度，提高效率。城市规模扩大、基础设施改善使企业的物流运输、原材料订购等方面存在规模经济性，从而降低企业生产成本，提高企业的产品竞争力。城市经济增长为当地政府财政收入提供充足的税源，政府有能力改善基础设施条件。城市经济规模扩大和基础设施改善可以为生产、金融、信息、技术服务提供进一步发展的条件（武俊奎，2013）。

规模越大的城市越有利于相同和相关产业通过产业集聚共享基础设施、信息、劳动力市场等方式提高生产效率，产业内各企业的生产率水平对城市发展的依赖程度越高。在城市发展过程中，城市规模与集聚经济呈现正向关系。城市规模随城市经济竞争力水平、产业生产效率、企业竞争优势以及技术进步而发生变化。

制造业为主的第二产业是城市经济的支柱产业，对城市规模与经济发展的贡献甚大，城市产业结构由农业（第一产业）、工业（第二产业）至服务业（第三产业）逐渐升级对城市规模和集聚经济产生不可忽略的影响。规模较大的城市便于知识创新、技术研发，因此，产业升级速度快于规模较小的城市。城市规模越大越便于产业集聚效应发挥优势，促进城市经济增长。以中国 2008 年 287 个城市的截面数据为例，城市空间规模用城市建成区面积表示，由图 7.11 可知，城市工业产值随城市空间规模的扩大而增长。

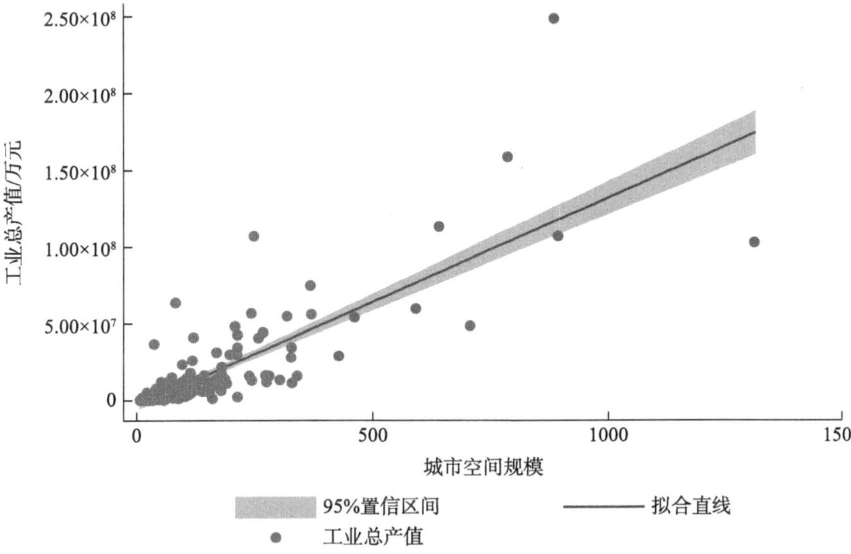

图 7.11　城市空间规模与工业总产值

资料来源：《中国城市统计年鉴》整理

但同时，随着城市规模的扩大，由于城市管理和交通发展与人口规模增长不匹配，居住、交通、生产成本和管理成本增加，城市对环境的影响作用因城市规模急剧扩张而凸显。为此需要付出巨大的公共基础设施投资以及环境治理成本，城市规模过大导致城市治理成本、环境维护成本上升，由此变为经济集聚的规模不经济。中国快速的城市化进程在短短几十年的时间内即完成西方国家上百年所走过的城市化路程，过度的城市化推动下城市空间快速蔓延对城市资源消耗和环境污染的影响不容忽视。

人口和产业聚集推动下城市规模扩张的过程，也造成经济系统能源利用效率和资源消耗方式发生显著改变。城市集聚经济的生产方式和能源利用方式对能源利用产生两种影响。一种是能源消费总量上升效应，城市经济增长、居民消费水平提高都会促使城市能源消费总量上升。以第二产业为主的城市生产方式比农业生产方式消耗更多的资源和能源，排放更多的废物和污染物，随着环境承载能力的下降，严重的环境污染可能会使经济社会发展走向倒退而前功尽弃。另一种影响是能源效率提高效应，城市化通过产业集聚和人口集聚促进能源集中利用，能源利用技术也通过学习效应而提高，因此能提高城市能源利用效率。随着中国大规模的城市化进程加快，大量的农村人口将进入城市，导致城市人口数量剧增，城市能源消费量也急剧上升。中国能源结构仍然以石油、煤炭、天然气等不可再生能源为主，这种情况下中国能源供给的安全性问题面临严峻挑战。此外，化石燃料燃烧产生大量二氧化碳等温室气体，对全球生态可持续性造成严重威胁，降低碳排放是各国政府共同面临的难题。因此，降低化石能源消费建立低碳城市已成为中国未来城市化模式选择面临的又一重要约束。

由于城市化本身是一个城市产业结构升级、城市人口增长的过程，因此，城市化的进程在很大程度上就是一个最优的城市经济增长路径的过程，降低碳排放的约束对城市化发展的影响问题就可以转化为节能减排、建立低碳城市的条件下实现城市经济可持续增长问题。产业集聚能促进静态的成本节约和动态的学习与创新能力的增强，进而提升企业的能源效率。业务关联企业和上下游产业在空间上的集聚，必然会带来资金、技术、设备和资源等要素的相对集中，通过生产运营的专业化、集中化和规模化以及要素资源、基础设施、市场网络与信息的共享性，可以有效地降低各个环节的生产成本。一方面具有投入产出关系的上下游的产业和企业集聚在一起，能减少中间投入品的在途损耗，减少运输成本，从而降低中间投入品的价格，有利于同一区域内企业分工与协作；另一方面，关联企业和产业在空间上的集聚，使得公共基础设施的大规模建造和共同使用成为可能，比如公共基础设施的集约化规模建造与使用可以降低使用成本或分摊费用，从而导致集群，减少能源消耗，提高能源的利用效率，同时，同质（或相近）废弃物的集聚还可以降低污染物治理成本，提高废弃物回收利用价值。可见，城市规模扩大促进产业集聚，这种集聚可以提高能源利用效率，降低碳排放。但是，城市规模扩大引发的能源需求增长效应与产业集聚产生的能源利用效率提高的节能效应是交织在一起的，两种效应对城市碳排放分别产生多大影响？其他因素对这两种效应产生何种影响？这些问题对城市化推动下如何建立低碳城市至关重要。本节通过对中国 287 个城市进行实证研究试图回答这些问题。

1. 模型与方法

城市规模与产业集聚之间存在互相推动作用，同时二者之间的相互作用又对城市能源消耗量和能源利用效率产生影响。因此，不同规模的城市其产业集聚对城市经济增长和能源消耗的影响不同，对能源利用效率的影响差异巨大，城市碳排放量也大相径庭。城市规模与产业集聚对碳排放的作用机制见图 7.12。

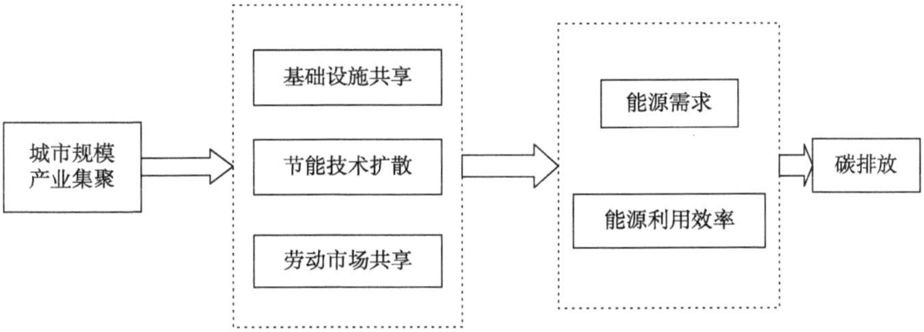

图 7.12　城市规模、产业集聚对碳排放影响机制分析

城市规模扩大同时城市人口集聚度提高，同样的城市基础设施可以服务更多人口，提高了城市基础设施利用率。人口集中在城市中可以实现能源的集中利用，比分散利用的方式更能节约能源。城市经济发展离不开城市规模扩大，经济增长能够为政府提供足够的税源，政府有足够的财力和物力进行技术研发，提高城市能源利用效率。从事相同或者相关产业的企业集聚在某一区域更方便新技术新方法在企业之间传播。产业集聚的学习效应有利于节能技术的普及，企业生产成本下降，城市产品竞争力提高。城市经济增长的同时，居民收入水平提高、消费方式改变，会增加对能源的需求。城市规模扩张和产业集聚都会推动城市经济增长，提高居民消费水平，从而使得城市对能源的需求量上升。因此，城市规模扩大和产业集聚对城市碳排放的影响是双面的，能源需求上升会导致碳排放量上升，而能源利用效率提高有助于节约能源、降低城市碳排放。为了验证上述两种机制是否存在，我们建立如下基本模型：

$$\text{urbanemission}_i = \alpha + \beta_1 \text{urbanscale}_i + \beta_2 \text{agglo}_i + \sum_{j=1}^{4} \varphi_i \text{citysize}_{ji} \cdot \text{urbanscale}_i + \gamma Z + \varepsilon \tag{7.1}$$

式中，urbanemission 表示城市碳排放总量；urbanscale 表示城市规模；agglo 表示城市产业集聚程度；citysize 表示城市规模分类；Z 表示其他控制变量。按照城市分类标准：市区常住人口 50 万以下的为小城市，50 万~100 万的为中等城市，100 万~300 万的为大城市，300 万~1000 万的为特大城市，1000 万以上的为巨大型城市，将城市规模分为 5 个档次，引入四个虚拟变量，以此考察不同等级城市对碳排放影响的非线性作用。通过引入城市规模级别的虚拟变量可以验证城市化促进人口集聚、能源集约利用有利于降低碳排放的作用机制。如果 φ_i 不显著，则表示城市规模变大引发人口聚集和能源集约利用从而降低碳排放的作用机制是不明显的，反之，则显示不同规模级别的城市人口集聚带来的规模效应不同，说明人口集聚引发的能源利用效率不同。

为了验证城市规模与产业集聚通过能源需求与能源利用效率影响城市碳排放，我们在模型中放入城市规模与需求的交叉项和产业集聚与能源效率的交叉项，建立如下模型：

$$\begin{aligned}\text{urbanemission} &= \alpha + \beta_1\text{urbanscale} + \beta_2\text{agglo} + \rho_1\text{agglo}\cdot\text{energyeffi} \\ &\quad + \rho_2\text{urbanscale}\cdot\text{energyde} + \sum_{i=1}^{4}\varphi_i\text{citysize}_i + \gamma Z + \varepsilon\end{aligned} \quad (7.2)$$

式中，energyeffi 表示能源利用效率；energyde 表示能源需求。由上述分析，城市规模扩大和产业集聚可以直接带动城市经济增长并导致碳排放上升，因此，β_1 和 β_2 预计是正值。产业集聚有助于提高能源利用效率，能源利用效率提高可以节约能源，降低城市碳排放，因此，预计 ρ_1 是负值。城市规模扩张后经济增长带动居民消费水平提高，对能源的消费量上升，导致城市碳排放上升，因此，ρ_2 预计是正值。

2. 数据来源与主要指标描述

1）城市规模

如前所述，城市规模有三个衡量角度：经济规模、人口规模和空间规模。其中，经济规模是衡量城市经济产出能力，可以用地区生产总值来表示；人口规模是指城市人口的数量，用年末城市人口总数表示；空间规模是指城市建成区的土地面积。

2）产业集聚度

产业集聚是相同或者相关联的上下游产业在某一区域的空间集中现象。产业集聚度是衡量产业集聚程度的指标，表示产业分布的空间异质性和区域不平衡性。

Ciccone 和 Hall（1996）研究认为，相对于城市规模而言，城市内部的经济密度即每单位面积土地上的产出更能衡量经济活动的集聚程度。因此，Ciccone 和 Hall（1996）用经济密度反映城市的产业集聚程度。国内学者范剑勇（2006）将产业集聚界定为单位土地面积的非农产业就业数量，这种方法粗略地表示非农产业，特别是第二产业在空间上分布的不平衡。其含义是某一地区非农就业密度越大，其规模报酬递增的地方化、产业间交流或外部性越明显。基于以上分析，我们采用经济密度与就业密度两个指标表示城市的产业集聚程度。

3）能源利用效率

能源利用效率反映城市经济的投入产出转化程度，相同单位的能源投入如果生产的经济产出越大，则表示能源利用效率越高。因此，我们用地区生产总值除以城市能源消费量来衡量城市的能源利用效率。城市能源消费量分为城市总用电量、煤气家庭用量和液化气家庭用量三种，通过相关的换算因子转换为标准煤消费量。城市一单位能源生产的经济产出越高，那么城市经济系统的能源利用效率就越高。城市经济系统能源利用效率提高可以以更少的能源投入生产更多的经济产出，因此可以实现节约化石燃料能源和降低城市碳排放的目的。

4）城市能源需求

城市能源需求反映城市的能源消费规模。城市能源需求量上升主要是经济增长推动和家庭消费水平提高引起的。城市规模扩大促进城市经济增长和家庭消费水平提高，那么城市的能源需求量会上升，城市能源消费量上升会直接导致城市碳排放上升。城市能源需求与城市消费水平密切相关，因此，社会消费品零售总额表示城市消费水平，我们用来代表城市的能源需求的高低。

本节的数据主要通过中经网统计数据库收集 2005 年全国直辖市、副省级城市、地级市等 283 个城市市辖区的统计数据，关键变量的基本统计情况如表 7.1 所示。

表 7.1　统计描述

变量		均值	标准误	最小值	最大值
城市碳排放/吨		1 740 357	3 167 127	32 761.69	33 400 000
经济规模	地区生产总值/亿元	399.803 7	881.134 7	14.218 5	9058.456 0
空间规模	建成区面积/平方公里	87.674 9	122.494 6	6	1182
人口规模	年末总人口数/万人	127.695 2	154.18	14.62	1290.14
产业集聚程度	经济密度/（亿元/千米^2）	3.797 536	4.044 467	0.536 442	51.943 440
	就业密度/（万人/千米^2）	0.249 166	0.129 625	0.055 733	1.343 684
消费水平	社会消费品零售总额/万元	1 443 478	3 087 841	24 329	28 300 000
对外开放度	实际利用外资/万美元	21 842.01	63 722.05	12	684 235
城市人口密度/（人/千米^2）		1 040.879	1 197.125	13.15	14 052.41

3. 结果分析

本节考察在控制城市开放度、城市空间结构等因素的影响下，城市规模与产业集聚程度对城市碳排放的影响，回归结果见表 7.2。

表 7.2　城市规模作用机制基本模型回归结果

变量	模型Ⅰ	模型Ⅱ	模型Ⅲ	模型Ⅳ	模型Ⅴ
经济规模	4 747.415*** （315.333 5）			5 389.8*** （288.508 2）	5 013.4*** （301.595 9）
空间规模		5 076.186*** （1 757.368）		624.812 （1 204.342）	981.824 8 （1 249.225）
人口规模			2 815.776*** （957.430 1）	5 153.876*** （671.403）	4 576.028*** （677.149 9）

续表

变量	模型Ⅰ	模型Ⅱ	模型Ⅲ	模型Ⅳ	模型Ⅴ
经济密度	68 850.540***	146 888.100***	115 745.900***		50 426.410***
	（13 841.85）	（18 909.39）	（18 091.67）		（14 424.02）
就业密度				159 477.1	
				（402 467.6）	
消费水平	0.34***	0.34***	0.43***	0.68***	0.65***
	（0.069 518）	（0.090 023）	（0.064 635）	（0.089 448）	（0.086 854）
对外开放度	4.08*	18.84***	18.02***	5.3***	3.92**
	（2.231 679）	（2.341 36）	（2.294 424）	（2.169 877）	（2.160 301）
城市结构	72.21*	31.11	21.93	63.77	51.56
	（43.206 87）	（57.374 22）	（57.506 69）	（41.926 24）	（40.192 6）
常数项	87 994.71	−195 462	−95 535.3	−30 526.6	−158 184
	（81 024.54）	（133 134.7）	（115 835.2）	（127 181.7）	（97 699.99）

注：括号内为标准差

***、**、*分别表示在 1%、5%、10%的置信水平上显著

由回归结果可以发现，城市规模对城市碳排放的影响非常显著。用城市地区生产总值表示的城市经济规模增长 1 亿元，那么城市碳排放上升 4747.4~5389.8 吨。城市空间规模扩大对城市碳排放的影响在不同的模型中显著程度不同，但是其作用方向是一致的。城市建成区面积增加 1 平方公里，城市碳排放最低增长 624.8 吨，最高增长 5076.2 吨。人口规模对城市碳排放的作用非常显著并稳定。年末人口总数增长 1 万人，城市碳排放上升约 2815.8 到 5153.9 吨。城市规模扩大带来经济增长、空间蔓延、人口集聚等，在这些因素的共同作用下，城市碳排放显著上升。用经济密度衡量的产业集聚程度对城市碳排放的影响也非常显著。产业集聚对城市碳排放的净影响表现为，单位土地面积的经济产出增长会消耗更多能源，因此碳排放上升。产业集聚的同时需要投入更多能源以支撑经济的持续增长。用就业密度表示的产业集聚程度对城市碳排放的影响并不显著，但是其作用方向与经济密度是相同的，都会促进城市碳排放上升。由此可见，建立低碳城市并不能过度追求城市规模的不断扩展，而是应当寻求低碳约束下合理的城市规模。城市产业集聚的同时应该改变产业的能源消费结构，以太阳能、风能、热能、核能等新型能源替代煤炭、石油、天然气等化石燃料能源。只有这样才能在城市经济集聚的同时既实现经济增长又能够降低城市碳排放。

7.3.3　城市规模与产业集聚对城市碳排放影响的机制

基本回归模型证实城市规模与产业集聚对城市碳排放存在显著促进作用。为了揭示城市规模与产业集聚对城市碳排放的影响机制，我们通过将城市按人口数

量分为巨大型城市、特大城市、大城市、中等城市、小城市，引入城市规模等级对不同规模等级的城市进行比较，分析城市规模对城市碳排放的影响。

1. 城市规模的影响机制

对模型（7.1）的各变量取对数形式建立如下模型：

$$\log(\text{urbanemission}_i)=\alpha+\beta_1\log(\text{urbanscale}_i)+\beta_2(\text{agglo}_i)+\sum_{j=1}^{4}\varphi_i\text{citysize}_{ji}\cdot\log(\text{urbanscale}_i)+\gamma Z+\varepsilon \quad (7.3)$$

如表 7.3 所示，由基本模型回归结果可知，城市人口规模与经济规模都可以对城市规模进行合理描述，本部分我们选择人口规模作为城市规模的衡量指标。回归结果模型 1~模型 4 是在不同的控制变量下城市规模与产业集聚对城市碳排放的影响的实证结果。模型 3、模型 4 是在不控制城市能源利用效率与城市能源需求的条件下城市规模与产业集聚对城市碳排放影响的模型。由实证结果可知，在其他条件不变的情况下，城市人口规模扩大 10%会引起城市碳排放上升 8.13%，用经济密度衡量的产业集聚度上升也会显著引起碳排放上升，但是作用力较人口规模扩大的影响小，单位面积的经济产出增长 10%城市碳排放上升 3.2%~5.7%。城市对外开放程度用实际利用外资额衡量，城市开放度提高也会对城市碳排放产生显著影响。

表 7.3　城市规模影响机制分析模型结果

变量	模型 1	模型 2	模型 3	模型 4	模型 5
人口规模	0.207** (0.117)	0.951*** (0.146)	0.813*** (0.219)	0.813*** (0.247)	0.791*** (0.205)
经济密度	0.038*** (0.006)	0.04*** (0.008)	0.032*** (0.013)	0.057*** (0.014)	0.035*** (0.011)
能源效率	−1.016*** (0.043)	−1.082*** (0.058)			
消费水平	0.725*** (0.047)				
城市等级 1 × 人口规模	−0.018 (0.061)	−0.074 (0.084)	−0.045 (0.126)	0.124 (0.140)	−1.631 (1.737)
城市等级 2 × 人口规模	−0.056 (0.049)	−0.104* (0.067)	−0.108 (0.100)	0.024 (0.112)	−1.976** (1.128)
城市等级 3 × 人口规模	−0.019 (0.034)	−0.074** (0.046)	−0.073 (0.069)	−0.001 (0.077)	−1.994*** (0.210)
城市等级 4 × 人口规模	−0.005 (0.023)	−0.047* (0.031)	−0.016 (0.046)	0.015 (0.052)	−2.535*** (0.305)
人口密度	−0.063*** (0.026)	−0.015 (0.036)	0.076 (0.053)	0.256*** (0.056)	0.126*** (0.045)

续表

变量	模型 1	模型 2	模型 3	模型 4	模型 5
对外开放度	0.077*** (0.018)	0.255*** (0.019)	0.25*** (0.029)		0.081*** (0.025)
城市等级 1×人口规模×消费水平					0.130 (0.104)
城市等级 2×人口规模×消费水平					0.151** (0.071)
城市等级 3×人口规模×消费水平					0.161*** (0.016)
城市等级 4×人口规模×消费水平					0.208*** (0.024)
常数项	−4.89*** (0.563)	−0.633 (0.673)	7.526*** (0.765)	8.008*** (0.860)	11.761*** (0.734)

注：括号内为标准误

***、**、*分别表示在 1%、5%、10%的置信水平上显著

在模型 2、模型 5 中，城市人口规模等级对城市规模与碳排放之间的作用基本是显著的。在其他模型中，城市人口规模等级虽然不显著，但是系数符号基本是一致的。相对于参照组——人口规模小于 50 万的小城市，城市人口规模等级越大，城市规模对碳排放的影响 $\beta_1+\varphi_i$ 越小。人口规模在 50 万以下的小城市，人口规模增长 10%城市碳排放上升 8.13%；人口规模在 50 万到 100 万之间的中等城市，城市人口上升 10%，碳排放上升 7.97%（即 8.13%−0.16%）；人口规模在 100 万到 300 万之间的大城市，城市人口上升 10%，碳排放上升 7.4%（即 8.13%−0.73%）；人口规模在 300 万~1000 万的特大城市，城市人口上升 10%，碳排放上升 7.05%（即 8.13%−1.08%）；人口规模在 1000 万以上的巨大型城市，城市人口上升 10%，碳排放上升 7.68%（即 8.13%−0.45%）。同样数量的人口增长，人口规模在 300 万~1000 万的特大城市引起的碳排放上升幅度最小。可见，人口在不同规模的城市集聚对碳排放的影响是不同的，人口规模在 300 万~1000 万的特大城市相对其他规模等级的城市更适合中国的低碳城市化进程。

由模型 1~模型 4 回归结果可知，城市人口规模等级上升过程中城市规模对碳排放的作用是非线性变化的。由于不同等级城市的居民能源消费水平不同，特大城市居民消费结构与中小城市居民消费结构存在显著差异。不同等级城市的经济发展水平悬殊，居民平均收入水平差距也非常大。收入水平的变化会引起居民当前和未来的消费结构发生变化，因此家庭消费水平在不同等级的城市不同。高收入高消费的巨大型城市，比如北京、上海、广州、武汉这种城市的居民对能源有更大的需求和支付能力，相对于小城市而言，由于消费水平的差距，同样的人口增量造成的碳排放增长程度不同。为了实证检验这种差异，我们引入城市人口规模、城市等级与

居民消费水平三者的交互项，构建模型 5：

$$\begin{aligned}\log(\text{urbanemission}_i) = \alpha + \beta_1 \log(\text{urbanscale}_i) + \beta_2(\text{agglo}_i) \\ + \sum_{j=1}^{4} \varphi_i \text{citysize}_{ji} \cdot \log(\text{urbanscale}_i) \\ + \sum_{j=1}^{4} \tau_i \text{citysize}_{ji} \cdot \log(\text{urbanscale}_i) \cdot \log(\text{consumption}_i) + \gamma Z + \varepsilon\end{aligned} \tag{7.4}$$

在此模型中，城市人口规模对碳排放的影响是 $\beta_1 + \varphi_i + \tau_i$ 三项之和。由模型 5 的回归结果，在其他条件不变的情况下，人口规模在 50 万以下的小城市的城市人口规模对城市碳排放的影响作用相对于基准模型 4 稍有下降。如果城市居民消费水平相同且都保持不变，人口数量上升 10%可以引起小型城市碳排放上升 7.91%，分别导致中等城市、大城市、特大城市、巨大型城市碳排放下降 17.44%、12.03%、11.85%、8.4%。不同等级的城市通过社会消费水平的变化引起的碳排放上升是不同的，最终导致人口规模对城市碳排放的作用力有差距。因此，当城市人口规模上升 10%，社会消费水平上升 13.5%后，小型城市的碳排放上升 8.72%，中等城市、大城市、特大城市、巨大型城市碳排放下降 15.36%、10.42%、10.34%、7.1%。

当城市居民消费水平由于城市规模扩大而上升时，小城市居民的消费产品更可能是高碳排的。比如人口规模小于 50 万的一些城市煤炭消费比例较高，而大城市家庭天然气和电力消费比重较高，这种能源结构的差异，导致消费水平相同的上升幅度会引起不同的碳排放。此外，城市规模等级不同公共交通的发达程度也不同，大城市、特大城市、巨大型城市的公共交通和出租车更多以电力为主，而小型城市的公共汽车主要以柴油、汽油为燃料。因此，在城市消费水平、城市人口规模变化后，对大城市来说人口增长带动能源集约利用的效果会更加明显，因此大城市节能减排的效果好于小城市，碳排放会有不同程度的下降。但是人口规模增长在不同等级的城市引起的碳排放下降程度也是不同的。家庭消费水平不变情况下，人口向中等城市和大城市集聚引起的碳排放上升量小于向小城市、特大城市、巨大型城市集聚引起的碳排放上升量。当家庭消费水平随人口规模变化时，人口向中等城市和大城市集聚引起的碳排放下降幅度大于向小城市、特大城市、巨大型城市集聚引起的碳排放下降幅度。综合而言，人口规模在 50 万到 100 万之间的中等城市和人口规模在 100 万到 300 万之间的大城市节能减排的效果好于其他规模等级的城市。

2. 产业集聚的作用机制

城市产业集聚程度与城市专业化水平是一个问题的两个不同表现方式，我们用城市专业化水平衡量城市产业集聚程度。产业集聚主要表现为城市主导性支柱产业及其相关产业在空间的集中。城市主导性支柱产业规模越大对城市其他产业的影响就越大，因此城市专业化程度高。由于经济密度表示的是城市单位空间的产出，经济密度提高的原因可能是由于产业集聚带来的经济增长，也可能是经济系统单位空间中的生产投入增加推动的产出增长。当产业集聚通过共同分享城市基础设施、物流系统、服务部门等因素实现能源节约和经济增长时，产业集聚会提高城市能源利用效率，即单位能源投入的经济产出增长，那么城市经济增长的同时有利于碳排放下降。如果经济密度提高是投资推动型，依靠投入更多能源、材料换取经济的增长时，这种投资推动型的经济密度提高不仅不能实现能源节约反而造成碳排放急剧上升。城市的专业化和分工细化可以促进经济增长，引起城市单位面积产出上升，即城市经济密度提高。

现通过城市支柱产业就业量占总就业量的比值衡量城市产业集聚程度。我们通过中经网统计数据库收集到 2005 年全国 283 个城市的 19 个行业[①]的就业量，分别计算每个城市就业量前五位行业占该城市总就业量的比重，以此作为城市产业集聚度的代理变量。为了验证城市产业集聚对城市碳排放的作用机制，建立如下实证模型：

$$\begin{aligned}\log(\text{urbanemission}) = \alpha + \beta_1 \log(\text{urbanscale}) + \beta_2 \text{agglo} + \rho_1 \text{agglo} \cdot \log(\text{energyeffi}) \\ + \rho_2 \text{agglo} \cdot \log(\text{energyeffi}) \cdot \log(\text{infrastructure}) \\ + \sum_{i=1}^{4} \varphi_i \text{citysize}_i + \gamma Z + \varepsilon \end{aligned} \tag{7.5}$$

式中，agglo 表示城市产业集聚度，用主导产业就业比重表示；energyeffi 表示城市能源利用效率，用单位能源消费的经济产出表示；infrastructure 表示城市基础设施，用公共汽电车客运总量表示。对数据取对数可以消除数据异方差性对回归结果的影响。假设城市产业集聚度提高城市专业化水平，会通过共享基础设施、物流运输、生产性服务业而提高城市能源利用效率，那么 β_2 是负值，产业集聚会提高能源效率进而降低碳排放，这种机制下产业集聚对碳排放的作用大小是 $\beta_2 + \rho_1 \log(\text{energyeffi})$。为了进一步研究产业集聚对城市能源效率的机制，我们加入基础设施、能源效率、产业集聚三项的交互项，验证产业集聚通过提高公共基础设施的利用率提高能源利用效率的过程。这种假设如果成立，产业集聚对城市

① 19 个行业包括：农、林、牧、渔业，采矿业，制造业，电力、燃气及水的生产和供应业，建筑业，交通运输、仓储和邮政业，信息传输、计算机服务和软件业，批发和零售业，住宿和餐饮业，金融业，房地产业，租赁和商务服务业，科学研究、技术服务和地质勘查业，水利、环境和公共设施管理业，居民服务和其他服务业，教育业、卫生、社会保障和社会福利业，文化、体育和娱乐业，公共管理和社会组织业。

碳排放的影响大小是

$$[\beta_2 + \rho_1 \log(\text{energyeffi}) + \rho_2 \log(\text{energyeffi}) \cdot \log(\text{infrastructure})]$$

实证结果如表 7.4 所示，在其他条件不变的情况下，城市专业化水平提高能显著降低城市碳排放。城市支柱性产业就业比率提高 1%，城市碳排放下降 8.335%~10.557%。在所有模型中，城市产业集聚度提高，会提高城市能源利用率即单位能源的经济产出上升，从而降低碳排放。能源利用效率提高 1% 减少城市碳排放 1.235%到 1.427%。城市产业集聚度提高通过基础设施、物流运输、生产性服务业的共享提高基础设施利用率，实现能源的集约利用，提高城市能源利用效率，减少碳排放。模型Ⅳ、模型Ⅴ在前三个模型基础上揭示了产业集聚对城市能源利用效率的作用机制以及对碳排放的影响，结果表明产业集聚程度提高 1%会引起城市碳排放下降达 8.335%~10.116%。提高产业集聚度可以提高能源利用效率，达到节能减排的目的。此外，我们也考虑到城市规模等级不同的城市产业集聚程度是不同的，引入城市等级虚拟变量控制城市规模等级差异引起的产业集聚作用力的变化。模型Ⅲ实证结果发现，城市等级在产业集聚的作用过程中并不显著。

表 7.4　产业集聚对碳排放的作用机制模型

变量	模型Ⅰ	模型Ⅱ	模型Ⅲ	模型Ⅳ	模型Ⅴ
年末总人口	0.932^{***} (0.031)			0.501^{***} (0.046)	0.885^{***} (0.034)
地区生产总值		0.995^{***} (0.020)	0.995^{***} (0.023)		
产业集聚度	-9.949^{***} (0.289)	-10.483^{***} (0.194)	-10.557^{***} (0.196)	-8.335^{***} (0.478)	-10.116^{***} (0.285)
人均消费水平	0.088^{***} (0.032)	−0.023 (0.021)	−0.024 (0.020)	0.383^{***} (0.050)	0.104^{***} (0.032)
固定资产投资额	0.059^{**} (0.031)	0.011 (0.020)	0.024 (0.020)	0.469^{***} (0.041)	0.074^{***} (0.030)
产业集聚度 × 能源效率	-1.38^{***} (0.029)	-1.425^{***} (0.020)	-1.427^{***} (0.020)	-1.235^{***} (0.059)	-1.383^{***} (0.035)
人口密度	-0.022^{*} (0.012)	0.008 (0.008)	0.006 (0.008)	−0.015 (0.021)	-0.023^{*} (0.012)
实际利用外资额	0.013^{***} (0.009)	0.005 (0.006)	0.003 (0.006)	0.021 (0.016)	0.009 (0.009)
人均 GDP	0.9^{***} (0.039)	0.003 (0.022)			0.815^{***} (0.043)
南北区域虚拟变量	−0.003 (0.022)	0.021 (0.015)	0.017 (0.015)	0.058^{*} (0.037)	0.014 (0.022)
城市等级 1			-0.14^{*} (0.091)		

续表

变量	模型Ⅰ	模型Ⅱ	模型Ⅲ	模型Ⅳ	模型Ⅴ
城市等级 2			−0.038 （0.055）		
城市等级 3			0.009 （0.030）		
城市等级 4			0.009 （0.022）		
产业集聚度×能源效率×公共汽车客运总量				−0.006** （0.004）	−0.003** （0.002）
经济密度					0.112*** （0.026）
常数项	−1.278*** （0.234）	8.228*** （0.235）	8.157*** （0.229）	0.532 （0.455）	−0.645** （0.310）

注：括号内为标准误

***、**、*分别表示在 1%、5%、10%的置信水平上显著

7.4 主要结论

中国自改革开放以来，以前所未有的速度追赶着欧美发达国家的城市化水平，其速度之快让人为之惊叹。中国庞大的农村人口如果按照欧美发达国家的城市化水平转化为城市人口，必将对中国及全世界的经济产生不可轻视的影响，诺贝尔经济学奖得主、世界著名经济学家斯蒂格利茨甚至将中国的城市化与美国登月成功对世界的影响相媲美。然而，不可忽视的现实问题是城市化进程中，中国城市规模扩张与城市结构演化对中国碳排放将产生重大影响。在世界化石能源日趋匮乏、生态环境日益脆弱的背景下，中国城市化面临资源与环境的约束。

如何实现可持续的城市化是中国未来城市化必须思考和解决的难题。许多专家、学者提出低碳城市化，期望中国能够在城市化的同时实现节约能源、降低碳排放的双赢结局。

如何实现低碳城市化，首先需要回答的问题是城市化进程中城市规模扩张与空间结构演化对城市碳排放产生了怎样的影响？规模因素在这一过程中发挥着作用？结合中国的实际情况，我们首先研究城市化进程中政府的参与对这一过程产生的影响。本章对城市规模扩张与碳排放的关系进行实证研究，并根据中国城市化进程中的特点，研究在政府主导的城市扩张背景下，空间利用效率在城市规模增大与城市结构的演变过程中所发挥的作用。

研究结果与理论假设一致：首先，城市规模增大将会导致城市碳排放上升。

城市人口数量上升、经济增长和空间扩张都会引起城市碳排放显著上升，在规模扩张的同时，由于空间利用效率下降，对城市碳排放产生双向推动力，一个是能源需求上升导致的规模扩大效应，另一个是能源利用效率下降引发的扩大效应，二者叠加在一起共同导致城市碳排放上升。我们的研究发现，提高人口密度会降低碳排放强度。这意味着建立紧凑型城市可以降低城市碳排放，有利于建立低碳城市。

由于中国城市化进程的特殊性，政府制度的干预对城市空间规模扩张和结构演变产生了不可忽视的影响。我们结合中国的实际情况，研究了政府通过土地财政与户籍制度影响城市规模与人口密度，从而对空间利用效率及碳排放的影响。实证研究表明，土地财政推动下土地过度非农化与户籍制度阻碍下劳动力不完全城市化，影响要素配置，降低了城市空间利用效率，空间利用效率降低使得碳排放强度上升，即单位 GDP 产出的碳排放增加。该结论同时也得到图 7.13 数据的印证。如图 7.13 所示，人口密度的城区面积弹性在多数年份为负值，表示城区面积增长的同时城区人口密度在不断下降，这与我们第一节的分析相吻合，表示近年来中国城市空间扩张过程中，许多城市脱离实际好高骛远争相建设“国际大都市”，土地财政的另一个弊端是抬高土地价格导致城市住房价格上升，居住成本远远超过城市的平均支付水平；同时又存在着户籍制度等显性和隐性的各种障碍，这种制度安排就如一堵无形的城墙将农村人口挡在城市之外。城市空间扩张导致在中国城市空间扩张过程中人口集聚的外部性收益不明显。观察图 7.13，我们发现城市能源消耗的城区面积弹性在大多数年份为正且大于 1，这表示，城市空间扩张导致的能源消耗增长速度远远高于空间扩张速度，中国的城市空间利用在能源消耗方面是不经济的。

同时由图 7.13 可知，人口密度面积弹性与能源消耗面积弹性在大多数年份为反向走势。随着城市空间的快速扩张，人口密度在不断下降，而同时能源消耗在不断上升；反之，当人口密度提高，中国城市的能源消耗速度往往会下降，人口的空间分布形态与城市空间利用效率密切相关。与实证结果相一致，城市人口密度提高有利于提高城市空间利用率并且能够提高城市能源利用效率，达到节能减排、降低二氧化碳排放的目的。

政府人为影响要素分配机制和控制人口流动的这种城市化模式既低效又难以持续。此外，一些政府政策偏向于鼓励农地的开发而非城市土地的重新开发利用，致使许多农业绿地被低价征用，扭曲了土地价格和土地竞争机制，并导致了土地的低效使用（Bertaud，2007）。进一步地，模糊不清的土地产权导致土地利用效率低下，农业和工业用地紧张，人地矛盾日益尖锐。这些不仅阻碍了农村剩余劳动力的流动，也难以提高土地的配置效率和农业规模经济效益，增加了城市化的制度成本。

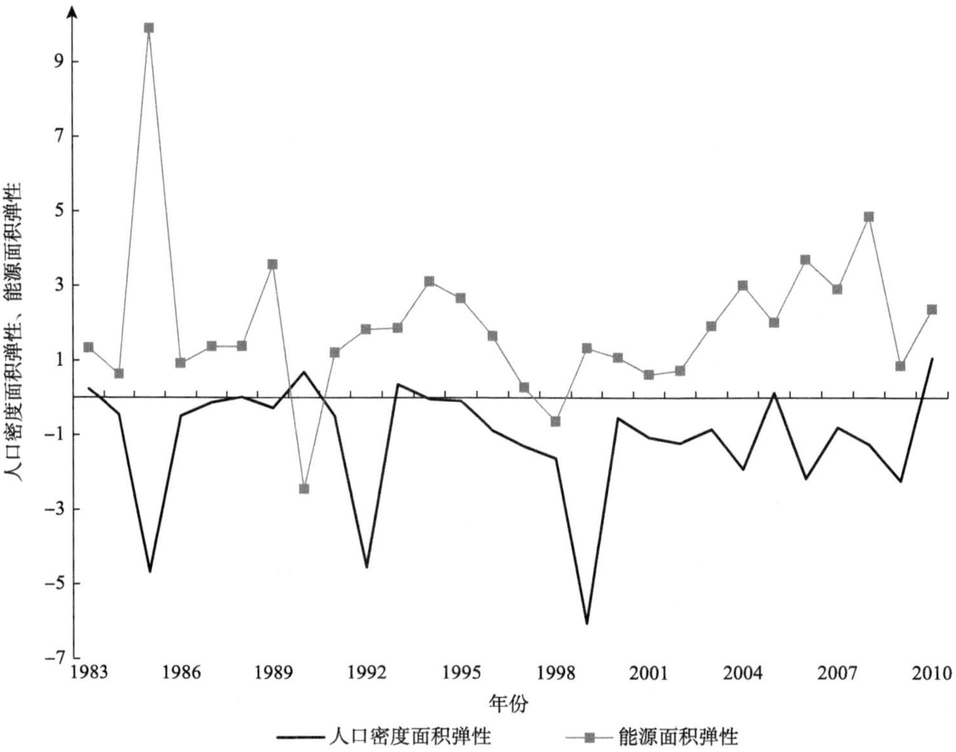

图 7.13　人口密度面积弹性与能源面积弹性

资料来源：《中国统计年鉴》历年数据整理计算而得

本章还分析了城市化进程中产业集聚对城市规模与碳排放关系的影响机制。正如前面观察到的结果，城市规模扩张过程中，产业集聚程度提高具有提高产业能源利用效率并降低城市碳排放的作用。城市化不仅仅是城市人口规模的改变，而且包括能源消费结构和利用效率的改变。城市产业集聚对城市能源消耗有两种影响，一种是集聚促进经济增长而增加能源消耗量的“反弹效应”；另一种是集聚提高产业能源利用效率从而实现节能减排的“节能效应”。一般而言，决定城市经济增长的因素包括两个：一是投入要素密度，二是投入要素使用效率，即要素产出率。投入要素密度取决于生产中投入的资本、劳动。城市规模越大，要素产出率越高，土地需求越大，土地的空间竞争越激烈，导致城市土地竞租曲线随城市规模扩大而向外移动。城市规模扩张的过程中，地方政府应当采取措施促进产业的空间集聚，提高要素的空间密度，由于集聚和集聚经济效应之间存在累积循环因果作用关系（Fujita and Thisse，2002），要素投入密度增加，要素产出率会随之增加。要素产出率的提高能够放大城市规模扩大过程中产业集聚的“节能效应”，这样既能实现经济的持续增长，又能达到降低碳排放的目标。

本章研究还发现，当家庭消费水平随人口规模变化时，人口向中等城市、大城市、特大城市集聚引起的碳排放下降幅度大于向小城市、巨大型城市集聚引起的碳排放下降幅度。综合而言，人口规模在 50 万到 100 万之间的中等城市、在 100 万到 300 万之间的大城市和 300 万到 1000 万的特大城市节能减排的效果好于其他规模等级的城市。人口在不同规模城市集聚造成的碳排放影响是非线性的，这与傅十和和洪俊杰（2008）的研究结论有异曲同工之妙。他们利用 2004 年制造业企业普查数据，检验了不同规模的企业在不同规模的城市中，从集聚经济中享受到的好处。特别是在控制了人力资本的外部性和城市人口规模效应后，特大和超大城市里跨行业集聚经济效应显著，这为特大和超大城市的存在和发展提供了经验证据。

本章的研究结果发人深思，其政策意义在于，中国可以通过政策调整和配合，在城市化和工业化的过程中提高资源配置效率，提高空间利用效率，促进城市空间调整和优化。借此，中国能够实现节能减排的目标，而不是通过限制产出、以经济增长为代价换取碳减排的方式履行国际义务。

第一，建立健全土地交易制度及相关法律。政府可以通过积极培育当地市场，扩大市场规模，寻求适合当地发展的产业，通过繁荣城市经济，扩大经济产出，由此获得财政收入，而不能只依赖出售土地获取财政收入。土地财政行为犹如饮鸩止渴，虽然短期内能够为政府提高收入来源，但是它影响了经济的资源配置、导致城市居住成本迅速上升，对市场发出错误信号，误导企业和家庭的投资决策，增加了经济系统的交易成本。政府在土地市场上应当发挥监管作用，而不能作为交易的一方参与土地市场交易。

第二，将外来人口子女教育、医疗保险、养老保障等公共福利与户籍相脱钩，根据外来人口在城市的工作年限作为相关福利保障发放的标准。劳动力自由流动是指农村人迁移到城市后，在就业、社会保障、获得公共服务等方面能够享受与城市本地居民同样的权利，一切需要的资源都可以通过平等地与城市本地居民竞争，而不是依靠户口所给予的“身份”得到，先消除户口“含金量”可以将改革简化（王美艳和蔡昉，2008）。因此，首先将户籍制度与相关的福利脱钩，可以降低由户籍带来的“寻租”行为，即不是为了劳动就业而是单纯为了追求更好的福利而发生迁移的行为。将劳动力人口空间分配的权力还之于市场，通过市场的“无形的手”将劳动人口在城市与农村之间、在城市内部各区域之间进行最优配置。

第三，城市科学规划和预测，通过政府规制将城市化的环境影响内部化，弥补土地市场和劳动力市场失灵。由于城市化必然会对生态环境产生影响，为了防止人口集聚超出环境承载能力对生态环境造成无法挽回的破坏，政府应该根据当地资源和环境承载能力，通过科学预测和合理规划，保证城市化是环境友好型的，将城市化过程中产生的污染和破坏降低到最低水平。

第四，通过提高空间利用效率，减少空间结构不合理导致的能源浪费，既能保证 GDP 可持续增长，又能节约能源、减少碳排放、降低碳排放强度。城市化、工业化阶段的能源消费具有增长快和能源需求刚性的特征。空间的节约能够实现能源的最大节约（王元京，2006）。因此，提高空间利用效率实现空间结构的优化是节能的一种可行且有效的方式。中国正处于快速城市化和工业化阶段，未来还会有更多土地转变为城市用地，更多的农村人口转变为城市人口。中国应该转变过去“摊大饼”式城市空间发展方式，推动城市土地与劳动完美结合、提高城市空间的人口承载量，实现城市集约化紧凑型扩张。通过城市发展方式的转变实现城市空间结构的优化，从而节约能源提高空间利用效率、降低碳强度、承担节能减排的国际责任。

第五，中国未来低碳城市化应该促进人口向人口规模在 50 万到 100 万之间的中等城市、在 100 万到 300 万之间的大城市和 300 万到 1000 万之间的特大城市集聚。同时，中国还应当积极推动城市产业集聚，发展专业化生产型城市，提高城市专业化水平既能促进经济增长，又能有效利用集聚的“节能效应”，实现可持续城市化。

第8章 城市空间结构与碳排放

统观世界城市化进程，各国城市化过程中的空间结构形态可分为两种模式：一种是低密度分散型，另一种是高密度紧凑型。亚洲的许多国家城市空间结构多属于紧凑型，尤其是国土面积狭小的日本、韩国，是典型的紧凑型空间结构城市化模式。城市空间结构是城市功能组织在地域空间系列上的投影，是城市政治、经济、社会、文化生活、自然条件和工程技术以及建筑空间组合的综合反映，也是城市结构图谱中的基础结构。城市化推动下，未来中国城市将承载更多人口，城市空间形态将发生剧烈变化，对城市的资源供给、生态环境、社会及经济发展的可持续性产生前所未有的影响。因此，探究城市空间形态与可持续发展之间的关系，构建适合中国不同规模城市经济与环境协调发展所需要的城市形态对中国未来实现科学的可持续发展尤为重要。第3章研究结果表明，城市空间结构对城市碳排放具有显著的影响。本章基于第3章的考察，进一步深入研究城市空间结构对碳排放的作用机制，8.1节介绍城市空间结构概念及影响因素，8.2节分析城市空间结构演变过程，8.3节研究城市交通对城市空间结构及碳排放的影响，8.4节实证研究空间结构对碳排放作用过程中产业结构的影响机制。

8.1 城市空间结构及其影响因素

8.1.1 城市空间结构的概念

城市化是一个国家或地区实现人口集聚、财富集聚、技术集聚和信息集聚的过程，同时也是生活方式、生产方式、组织方式和分配方式不断进步的演进过程。城市化过程中不仅对各种要素向城市集聚有向心引力，而且对周围区域有外向式扩散影响。城市化实质上是内部城市空间结构调整和空间规模扩展的综合作用过程。人口不断地向城市集聚的同时各种企业、市场也在城市产生集聚，带来规模经济。由于城市结构是经济结构在空间上的反映，随着时间的推移，城市空间结构在政治、经济、社会和文化等因素的共同作用下逐步形成和演变。在不同的历史阶段，城市空间结构呈现出不同的特点，主要有四种表现形式，即离散结构（点均匀分布）、极核结构（单中心）、点轴结构（同心圆）、网络化结构（多中心、多层次）。两种力量——集聚与扩散在城市发展的不同阶段此消彼长、共同推动城市空间结构形态演化。

城市空间结构（urban spatial structure）是一个跨学科的研究对象，主要研究城市空间内人口、产业、商贸等活动的空间分布特征及其组合规律。由于每个学科的研究角度不同，因此难以形成一个共同的概念框架。Webber（1964）认为城市空间结构的形式是指物质要素和活动要素的空间分布模式，城市空间结构的过程则是指要素之间的相互作用，表现为各种交通流，城市空间被划分为“静态活动空间”（如建筑）和“动态活动空间”（如交通网络）。城市要素的空间分布和相互作用的内在机制，使各个子系统整合成为城市系统，由此形成城市空间结构（Bourne，1971）。李全林等（2007）认为城市空间结构是一定区域内城市功能空间或城市之间的相互作用及相互联系，以及反映这种关系的空间和现象的区位关系、分布形式、集聚规模和程度。他们将城市空间结构划分为三个层次，即微观的内部空间结构（功能空间）、中观的外部空间结构（城市形态）和宏观的群体空间结构（城镇体系）。

城市空间结构影响着城市功能的许多方面，也揭示出城市的可接近性、环境的可持续性、安全性、社会的公平性、基础设施（指交通、卫生、通信等基本设施）、文化创新性以及经济情况。城市空间结构是城市居民和企业在城市空间选择过程中所形成的，是城市经济活动、社会活动在地理空间上的投影和反映。综合而言，可以将城市空间结构定义为城市居住、商业、休闲、物流、工业等功能区域的地理位置及空间分布的组合及人口分布关系。从西方国家城市空间演变的过程来看，城市空间形态随着城市化、工业化以及科学技术的进步而不断地突破既有的发展形态，以适应快速变化的经济社会发展的趋势和要求。

由于空间是城市存在的基本形式，是城市各项经济和社会活动在一定地域范围内的载体。城市空间结构是反映城市内部产业结构、社会结构、劳动结构、经济结构等的基础结构。城市空间结构的内涵主要表现为以下几个方面。

1. 人口密度

城市是人口集聚、产业集聚、商品集聚的产物，因此，衡量城市空间结构的最重要同时最基本的因素是城市的人口密度。单位土地面积承载的城市人口数量可以表现城市内部不同区域土地利用的强度、空间集约利用的水平，同时人口数量与经济活动的水平、产业结构等密切相关，人口密度也可以反映经济活动的集聚程度。城市内部不同区域的经济集聚、产业集聚水平不同，所以，人口密度在不同区域是不相同的。一般而言，由于服务业高度集中在城市中心，城市中心承载的人口较高，人口密度从城市中心向郊区逐步递减。巨型城市由于城市具有多中心特征，所以人口密度的分布更加复杂。产业结构由第一产业向第二、第三产业升级，有限的城市空间中能够吸纳的劳动力也逐渐提高，因此，人口密度在一定程度上反映城市产业结构状况。

2. 城市布局

城市内部空间布局是城市各部分空间功能的体现。不同的城市区位承担的经济、社会、公共服务等功能各不相同。人口、产业、公共设施等要素在城市发展过程中按照经济活动对区位发展的特殊要求分布在城市的不同区位。因此，城市内部空间布局根据经济活动水平及要素分布情况具有层次性。城市区位布局就是指城市地域的人口、产业、经济产出、社会功能等的结构和层次，是城市内部各种功能用地的比例和产业分布。

3. 空间效率

城市空间利用效率是城市空间结构合理性的一种经济度量指标。城市空间结构能否适应城市发展及经济增长的要求主要体现在城市空间效率水平。不论城市规模多大，如果城市空间结构不能够适应城市发展，往往造成城市拥堵严重、交通污染上升等“大城市病”，增加城市经济的交易成本，阻碍城市经济增长。而空间效率在不同的阶段会因城市的发展和经济增长等因素改变，分散的紧凑化城市可以提高空间利用效率，能够使城市在相同的能源、劳动、空间、资本等要素投入下产生更高的经济价值。空间结构合理化能够提高城市空间利用效率，实现节能减排。

4. 城市形态

城市形态是城市规划学中的重要概念，指的是城市空间结构的整体形式，是城市空间布局和密度相互影响、相互作用而引起的城市单位形状和外观的表现。狭义的城市形态指的是城市在一定时间内由于自然环境、历史、政治、经济、社会、科技、文化等因素约束下发展所构成的空间形态特征。广义的城市空间形态不仅仅指城市各组成部分有形的表现，也不只是指城市用地在空间上呈现的几何形状，而是一种复杂的经济、文化现象和社会过程，是在特定的地理环境和一定的社会经济发展阶段中，人口各种活动与自然因素相互作用的综合结果，是人们通过各种方式认识、感知并反映城市整体的意向总体（许抄军等，2008）。

8.1.2 城市空间结构的分类及其影响因素

虽然世界上各个地区的城市发展过程和发展水平不同，城市空间结构各不相同，但是在一定的约束条件下企业与家庭的选址行为具有一定的规律性，城市空间结构的形成与功能区的布局具有相似性。对每一个城市而言，城市之中的商业企业、工业工厂、居民家庭按照地租的高低分布于一个同心圆的城市功能区之中，形成同心圆城市空间结构。最早对区位分布的规律进行理论分析的是古典区位论创始人约翰·冯·杜能，他在《孤立国同农业和国民经济的关系》一书中创建了“农业区位论”，然后区位论的分析方法被拓展到分析城市内部空间结构领域。现代城市地理空间结构划分理论基于经典的同心圆模式，遵循由核心区、边缘区、郊区、农村腹地等圈层构成城市空间的划分模式。随着生产、生活方式和交通运输技术的改进，决定城市空间结构的主要因素中地租的影响力逐渐下降，通勤成本、居住环境、城市的基础设施等因素的影响力逐渐上升。Russwurm（1975）将城市空间划分为核心建成区、城市边缘区、城市影响区、乡村腹地四大功能区，如图 8.1 所示，他将城市核心建成区定义为“高密度且集中连片的非农建设地区”，城市边缘区定义为“城市核心建成区外围土地利用处于农村转变为城市的高级阶段的区域，是城市发展指向性因素集中渗透的地带，是城市郊区化和乡村城市化的热点地区”，将城市影响区定义为“城市辐射力波及的广大地域范围”，将乡村腹地定义为“位于城市影响区之外，由乡村组成，与城市没有明显的内在联系区域”。

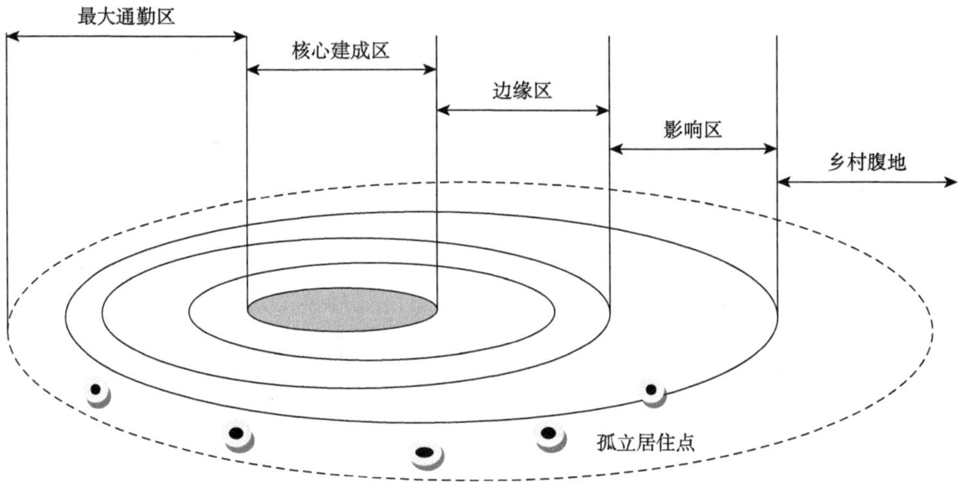

图 8.1 城市空间结构分布图

空间格局、空间过程和空间行为一直是经济学、社会学和区域科学以及地理学研究的重要内容之一。首先，我们回顾城市空间结构的两种形态——紧凑型与分散型城市，其次，总结影响城市空间结构的各种因素。

1. 城市空间结构的两种形态

城市空间结构形态是城市内部人口分布状态的表现形式，基于不同的约束条件，城市人口分布状态也不同。城市空间结构形态一般表现为紧凑型与分散型两种形态。关于哪种形态更优的问题一直没有统一的结论，不同的研究根据不同的评价标准得到的结论差异很大。

紧凑城市（compact city）是 20 世纪 70 年代初提出的。Breheny（1995）将紧凑型城市定义为：促进城市的重新发展、中心区的再次兴旺；保护农田，限制农村地区的大量开发，更高的城市密度；功能混用的用地布局；优先发展公共交通，并在公共交通节点处集中城市开发等。Payne 和 Ewing（1997）认为紧凑型城市是职住场所的聚集，包括用地功能的混合。由于城市化进程中人口与资源的矛盾越来越突出，因此自 20 世纪 80 年代以来，在西方学者对可持续城市发展模式的不断追求中，“紧凑城市”的概念和策略得到了越来越多的支持（陈海燕和贾倍思，2006）。韩笋生和秦波（2004）认为，紧凑城市即运用城市紧凑的空间发展战略，如增加建筑面积和居住人口密度，加大城市经济、社会和文化活动的强度，从而实现城市在社会、经济、环境方面的可持续发展。吴正红等（2012）认为紧凑城市不仅仅是一种关于集约化、低碳化、人性化的城市发展理论，也是指导城市科学、合理、公平、高效利用土地的理论，蕴含着丰富的土地利用理念、原则和方法。可见，紧凑型城市的主要特征可以概括为：城市高密度、功能混用和紧凑以及密集化。城市高密度是指人口和建筑的高密度，功能混用是指城市功能的紧凑和复合，而密集化是指城市各项经济活动的密集化（参见图 8.2）。

虽然紧凑型城市空间形态能够集约利用城市土地，实现人与环境和谐发展，但是人口高密度集聚必然增加对城市基础设施的需求，因此对城市基础设施要求较高。发展中国家的城市往往基础设施落后，紧凑型城市能否在发展中国家和地区发挥优势也引起许多学者关注。发展中国家由于受经济能力的制约，基础设施的投资一般都不足。在这种情况下增加人口密度可能只会造成更大的环境负担。比如在发展中国家由于废水净化设施不到位，水的再循环利用率低，增加的城市人口只能向自然界寻求更多的水源，从而造成地下水采伐过量、城市地表下降等问题（陈海燕和贾倍思，2006）。

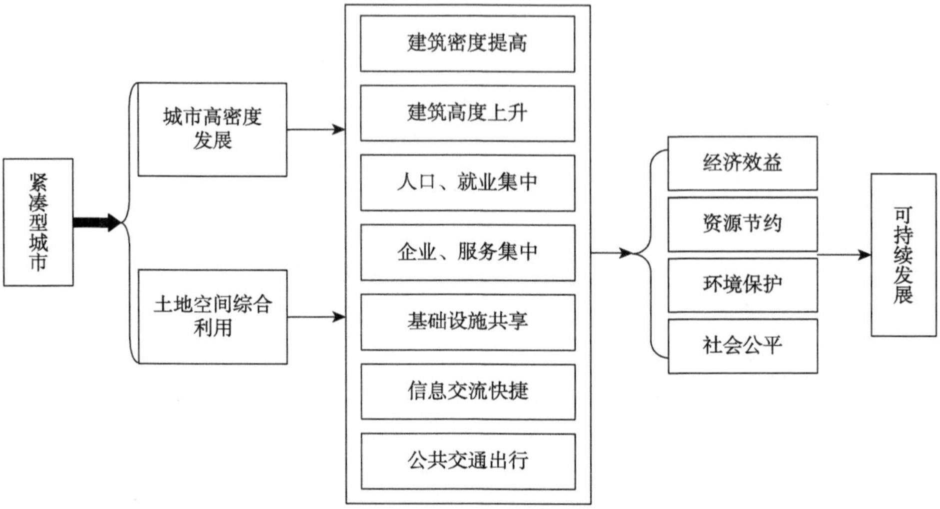

图 8.2　紧凑型城市与可持续发展关系图

资料来源：周韵（2009）

相对于紧凑型城市空间结构形态，城市“摊大饼”式空间扩散形成的空间形态是分散化空间分布结构。这种分散化分布结构以低人口密度、粗放式土地利用为特征，在城市空间扩张的同时往往造成生态环境的严重破坏。由于城市空间扩张过程中缺乏合理引导和布局，使“摊大饼”式空间扩张降低了城市空间利用效率。城市“摊大饼”式粗放式扩张不仅造成土地资源浪费，还对经济、社会及生态环境造成一系列不利影响。

从城市空间蔓延的表现形式来看，其低密度特征被认为是造成空间利用率低和环境破坏的主要根源之一，所以许多专家学者研究提出高密度的城市空间利用措施。不论是紧凑型城市还是分散型城市形态的研究都离不开对人口密度的考量，不论是发展中国家还是发达国家，城市人口密度都应当与城市经济水平、社会结构、生态环境等相适应。寻求合适的人口密度和空间结构对于防止低效率郊区蔓延现象具有重要的现实意义。仅从“紧凑”的字面意思理解紧凑型城市而过度强调人口密度是不符合中国城市发展现状的。紧凑型城市更应该重视城市空间利用效率的提高，而不是过度追求人口密度的提高。城市空间利用效率取决于以下几方面：功能布局和空间组织关系，空间释放能力和承载能力，以及与市民生活内容的契合度等。因此，城市空间的“紧凑”能否有利于可持续发展是一个相对的经济判断，良好的紧凑城市发展意味着在城市规模和密度增加的过程中，应始终保持某种“经济的”空间密度分布——空间结构（韦亚平等，2008）。

2. 城市空间结构的影响因素

城市空间结构的演变受到多种因素的共同作用，从本质上讲，城市空间结构演变的动力是城市空间功能与形态矛盾运动的必然结果。一般认为，城市空间结构沿着一定发展路径演化，具有路径依赖性。产业迁移、人口集聚和城市空间扩散都是城市空间结构演变过程。从城市整体宏观角度看，城市空间集聚与扩散都是人口迁移的宏观过程，然而在这一过程背后是城市系统不同参与者的个体行为的表现。个体空间选择行为的综合形成城市空间结构，城市的同心圆格局正是由个体空间竞争、选择、排斥等行为聚合而成的过程创造的。城市空间结构的演变动力主要有城市交通系统、产业集聚、产业结构升级。

1）交通对空间结构的影响

Anas 等（1998）研究了城市空间结构及其演变，认为交通和通信技术及设施的进步对城市空间结构的形成功不可没。Fujita 等（1999）分析了产业的规模经济和运输费用对城镇体系空间结构的影响，由于不同产业部门具有不同的运输成本，运输成本高的企业会倾向于集聚在一个城市或地区内，运输成本低的企业则倾向于分散在这些城市或地区周围，最终，多城市模型演化成为克里斯泰勒式的城市等级体系。城市交通（包括交通工具的革新、交通方式的转变以及城市交通基础设施的完善）影响城市的空间可达性，并通过价格机制调节着土地价格，改变着土地利用方式和利用强度，使城市空间结构沿交通要道实现轴向增长（徐琳和刘晨阳，2008）。王成新等（2004）以南京都市圈城市为例，通过纵向和横向比较，提出了南京都市圈中城市在水运时期的单侧带状和散点状布局、陆路时期的星状或块状布局以及综合高速交通时期的都市连绵带三种空间布局形式，并分析了交通模式对城市空间布局的作用机制，即交通产业的自身推动力、产业连锁循环动力、辐射集聚动力以及环境动力。如图 8.3 所示，城市空间结构与交通关系的本质是城市交通在一定程度上决定了城市的布局结构；通过对交通结构的合理规划可以引导城市向合理的布局结构转变。

Tajibaeva 等（2008）研究了一个离散空间的城市模型，在关于资源外溢效应、开放城市（存在向内向外移民）和封闭城市（人口固定）的交通成本的各种假设下得到均衡解。在模型中，露天场所的增加会提高社区密度和房价；如果存在资源外溢效应，那么露天场所增加也会提高其他社区的住宅密度和房价。在封闭城市模型中，如果本社区资源价格的拉力大于可开发土地减少产生的推力，那么其他社区的住宅密度和房价会下降。通过数字模拟，他们发现当存在资源外溢效应且交通成本相对较高时，最优选择是在城市边缘的绿化带提供露天场所；如果交通成本相对较低，那么应该在城市中人口聚集地区提供露天场所而不是在城市边缘社区。

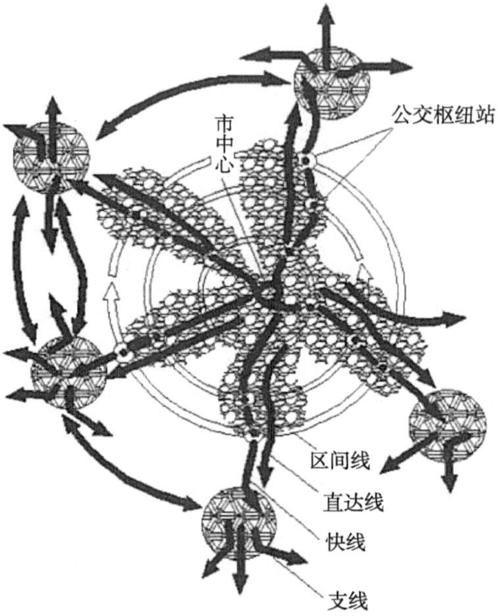

图 8.3　城市形态与交通的关系

资料来源：单刚等（2007）

Wheaton（1998）认为工作地点与居住地点距离较远时，通勤与拥堵是城市中不可避免的现象，不存在任何形式的管制和干预时，土地市场会忽视工作地址和居住地址形成过程中的社会影响，使得劳动力更加分散。提高中央城区人口密度可以大大提高社会福利。但是，单中心城市结构时提高中央城区人口密度会使城市更加拥堵，即使改进城市交通等基础设施也无济于事，只有通过实现多中心化才能解决这种矛盾。然而，通过土地市场和住房市场无法实现多中心化，反而会使城市更加拥堵，更多资源浪费在交通运输部门。扭曲的土地价格会导致城市土地的过度利用，使最优城市规模的预测失真。由图 8.3 可知，当城市交通基础设施发展水平滞后于城市人口规模的增长速度时，人口规模的上升往往导致城市中心区域的过度拥挤。人口的过度集聚增加了城市基础设施承载压力、加速城市基础设施折旧，使得城市基础设施供给问题更加严峻。而合理的基础设施规划，可以引导人口在城市内部合理分布。城市人口空间布局合理化能够避免人口过度集聚导致的规模不经济问题。

2）产业集聚对空间结构的影响

关于居民和企业的空间选择行为一直受到经济学、区域科学等学科关注。居民、企业、组织甚至是城市和区域本身在区域和城市这样的环境中相互依存、竞争、合作，并且可以不断学习、自我调整，他们的决策和行为持续地创造着城市和区域的空间差异（薛领和杨开忠，2002）。基于 Krugman（1991）建立的核心–边缘模型，许多学者分析了产业结构的调整对城市空间结构的影响。Fujita 和 Krugman（1995）研究了工业品的差异程度和工业就业人口数量对城市空间结构的影响，他们认为，如果工业品差异化程度很高且工业就业人口不多，那么循环累积因果效应产生的集聚力就大于农民分散所产生的分散力，所有工业品都集中在一个中心地区生产，由此形成中心–边缘模型；相反，如果工业品差异化程度很低且工业就业人口很多，那么循环累积因果效应产生的集聚力就小于市场拥挤效应产生的分散力，企业将到离中心地区较远的地方设厂，进而打破中心–边缘模型。经济系统微观层次的个体行为决定宏观层次的整体性秩序，而宏观层次的秩序又左右着微观层次的个体行为。宏观层面的人口空间分布变动分析与微观层面的人口迁居分析结合起来，更有助于揭示“人”的因素在大城市人口空间演变中的地位与作用，更有利于剖析人口空间演变的动力机制（王春兰和杨上广，2009）。王世营和蔡军（2006）以长江三角洲地区中小城市为主要研究对象，采用理论分析与实证研究的方法，从城市用地规模、用地结构、发展方向、空间模式、用地布局五个方面论述了产业集群对城市空间形态的影响。在产业集聚的不同发展时期，产业集聚对城市空间结构的影响程度也不同。马吴斌等（2008）以上海市为例，研究发现产业集聚区铸就了城市发展“能量极”，推动城市由“单核心”向“多核心”发展。从单中心城市向多城市状态的演进是由集聚力（来自循环累积因果效应）和分散力（来自空间的不可流动性）共同作用而成（Fujita and Mori，1997）。新的集聚区出现能够吸引劳动力从过度拥挤的区域向新的区域集中，实现人口密度合理化，城市空间结构多极化。

3）产业结构对空间结构的影响

产业生产力水平和产业结构对空间利用结构与方式的决定作用主要表现在随着地区产业结构由低级向高级演化，伴之以空间资源在产业间重新分配，空间利用更合理、更经济。张颖等（2007）通过分析产业结构与用地结构之间的结构关系、均量关系和复合关系，发现用地结构与产业结构呈同步增减趋势。空间利用结构变化与社会经济结构变化之间存在一种必然的逻辑关系（张海兵等，2007）。产业结构合理化是空间布局合理的表现，产业结构升级推动城市生产力提高进而带动城市空间布局优化（沙振镇，1996）。张志斌和李雪梅（2007）以兰州市为例，发现产业结构与空间结构不匹配会引发交通拥堵、人口拥挤、城市发展滞后等问题。不同产业对城市空间需求是不同的，相同的空间范围内的人力密集型和资本密集型产业对城市人口分布的影响存在显著差异。因此，产业结构的变动是引起城市空间结构演变的重要因素之一。

8.2　城市空间结构演变规律

城市空间结构形态的演化主要表现为集聚与扩散两种。当城市人口、产业等生产投入要素集聚到一定程度，生产与生活等经济活动中产生的污染、拥挤等外部性要素急剧上升造成规模不经济，此时经济要素自发地选择向外扩散，产生扩散的趋势，城市空间开始向外扩张。依托于城市空间，各种经济要素在市场与政府两种力量的推动下选择最优的新区位。这个过程通过三种形式实现：建立新城或者卫星城；城市空间蔓延扩张；对已开发的城市空间再开发。这三种形式因市场与政府的作用力不同而表现为不同的城市空间结构形态（图 8.4）。当政府的作用力强于市场的作用力，通过新的规划及配套的基础设施建设，政府可以引导资源流向城市的某一区域，因此实现卫星城的建设；当政府与市场共同作用下，政府配合市场共同实现旧城区改造，在原来的城市空间基础上通过改变局部空间的形态及功能满足新的发展需求，实现已开发城市空间的再开发；当市场的作用力远远大于政府的作用力，经济要素自发地集中在新的区域，政府对这种新的趋势未能及时察觉，当这种新的集聚趋势越来越明显直到这种新的扩张形态形成，这种由市场自发选择的扩张方式表现为“摊大饼”式城市空间的蔓延。

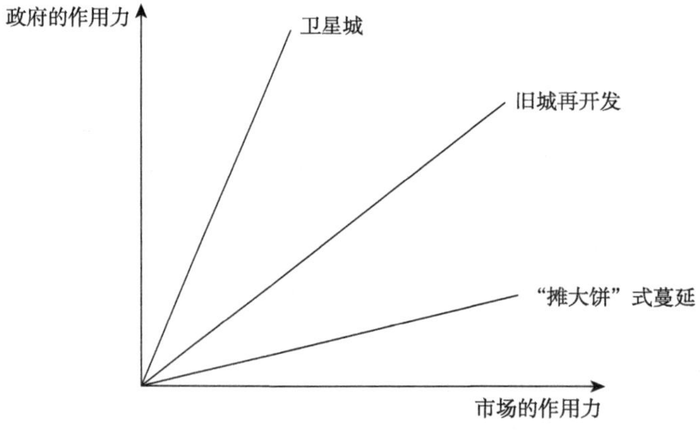

图 8.4　城市空间扩张过程中政府与市场的影响

城市空间扩张与结构形态是经济要素在经济活动中最小化成本投入获取最大化经济回报的过程中完成的。因此，城市空间结构的演化与市场参与者的选择相辅相成，市场参与者要在既有的空间结构下完成收益最大化的决策，在累加作用下，每个市场参与者的决策对城市空间结构的形成发挥微小的边际影响，最终导致城市空间结构发生显著的变化。在脱离政府规划作用下市场要素的自发选择往往为了获取最大的经济回报而不考虑城市空间扩张造成的生态影响，采取“摊大饼”式低成本低效率的空间扩张方式，导致城市空间蔓延。空间作为稀缺要素，在各产业之间的配置既要考虑当前的边际回报也应该结合未来的回报与生态环境的影响，理性的政府应该采取综合的考量标准评价空间的价值，积极地引导和规制城市空间的规模与结构。利用集聚经济带来的各种优势，提高空间利用效率，通过空间结构的合理布局降低经济活动中的交易成本、提高要素配置效率。所以，城市空间形态的演化过程是政府与市场相互配合的过程。从城市现在与未来的可持续发展角度利用城市集聚经济的优势，弥补市场自由发展造成的不经济，保护环境，提高空间资源的利用效率，获取最大化的社会效益与经济利益。

由于不同的城市空间扩展方式其成本不同，政府应该根据城市的发展阶段采用不同的空间扩展方式。当城市规模较小、人口密度较低、工业发展水平处于较低阶段时，政府财政收入较低，不能满足集约型城市发展所需要的各种基础设施建设所必需的财政支出，在这种情况下市场的力量往往大于政府的规制作用，城市表现为“摊大饼”式空间扩张。生产型企业选择空间成本较低的郊区进行生产，同时大量外来劳动力人口选择在居住成本、生活成本较低的城乡接合处定居和工作。企业与家庭将空间要素成本和交通成本内化到自身的支出预算中，自发地集聚在城市郊区，此时城市郊区的农业用地逐步转化为工业、道路等非农业用地。这种空间扩张方式的成本主要由企业与家庭承担，政府支出成本较低。当城市人口密度提高到一定程度，集聚经济带来的交易成本降低的效应逐步显现，各种企业也愿意在城市投资生产。城市产业结构升级优化的同时，政府财政收入提高有足够的财力进行城市基础设施的改造和投资。在这个发展阶段，政府的作用力提高，政府与市场共同参与城市空间再开发。在原有的城市空间规模下，通过合理规划和布局城市内部区位功能，实现城市整体功能提高，结构优化。在政府主导下，旧城改造的成本需要政府承担更大的比重，空间扩张成本相对较高。当城市扩展成为一种巨型城市，劳动力人口不断向城市自发地集聚，企业与资本也源源不断地流向城市。一方面，由于人口密度提高带来的居住拥挤、环境恶化等问题，居民向环境更好的郊区迁移；另一方面，政府管理水平提高，通过合理规划和布局，建立卫星城引导城市空间结构升级（图 8.5）。

城市的规模及空间结构并不是随机过程的结果，而是在地理形态、资源禀赋、人口结构、经济发展等约束下沿着一定的空间发展秩序和规律演变的必然选择。因此，城市空间结构是城市发展自选择所形成的有规律的人口分布状态。随着城市人口数量上升，城市空间结构进入重构期。中国正处于城市化加速的过程中，人口向城市集聚的同时，城市空间规模迅速膨胀。如 2010 年，中国城市建成区面

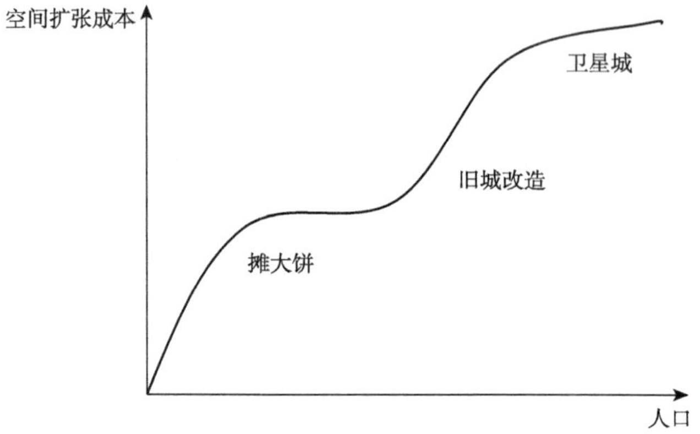

图 8.5　城市人口规模增长与城市扩张成本分析

积达到 40 058 平方公里，与此同时，城市人口密度也不断提高，由 1995 年平均 322 人/千米^{2}上升到 2010 年 2209 人/千米^2，增长近 6 倍。

城市人口规模增长与人口密度提高使城市空间结构趋向均衡。同时，城市内部用地结构调整能够提高空间的产出效率；此外，产业和人口的集聚对空间产生大量需求，在土地面积限制下迫使城市趋向紧凑型、提高空间利用率。因此，土地面积有限的约束下，城市空间结构向紧凑型演化能够提高经济资源利用率，促进城市生产率提高。城市中劳动、人口、资本等经济要素依托城市空间布局形成城市空间结构，这些要素与城市经济活动主体（居民、厂商、政府）的配置关系，决定人流、物流、信息流和能源循环的空间态势，影响要素的产出弹性与技术进步的含量，最终影响城市经济增长的质量和效益。土地利用的空间均衡是指城市用地结构配比合理和用地效益达到最优。

城市化进程中农村人口向城市迁移，城市空间结构紧凑化需要交通基础设施提供保障，只有提高交通设施水平和公共交通利用效率，城市紧凑化最终才能实现。图 8.6 是中国 1988 年到 2010 年城市人口密度与旅客周转量走势图，由该图可以发现，中国城市密度随着旅客周转量的提高而提高，城市空间结构演化过程中交通运输发挥着巨大支持性作用。

城市空间结构形态也与产业结构有关。图 8.7 是南昌、石家庄等八个城市的人口密度与第二产业产值走势图[①]。从图 8.7 可知，随着城市人口密度提高，城市第二产业产出增长。城市化的过程是空间用途转移（地类变更）和经济集约度提高的过程，前者表现为城市用地规模扩大和用地结构调整，后者表现为借助资本、劳动力、技术投入，提高空间单位面积的产出能力。随着城市人口密度提高，城市

① 其他城市的走势与这 8 个城市大同小异，本节选择不同人口密度区间的城市来说明人口密度与产业之间的关系。

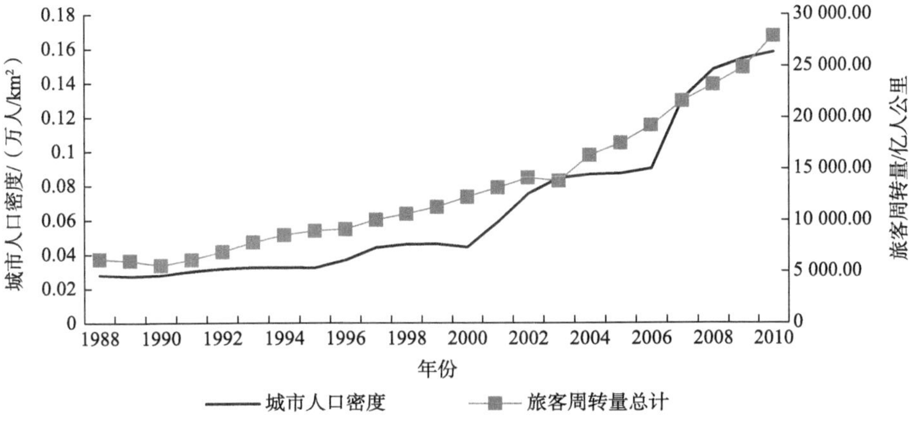

图 8.6　城市人口密度与旅客周转量

资料来源：《中国统计年鉴》历年数据整理

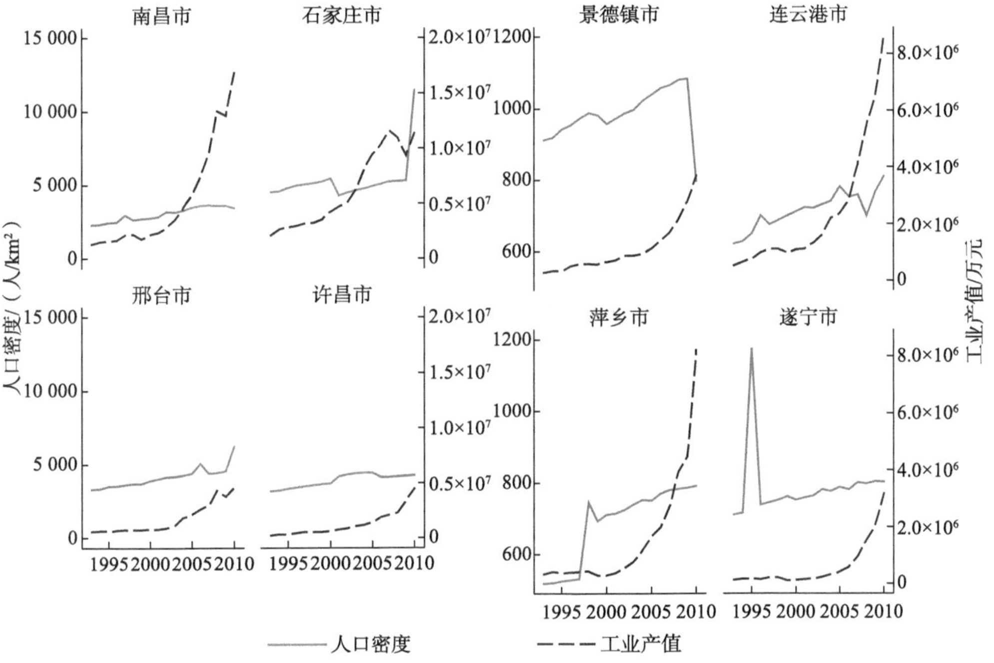

图 8.7　人口密度与工业产值

集约化程度提高，第二产业扩张，城市空间利用效率提高。Ciccone 和 Hall（1996）研究了美国各州的就业密度与劳动生产率之间的关系，他们发现就业密度翻番可以使劳动生产率提高 6%（朱跃中，2001）。城市空间结构的紧凑化表现为城市可容纳人口数量上升，人口密度提高。通过观察图 8.7，可以发现城市空间结构紧凑化与城市产业结构演变之间关系密切。在构建低碳城市空间的过程中，城市空间结构影响碳排放的过程中城市交通与产业结构发挥什么作用？我们通过实证研究分析城市空间结构对碳排放的作用机制。

中国城市“摊大饼”式空间扩张过程也是政府土地财政推动下土地过度非农化的过程。改革开放以来，中国土地非农化过程是由地方政府参与和主导的土地征收与出让过程。长期的二元经济体制下，一些地方政府压低农产品价格造成农业产品与工业产品价格剪刀差，按此扭曲价格计算的土地边际产出值远远低于土地实际的价值。一些地方政府以极低的补偿价格从农民手中征收土地。土地价格信号扭曲造成城市过度扩张与低效率的土地利用，以失地农民的损失为代价换来政府推动下的高速、过度的城市用地扩张与 GDP 增长。

首先，法律监管缺位为土地过度非农化埋下隐患。过去较长阶段，中国法制不健全，土地所有权与使用权主体不明确，与土地征收、补偿相关的法律尚存在许多法律空白。农地征收目的性不明确、征收程序不合理、征收补偿不公正以及贫困救济不到位等，导致了政府土地征收权的肆意扩张与滥用（钱文荣，2001）。伴随着城市规模扩大导致非均衡人口城市化（钱忠好，2004）。如谭荣和曲福田（2006）所估计的 2003 年之后中国土地征用规模已达到甚至超过了每年 300 万亩。

其次，一些地方政府间不良竞争成为土地过度非农化的推动力。自 20 世纪 80 年代初以来一些地方官员片面追求经济绩效指标，尤其是地方 GDP 增长的绩效（周黎安，2004）。对 GDP 增长的过度追求促使一些地方政府官员采取短视的土地使用政策，一些地方政府对资本的特殊偏爱使得以环境破坏为代价的短视性发展政策成为一些地方政府官员吸引投资、快速制造政绩的捷径。各地不断建立各类工业园区、经济技术开发区等，并且赋予这些地方优惠的土地使用政策来吸引投资（谭荣和曲福田，2006）。

再次，财政分权之后财权与事权不匹配给地方政府带来财政压力，使出卖土地成为地方政府增加收入的手段。1994 年财政分权以后，一些地方政府收入和支出之间存在巨大缺口，因此，一些地方政府将土地出让带来的收入作为弥补这一缺口的主要资金来源。在发达地区部分县、市，土地出让金收入已经占到当地财政收入的 30%，甚至高达一半以上。随着城市化进程加速和城市土地出让市场化，一些地方政府通过扩大农转非规模以增加预算外财源的动机和行为有增无减（陶然和徐志刚，2005）。一些地方政府凭对农地转用的行政垄断权获取城市建设用地，然后将部分国有土地批租给城市二级土地市场、部分留在政府手中划拨（周其仁，2004），以此作为基础设施投资的融资来源。

由上可知，中国城市空间过度扩张过程在很大程度上可以被解释为由土地财政制度所内生：分权制下的中央、地方财政竞争，使得一些地方政府通过土地批租解决财政不足；以 GDP 为政绩考核核心的晋升激励机制，又诱使一些地方官员盲目扩大投资占用土地，导致了日益严重的空间利用效率低等问题。进入 21 世纪以来中国城镇化的空间失控现象极为明显，形成了分散和蔓延式的扩张，如果不能有效遏制此态势，势必严重阻碍中国的整个现代化进程。

8.3　城市空间结构与交通对碳排放的影响

8.3.1　城市空间结构与交通碳排放

1. 交通碳排放趋势

进入 21 世纪以来，全球气候变暖和能源危机问题给人类可持续发展带来了严峻的考验。IPCC 在 2007 年报告中指出，交通运输部门在能源消耗和碳排放中占较大比重，在全球温室气体排放中，城市交通占 13.1%，是仅次于能源供应和工业生产的第三大排放部门（IPCC，2007a）。交通运输部门能耗逐渐上升的趋势引起各国政府高度重视，英国于 2009 年发布了《低碳交通运输：更加绿色的未来》。中国交通运输部随后在 2011 年发布《建设低碳交通运输体系指导意见》，制定技术、能源等相关政策支持低碳交通的发展。为了实现节能减排目标、履行国际碳减排义务，中国应该建设低碳生态城市，其中，控制城市交通碳排放是一个重要方面。

由于能源数据统计为实物消耗量，为此对能源消耗数据作相应的换算，统一折算成标准煤，其中煤炭的标准煤系数为 0.7143kg 标准煤/kg，石油换算系数为 1.4286kg 标准煤/kg，天然气换算系数为 1.33kg 标准煤/m^3（《中国能源统计年鉴》，2006）。在计算能源折算系数时，绝大多数的能源都按当量热值计算。唯有电力采用两种系数。一种是当量热值，即每千瓦小时按 3596 千焦（860 千卡）计算，其折算标准煤系数为 0.1229 千克标准煤/kW·h（国际上普遍采用）；另一种是等价热值，每千瓦小时按 11 826 千焦（2828 千卡）计算，折算系数为 0.4040 千克标准煤/kW·h。这里采用了国际上普遍采用的当量热值方法，将电力消费量折算成相应的标准煤消费量。

经过折算以后各种能源的消费量用标准煤消费量表示，如图 8.8 所示，中国交通运输、仓储和邮政行业的能源消耗从 1995 年开始缓慢上升，到 2003 年增长率陡增。虽然受到世界经济危机的影响 2008 年略有下降，但是这种增长势头是难以根本改变的，截至 2009 年总能源消耗达到 23 691.84 万吨标准煤。能源消耗结构从 1995 年到 2009 年发生了巨大变化，柴油和煤油消费占总能源消费的比例呈上升趋势。煤炭消费量呈下降趋势，从 1995 年的 1315.10 万吨标准煤下降到 2009 年的 640.89 万吨标准煤。原油消费量基本保持不变，但是占总能源消费量的比例大大下降。在各种能源中，增长速度最快的是天然气消费量，从 1995 年的 1.57 亿立方米猛增到 2009 年的 91.07 亿立方米，增长速度远远高于其他能源。同时，电力消耗量也呈明显上升趋势，2003 年和 2004 年有小幅跃升，其后增长速度保持平稳（图 8.9）。

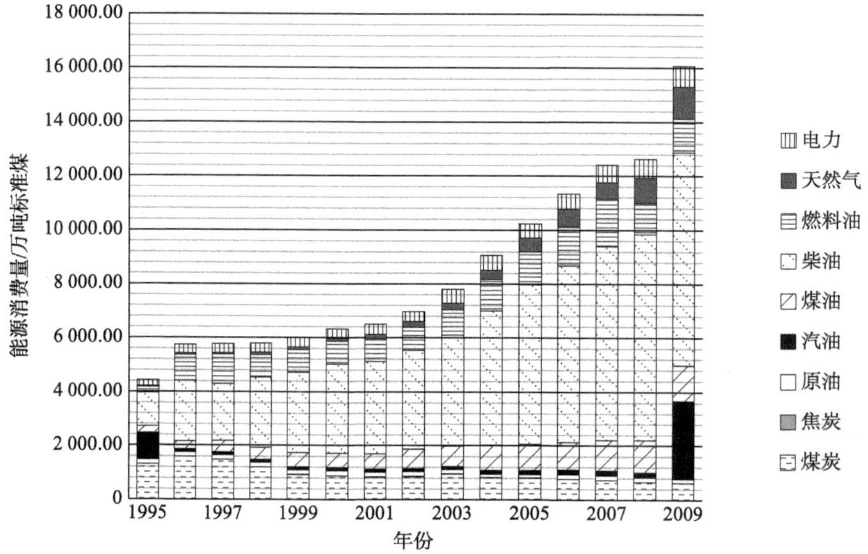

图 8.8　城市交通部门各种能源消费量

资料来源：《中国统计年鉴》历年数据整理

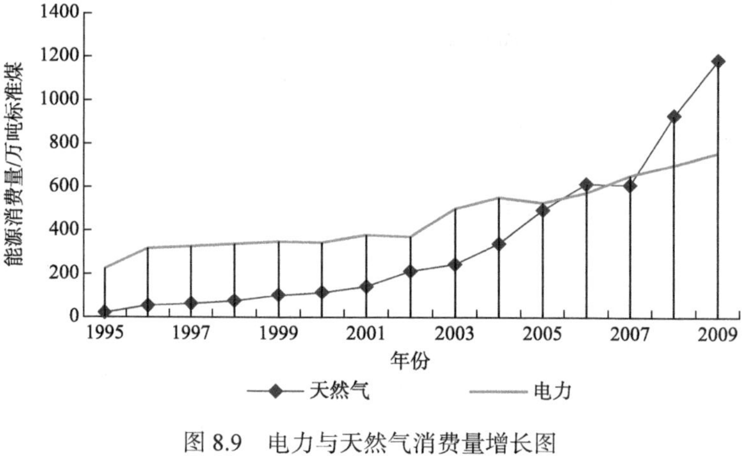

图 8.9　电力与天然气消费量增长图

资料来源：《中国统计年鉴》历年数据整理

通过将交通、仓储和邮电运输行业各种能源消耗量乘以相应的碳排放系数进行换算，交通、仓储和邮电运输行业二氧化碳排放呈逐年递增趋势。采用如下的计算公式：$CO_2=\sum_{1}^{n}E_i\times F_i\times K_i$，其中 CO_2 表示城市交通、仓储和邮电运输业的碳排放量，E_i 表示第 i 种能源消费量，F_i 表示第 i 种能源的单位换算，K_i 表示第 i 种能源的碳排放系数。自 2002 年开始，这些行业部门的碳排放增长速度开始提高，到 2009 年，达到 17 363.75 万吨。朱跃中（2001）对中国交通部门能源消耗进行模拟预测，认为到 2020 年其能源需求量在 2.35 亿~3.14 亿吨标油，是 1998 年能源消费量的 3.28~4.38 倍。事实上，2020 年交通部门能源消费量已超过这一水平，随着未来中国经济的稳定持续增长和人民生活水平的提高，中国交通运输部门的能源需求增长非常迅速，将明显快于全国能源需求增长速度。其中，城市客运的能源需求增长速度表现更为显著，主要原因在于私人交通能源需求的迅猛发展。通过合理配置资源，发展单耗低的交通模式，优化交通运输结构；提高交通工具的燃料效率，可以在满足交通运输需求的基础上，取得较好的节能效果；从分部门能源需求看，城市客运的能源需求增长要快于货运和客运部门。

交通能源消耗的快速上升必然引起城市碳排放上升。由图 8.10 可知，城市交通部门碳排放增长速度从 1998 年开始迅速上升，到 2004 年左右达到最快增速，随后开始缓慢下降。世界银行在《城市交通和气候变化》专题研究报告中以中国的 17 座城市为样本分析了人口、人口密度、人均 GDP 等特征，指出人口和收入的增加导致出行量和机动车数量增长，城市的扩张、人口密度降低使得出行距离延长，以及人们偏好机动车出行都推动了城市交通碳排放的增加。张陶新等（2011）认为城市的空间结构、交通出行结构、交通设施建设和交通运营管理是影响低碳交通的主要方面，指出了中国城市低碳交通建设面临的主要问题并提出了相应的政策建议。朱跃中（2001）发现中国交通运输部门的二氧化碳排放量要快于能源需求的增长速度，交通模式变化方案的碳排放与能源需求之间的弹性系数最小，这意味着按同样的能源需求增长率，优化交通模式可以获得较优的减排效果。分析影响城市交通碳排放的关键因素及其影响程度，成为制定城市低碳交通政策、控制城市交通碳排放的首要问题。

2. 城市空间结构与交通的关系

城市空间结构是否合理影响到城市空间利用效率水平的高低，进而影响到城市承载的人口规模大小。城市空间结构形态是否合理实质上是研究城市空间的生产能力与人口数量在不同时期的关系。建立低碳城市最重要的是空间利用结构的优化，目的是充分发挥城市空间的生产能力，降低能源消耗。人口在城市中的分布结构合理化，能够降低人口集聚造成的城市污染问题的严重性，减缓人口与环

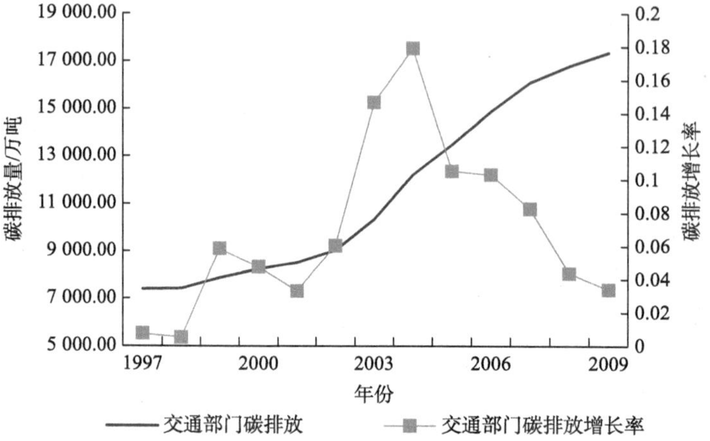

图 8.10　交通部门碳排放及其增长率

资料来源：《中国统计年鉴》历年数据整理计算

境之间的矛盾。这个过程中最重要的是城市交通系统能够满足城市客流、物流的运输，降低劳动与商品在运输过程的能源和时间消费。只有城市空间结构与城市交通系统的发展水平相互配合，城市空间承载力才能提高，即人口密度才能提高。因此，城市空间低碳化应当研究城市交通对空间结构及碳排放的影响机制。

城市区域空间结构的形成与演化是一种复杂的社会、经济和文化的整合过程。这个过程不仅包含了要素的空间聚集，而且包含了要素的空间扩散，它是空间聚集和空间扩散这两种运动形式的耦合。城市区域空间的集聚与扩散是经济和人口分布的空间动态变化倾向。要素的集聚与扩散与要素在城市空间内部的流动性高度相关。城市交通系统发达，物流运输可以将商品快捷地实现空间的转移，城市各区域的可达性较高，那么城市空间就有可能实现分散的紧凑化，充分发挥城市居住与生产功能。城市区域空间单元之间的相互联系和相互作用的主要内容是人口、资源、资金等这些要素的集聚与扩散过程，也是城市区域空间结构的形成与演变过程。要素的集聚与扩散影响城市区域空间结构的整体功能，而集聚与扩散的动力依赖于城市交通。但这一过程相当复杂，往往在集聚过程中有扩散，在扩散过程中有集聚，其主要倾向因地因时而异，并随一定条件的变化而相互转化，而且由集聚或扩散过程所引起的空间密度、形态和结构方面的具体变化也呈现出多样化（刘艳军等，2006）。集聚的发展和高度的集聚化，会导致集聚的扩散。因此，城市区域空间结构的发育程度直接受制于“集聚力”和“扩散力”。而这两种力的强弱与要素的空间流动性和可达性密切相关。

城市内部居民的出行方式、交通量和交通方式分布，可以表达为空间利用、空间分布的一个函数。在一定的社会经济条件下，交通运输技术进步在城市区域空间结构演化过程中起着关键作用，交通运输技术进步能够提高公共交通出行的便捷性和舒适度，进而提高交通运输效率和空间利用效率。城市区域空间结构演化在交通技术创新背景下，始终遵循由单一化向复杂化转变的增长方式。城市空间利用和城市交通运输系统之间的关系是一种循环的作用与反馈的关系，空间利用结构决定城市内交通运输需求，道路及交通设施的改善又反过来改变空间利用的强度和模式，其主要矛盾随城市发展阶段的不同而改变（李振福，2004a，2004b）。城市交通与空间结构演化及碳排放的复杂关系可以用图 8.11 表示。

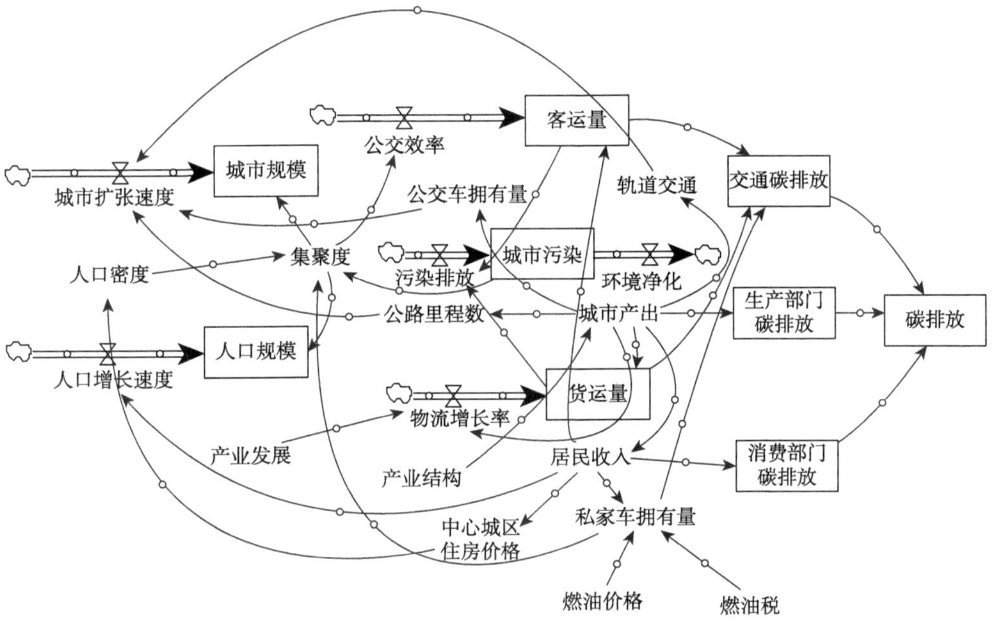

图 8.11　城市交通与空间结构反馈图

1）交通系统发展水平影响城市空间结构

城市区域空间结构变化的主要影响因素是空间地域的联系关系与作用程度，而这很大程度上取决于该地域的空间可达性。在交通技术不断创新的背景下，空间可达性随交通技术的创新而变化，在某一特定时间，交通网络的结构和功能的提升将促进城市区域空间单元之间交往的便捷程度的提高，即交通技术创新决定了区域的空间可达性。城市道路建设情况和公交车拥有量制约着城市扩张速度，增加公路建设和公交车数量可以提高城市空间的可达性，进而有利于城市空间扩张，尤其是运行较快、载客较多、污染较低的轨道交通的发展水平对城市扩张速度产生明显作用。新技术支撑下的新型交通通道牵引人口、工业向远离中心的方向与城镇发展，随着发展轴的极化及其不均匀分布，城市单中心分布格局向多中心紧凑型演变，城市人口以轴线模式以及网状模式等空间结构形式分布。随着城市区域交通网络的不断分异，主要放射线间可达性较差区域不断得到填充，地域活动的均质性逐渐形成，表现在空间形态上，极化结构、轴线结构消失，城市区域空间一体化格局日益形成。

2）城市空间结构对城市交通的影响

城市空间结构对城市交通的影响主要表现为两种，一方面，城市空间结构合理化提高城市人口承载量和城市集聚度，从而能够提高公共交通效率，即在较短的时间内完成更多的客运和货运。另一方面，城市空间结构优化可以促进城市承载的人口规模并促进城市经济增长，从而产生更多的交通运输需求，客运量和货运量都会上升，城市交通利用率上升。

3）城市交通对碳排放的影响

如图 8.11 所示，城市交通部门的碳排放主要来自客运和货运过程中产生的碳排放。城市经济增长对城市交通部门碳排放具有推动作用，经济水平越高的城市交通运输需求越大，因此交通部门碳排放也越高。其他情况相同的城市，公共交通利用率提高可以替代私家车使用量，这可以缓解城市拥堵，降低城市交通中由拥堵造成的能源消耗和碳排放。同时，公交车的能源利用率高于私家车，提高公交车利用率可以降低城市交通碳排放。

综上所述，城市空间结构的优化有利于提高城市空间的人口承载量，提高城市空间利用效率的同时，实现城市集聚经济带来的规模化经济的好处。城市集聚经济能够推动城市经济的整体发展和提高，城市政府财政收入提高，有足够的财力和物力完善城市基础设施、提高城市交通服务水平。城市交通系统的优化不仅使得人口、商品在城市各个区位之间的流动更加便捷，而且增强城市向外扩散的力量。而城市结构形态对城市交通碳排放的影响如何随城市空间人口承载量与城市交通水平的变化而变化还未得到实证的支持，因此在下一节我们通过构建城市空间结构对交通碳排放的影响模型进行计量经济学检验。

8.3.2　城市空间结构与交通碳排放关系的实证

1. 模型与方法

根据以上分析，城市交通碳排放与城市结构之间存在复杂的反馈关系。城市空间结构优化可以提高城市空间人口承载量，即人口密度提高，人口规模扩大必然带来客流、物流的上升，由此导致交通部门碳排放上升。同时，人口密度提高可以实现城市集聚经济，带来规模经济效应，促进城市经济发展，政府税收提高可以改善城市的交通系统，采用更加先进、更加节能环保的公共交通技术，通过大力发展公共交通系统、减少私家车的使用从而降低交通部门的能源消费和碳排放。由此可见，交通部门的碳排放是城市空间结构、经济发展水平、公共交通系统的一个函数：$\text{TEmission} = F(\text{structure}, \text{ecolevel}, \text{pbtrans})$，其中，structure 表示城市空间结构，ecolevel 表示城市经济发展水平，pbtrans 表示城市交通系统发展水平。由图 8.12 分析，城市交通与城市空间结构既是交通碳排放的解释变量又是其他因素的被解释变量，是城市经济系统中的内生变量。

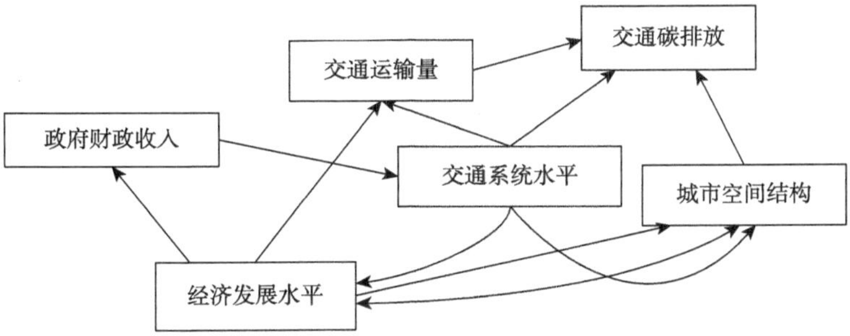

图 8.12 交通部门碳排放各因素分析图

为了检验这种复杂的反馈关系是否存在以及城市结构如何影响交通部门的碳排放，我们建立如下的检验模型：

$$\text{TEmission} = \alpha_1 + \beta_{11}X_{11} + \beta_{12}X_{12} + \cdots + \beta_{1k}X_{1k} + \gamma_{11}Z_{11} + \gamma_{12}Z_{12} + \cdots + \gamma_{1n}Z_{1n} + \varepsilon_1 \tag{8.1}$$

式中，X 表示我们主要考察的变量，包括交通碳排放、城市交通运输量、城市财政收入、城市交通系统水平、城市空间结构和城市经济发展水平；Z 表示模型中的外生变量，包括第二产业占总产出的比重、城市空间面积、城市消费需求、城市对外开放度、城市固定资产投资总额、城市人口、工业企业个数。

由于建立的模型中存在复杂的反馈关系，具有内生性问题，采用最小二乘回归方法不能体现模型中的复杂因果关系。城市交通运输量、城市财政收入、城市交通系统水平、城市空间结构和城市经济发展水平既是交通碳排放的因，也是经济系统发展的果，在回归过程中必须考虑这种复杂关系才能得到正确可信的结果。因此，可在基本的回归方程的基础上采用结构方程回归模型，将经济系统中复杂的因果关系体现在以下模型中：

$$\begin{aligned}\text{structure} = {} & \alpha_2 + \beta_{21}\text{tsystem} + \beta_{22}\text{ecolevel} + \gamma_{21}\text{industryrate} + \gamma_{22}\text{urbanarea} \\ & + \gamma_{23}\text{capital} + \gamma_{24}\text{open} + \varepsilon_2\end{aligned}$$

$$\text{tsystem} = \alpha_3 + \beta_{31}\text{gfinance} + \gamma_{31}\text{industryrate} + \gamma_{32}\text{urbanarea} + \gamma_{33}\text{capital} + \gamma_{34}\text{open} + \varepsilon_3$$

$$\begin{aligned}\text{gfinance} = {} & \alpha_4 + \beta_{41}\text{ecolevel} + \gamma_{41}\text{industryrate} + \gamma_{42}\text{urbanarea} \\ & + \gamma_{43}\text{capital} + \gamma_{44}\text{open} + \gamma_{45}\text{population} + \varepsilon_4\end{aligned}$$

$$\text{tpassager} = \alpha_5 + \beta_{51}\text{ecolevel} + \beta_{52}\text{tsystem} + \gamma_{51}\text{industryrate} + \gamma_{52}\text{urbanarea} + \gamma_{53}\text{capital} + \gamma_{54}\text{open} + \gamma_{55}\text{population} + \gamma_{56}\text{comnumber} + \varepsilon_5$$

由于每个城市的情况不同，可能存在不随时间而变化的遗漏变量，比如地理位置、资源禀赋、消费习惯等因素，因此使用固定效应（fixed effect）模型可以很好地处理这些变量对模型回归结果的影响。为了消除数据的异方差性（heteroskedasticity）对回归估计的影响，本节对面板数据采用广义最小二乘法（generalized least squares，GLS）（陈强，2010）。

2. 数据描述

根据各城市能源平衡表计算交通运输、仓储及邮电通信业的终端能源消费量。能源平衡表（energy balance sheet）是一种矩阵形式的表格，将各种原料供应、加工转换、传输损失及终端消费的数据集中在一起，直观地反映各种能源在报告期内的流向与平衡关系。终端能源消费量等于一次能源消费量减去能源加工、转化和储运这三个中间环节的损失和能源工业所用能源后的能源量。通过将交通、仓储和邮电运输业终端能源消费的各种能源实物量按照转换系数表进行相应转换，再根据每种能源的碳排放系数计算加总的碳排放量。本节所用其他数据主要来自历年《中国城市统计年鉴》，各城市能源平衡表来自《北京统计年鉴》《上海统计年鉴》《滨州统计年鉴》等各城市相关年鉴。

本节中，城市交通运输量用公共汽电车客运总数衡量（var25），财政收入用地方财政预算内收入 var9 表示，城市交通系统水平用五个指标衡量——每万人拥有的公共汽电车数量（var24）、年末实有公共营运汽电车数（var23）、年末实有出租车数（var26）、年末人均铺装道路面积（var22）、年末实有城市道路面积（var21），城市空间结构形态用人口密度（var33）衡量，城市经济发展水平用地区生产总值（var4）、地区生产总值增长率（var5）、人均地区生产总值（var6）三个指标衡量；模型中的外生变量，包括第二产业占总产出的比重（var8）、城市建成区面积（var40）、城市消费需求、城市对外开放度、城市固定资产投资额（var27）、城市人口（var32）、工业企业个数（var11），其中城市消费需求用社会消费品零售额（var15）衡量，城市对外开放度用外商投资企业个数占企业总个数的比例（open）衡量。数据的简单统计性描述如表 8.1 所示。

表 8.1　交通碳排放模型数据描述

变量		均值	标准误	最小值	最大值	观测次数
交通碳排放/万吨	整体	220.9789	353.337 4	1.029 3	1 383.254	$N = 95$
	组间		355.275 1	5.724 66	1 243.256	$n = 19$
	组内		63.229 71	−36.953 4	502.253 8	$T = 5$

续表

变量		均值	标准误	最小值	最大值	观测次数
公共汽电车客运总数/万人次	整体	75 478.05	121 278.6	850	516 516.7	$N=95$
	组间		123 237.4	1 142.2	469 249.9	$n=19$
	组内		12 935.11	−2 125.55	122 744.8	$T=5$
地区生产总值/万元	整体	2.42×10^7	3.46×10^7	513 174	1.49×10^8	$N=95$
	组间		3.44×10^7	884 230	1.20×10^8	$n=19$
	组内		8 365 789	−4 880 625	5.33×10^7	$T=5$
地区生产总值增长率/%	整体	15.868 42	6.485 066	5.3	46.45	$N=95$
	组间		5.087 493	11.088	31.238	$n=19$
	组内		4.156 306	1.890 421	31.080 42	$T=5$
人均地区生产总值/元	整体	42 527.69	20 273.14	8 568	94 173	$N=95$
	组间		18 547.57	12 228	80 429.6	$n=19$
	组内		9 034.732	25 325.89	67 723.89	$T=5$
人口密度/（人/平方公里）	整体	1 013.829	665.107 2	245.78	2 661.54	$N=95$
	组间		645.771 7	262.816	2 465.446	$n=19$
	组内		207.586 3	550.280 7	2 580.651	$T=5$
年末实有出租车数/辆	整体	11 480.14	17 918.12	206	66 646	$N=95$
	组间		18 303.36	249.8	66 646	$n=19$
	组内		549.329 3	8 299.737	13 053.74	$T=5$
固定资产投资额/万元	整体	1.02×10^7	1.35×10^7	211 358	5.20×10^7	$N=95$
	组间		1.31×10^7	436 397.4	4.33×10^7	$n=19$
	组内		4 167 933	−1 690 095	2.98×10^7	$T=5$
地方财政预算内收入/万元	整体	2 833 148	5 450 701	33 213	2.52×10^7	$N=95$
	组间		5 363 763	63 121.6	1.97×10^7	$n=19$
	组内		1 471 204	−2 914 536	8 264 528	$T=5$
第二产业占总产出比重/%	整体	49.526 74	12.073 11	23.27	72.61	$N=95$
	组间		11.766 54	26.494	69.496	$n=19$
	组内		3.633 207	34.134 74	65.910 74	$T=5$
建成区面积/平方公里	整体	300.827 3	358.708 5	25	1 350	$N=95$
	组间		365.680 7	26.4	1 275.2	$n=19$
	组内		25.292 36	225.627 3	382.707 2	$T=5$

续表

变量		均值	标准误	最小值	最大值	观测次数
社会消费品零售额/万元	整体	8 739 905	1.27×10^7	247 988	5.21×10^7	$N=95$
	组间		1.24×10^7	363 577	3.91×10^7	$n=19$
	组内		3 586 653	−3 335 614	2.21×10^7	$T=5$
城市人口/万人	整体	292.449 5	408.740 6	28.47	2 669.98	$N=95$
	组间		367.897 7	29.556	1 168.77	$n=19$
	组内		193.596 7	−143.281	1 930.009	$T=5$
外商投资企业个数的比重/%	整体	0.108 136	0.073 705	0.006 667	0.290 704	$N=95$
	组间		0.074 14	0.008 859	0.263 009	$n=19$
	组内		0.013 019	0.068 575	0.148 764	$T=5$

首先对城市交通碳排放模型中各变量的相关性进行初步考量，如表 8.2 所示。城市交通碳排放与公共汽电车客运总数、地区生产总值、人均地区生产总值、人口密度、年末实有城市道路面积、实有公共营运汽电车数、年末实有出租车数、固定资产投资、地方财政预算内收入、建成区面积、社会消费品零售额、城市对外开放度都表现出正相关的关系，与之前的理论分析一致。城市交通碳排放与年末人均铺装道路面积呈负相关关系，改善城市道路交通状况可以降低城市交通运输的资源浪费，减少交通部门二氧化碳排放。年末实有城市道路面积与地方财政预算内收入呈正相关关系，政府财政收入改善的确有助于城市交通系统整体水平的提高。城市空间结构用人口密度表示，与城市交通系统之间存在正相关关系。为了进一步研究解释变量对城市交通碳排放的影响，本书通过建立起的面板数据结构方程模型进行深入的实证研究。

8.3.3　实证结果分析

1. 混合回归

为了与面板数据模型进行比较，首先将数据作为混合数据进行回归，作为下一步回归的参照。通过引入不同的解释变量构建了四个模型，检验城市交通运输量、城市交通系统水平和城市空间结构对城市交通部门碳排放的稳健性关系。

我们采用对数线性方法构建模型并进行回归，四个模型回归结果如表 8.3 所示。结果可见，用公共汽电车客运总数表示的城市交通运输量与城市交通碳排放之间存在稳健的负相关关系。在其他解释变量不变的情况下，在 5%的置信水平下，城市公共交通运输量越大，城市交通部门的碳排放越低。这是因为城市公共交通

表 8.2　交通部门碳排放各因素相关性检验

变量	emission	var25	var4	var5	var6	var33	var21	var22	var23	var24	var26	var27	var9	var8	var40	var15	var32	open
emission	1																	
var25	0.731	1																
var4	0.8859	0.8674	1															
var5	−0.2843	−0.3072	−0.3252	1														
var6	0.6157	0.4851	0.6242	−0.2854	1													
var33	0.5401	0.3071	0.4982	−0.2541	0.5536	1												
var21	0.7502	0.735	0.8357	−0.3032	0.5218	0.4505	1											
var22	−0.0036	−0.0942	0.0739	0.0089	0.2712	0.1025	0.3096	1										
var23	0.7687	0.9687	0.9175	−0.317	0.48	0.3871	0.8001	−0.0957	1									
var24	0.5851	0.7417	0.6494	−0.2433	0.6049	0.2452	0.5398	0.0247	0.7133	1								
var26	0.6765	0.9327	0.8944	−0.2933	0.4655	0.3344	0.7606	−0.0677	0.9747	0.6947	1							
var27	0.775	0.8427	0.948	−0.309	0.5416	0.419	0.8282	−0.0221	0.9084	0.5674	0.8919	1						
var9	0.8058	0.837	0.9572	−0.2935	0.5259	0.4568	0.7012	−0.0454	0.8997	0.6098	0.8966	0.904	1					
var8	−0.3757	−0.5435	−0.3869	0.2636	−0.052	0.0749	−0.293	0.1882	−0.4749	−0.4899	−0.4354	−0.3476	−0.3648	1				
var40	0.7816	0.96	0.892	−0.3197	0.521	0.3624	0.8179	−0.101	0.9678	0.6959	0.926	0.8988	0.8198	−0.4912	1			
var15	0.8613	0.9229	0.981	−0.3296	0.6046	0.4185	0.8015	−0.002	0.9417	0.6944	0.9112	0.9383	0.94	−0.4788	0.9351	1		
var32	0.6814	0.7263	0.7421	−0.2683	0.3118	0.4311	0.7221	−0.0972	0.7976	0.4284	0.7432	0.7621	0.7141	−0.3286	0.7942	0.7456	1	
open	0.584	0.469	0.7132	−0.1209	0.5641	0.4642	0.7241	0.4444	0.5666	0.428	0.6212	0.6417	0.6375	−0.0517	0.5283	0.6233	0.4622	1

运输对私家车运输具有替代作用。城市大力发展公共交通，提高城市公交运输的便捷性能够吸引更多的人选择公共交通方式出行，提高城市交通部门能源集约利用率，降低私家车使用次数和消费的能源有利于城市交通部门实现低碳发展。

表 8.3　交通部门碳排放模型混合回归结果

变量	OLS1	OLS2	OLS3	OLS4
公共汽电车客运总数	$-5.31\times10^{-6***}$ （1.98×10^{-6}）	$-1.289\times10^{-5***}$ （3.62×10^{-6}）	$-0.000\,010\,13^{**}$ （4.38×10^{-6}）	$-8.17\times10^{-6*}$ （4.10×10^{-6}）
人口密度	0.002^{***} （0.000 7）	$0.002\,6^{***}$ （0.000 6）	$0.002\,66^{***}$ （0.000 7）	$0.002\,66^{***}$ （0.000 6）
人口密度平方项	$-6.53\times10^{-7***}$ （2.48×10^{-7}）	$-7.89\times10^{-7***}$ （2.19×10^{-7}）	$-8.00\times10^{-7***}$ （2.23×10^{-7}）	$-8.02\times10^{-7***}$ （2.07×10^{-7}）
人均地区生产总值	0.000 033 64 （2.13×10^{-5}）	$0.000\,031^{*}$ （1.88×10^{-5}）	$0.000\,042^{**}$ （2.00×10^{-5}）	$0.000\,032\,94^{*}$ （1.87×10^{-5}）
人均地区生产总值平方项	$-3.35\times10^{-10*}$ （2.08×10^{-10}）	$-3.20\times10^{-10*}$ （1.89×10^{-10}）	$-4.09\times10^{-10**}$ （2.00×10^{-10}）	$-3.13\times10^{-10*}$ （1.87×10^{-10}）
年末实有城市道路面积	$0.000\,169^{***}$ （4.96×10^{-5}）		$0.000\,09^{**}$ （4.78×10^{-5}）	0.000 038 09 （4.66×10^{-5}）
年末人均铺装道路面积	$-0.022\,4^{*}$ （0.012 1）		−0.016 1 （0.014 0）	−0.017 （0.013 0）
固定资产投资额的对数项	0.325^{***} （0.124 0）	0.308^{***} （0.100 8）	0.254^{**} （0.112 9）	-0.344^{*} （0.192 5）
地区生产总值	$3.01\times10^{-8**}$ （1.45×10^{-8}）	$3.63\times10^{-8***}$ （1.27×10^{-8}）	$3.30\times10^{-8**}$ （1.29×10^{-8}）	$2.28\times10^{-8*}$ （1.23×10^{-8}）
第二产业占总产出的比重/%	−0.044 635 2 （0.008 364 67）	−0.042 843 2 （0.007 408 5）	−0.042 990 76 （0.007 356 9）	−0.014 159 9 （0.010 348 67）
工业企业个数	$-0.000\,15^{*}$ （8.42×10^{-5}）	$-0.000\,27^{***}$ （8.001×10^{-5}）	$-0.000\,24^{***}$ （8.40×10^{-5}）	$-0.000\,199^{***}$ （7.88×10^{-5}）
对外开放程度	1.380 1 （2.353 5）	$8.091\,7^{***}$ （2.119 6）	$7.349\,9^{***}$ （2.441 2）	$6.432\,2^{***}$ （2.278 8）
城市人口	0.000 53 （0.000 3）	0.000 397 35 （0.000 3）	0.000 375 05 （0.000 3）	0.000 303 46 （0.000 3）
年末实有营运公共汽电车数		$0.000\,65^{***}$ （0.000 1）	$0.000\,515^{***}$ （0.000 1）	$0.000\,475^{***}$ （0.000 1）
年末实有出租车数		$-0.000\,132^{***}$ （2.19×10^{-5}）	$-0.000\,117^{***}$ （2.31×10^{-5}）	$-0.000\,107^{***}$ （2.16×10^{-5}）
社会零售消费品零售额的对数项				$0.851\,3^{***}$ （0.229 7）
常数项	1.377 245 4 （1.550 0）	1.301 517 （1.262 7）	2.004 882 9 （1.418 7）	−2.482 118 5 （1.788 4）
R^2	0.819 8	0.835 2	0.838 5	0.861

注：括号内为标准误

***、**、*分别表示在 1%、5%、10%的置信水平上显著

城市空间结构与城市交通部门碳排放存在稳健的倒“U”形关系。城市交通部门碳排放随着城市空间承载的人口数量先上升后下降。这表示城市空间结构在城市发展的不同阶段对城市交通部门的碳排放的影响是不同的。城市发展的初级阶段，城市人口密度逐渐提高，城市空间内部承载的人口数量显著提高，这时人口规模扩大导致对城市交通运输的需求上升。由于城市人口流动性大，变化快于城市道路、公交、基础设施等的变动。此时迅速上升的交通运输需求需要通过私家车等高耗能高排放的运输形式满足，所以人口密度提高推动下的交通运输需求的上升伴随着城市交通部门能源消费上升和碳排放上升。当城市发展到一定程度，城市政府有能力新建、扩建城市道路，增加城市公共交通方式满足城市交通运输需求。公共交通方式的日益改善提高了城市居民采用公交方式出行的意愿，更多的人选择公交、地铁等节能低碳的出行方式。此时，城市人口密度的提高有利于充分发挥城市公共交通体系集约化、低碳化的优势，降低私家车的使用量，因此表现为城市人口密度提高、城市交通部门碳排放下降。因此，城市空间结构形式的变化对城市交通部门碳排放的影响对不同的发展阶段的城市而言是不同的，应该因地制宜因城制宜，不应该走教条主义的道路。

城市交通系统水平对城市交通部门碳排放的影响随着衡量标准的改变而改变。年末实有城市道路面积衡量城市道路总体发展情况，而年末人均铺装道路面积衡量城市交通的充裕度。我们发现这两个变量表示的城市交通系统水平与城市碳排放之间的关系是不完全显著的，但是每个因素在各个模型中的作用方向是一致的。年末实有城市道路面积越多则交通部门碳排放量就越多。这表明城市道路总长度提高，新建、扩建的道路越多，由此带来的引致性交通需求上升，交通部门的碳排放上升。而年末人均铺装道路面积越多，表示城市道路的充裕度提高，个人出行可以选择更加捷径的路线，可以更快地抵达目的地，降低居民出行时间和出行消费的能源，从而实现节能减排的目的。用年末实有公共汽电车数和年末实有出租车数表示的城市交通系统对城市交通部门碳排放的影响在各个模型中都是显著且一致的。年末实有公共汽电车数表示城市公共交通运输整体规模水平，汽电车数量越多意味着城市交通运输整体规模越大，城市交通运输碳排放的规模水平越大，带来的碳排放越多。而城市出租车数量表示城市交通的结构效应，发展城市出租车替代城市私家车，可以提高城市出租车利用率降低私家车的使用，这种替代效应明显有利于降低城市交通部门碳排放。

由此可见，城市交通系统的改善可以降低居民出行的通勤距离和通勤时间，实现节能减排；积极推行公共交通方式，比如公交车、地铁、出租车等方式替代私家车出行，可以实现交通能源的集约化利用，降低交通部门碳排放。

2. 面板模型

采用固定效应模型排除每个城市不随时间而变的特定因素对模型的影响，同时采用广义最小二乘法可以消除数据异方差的影响，提高回归结果的有效性，结果如表 8.4 所示。由此发现城市交通系统对城市交通部门碳排放具有显著影响，当其他条件不变时，公共汽电车客运总数提高 1% 可以使交通部门碳排放总量下降 0.385%。交通系统改善通过两个渠道对交通部门碳排放产生影响。一个渠道是公路、交通设施等改善使得引致性交通需求上升，愿意出行的人口数量上升，使得交通碳排放上升，因此年末公共营运汽电车数上升 1%，交通运输部门碳排放最低上升 0.748%，最高上升 1.456%；与此同时，交通系统的改善使得居民出行时可以选择更加快捷的出行线路和出行方式，由此降低居民、商品在运输中的能源消耗。用公共交通方式替代私家车出行，达到结构改善的效果，降低交通运输部门的碳排放，因此，出租车和每万人拥有的公共汽电车数上升降低交通部门的碳排放。其他条件不变，年末实有出租车数上升 10%可以降低 5.7%的交通部门碳排放总量，每万人拥有的公共汽电车数量上升 10%能够降低交通部门碳排放达到 4%。

表 8.4　交通部门碳排放模型面板数据回归结果

变量	GLS1	GLS2	GLS3	GLS4
公共汽电车客运总数的对数	-0.385^{***}	-0.31^{***}	-0.348^{***}	-0.375^{***}
人口密度	0.002^{***}	0.002^{***}	0.002^{***}	0.002^{***}
人口密度的平方项	$-6.63\times10^{-7***}$	$-6.46\times10^{-7***}$	$-6.86\times10^{-7***}$	$-6.53\times10^{-7***}$
人均地区生产总值	1.595×10^{-5}	5.11×10^{-6}	2.234×10^{-5}	$1.65\times10^{-5*}$
人均地区生产总值的平方项	-1.49×10^{-11}	5.67×10^{-11}	-4.45×10^{-11}	
社会消费品零售额的对数	1.926^{***}	1.370^{***}	1.272^{***}	1.405^{***}
年末实有城市道路面积的对数	0.128 281 5			
年末人均铺装道路面积的对数	0.089 123 9	0.085 247		
年末公共营运汽电车数的对数	0.748^{***}	1.0961^{***}	1.456^{***}	1.429^{***}
固定资产投资额的对数	-0.330^{*}	-0.577^{***}	-0.653^{***}	-0.640^{***}
地区生产总值的对数	-1.284^{***}	−0.301	−0.306 169	−0.287 11
第二产业比重	0.209 273 6	−0.052 861	−0.166 557	
工业企业个数的对数	0.060 250 9	0.024 077	0.041 638 5	
实际利用外资额的对数	−0.007 249	0.022 468 8	0.042 807 7	
城市人口的对数	0.069 703 3	0.176 648 1	0.037 254 7	
年末实有出租车数的对数		-0.555^{***}	-0.586^{***}	-0.571^{***}

续表

变量	GLS1	GLS2	GLS3	GLS4
每万人拥有的公共汽电车数量对数			−0.409 193	−0.362 73
常数项	−2.845 469	−3.382 29	−1.192 603	−3.107 49

***、*分别表示在 1%、10%的置信水平上显著

为了验证交通系统改善对城市空间结构的影响，我们建立了三个回归模型，通过引入不同的因素考察城市道路交通系统的规模与结构改变对城市空间结构的影响。采用广义最小二乘法消除异方差对回归结果的影响之后，回归结果如表 8.5 所示。人均地区生产总值提高会产生集聚的吸引力，使得人口更多地向城市集中，提高城市空间利用率和人口承载量。而用每万人拥有的公共汽电车数量与年末实有公共营运汽电车数衡量的城市交通系统对城市空间结构的影响是显著且稳定的。每万人拥有的公共汽电车数量和年末实有出租车数上升可以改变城市空间可达性，使城市空间结构趋于合理化。由于城市公共交通改善，居民可以通过公共交通便捷地实现城市区位之间的转移。城市空间各区位的可达性提高，居民不必选择在市中心交通网络密集的区域定居，更多的居民可以选择远离市中心的区域生活和工作，因此城市空间蔓延，城市中心区人口密度降低。政府通过增开公交线路，购买更多的公交汽车用于增加公交车班次，城市公交车数量上升的同时，城市公共交通的便捷性提高，有助于城市人口、商品在空间中更快地流动。这种便捷性的提高可以降低城市经济交易成本，促进经济发展。城市经济发展、地区生产总值增长能够吸纳更多的劳动力人口，由此促使城市空间承载量上升，人口密度提高。城市每万人拥有的公共汽电车数量上升 10%可以使城市人口密度降低约 8%到 13%，城市年末实有公共营运汽电车数量上升 10%可以使城市人口密度降低 6.8%到 11.5%，这种影响在三个模型中非常显著。

表 8.5　交通系统发展与城市空间结构演变模型回归结果

人口密度的对数	GLS5	GLS6	GLS7
人均地区生产总值	$1.82\times10^{-5***}$ （4.42×10^{-6}）	$1.82\times10^{-5***}$ （4.89×10^{-6}）	$1.99\times10^{-5***}$ （4.40×10^{-6}）
社会消费品零售额对数	-0.462^{***} （0.140）	-0.456^{***} （0.149）	-0.645^{***} （0.140）
每万人拥有的公共汽电车数量（对数）	-0.803^{***} （0.175）	-1.28^{***} （0.505）	-1.197^{***} （0.454）
年末实有公共营运汽电车数（对数）	0.68^{***} （0.169）	1.15^{**} （0.487）	1.098^{**} （0.437）
年末实有出租汽车数（对数）	-0.27^{***} （0.104）	-0.268^{***} （0.105）	-0.26^{***} （0.094）

续表

人口密度的对数	GLS5	GLS6	GLS7
固定资产投资额（对数）	−0.29** （0.133）	−0.278** （0.134）	−0.33*** （0.122）
地区生产总值（对数）	0.59*** （0.210）	0.598** （0.273）	0.567** （0.247）
年末实有城市道路面积（对数）		−0.512 48 （0.475）	−0.371 85 （0.430）
年末人均铺装道路面积（对数）		0.472 498 （0.464）	0.307 86 （0.419）
当年实际使用外资金额（对数）			0.147*** （0.047）
常数项	6.823 635 （1.205）	6.680 332 （1.608）	8.719 261 （1.577）

注：括号内为标准误

***、**分别表示在 1%、5%的置信水平上显著

城市交通系统的改善是内生于城市经济系统的，随着城市经济发展、产出增长而改善。为了揭示城市空间结构、城市交通、交通碳排放之间的复杂反馈关系，我们需要进一步分析城市交通系统改善的机制。五个指标从不同的方面反映城市交通系统的变动情况。如表 8.6 所示，实证结果表明城市经济发展，地区生产总值上升、地区生产总值增长速度变快、地方政府财政收入增加都会使城市道路交通状况改善。人均地区生产总值上升，使得家庭财富增长，有能力购买私家车，取代乘坐地铁、公交、出租车等公共交通方式。因此，人均地区生产总值增长会减少公交出行需求，使公共营运汽电车和出租车数量下降。城市经济发展促进经济增长，地方政府预算内收入上升，政府有足够的财力改善城市交通状况。地方政府预算内收入上升 10%，每万人拥有的公共汽电车数量上升 6.33%，年末实有城市道路面积上升 2.59%，年末人均铺装道路面积上升 2.7%，年末实有公共营运汽电车数上升 6.7%，年末实有出租车数增长 8.09%。可见，城市交通系统是城市经济系统的内生因素，随着城市经济发展而改善；城市交通系统改善又反作用于城市经济系统，通过改变城市空间结构，提高城市空间人口承载量和空间利用效率，作用于经济系统，同时影响城市交通碳排放。

表 8.6　交通系统发展影响因素分析模型

变量	每万人拥有的公共汽电车数	年末实有城市道路面积	年末人均铺装道路面积	年末实有公共营运汽电车数	年末实有出租车数
人均地区生产总值	6.92×10^{-6}** （2.81×10^{-6}）	-1.1×10^{-5}*** （2.47×10^{-6}）	2.01×10^{-6} （3.18×10^{-6}）	−0.074** （3.32×10^{-6}）	−0.009 99** （4.24×10^{-6}）
社会消费品零售额对数	0.24** （0.117）	−0.270*** （0.103）	−0.346*** （0.132）	0.258* （0.138）	−0.112 9 （0.176）

续表

变量	每万人拥有的公共汽电车数	年末实有城市道路面积	年末人均铺装道路面积	年末实有公共营运汽电车数	年末实有出租车数
固定资产投资额对数	−0.251** (0.101)	0.180** (0.089)	−0.033 (0.114)	−0.060 (0.119)	−0.513*** (0.152)
地区生产总值对数	0.340** (0.167)	1.369*** (0.147)	1.147*** (0.188)	0.091 (0.197)	0.573** (0.251)
地区生产总值增长率	0.018*** (0.007)	0.012** (0.006)	0.022*** (0.008)	0.008 8 (0.008)	−0.010 6 (0.010)
地方财政预算内收入对数	0.633*** (0.110)	0.259*** (0.097)	0.27** (0.124)	0.67*** (0.130)	0.809*** (0.166)
当年实际利用外资额对数	−0.071* (0.043)	−0.049 (0.037)	−0.011 (0.048)	−0.091* (0.050)	−0.066 36 (0.064)
城市人口对数	−0.158* (0.078)	−0.009 8 (0.069)	−0.501*** (0.089)	0.360*** (0.093)	0.314*** (0.118)
常数项	0.217 (0.913)	−8.779*** (0.803)	−4.53*** (1.032)	−3.894*** (1.080)	−2.559* (1.379)

注：括号内为标准误

***、**、*分别表示在 1%、5%、10%的置信水平上显著

从以上分析可以看出，城市公共交通基础设施系统可以保障城市功能的正常运转，而且对提高城市的整体环境质量和综合竞争力来说起着极其重要的作用。合理规划城市交通基础设施能积极有效地引导城市功能的发挥，反之，交通系统与城市经济发展不同步，要么会造成城市有限建设资金的浪费，要么会制约城市进一步发展。交通运输方式的不断改变对现代城市空间结构形成了重要影响。公共汽电车客运总数提高 1%可以使交通部门碳排放总量下降 0.385%。优化交通模式对未来中国交通运输系统，特别是城市客运的能源需求起着非常积极的作用。交通系统改善通过两个渠道对交通部门碳排放产生影响。一个渠道是公路、交通设施等改善使得引致性交通需求上升，愿意出行的人口数量上升，使得交通碳排放上升，因此年末公共营运汽电车数量上升 1%，交通运输部门碳排放最低上升 0.748%最高上升 1.456%；与此同时，交通系统的改善使得居民出行时可以选择更加快捷的出行线路和出行方式，由此降低居民、商品在运输中的能源消耗。因此，城市公共交通系统优化可以促进紧凑型城市空间结构的形成，尤其是在特大城市积极推广地铁、轻轨等轨道交通体系，开辟自行车专用道，不仅可以解决城市交通堵塞的弊端，还可以降低燃料需求。同时，城市公共交通设施的改善能够促进人口分布合理化，提高城市空间利用率。

8.4　城市空间结构、产业结构与工业碳排放

8.4.1　产业结构演变与能源消费

经济增长中的结构主义观点认为，经济结构（主要指产业结构）随经济增长而变动，并且反过来作用于经济增长。产业结构演进是一个资源配置并追求经济总体水平提高的过程（林毅夫，2003），麦迪森（1997）的实证分析也证明了结构变化是经济增长的一个重要的独立源泉。由于各部门生产率的水平和增长率具有系统差别，因此当投入要素从低生产率或生产率增长慢的部门向高生产率或生产率增长快的部门转移时，资源在各部门之间优化配置，促进总生产率增长，而总生产率增长率超过各部门生产率增长率加权和的余额就是结构变化对生产率增长的贡献，也即“结构红利”。这一假说的基本思想较早反映在克拉克和库兹涅茨等关于经济发展和产业结构关系的研究成果中，并继而成为增长核算文献的一个分析重点（Maddison，1987）。

产业结构是指各产业的构成及各产业之间的联系和比例关系。在现代经济发展中，由于分工越来越细，所以产业结构日趋细化。产业结构受到各种因素的影响和制约，会在增长速度、就业人数、经济总量中的比重、对经济增长的推动作用等方面表现出很大的差异。因此，把包括产业的构成、各产业之间的相互关系在内的结构特征概括为产业结构。产业结构变动的原因主要有两个方面。首先，各个产业技术进步、技术创新速度不同导致产业之间增长速度、资本积累速度不同。各产业技术进步速度不同并且在技术要求和技术吸收能力上的巨大差异导致各产业增长速度的较大差异，从而引起各个产业在不同时期占国内经济总产出的比重不同，导致产业结构发生变化。其次，随着资本供给、市场需求、技术进步的变化，政府在不同时期支持的主导产业有所不同，主导产业及其相关产业的更迭导致产业结构发生变化，这种变化属于政策主导和推动的变化。在经济发展的不同阶段需要由不同的主导产业来推动国家经济的发展，伴随着经济发展的主导产业更替直接影响到一国的生产和消费的方方面面，从根本上对一国产业结构造成巨大冲击。因此，产业结构演进是一个经济增长对技术创新的吸收以及主导产业经济部门依次更替的过程（Rostow，1962）。

随着产业生产技术的更替，产业结构对能源消费与能源利用效率的影响越来越大。“结构红利假说”首先对这种现象进行了理论分析，其基本思想源于刘易斯的二元经济模型。不同类型的产业之间由于生产率水平和增长速度存在系统差别，

相同的投入要素在不同的产业边际回报差距较大。当能源要素从低生产率或者生产率增长较慢的部门向高生产率或者生产率增长较快的部门转移时，就会促进由各部门组成的经济体的总能源效率提高。世界能源委员会把“能源效率”定义为：减少提供同等能源服务的资本投入，一个国家的综合能源效率指标是增加单位 GDP 的能源需求，即单位产值能耗。能源效率分为能源经济效率和能源技术效率。能源经济效率是把能源作为燃料和动力时，能源投入与最终生产成果之比；而能源技术效率是指将煤炭、原油等初级燃料提炼、转化成为汽油、液化气、焦炭等更高级燃料过程中生产工艺改进带来的经济利益。在经济研究中对能源效率的考察和测度都是针对能源经济效率的。

在三次产业中，由于经济生产过程的性质及产品特点等不同，不同产业生产同等产值所需的能源消耗不同，其中第二产业的能耗高于其他两个产业，而第二产业中，重工业的能耗又远远高于轻工业。因此，第二产业所占的比例，乃至其中重工业所占的比例对一个国家的能源利用效率有非常重要的影响。史丹和张金隆（2003）研究发现产业结构变动对能源消费强度的影响是存在的，而且产业结构变动对不同类型的能源消费强度的影响是不同的。石油消费强度的结构因素多于煤炭，而且各结构因素的影响程度也不同于煤炭，电力消费强度的变动与所有的结构因素都是相关的。就结构变动的影响程度来看，第一产业比重的下降，对降低综合能源消费强度、煤炭消费强度、电力消费强度的作用远远大于第三产业和第二产业比重上升对能源消费强度的提升。对于石油消费强度和电力消费强度的影响作用最强的产业分别是第二产业和第三产业，因此，第二产业和第三产业的发展将直接拉动中国石油和电力消费强度的增长。1978 年以来，中国工业经济结构发生了显著变化（图 8.13）。从三次产业结构来看，第一产业比重连续下降，第二产业和第三产业比重持续上升，第三产业比重在 1994 年超过第二产业比重。随着改革推进，重工业部门比重一度迅速降到 50%以下，轻工业部门比重在 1981 年和 1982 年超过了重工业部门比重。此后，两大部门在不断增长的基础上，其比重呈现出此消彼长的波动状态。从 1990 年初开始，轻工业部门在工业总产值中的比重又呈现上升趋势。图 8.14 研究了能源强度和第二产业的变动情况。

8.4.2　城市空间结构演变与产业结构升级的反馈关系

城市空间结构与产业结构之间存在复杂的互动反馈关系。早在 19 世纪 60 年代阿隆索的级差地租理论就对二者的关系进行了初步探索，他发现城市空间结构演化是市场竞争的结果。由于城市土地收益存在级差，各类空间经济要素向心集聚产生集聚经济。集聚经济效益是城市空间利用结构形成的根本动力，城市不同

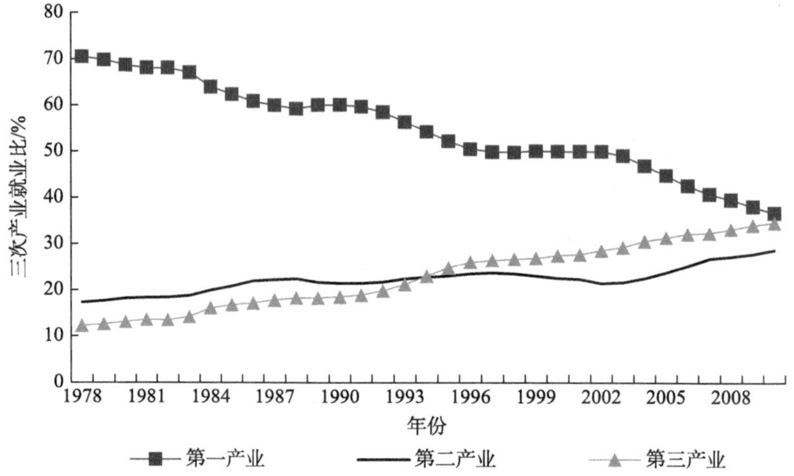

图 8.13　城市产业结构演变图

资料来源：《中国统计年鉴》历年数据整理

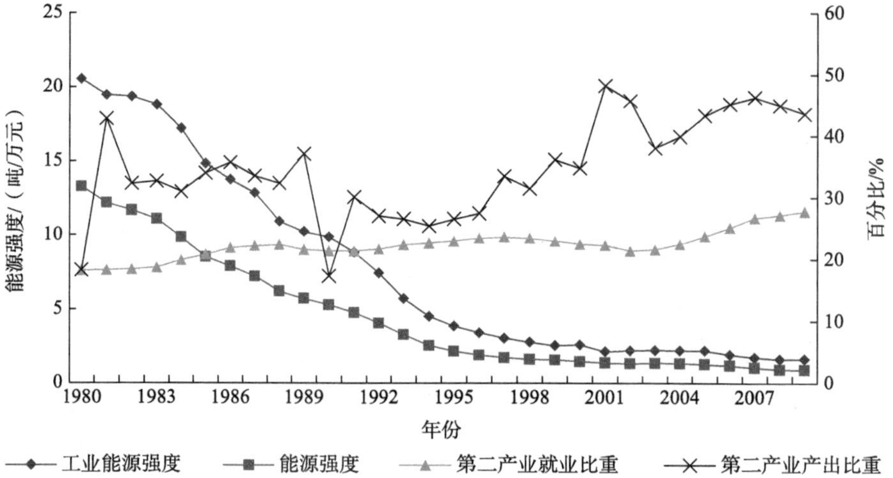

图 8.14　能源消耗与产业结构变动

资料来源：《中国统计年鉴》历年数据整理

部位集聚效应的变化，必然会导致厂商、居民选址的变化，并影响城市空间有效利用与空间布局的变化，使得城市空间结构表现出内部调整和外部扩展的现象。市场调配资源的规则是价高者得，土地市场也不例外，将不同区位的土地分配给出价最高的产业。按市场均衡原理，城市核心区收益最高，地租也最高，从城市核心区向郊区，空间收益越来越低。因此，边际产值较高的产业才能在核心区布局，一般来说服务业尤其是金融业收益最高，往往位于城市中心黄金地段，第二产业次之，第一产业最低，位于城市最外围。

城市空间结构是城市发展过程中经济、社会、文化等因素共同作用形成的，而城市经济规模与结构变动是推动城市空间结构演变的重要动力。在现代工业生产制度下，产业发展是城市经济发展的基础，任何城市的经济增长都需要其主导性支柱产业的带动。城市经济的可持续发展最关键的是其主导产业的可持续发展。支柱性产业随着城市经济发展的不同阶段而变化，这种变化就形成城市产业结构的演变升级。城市产业结构的调整直接决定了城市经济的功能，进而对城市空间结构产生影响。

同时，城市产业结构的发展必然推动空间利用结构的调整。支柱性产业在城市经济系统中处于带头地位，其产出份额和技术水平直接决定了城市现在和未来的发展水平。支柱性产业的上下游关联度一般而言比较大，具有较强的连锁效应。这种连锁效应主要通过三种方式带动或影响其他产业的发展：一是“前瞻效应”，作为一个城市的支柱性产业，政府和企业都会积极投入大量研发费用促进产业技术创新和工艺升级，因此对新产业、新技术、新材料和新能源的诞生具有极强的诱导力，同时，支柱性产业产品升级也会为其下游产业创造机会；二是“回顾效应”，即支柱性产业的规模扩张对其上游产业形成带动作用，支柱性产业工艺升级对其原材料供应部门产生新的要求，一定程度上刺激这些产业和部门的技术创新；三是通过“技术扩散”效应影响其他产业的发展，支柱性产业的一些技术创新往往具有较广的应用范围，通过技术扩散效应带动其他产业和部门的技术升级。因此，支柱性产业对其他产业具有较强的空间吸引力和集聚力，在支柱性产业周围往往集中分布着各种相关联的企业，其空间区位的迁移会引起其他产业随之迁移，从而改变城市空间结构。产业结构与空间利用结构具有相互制约的密切耦合关系，产业结构在一定程度上决定了空间利用的功能和性质，而空间利用结构和利用效率反作用于城市产业要素的集聚，甚至影响着城市产业空间布局路径。

基于 Krugman（1991）建立的核心–边缘结构分析框架，各学者分析了产业结构的调整对城市空间结构的影响。Fujita 和 Krugman（1995）研究了工业品的差异程度和工业就业人口数量对城市空间结构的影响，他们认为，如果工业品差异化程度很高且工业就业人口不多，那么循环累积因果效应产生的集聚力就大于农民分散所产生的分散力，所有工业品都集中在一个中心地区生产，由此形成中心–边缘模型；相反，如果工业品差异化程度很低且工业就业人口很多，那么循环累积因果效应产生的集聚力就小于市场拥挤效应产生的分散力，企业将到离中心地区较远的地方设厂，进而打破中心–边缘模型。产业结构调整和由此引起的人口由农业类型向工业及后工业类型的转化，是城市化进程的主要特征，也是城市物质形态演变的主要原因和促进城市发展的真正动力。空间利用是联系产业结构和空间结构的基本纽带。城市产业结构的调整必然会带来空间利用结构的调整，与此同时用地结构的不断调整也促进了城市空间结构的优化。

产业结构与空间利用结构是相辅相成的，两者存在着对应关系，两者的发展变化反映出城市空间结构的变化，进而反映出社会的发展程度。中国学者对城市产业结构与空间利用结构关系的研究取得了一定的成果。徐萍等（2004）对南京空间利用结构与产业结构关系进行了定性和定量研究。由图 8.15 可知，工业产值比重与工业用地之间存在明显的正向关系，工业产值比随着工业用地比重的提高而提高，空间结构变化也可以引起产业结构变动。产业结构与城市空间结构之间存在天然的联系，空间作为工业生产的载体和投入要素，能够促进工业生产增长；工业产出增长及产业结构调整又会对城市空间布局产生影响。

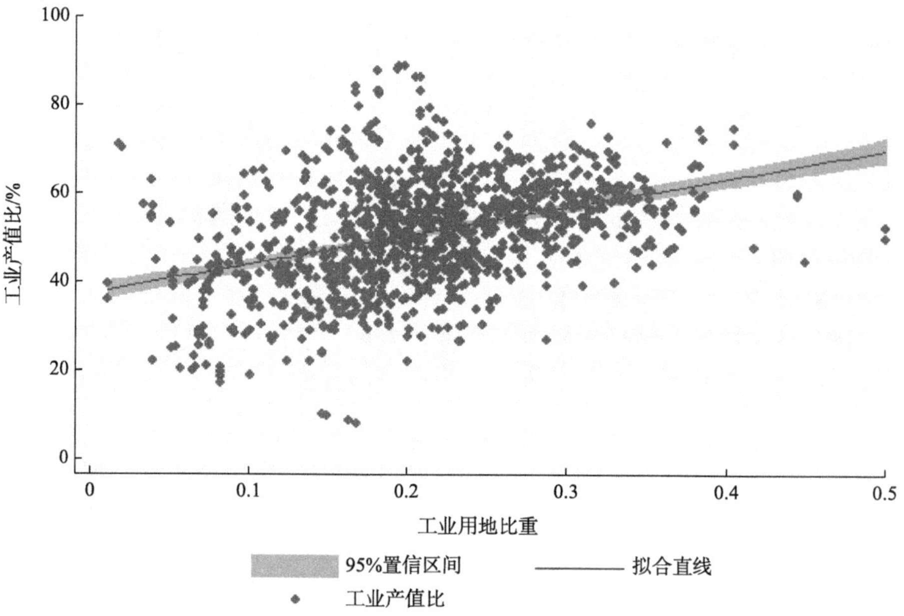

图 8.15　城市空间结构与工业产出

资料来源：《中国城市年鉴》历年数据整理

城市空间利用结构与城市产业结构有着直接的关系，城市经济发展的过程就是产业结构不断调整、优化的过程，如果城市空间利用结构长期不合理，并且僵化不动，就会阻碍城市生产力合理布局，从而阻碍城市经济的发展。通过对空间利用结构的分析，可以了解空间利用结构是否与需求结构相吻合；了解现有的利用结构是否与产业结构相适应。目前，中国城市在城市化与经济增长推动下正处于高速发展阶段，产业结构与空间形态处于不断调整时期，产业结构与空间利用结构的矛盾日益突出，研究二者的关系及变化规律、产业结构调整与城市用地结构优化配置对降低城市能源消耗和建立低碳城市具有积极的意义。城市发展的历史表明，城市发展的过程就是城市产业结构优化和城市空间合理利用相结合的过程，也就是说城市空间合理利用与优化产业结构是一个问题的两个方面，在城市发展中都应得到高度重视。城市产业的选址与功能分区、城市用地的置换和结构调整、城市产业结构的协调化和高度化、城市产业的可持续发展等都影响着城市空间利用结构及能源利用效率。同时，城市空间利用结构一定程度上决定着城市产业布局，进而决定着产业的规模及效益，合理的空间利用将推进城市产业结构优化升级，同时有利于节能减排；不合理的空间利用则阻碍产业结构优化进程，导致资源浪费、能源消耗上升。由图 8.16 可知，工业用地比重上升同时工业碳排放量上升，二者之间具有线性关系，工业用地比重上升速度小于工业碳排放上升速度，城市空间结构变动的同时碳排放在快速上升。空间利用结构是空间资源配置的具体形式，既是城市多种功能在空间上的反映，也是一定的经济结构和生产结构（产业结构）在空间分布上的反映。空间结构合理化一方面有利于城市产业结构升级，另一方面可以提高经济系统投入产出效率，节约能源，降低温室气体排放。空间利用结构是评价一定区域空间利用是否合理的重要指标，合理的空间利用结构是促进土地可持续利用的前提。深入研究空间利用与宏观经济的关系，特别是空间利用对产业结构的影响及作用机制，对于实现城市空间结构与产业结构同步优化，以及促进城市能源优化配置、提高空间集约利用水平、实现节能减排等具有重要意义。

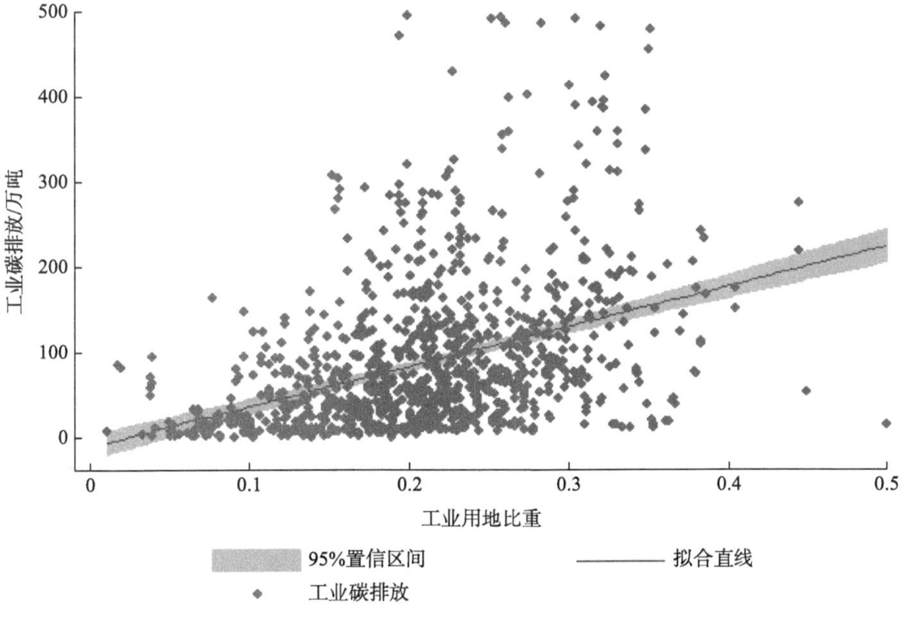

图 8.16　城市空间结构与碳排放

资料来源：《中国统计年鉴》历年数据整理

8.4.3 城市空间结构、产业结构与工业碳排放的实证研究

1. 模型假设与估计方法

由前述内容可知，城市空间结构是城市人口分布形态的表示，可以通过城市功能区域板块的空间规模比例来衡量。城市空间结构不仅是城市产业结构变化过程中城市功能区的空间分布，而且城市空间结构会影响城市产业结构和经济系统运行效率。而已经有大量研究表明，城市产业结构优化和升级会提高城市能源利用效率，在经济增长的同时，城市的能源弹性降低。由此，城市空间结构必然通过城市产业结构作用于城市能源消费进而影响城市工业碳排放。如图 8.16 所示，工业碳排放与工业用地比重呈显著的正相关线性关系，工业碳排放的差异随着工业用地比重增长而扩大，说明不同城市空间结构对工业碳排放的影响作用机制可能存在差异，现有的研究还没有对这种机制进行深入的量化研究。揭示城市空间结构与城市产业结构对城市工业碳排放的作用机制对节能减排、建立低碳城市至关重要。

由于城市空间结构与城市产业处于动态变化中，二者相互影响制约城市经济系统能源消费效率。为了刻画这种动态过程，我们采用动态面板回归模型。由于城市发展过程中存在路径依赖现象，过去的发展中形成的产业结构、经济规模会影响现在和未来产业结构的调整方向和调整速度。企业的生产方式和家庭的消费习惯会受到过去的方式和习惯的惯性影响，它们的当前决策取决于过去的行为。因此，城市能源消费结构和工业产出能源消费弹性会受到前期形成的产业结构和城市结构作用。我们在面板模型中将被解释变量的滞后值作为解释变量之一，构建动态面板数据模型（dynamic panel data model）。

$$\text{inds2em}_t = \alpha + \beta \cdot \text{urbanstru}_t + \rho \cdot \text{inds2em}_{t-1} + \tau \cdot \text{indstru}_t + \gamma \cdot Z_t + \varepsilon_t \tag{8.2}$$

式中，inds2em_t 表示第 t 期的工业二氧化碳排放；urbanstru_t 表示第 t 期的城市空间结构；Z_t 表示其他控制变量在第 t 期的取值；indstru_t 表示第 t 期城市产业结构。首先对模型进行一阶差分以消去不随时间而变的遗漏因素对回归结果的影响，比如城市的地理位置（东部、中部、西部）等因素不会随时间变化，但是又对城市空间结构和产业结构形成影响，通过差分可以消除这些固定效应的影响。

$$\Delta\text{inds2em}_t = \alpha + \beta \cdot \Delta\text{urbanstru}_t + \rho \cdot \Delta\text{inds2em}_{t-1} + \gamma \cdot \Delta Z_t + \Delta\varepsilon_t \tag{8.3}$$

由于inds2em_i，$t-1$ 与 $\varepsilon_{i,\ t-1}$ 相关，因此 $\Delta\text{inds2em}_{t-1}$ 与 $\Delta\varepsilon_t$ 相关，$\Delta\text{inds2em}_{t-1}$ 是一个内生变量，需要寻找适当的工具变量才能得到一致估计。Arellano 和 Bond（1991）提出使用所有可能的滞后变量作为工具变量进行广义矩估计（generalized method of moments，GMM），因此这一方法也称为“差分 GMM”（difference GMM）。

由于城市产业发展都是在现有的空间结构下进行，企业在前期形成的空间结构下做出区位和投资决策，因此，城市空间结构对产业结构的作用具有滞后性。此外，由于空间结构调整具有刚性，短期内不会发生巨大的变化，城市空间结构演变是一个逐渐积累过程。为了验证城市产业结构与城市空间结构的关系，解释空间结构对产业结构的作用，我们建立如下模型：

$$\text{indstru}_t = \theta + \theta_1 \cdot \text{urbanstru}_{t-1} + \theta_2 \cdot X_t + \epsilon_t \tag{8.4}$$

式中，indstru_t 表示第 t 期的产业结构，如果 θ_1 是显著的，则表示当期的产业结构受到前期城市空间结构的影响。

2. 数据描述

本节的数据（表 8.7）主要来自历年《中国城市统计年鉴》和《中国城市建设统计年报》。工业碳排放数据根据工业用电量乘以碳排放转换系数计算整理得到。这里用工业用地占城市建设用地的比重表示城市空间结构。通过初步的数据统计分析，发现平均而言城市工业用地占城市建设用地的 21.3%，第二产业产值约占地区总产出的 51.27%，平均每个城市的工业碳排放达到 110 万吨。平均而言，工业用地大约为 16.9 平方公里，而城市建设用地高达 74.5 平方公里。

表 8.7　工业结构、空间结构与工业碳排放模型数据描述

变量	项目	均值	标准误	最小值	最大值	样本数
工业碳排放/万吨	整体	110.039 5	157.749 5	0.788 657	1 422.479	$N=1135$
	组间		153.967 6	2.073 267	1 283.269	$n=227$
	组内		35.531 59	−137.956	510.729 7	$T=5$
工业区面积占建成区面积比	整体	0.213 004	0.078 217	0.011 208	0.8	$N=1135$
	组间		0.071 207	0.039 076	0.405 532	$n=227$
	组内		0.032 639	−0.120 72	0.629 278	$T=5$
第二产业占总产出比重	整体	51.277 04	12.281 36	8.05	88.99	$N=1135$
	组间		11.842 67	11.714	87.636	$n=227$
	组内		3.328 299	36.437 04	71.637 04	$T=5$
固定资产投资总额/万元	整体	1 493 448	1 804 378	50 214	14 800 000	$N=1135$
	组间		1 673 663	98 757.8	9 655 373	$n=227$
	组内		681 552.5	−3 224 295	8 361 336	$T=5$
城市人口/万人	整体	63.484 75	56.975 5	8.67	499.3	$N=1135$
	组间		55.164 05	8.78	489.064	$n=227$
	组内		14.624 27	−23.399 3	374.570 8	$T=5$

续表

变量	项目	均值	标准误	最小值	最大值	样本数
人口密度/（人/千米^2）	整体	1 079.044	1 083.192	13	14 052.41	$N = 1135$
	组间		962.249 7	13.276	6 151.796	$n = 227$
	组内		500.647	−4 173.32	8 979.658	$T = 5$
城市建设用地/平方公里	整体	74.529 29	84.930 85	0.04	1 065.35	$N = 1135$
	组间		80.549 61	3.21	774.51	$n = 227$
	组内		27.347 69	−578.861	365.369 3	$T = 5$
工业用地面积/平方公里	整体	16.912 46	24.244 9	0.02	303.82	$N = 1135$
	组间		23.510 01	0.234	273.986	$n = 227$
	组内		6.086 415	−120.49	70.530 46	$T = 5$
对外交通用地面积/平方公里	整体	3.6258 69	4.597 953	0.01	60.65	$N = 1135$
	组间		4.332 675	0.11	38.73	$n = 227$
	组内		1.560 551	−26.424 1	25.545 87	$T = 5$

3. 实证结果分析

1）城市产业结构、空间结构对工业碳排放的影响

空间在城市各种功能分布之间的分配比例关系形成了城市空间利用结构，空间利用结构合理与否，对于城市空间结构优化影响很大。在动态面板模型中，工业碳排放滞后一期项对当期工业碳排放的作用非常显著。城市工业碳排放随前期工业碳排放的增长而增长，前期工业碳排放增长 10% 会引致当期工业碳排放增长 6.8%到 7.44%。城市空间结构与产业结构也对城市工业碳排放产生显著影响，尤其是产业结构长期影响更加明显。城市经济发展过程中，当期产业结构中第二产业比重提高一个百分点会引起城市工业碳排放增长 1.7%到 3%，而前期的产业结构对当期的工业碳排放作用大于当期产业结构的作用。在其他条件不变时，前期第二产业比重提高 1 个百分点会引致当期工业碳排放提高 6%。这充分证明，城市产业结构变动之后城市空间结构未能及时调整的情况下会导致城市经济系统能源消耗上升，碳排放上升。

另外，如果城市工业产出比重和地区生产总值都不发生变化，城市政府盲目追求城市工业园区建设，不合理地过度扩张工业用地所占的城市空间，会导致城市工业部门碳排放上升。实证结果显示（表 8.8），空间结构调整对工业碳排放的滞后影响作用不显著，这说明空间结构调整往往慢于经济结构的调整速度，这种滞后性也反映在对工业碳排放的影响方面。在中国许多城市，空间利用结构不合理制约着城市空间经济要素的合理布局，也造成城市资源分配不合理、能源未能

有效利用、碳排放上升。这种城市空间结构的扭曲，与城市产业结构的扭曲互为表里，互相影响，共同制约城市工业能耗和二氧化碳排放。

表 8.8　城市产业结构、空间结构对工业碳排放的影响

变量	模型Ⅰ	模型Ⅱ	模型Ⅲ
工业碳排放滞后项			
L1.	0.68*** (0.266)	0.677*** (0.266)	0.744** (0.364)
L2.	0.073 (0.074 9)	0.071 (0.074 9)	−0.024 (0.092)
工业用地面积	0.057* (0.032)	0.056* (0.032 5)	
L1.	0.002 2 (0.004 25)	0.002 3 (0.004 37)	
第二产业占总产出比重	0.032 9* (0.038 9)	0.031 8* (0.038 4)	0.016 4** (0.098)
L1.	0.062* (0.036)	0.062* (0.036)	0.024* (0.048)
城市人口	0.000 5 (0.001 1)	0.000 6 (0.001 1)	0.000 6 (0.001 2)
固定资产投资额	−0.236 (0.211)	−0.236 (0.211)	−0.183 (0.157)
地区生产总值	0.001 35** (0.000 5)	0.001 3** (0.000 59)	1.458×10^{-5} (0.000 4)
人口密度	0.000 15 (0.000 14)	0.000 15 (0.000 14)	−0.000 156 (0.000 2)
公共汽电车客运总数		-1.08×10^{-6} (9.00×10^{-7})	-1.42×10^{-8} (1.70×10^{-6})
工业面积比重			2.635* (2.73)
L1.			5.069 (4.698)
城市建设用地面积			0.000 49 (0.001 87)
年末人均铺装道路面积			−0.006 (0.008 9)
常数项	3.364 (1.532 1)	3.316 9 (1.516)	0.225 (3.17)

注：L1、L2 分别表示滞后一期和滞后二期值

***、**、*分别表示在 1%、5%、10%的置信水平上显著

2）城市空间结构对产业结构的影响

城市通过优化配置有限的空间资源可以为产业结构的优化提供物质基础，产

业发展和产业结构升级必须以合理的空间结构为依托。城市空间结构的不断调整为产业结构的优化提供了条件，是推动产业结构调整的动力。产业结构优化与城市空间资源集约利用是相互统一和相互促进的。产业结构优化转变能够推动空间资源优化配置，促进空间资源利用效率的提高。产业结构优化减少了城市空间资源的绝对使用量、促进空间资源有效配置，空间资源的优化配置为产业结构的优化提供了物质基础。城市空间利用结构与产业结构是反映宏观经济发展的重要指标。当前产业结构的优化升级已成为中国经济发展的主要方向，加工制造产业由东部向中西部地区迁移，通过产业的空间调整充分发挥中国不同地区资源禀赋优势，带动未来经济持续增长。城市空间合理利用对接产业的重新布局至关重要。空间结构与产业结构协调发展才能实现城市经济效益、社会效益和环境效益，因此，研究城市空间结构优化布局对产业结构的影响关系，并借此揭示空间结构对产业能源利用效率的影响，对于建立低碳城市、实现可持续发展具有现实的意义。

城市空间结构用城市工业面积占城市建设用地面积之比表示，由回归结果（表 8.9）可见，城市工业面积占城市建设用地面积之比提高能推动第二产业结构升级。城市空间结构对产业结构的影响具有长期性和滞后性，并且这种作用非常显著。城市空间结构在城市经济发展的推动下发生改变，导致城市空间在工业用地、交通道路用地、市政广场用地等功能之间的分配发生改变，为将来产业结构的调整提供基础条件。首先，城市空间规模扩大会增加城市空间用于工业生产的规模，作为工业生产投入的空间要素增加会推动工业产出增长，提高第二产业占总产出的比重。其次，城市公交、道路交通等基础设施改善有利于城市产业结构调整，加快城市产业结构升级。城市提高人力资本，高等学校在校人数增加，有利于城市发展创新、设计等高新服务业，从事位于价值链顶端的生产性行业，替代以加工制造业为主的低端产业，因此会降低第二产业占总产出的比重。由此可见，人力资本积累、基础设施投资改善能够使得城市产业结构与城市空间结构调整相协调，城市空间结构更加有效地作用于产业结构调整。

表 8.9 城市空间结构对产业结构的影响

变量	模型 1	模型 2	模型 3	模型 4
工业面积比	8.798 5**	8.908 3**	9.284 4***	8.893 1**
	（3.617 9）	（3.630 1）	（3.642 9）	（3.634 6）
工业面积比滞后项	5.392 2*	5.581 3*	5.944 5**	5.599 5*
	（0.868 1）	（0.868 0）	（0.865 5）	（0.921 6）
人均地区生产总值	0.301 5	0.313 5	0.324 7	0.191 9
	（0.220 8）	（0.221 2）	（0.221 5）	（0.227 7）
城市建设用地	0.003 9	0.004 0	0.003 3	0.003 7
	（0.004 3）	（0.004 3）	（0.004 3）	（0.004 3）

续表

变量	模型 1	模型 2	模型 3	模型 4
技术效率	2.439 6** （1.064 6）	2.447 4** （1.068 3）	2.557 7** （1.074 9）	2.623 2** （1.071 7）
工业产出	0.005 7** （0.002 5）	0.005 7** （0.002 5）	0.007 2*** （0.002 7）	0.007 8*** （0.002 7）
公共汽电车客运总数	0.000 034* （0.000 0）	0.000 034* （0.000 0）	0.000 032 （0.000 0）	0.000 034* （0.000 0）
高等学校在校学生数	−0.000 05*** （0.000 0）	−0.000 1*** （0.000 0）	−0.000 05*** （0.000 0）	−0.000 1*** （0.000 0）
人口密度		0.000 1 （0.000 2）	0.000 1 （0.000 2）	0.000 1 （0.000 2）
实际利用外资额			0.000 02 （0.000 0）	0.000 02 （0.000 0）
年末实有城市道路面积（对数）				1.411 6** （0.601 4）
常数项	30.301 4*** （3.508 7）	30.047 2*** （3.498 3）	29.729 0*** （3.477 9）	24.154 9*** （4.223 0）

***、**、*分别表示在 1%、5%、10%的置信水平上显著

以上考察说明，第二、第三产业产值增长引起的产业结构变动，会引起城市空间就业密度变化。同时，城市空间利用结构一定程度上决定着产业布局，进而决定着产业的规模及效益。在城市化过程中，城市人口集聚会引起人口空间分布形态改变，同时这也引起资源和包含空间要素的时空配置及其结构调整和转换。在此之下，城市集聚结构表现了城市产业之间优势地位的连续不断更迭的状况，使得城市聚集结构不断成长、演化和整合，推动产业结构不断变化进而发生根本质变。合理的空间利用演进将促进城市产业高度化进程，不合理的空间利用结构则阻碍产业高度化进程。产业结构对城市能源利用效率具有决定性作用，因此，城市空间结构与产业结构也对城市工业碳排放产生显著影响，尤其是产业结构长期影响更加明显。也就是说，在一定的城市空间不同产业可吸纳的劳动力不同并造成碳排放的差异，如第二产业比重的提高将导致城市碳排放上升。

综合以上对城市空间结构形态演变过程中城市交通系统、产业结构的作用及其对城市碳排放影响的考察与实证分析，可以得出如下结论。

首先，公共交通基础设施改善能够提高城市空间利用率、使城市空间结构形态合理化。在城市化过程中，城市道路交通系统改变城市空间可达性，使得城市空间在不同功能间分配合理化，提高城市空间利用率。城市化过程中人口由农村向城市转移，城市交通改善能够减缓城市人口规模上升给城市空间造成的冲击。

其次，交通运输方式的不断改变对现代城市空间结构形成了重要影响。公共汽电车客运总数提高 1%可以使交通部门碳排放总量下降 0.385%。优化交通模式

对未来中国交通运输系统，特别是城市客运的能源需求起着非常积极的作用。交通系统改善通过两个渠道对交通部门碳排放的影响。一个渠道是公路、交通设施等改善使得引致性交通需求上升，愿意出行的人口数量上升，使得交通碳排放上升，因此公共营运汽电车数量上升 1%，交通运输部门碳排放最低上升 0.748%最高上升 1.456%；与此同时，交通系统的改善使得居民出行时可以选择更加快捷的出行线路和出行方式，由此降低居民、商品在运输中的能源消耗。

最后，产业结构对城市能源利用效率具有决定性作用，因此，城市空间结构与产业结构也对城市工业碳排放产生显著影响，尤其是产业结构长期影响更加明显。城市经济发展过程中，当期产业结构中第二产业比重提高一个百分点会引起城市工业碳排放增长 1.7%到 3%，而前期的产业结构对当期的工业碳排放作用大于当期产业结构的作用。在其他条件不变时，前期第二产业比重提高 1 个百分点会引致当期工业碳排放提高 6%。

第9章 人口城市化与碳减排战略政策模拟分析系统开发及应用

9.1 引 言

9.1.1 研究背景与目的

世界银行2012年发布的《中国可持续性低碳城市发展》报告中指出，北京、上海、天津的人均碳排放已经跃居世界前列。中国碳排放的升高和城市化进程紧密相关，由于中国的城市化率正在不断提高，碳排放也将不断上升。为了解决城市化引起的碳排放量急剧上升问题，必须制定和实施有效的低碳城市化发展政策。

在2015年底巴黎举办的联合国气候变化大会上，各国政府努力达成了阻止气候变化的新全球协议。习近平主席在大会开幕式上表示，根据中国国情、经济发展阶段、国家可持续发展战略以及中国的国际责任，中国政府确定了中国到2030年的国家自主贡献目标。中国预期二氧化碳排放量在2030年左右达到峰值，中国将努力争取尽早实现这个自主行动目标。中国政府还承诺，2030年达到每单位国内生产总值二氧化碳排放比2005年下降65%以上，非化石能源占一次能源消费比重达到20%左右，森林蓄积量比2005年增加45亿立方米左右。

为了有效应对人口城市化可能带来的碳排放增长的挑战，需要深入了解和研究人口城市化和经济发展及碳排放变化之间错综复杂的关系。虽然学术界对这些问题已开展了多年的研究，但人口城市化与城市经济活动关系的复杂性，以及碳排放变化的不确定性，大大地限制了人们对人口城市化和低碳发展关系的认识。进一步加强对人口城市化和低碳发展之间相互关系的复杂性及动态性的研究刻不容缓。

鉴于人口城市化与低碳发展问题的复杂性、动态性及不确定性特点，本章拟采取多学科交叉及综合系统模拟分析的途径。在环境资源经济学及生态经济学的理论、原理、概念和分析方法的基础上，利用国际经济学、环境经济学和管理科学，以及环境资源管理和人口城市化研究等多学科交叉构建综合研究框架。

探索人口城市化及其各子系统之间的相互联系、相互作用及过程，系统地开展对人口城市化碳排放影响及其低碳发展战略政策等问题的评估研究，必须开发和选择更加适用的综合评估方法。人口城市化与低碳发展之间所存在的相互依存、相互制约的综合特性，要求研究方法也要有综合功能，把碳排放目标、不同团体的利益倾向、各种经济部门以及部门和地区之间的相互联系作用，纳入一个系统分析研究框架中。

从以上考虑出发，本章研究的目的，是开发全面、系统、协调的综合方法和途径，综合评价人口城市化对碳排放的影响，并进行低碳城市化优化规划模拟，选择满意的低碳人口城市化发展战略以取得最佳的经济环境资源效益。因此，这一综合评估研究是以政策为导向，可为决策或政策制定提供科学依据。由于综合评估需要把人口城市化、碳排放和社会经济各个方面纳入到一个全面系统的分析框架中，因此多学科交叉的研究方法和途径是必要的，也是不可避免的。交叉学科研究项目，一般由若干不同学术背景、来自不同学科和专业的研究人员组成的科研小组负责。由于大部分传统学科的学者缺少参与大型交叉学科研究的经验，这给综合评估模型的设计、应用与管理带来很大的困难。如何有效地协调不同学科、专业的研究人员在综合评估研究中的交流与合作，是本章研究能够取得成功的关键。

9.1.2　人口城市化对碳减排影响综合评估工具及方法的改进和发展

国际学术界对人口城市化、碳排放、低碳政策以及经济成本评估方法研究已经做了大量工作，取得了很大进展。人口城市化、人口老龄化以及家庭结构变化等都会改变能源消耗的变化，从而增加碳排放量（Cole and Neumayer，2004；Fan et al.，2006）。在未来几十年，这些人口要素将会发生很大变化。

为了加深了解上述各种人口要素变化对碳排放的影响，人口学家和其他社会科学家应用了一些比较简单的分析方法进行预测。一些早期研究主要考虑人口数量或家庭数量（Bongaarts，1992；MacKellar et al.，1995）。还有一些研究把 Ehrlich 和 Holdren（1971）的 IPAT 模型进行调整，应用人口、消费水平和技术条件计算一个国家或地区的碳排放量或碳足迹。城市人口增长或城市化在推动经济发展与提高人类生活水平的同时，也带来了诸多问题。世界环境与发展委员会指出，相对来说，城市居民比农村居民消耗更多的能源，同时排放更多的污染物。IPAT 模型用一个很简单的公式来表示人口增长及消费水平提高与碳排放量之间的关系：$I=P\times A\times T$。其中，I 表示总排放量；P 是人口数量；A 是消费水平或生活水平；T 代表技术水平。

Zhuang 等（2011）应用 IPAT 模型计算了河北省石家庄市不同收入水平的居民住房和旅行产生的碳足迹。研究结果显示，收入水平高的居民产生的碳足迹也高。而技术水平提高可以帮助减少碳足迹。虽然 IPAT 在研究人口对碳排放量时考虑了多个要素，但是这些要素之间的关系并没有在研究中体现出来。

近期，社会情景法被广泛应用于全球气候变化评估工作中。所谓情景，乃指“一种表达清楚、内部一致、有一定可信度的对未来社会或世界各种条件和发展状况的描述”，是对未来某种特定发展态势的表达。在气候变化影响研究中，一般应考虑设置气候、环境、社会经济条件等三类基本控制条件。这样，就需要设置气候、环境和社会经济的未来情景。在预测社会经济方面的变化时，一般是把未来社会经济情况对比基准条件，主要是描述不考虑气候变化条件下的人类社会经济发展情况。全球气候变化的研究需要人们考虑长远的变化，如需要考虑未来（如到 2100 年）的变化。在从现在到 21 世纪末这么漫长的时间里，各种经济与社会条件必然会发生很大的变化。其中，包括一些可以预见的重大变化，如人口的增长、经济发展、收入增加、需求改变、技术进步等。

情景设计工作一般可选择数个未来社会情景，这是气候变化研究中使用较为普遍的一种方法。在预估碳排放研究中，设计未来情景对反映未来人口、经济社会条件的变化具有重要作用。一个简单的说明，就是人口增长、城市化和经济发展可以增加全球碳排放量，从而可能加速气候变化。

应该指出，设计未来情景与预测或预报未来不同。情景，是建立在一定科学基础上的对未来各种人口、城市、社会经济及气候、环境等条件的描述或假设。未来情景只能被看作可能出现的某种未来条件。由于气候变化研究具有时间尺度很长的特点，这样就使对未来的估测充满了不确定性，所有可能出现的未来情景条件必然很多。对某一种情景条件的假设和研究所产生的结果，只能说明假如这种情况在未来出现，那么可能产生的气候变化影响将会是这样的情况。因此，设计未来人口、城市和社会经济情景的目的，就是探讨在各种可能出现的未来社会经济条件下，气候变化可能达到的程度。

IPCC 的技术指导书提供了如何设置未来不同社会经济发展情景的一般步骤。这种情景设置方法的主要步骤是首先选择几个重要的社会经济因素，如人口增长和经济发展；其次用趋势分析预测方法来推测其未来的变化情况。但由于气候变化研究需要考虑的时间尺度很长（如 50~100 年），而人口、社会经济预测又充满了不确定性，所以一些科学家对用这种趋势分析方法预测未来变化情况持不同意见。考虑到这些问题和情况的存在，SRES 中提出了“故事式”的情景设计方法。根据这种“故事式”的情景设计方法，可以较好地设置可能出现的具有一定可信度的未来变化情景（Nakićenović et al.，2000）。

在气候变化研究中，对未来人口、城市化和社会经济情景的设计，开始的时候主要是估测未来人口与经济的增长。近些年来，IPCC 在 SRES 中提出的“故事式”的情景设计方法，已得到了广大研究人员的认可和应用。IPCC 把应用 SRES 对未来人口、经济、社会发展情景条件的假设作为运行全球气候模型（global climate model，GCM）的前提条件，进行未来气候变化程度及空间分布的计算。在进行气候变化影响及适应对策评价研究时，也同样应用 SRES 假设的社会经济情景条件，因此基本保证了整个气候变化影响研究过程的一致性。SRES 假设的社会经济情景条件，主要基于定性地、整体地、历史地对未来可能出现的社会经济前景的描述。这种描述，是通过对人类可能采取的社会经济措施或政策、人口再生产、职业、技术及能源的使用等各种因素进行综合分析考虑的基础上形成的。SRES 主要包括 A1、A2、B1 和 B2 等 4 种未来社会经济情景组合。其中，情景组合 A 代表了比较高速的经济增长情况，而组合 B 则代表了经济增长较低速的情况；组合 A1 和 B1 反映全球化趋势，A2 和 B2 则更为关注区域的结构特点。各个组合的环境政策和实施结果反映不同的社会经济发展情况。

具体地说，组合 A1 这一社会经济情景对未来全球社会和经济情况的描述，是建立在以下几种主要假设的基础上：一是全球经济得以高速发展，二是人口增长在 21 世纪中期达到高峰后转向减缓趋势，三是出现迅速的技术更新和新的更为有效率的科技发展。之所以以这些假设为基础，主要是考虑由于全球经济、文化趋于一体，人均收入差距缩小，通过能力培养可使发展中国家的科技水平迅速提高。这一社会经济情景组合，又可以继续分成三个分组以反映在能源部门使用不同的技术方法。其中，A1F1 表示以矿物能源为主的结构，A1T 表示以非矿物燃料为主的能源结构，另一分组为试图平衡各种能源来源。很明显，这种对未来社会经济前景的描述，基本代表了一种乐观主义的世界观。

与上一种社会经济情景组合不同，组合 A2 主要是反映一个多元化的世界。这是基于各国都在努力实现自给自足、力争保护本地区独特性的结果。各个地区的生育率很不相同，大部分发展中国家的生育率仍然很高，因而人口增长速度仍将很快；从区域经济发展来看，由于地区间经济增长速度及技术引进水平尚有非常明显的差异，大部分发展中国家的经济增长仍较缓慢，因而经济增长速度将比其他几种情景组合缓慢。组合 B1 与 A1 在对人口增长前景的估测方面一致，同时也都是假定全球经济渐趋均衡，地区差异逐渐缩小。所不同的是，组合 B1 假定未来经济结构将发生非常显著的变化，经济体系中服务行业及信息产业的比例将迅速增加，因此将减少经济生产对物质材料的需求，便于更多地采用清洁生产工艺以及提高资源与能源效率。可以看出，组合 B1 假定的这种社会经济发展情景，基本反映了全球努力实现社会、经济和环境可持续发展、改善公正平等状况的可能结果。但是，组合 B1 中没有考虑增加新的气候变化项目和政策。与上述几个社会经济情景组合不同，组合 B2 则更注重于通过本地区的社会、经济、环境可持续发展措施或政策促进地区发展。在这一社会经济情景条件下，全球人口继续不断增加，但增长率要低于组合 A2 的情景；经济增长率保持在中等水平；与组合 A1、B2 比较，技术更新的速度相对较慢但技术形式更加多样化。虽然这一情景组合也考虑了环境保护和社会公平等目标，但其侧重点则是放在本地区。

由于 SRES 报告中提出的人口、社会经济情景组合是为了推测未来温室气体排放率而设计的，因此在气候变化影响、脆弱性及适应对策研究中，直接应用这些社会经济未来情景将存在一定的局限性。在研究气候变化影响和适应对策评估中设计未来社会经济情景时，可以把 SRES 的情景组合作为基础，然后在这一基础上进行调整，根据实际情况再适当增加一些其他影响未来社会经济发展的因素，以便建立起更适用于气候变化影响及适应对策评估的未来社会经济情景组合。

关于未来社会情景的设置，也可以采用其他一些方法。例如，对未来人口增长和经济发展等社会经济情景的设计，可以主要借用以往研究的估测结果。斯德哥尔摩环境研究所（Stockholm Environment Institute，SEI）主持的一项全球资源环境方面的研究，对未来社会、经济情景的设计就是采用了这种方法。该项研究首先把未来社会、经济情景设计为两个方案，即“市场机制”和“政策改革”方案。两个方案都是以人口与经济为主要对象。例如，关于人口的未来情景，“市场机制”采用了联合国 1998 年修正版的人口预测中方案，即全球人口从 1995 年到 2050 年由 57 亿增长到 89 亿；“政策改革”方案则把全世界划分为经济合作与发展组织（OECD）成员国地区与非 OECD 地区，并假设 OECD 地区的人口增长与“市场机制”方案相同，而非 OECD 地区的人口增长则假设要慢一些，增长率到 2025 年和 2050 年分别下降 2%和 5%。这主要是考虑到非 OECD 地区的生育率可能伴随收入及教育水平的提高出现下降趋势。两方案设计的未来城市化情景，均由世界资源研究所（World Resources Institute，WRI）的数据计算得到，并假定在 1995 年到 2050 年期间，前 30 年城市化的发展相对呈缓慢趋势。

另外，一项关于上海未来人口合理规模的研究，也提供了一种未来社会情景的设计方法（王桂新，2000）。这项研究在总结以往研究的基础上，采用了一种新的思路和方法，对上海未来人口合理规模进行了比较系统的分析研究。该研究所采用的思路和方法是：首先，对中日两国及上海、东京进行比较分析，在确定上海、东京的发展条件及环境具有最大相似性和可比性的前提下，根据上海与东京发展水平之间的巨大差距，将东京当时的发展水平及人口规模与密度，设想为上海未来二三十年后的发展水平以及与其相适应的合理人口密度。然后，根据经济学的供给-需求理论，系统地分析和论证上海未来二三十年后的合理人口规模。这种未来社会情景的设计方法，实际上也是一种类比法。其优点是设计的未来社会情景比较确定，也相对比较直观，看得见、摸得着。但使用这种方法的一个重要前提，就是作为类比的两个对象一定要有可比性。而且，这种方法在气候变化影响及适应对策研究中应用局限性很大，因为从时空尺度看，它不适于大尺度、大范围特别是全球性研究。

但总的来说，由于人口城市化及其与经济活动和碳排放间关系的复杂性和不确定性，目前对人口城市化碳排放影响及人口城市化低碳发展战略的经济评估方法的研究仍然没有取得根本性的突破。今后需要进一步提高人口城市化-经济-碳排放系统相互关系的综合评估能力，减少不确定性，争取为决策者提供可以更有效地减少由人口城市化造成的温室气体排放增加的战略方针，以及人口城市化对低碳发展战略的科学信息和决策依据。本章研究拟改进对人口城市化与国家碳排放目标相互影响的评估方法，改善选择有效对策的技术。另外，根据人口城市化碳排放综合评估研究的实践，考虑到人口城市化与经济系统的相互作用，以及综合评价各种政策影响的需求，作为本项目一个优先的核心研究领域，进一步改进和发展综合评估工具和方法，努力把人口城市化科学、经济分析、碳排放影响、减排政策评估与人口城市化低碳发展战略的模拟分析和决策研究联系起来。

本章研究以解决低碳人口城市化中的具体问题为出发点，结合人口城市化要素对碳排放影响评价分析、科学决策及社会科学研究，在强化科研功能的基础上融入多利益相关集团参与，代表了一种新的研究理念和方法。这一综合方法可以称作互动性决策和社会科学或互动性低碳人口城市化研究方法。其前提是以解决低碳人口城市化的具体问题为出发点而不是纯科学的研究。在整个研究框架的设计和构建过程中，政府决策人员和不同社会团体代表的充分参与以及他们与研究人员的互动是这一项目的又一重要特点。

9.2 研究框架和主要研究内容

本章研究主要包括三方面的内容：一是人口城市化碳排放影响及人口城市化低碳战略综合模拟系统构建，二是人口城市化对碳排放影响的综合分析，三是人口城市化低碳战略政策模拟规划。下面首先对本章研究系统开发的研究框架做具体介绍。

从碳排放经济社会角度考虑，任何人口城市化要素变化及战略决策，都应该基于对人口城市化要素的变化可能造成的经济部门及城市碳排放的变化以及其他社会风险或损失、各种低碳人口城市化战略对策的经济成本以及可能带来利益的清楚认识。近几年来，对应用综合评估模式进行减排战略对策分析的局限性有了比较明确的认识，因此急需发展和建立新的、先进的政策评估系统来估测不同减排战略方针在减少碳排放方面的功能及有效性。

这一综合模式的建立是本章研究内容的核心部分。对这一部分进行研究时，在总结国内外低碳人口城市化已有研究的基础上，尝试探索新的思路和方法，开发一种新型的符合中国国情和中国人口城市化特点、具有高度科研功能的新型计算机评价决策支持系统，用以对人口城市化要素对碳排放影响进行分析，并对低碳人口城市化的各种战略方案和政策措施进行评估，提出未来低碳人口城市化战略规划及政策选择方案，为政府部门决策提供科学依据。政府决策、规划人员或社会公众可以利用这一决策支持系统设计中国未来低碳人口城市化的未来，并探讨选择低碳人口城市化的发展战略、规划方案或政策手段。

从以上思路出发，本章开发了一个低碳人口城市化计算机评价决策支持系统，综合考虑了中国低碳人口城市化发展趋势、人口城市化各要素对碳排放的影响、投入–产出经济预测模型、线性规划模型、土地规划、节能住宅建筑、低碳交通系统、政府行政管理等。从这一点上看，本章开发的这一低碳人口城市化综合研究工具，代表了一种复杂的系统工程方法。

9.2.1　以投入产出分析法–线性规划模型为核心的综合决策支持系统

在进行人口城市化碳排放影响评价及战略对策分析中，本书研究特别关注开发设计以投入产出分析法–线性规划（IOA-LP）模型为核心的综合决策支持系统，并进行实际应用，分析了目前农村人口向城市迁移的城市化影响碳排放量的增长现状，并研究低碳优化人口规划政策情景条件下的碳排放量，从而为政府决策部门提供科学依据。其中特别强调要把一些人口城市化碳排放研究中跨领域的问题综合起来考虑，把人口城市化对碳排放的影响、人口城市化低碳发展决策过程中使用的科学信息以及人口城市化管理等与碳排放有密切关系的要素结合起来，开发综合评估的决策支持系统，把人口城市化变化对碳排放影响分析和人口城市化低碳战略政策评价连接起来的综合评估系统。

与其他研究环境污染的途径相似，IOA-LP 模型也遵循碳排放源 – 碳排放量 – 减少碳排放的应对政策措施的研究思路和逻辑，并包括以上这几个主要过程和部分。IOA-LP 模型用不同的子系统模型来模拟这几个重要部分。这一综合模型所研究的区域范围覆盖整个中国，同时也考虑中国不同地区以及不同城市之间的人口城市化和碳排放的差别。在时间尺度上，IOA-LP 模型根据从 2000 年至分析截止（期末）年份的数据，对模型进行验证，然后预测未来直到 2030 年为止的人口城市化对碳排放的影响，在此基础上，对不同低碳城市化战略路径进行政策评估。

这一综合研究框架的宏观经济模型包括两个层次，第一层是投入产出表的部门联系平衡部分，用以揭示人口城市化引起的直接和间接消费增加，导致直接和间接的碳排放量增加。通过投入产出的分析将生产、供给、需求、进口、出口和部门之间的生产和技术联系起来，计算由消费增加造成的间接碳排放增加量。另一层次是一个线性规划模型。通过农村人口向城市迁移引起需求变化进而影响碳排放量的变化，来研究未来低碳人口迁移规划的优化水平。

1. 投入产出分析法简介

投入产出分析法（IOA），是美籍俄裔经济学家里昂惕夫（Leontief）在 20 世纪 30 年代开发出来，用以描述美国经济系统中不同部门之间相互输出和输入各种不同中间产品及服务的关系。目前已有很多国家及地区开发了各自的投入产出统计表，并以此进行国民经济的分析预测。从 20 世纪 60 年代后期起，IOA 被进一步改进和发展，另外，一些 IOA 增加了环境及自然资源部门，被广泛地应用于环境资源的经济分析研究之中。这些研究，主要包括流域规划评估、资源开发、自然保护及区域规划等。

投入产出分析法也被广泛用来研究和展示气候变化情景对不同地区或部门的经济影响。其优点是提供了一个联系经济各部门的框架结构，能把若干部门与地区用投入产出的关系表达出来。目前，几乎每一个国家都有 IOA，用于国民经济分析之用。IOA 的最大优点是十分清楚地展示了地区 – 部门之间的供求关系，并用这种投入产出关系把各部门及各区域联系起来，把不同地区的若干部门对不同产品与服务的供给和需求之间的相互联系显示在其分析框架中（Isard et al.，1969）。从 20 世纪 60 年代后期开始，从事区域分析的科学家把环境因素也纳入到投入产出分析框架之中（Miller and Blair，2009）。

为了估测低碳城市化发展策略对不同部门或地区产生的碳排放影响，投入产出分析法已经被广泛地开发及应用，为低碳发展政策评估提供了一种有效的分析途径和工具（朱勤等，2012；Andrew et al.，2009；Hertwich and Peters，2009；Lenzen and Peters，2010；Miller and Blair，2009；Wiedmann，2009）。低碳人口城市化政策评估研究，通常以城市和区域为基础，并考虑地区之间及部门之间的相互联系。例如，人口城市化造成的农村人口向城市迁移可能会直接地影响消费需求的增加，从而进一步影响碳排放变化。从这一角度出发，如果低碳人口城市化政策评估方法，不仅可以估测未来农村-城市人口迁移可能造成碳排放变化的直接程度，而且能揭示对不同部门或系统可能造成间接的碳排放变化，那将为碳排放政策评估提供更为有效的分析工具。

普通 IOA 的基本结构包括三种投入产出表格或矩阵。第 1 种表格是交易表格或称投入产出流动表。表 9.1 是一个十分简单的投入产出交易表的例子，用来做展示说明。在该表格中，每一行表示某一工业部门对其他工业或部门的输出或最终需求产品，每一列显示某一工业部门从另外部门或工业获得的输入。与其他经济分析方法一样，投入产出交易表也应该能够取得平衡。

表 9.1　投入产出交易表简例（单位：万元）

投入产出	塑料工业	汽车工业	终端需求		总产量
			本地区消费	出口	
塑料工业	300	200	200	300	1000
汽车工业	100	700	50	150	1000

注：表中数据属虚拟

编制投入产出交易表，虽然也可以用物理单位或其他一些单位，但更普遍使用的是货币单位。投入产出表可以用以下公式表示

$$X_i = \sum_{j=1}^{n} X_{ij} + \left(C_i + E_i\right) \tag{9.1}$$

式中，X_i 表示 i 工业部门的总产出；X_{ij} 表示从 i 工业部门输入到 j 工业部门的中间产品；C_i 表示当地消费的 i 工业部门的产品；E_i 为 i 工业部门的产品出口量。

当然，各种投入产出表格的形式可以不同。许多投入产出表，还把工业产品分成不同产品，把最终消费分成当地居民消费、政府部门消费、投资、进口和出口等。当使用投入产出分析法分析环境问题时，一般的做法是首先对标准投入产出表作以下几种适当调整。

第一，增加一些附加行和附加列，用以表示环境污染物排放及污染处理费用（Leontief，1970）。

第二，增加一个描述经济 - 生态系统相互关系的模型（Isard，1969）。

第三，应用商品 - 工业相互关系组成的投入产出表，并增加生态资源输入及环境污染产出的物质平衡关系（Victor，1972）。

根据这种调整和发展了的投入产出方法，建立起经济与生态系统之间的相互联系或流动关系，进而对碳排放及环境生态系统保护所引起的经济影响进行评估

（Cumberland and Stram，1973；Miller and Blair，2009）。在有些应用中，环境影响被转化成货币价值，而在另一些应用中，则直接把适当的生态环境产品的物理单位量应用到传统的投入产出分析中（Whitney，1985）。

投入产出分析法的第二种基本表称为技术系数表，主要表示某工业部门生产每一单位产品，需要从其他工业部门输入中间产品的数量。如果把投入产出表简单地以表 9.2 的形式表示，那么投入产出的技术系数表也可用矩阵 A 表示。

表 9.2　简化的投入产出技术系数表

		产出			最终消费	总产出
		工业 1	工业 2	工业 3		
投入	工业 1	X_{11}	X_{12}	X_{13}	Y_1	X_1
	工业 2	X_{21}	X_{22}	X_{23}	Y_2	X_2
	工业 3	X_{31}	X_{32}	X_{33}	Y_3	X_3

$$A=\begin{pmatrix} a_{11} & a_{12} & a_{13} \\ a_{21} & a_{22} & a_{23} \\ a_{31} & a_{32} & a_{33} \end{pmatrix} \tag{9.2}$$

投入产出技术系数表或矩阵 A，实际上就是直接投入系数矩阵，因为这些系数表示某一工业部门生产单位产品所需直接从其他各工业部门输入的中间产品的数量。传统的投入产出分析研究的目的是测定在给定某一投入系数矩阵的情况下，某一特定工业产品的最终消费需求发生变化时对总产品所产生的影响。由于许多工业部门之间错综复杂的相互联系，这种对某一特定产品总产量的影响，不仅包括直接的影响或第一轮对各种其他中间产品需求量的增加数额，同时也考虑了由于增加这些额外产品的输入而引起的对其他工业产品更进一步的额外需求。这就是所谓的第二、第三或更高轮次的间接需求影响。为了计算这些中间与间接的需求影响，矩阵运算被用来代表各部门之间的复杂关系并对其进行计算，这样就引进了投入产出分析的第 3 种表格或矩阵——Leontief 逆矩阵。这种表格也被称为直接加上间接系数矩阵，表格中的系数，都代表了增加某一工业产品一个单位的最终需求所引起的对这一工业产品所有的需求（直接与间接需求）。Leontief 逆矩阵被认为是 IOA 最重要的贡献，因为它可以把各工业部门之间直接与间接的相互联系及作用定量地表达出来。

投入产出系统的矩阵表达式为

$$X-AX=Y \tag{9.3}$$

式中，X 和 Y 分别表示总产量及最终消费列向量；A 表示 $n\times n$ 维直接投入系数矩阵。

通过引入一个单位矩阵 I，式（9.3）可改写成：

$$(I-A)X = Y \Rightarrow X = (I-A)^{-1}Y \tag{9.4}$$

$(I-A)$ 也称为 Leontief 矩阵，而 $(I-A)^{-1}$ 则被称为 Leontief 逆矩阵。在 Leontief 逆矩阵中，某系数 b_{ij} 表示工业部门 i 每增加一单位最终消费品，需要从工业部门 j 增加的直接和间接的输入。因此，IOA 为经济分析提供了有效的工具，利用它可以预测外界条件变化（如最终需求变化）对整个经济系统的影响。

近些年来，IOA 已被广泛地应用在人口消费对碳排放影响的分析研究中。姚亮等（2011）以投入产出表表示各个部门之间的相互联系，用以分析选定的产品或服务在整个经济系统内直接和间接产生的碳排放。该研究根据各种统计数据的行业分类，采用 28 个行业的分类方法。研究结果显示，城乡居民消费引起的碳排放总量呈现出不同的变化趋势。农村居民消费隐含的碳排放量显示下降趋势，而城镇居民消费隐含的碳排放量则呈现上升趋势，城乡居民消费隐含碳排放量之间的差距正在明显扩大。

顾鹏和马晓明（2013）使用《2006 年 IPCC 国家温室气体清单指南》提供的碳排放系数法，分析了中国居民生活消费产生的直接碳排放量，并应用亨德里克森（Hendrickson）等发展的经济投入产出生命周期评价方法计算居民间接碳排放的变化（Hendrickson et al.，2006；Hendrickson et al.，1998）。同时根据国内主要消费部分的碳排放水平，比较国际先进水平和国内碳减排升级潜力。文章也提供了中国城乡居民生活消费差异的数据。

朱勤等（2012）建立和应用投入产出模型对中国城乡居民消费品载能碳排放进行分析。研究结果显示，中国城市居民消费品载能碳排放量明显高于农村排放量，而且城乡居民消费品载能碳排放的差距正在不断扩大。

彼得斯（Peters）等应用 IOA 分析了中国能源消耗产生的碳排放量。他们的研究主要集中在能源消耗产生的间接碳排放量。这一研究分析了中国技术进步、经济结构调整、城市化以及生活水平提高对碳排放的影响。研究结果显示，公共设施建设和由于城镇居民生活水平提高及城市化引起的城市居民消费是中国碳排放急剧增加的主要原因，远远超过技术进步带来的节能减排影响（Peters et al.，2007）。

2. 线性规划方法简介

人口城市化优化规划和综合评估需要同时兼顾多个地区城市及农村，以及许多不同的因素，运筹学优化方程及线性规划无疑是可取的、较为合适的方法和技术。线性规划为决策分析人员提供数学模型，用以从众多的方案中选择可行、满意的或者优化的方案。线性规划在经济优化规划、资源分配、物流交通规划等许多领域被广泛应用。在综合评估中，可以用线性规划分析工具计算不同的决策方案对某一地区或部门实现如经济效益、社会发展或环境质量等可持续发展目标或指标造成的影响。

线性规划方法早已被广泛应用于自然资源分析和分配研究中。例如，在预测土地资源利用或发展计划可能对地区产生的各种经济、环境等影响的分析中，线性规划方法就发挥了有效的决策支持作用。然而，线性规划方法在低碳人口城市化领域对不同对策方案进行综合评估的案例不多见。数理模型为进行定量预测提供了基础，并为评估不同政策方案的效率提供了工具。在土地利用分析研究中，根据这些数理模型模拟土地利用系统，为深入了解这一系统提供了重要的研究框架。

研究人员利用数理模型及线性规划方法，既进行微观问题的分析，又开展宏观现象的研究。在微观应用研究中，比较常用的例子是帮助决策者在制订农场管理计划时，把有限的土地资源有效地分配到不同的生产活动中，以取得最大的经济效益；在宏观研究中，数理模型被用来预测地区、国家或全球的政策、技术和环境变化可能产生的影响（Monypenny and Walker，1976；Heady，1983）。这些研究往往偏重土地利用规划中的某一方面，着眼于某一特定的经济部门，如农业、森林业或其他生产部门。

下面简单介绍一下普遍应用的工具：单目标线性规划。

目前开发的大部分用于自然资源优化规划的数理模型多属于普通经济平衡模型，一般只考虑某一特定的资源部门。这些数理模型，称为单目标或单部门线性规划模型。线性规划的基本结构包括一个目标方程和一组约束条件构成的数学方程组。可以由如下数学方程表示。

目标方程：

$$\text{Min } C = \sum\sum C_{ij} \cdot X_{ij} \tag{9.5}$$

约束条件：

$$\begin{cases} \sum_i X_{ij} \leqslant A_j \\ \sum_j Y_{ij} \leqslant D_i \\ X_{ij} \geqslant 0 \end{cases} \tag{9.6}$$

式中，C 表示目标方程，使总成本达到最小；C_{ij} 表示在土地单位 j 上生产活动 i 的单位生产成本；X_{ij} 表示生产活动 i 在土地单位 j 上的生产水平；A_j 表示土地单位 j 的可使用土地面积；Y_{ij} 表示土地单位 j 上的 i 生产活动的生产率（如亩产量）；D_i 表示生产活动 i 的社会总需求。

在这一线性规划模型中，作为约束条件的不等式，反映了某一特定地区（所研究的区域）的自然和经济条件。这些约束条件可能包括如下一些情况：计划利用的自然资源，不能超过该地区能够提供的自然资源量；该地区生产的某些农产品（如粮食等），必须满足本地区的需求；所有的生产活动变量不能是负值。一般来说，线性规划模型比较适合于评估经济效益。因此，作为规划的目标函数，往往需要在争取达到最小生产成本或争取最大经济效益中选择其一。

在线性规划模型中，约束公式给出了特定条件，规定了可行的资源分配选择区间。通过模型计算，可以在这一可行性选择范围内挑选出最佳的资源分配方案。这种所谓的最佳方案，可以使生产成本达到最小，或能够取得最大的经济收益。在应用线性规划模型的过程中，有时需要调整模型中的一些技术系数，以反映不同的条件或变化。线性规划模型可以重复计算，以反映在不同条件变化的情况下可能产生的最优选择方案的相应变化。

线性规划模型除了可以提供最佳资源分配方案的信息以外，还可以用来计算在改变某些约束条件的情况下，是否会影响可行解的范围。在最优方案方面，线性规划模型的计算结果也可以显示那些特殊的约束条件与最优解之间存在的比较密切的关系，从而以此估计资源的机会成本价值或影子价格。线性规划模型的敏感性分析，可以用来计算不同技术系数的变化而导致最优解发生变化的程度，从而判断最优解相对哪些系数更为敏感。例如，在研究气候变化对农业生产的影响时，可以用线性规划模型计算在气候变化情景条件下，由于粮食亩产减少而影响整个地区粮食生产总成本的变化。

显然，土地利用规划往往需要考虑很多不同的方面，包括生态环境、社会及经济。近年来，人们已越来越认识到，在区域发展及资源规划过程中，必须把可持续发展问题提到议事日程上来。这就要求在资源环境利用的评估中，必须同时考虑多种可能相互对立的发展目标或可持续性指标。

在线性规划模型中，资源利用或地区发展的目标一般用一个共同的计量单位，如以货币单位（元）或产量水平来表示。因此，根据线性规划模型得到的所谓最优化方案，是以追求经济效率为目标的，即以最大限度地取得经济利益或达到生产成本最小为目标。在可持续发展越来越成为区域发展规划总目标的新形势下，决策人员、规划师以及不同利益集团，都已认识到在规划过程中过分地依赖于经济效益这一目标的局限性，应该同时考虑多个目标，而且这些不同的目标应以不同的计量单位来表示，如表示生态环境目标的计量单位显然不同于表示社会发展目标的计量单位。另外，许多环境和社会指标的计量单位，如水污染、犯罪率等都没有市场价格可以表示。这些都显示出用线性规划模型在进行多目标、多部门资源环境评估研究的局限性。

低碳人口城市化规划或政策分析的主要目的是开发和应用综合评估模型对人

口城市化过程进行分析，并根据分析选择有效的或者优化的人口城市化决策方案，以达到低碳目标。这种政策分析关注人口城市化途径、人口城市化优化方案。由于在物流优化管理中，线性规划被广泛应用于选择有效的、最佳输送、货物供应的途径、方式和方案，由此可得到启发，线性规划也可以被用来进行人口城市化规划的优化分析。事实上，物流管理也被定义为合理组织货物、信息以及人员的移动（Murphy et al.，2002），而人口城市化一个关键的方面就是农村人口向城市迁移。借鉴线性规划在物流优化规划中应用的思路，开发和应用以线性规划为分析系统的人口城市化优化规划研究框架，是一种评估方法的开创性发展，使人们能够对人口迁移引起的城市化战略及其碳排放进行政策评估。

在应用线性规划进行人口城市化优化规划中，需要组织最佳的人口迁移路线、方式和途径，以满足城市对劳动力的需求，同时需要考虑经济有效性以及低碳目标。线性规划模型已经被广泛用于货物运输的决策支持中，通过适当调整和改进，就可以把物流优化管理模型转型发展成优化人口城市化规划模型。

9.2.2 人口城市化与碳减排战略政策综合模拟分析系统的构建

本节研究设计的投入产出表属于一种能源–碳排放–经济投入产出表，是结合货币和实物价值的混合表，即能源产业的投入可用货币和实物单位反映。碳排放用实物单位反映。能源–碳排放–经济投入产出表的行反映了能源产业和非能源产业的产品使用或者消费。x 为总产出列向量，$x^{\mathrm{T}}=\left[\left(x^{E}\right)^{\mathrm{T}}\quad\left(x^{N}\right)^{\mathrm{T}}\right]$，其元素 x_j 表示第 j 部门的总投入（产出），$\bar{X}=\begin{bmatrix}X^{EE} & X^{EN}\\ X^{NE} & X^{NN}\end{bmatrix}$，其元素 $\bar{x}_{ij}$ 表示生产第 j 部门产品所使用的第 i 部门的产品，A 为价值型投入产出表的直接系数矩阵，$A=\begin{bmatrix}A^{EE} & A^{EN}\\ A^{NE} & A^{NN}\end{bmatrix}$。元素 $\left\{a_{kj}\right\}=\left\{\dfrac{\bar{x}_{kj}}{x_j}\right\}$ 是生产产业 j 产出所用的产业 k 的产出，即 $A^{EE}=\left\{a_{kj}^{ee}\right\}=\left\{\dfrac{\bar{x}_{kj}^{ee}}{x_j^{e}}\right\}$，$A^{EN}=\left\{a_{kj}^{en}\right\}=\left\{\dfrac{\bar{x}_{kj}^{en}}{x_j^{n}}\right\}$，$A^{NE}=\left\{a_{kj}^{ne}\right\}=\left\{\dfrac{\bar{x}_{kj}^{ne}}{x_j^{e}}\right\}$，$A^{NN}=\left\{a_{kj}^{nn}\right\}=\left\{\dfrac{\bar{x}_{kj}^{nn}}{x_j^{n}}\right\}$。$f=[F^{E}\ F^{N}]^{\mathrm{T}}$ 是各类最终需求。Y 为最终需求列向量，F 为各类最终需求的列向量，其元素 f_i 表示第 i 部门的最终使用，最初投入 $v=\left[v^{E}\quad v^{N}\right]$，其元素 v_j 表示第 j 部门生产的增加值。各类能源产出(x^{E})满足能源产业中间需求(X^{EE})、非能源产业中间需求(X^{EN})和最终消费(F^{E})。非能源产业的总产出(x^{N})满足能源产业的需求(X^{NE})、

非能源产业的需求(X^{NN})和最终需求(F^{N})。能源–碳排放–经济投入产出表的列反映能源产业和非能源产业的投入。能源产业总投入(X^{E})源自能源产业初始投入(v^{E})、能源产业的中间投入(X^{EE})和非能源产业的中间投入(X^{NE})。非能源产业总投入(X^{N})源自非能源产业初始投入(v^{N})、能源产业的中间投入(X^{NE})和非能源产业的中间投入(X^{NN})①。

与经典投入产出表不同，能源利用矩阵 $X_u^E=\left[X_u^{EE}\quad E_u^{EN}\right]$，其元素 x_{uij}^{e} 表示生产第 j 部门产品所使用的第 i 种能源；能源消耗矩阵 $X_c^E=\left[X_c^{EE}\quad X_c^{EN}\right]$，其元素 x_{cij}^{e} 表示生产第 j 部门产品所消耗的第 i 种能源；E_F 表示能源的最终使用量；x_u^e 表示能源的总产量；碳排放矩阵 $X_c^c=\left[X_c^{CE}\quad X_c^{CN}\right]$，其元素 x_{cij}^{c} 表示生产第 j 部门产品单位产值所使用的第 i 种能源消耗量（标准煤）所排放的二氧化碳，F_u^E 表示能源的最终使用量，F_c^E 表示能源的最终消费量（居民的能源最终使用等于最终消费），对行向量求和得到各部门的二氧化碳排放量，x_c 表示碳排放的总量。

所有种类能源产出(X_u^E)包括能源产业的使用(X_u^{EE})、非能源产业的使用(X_u^{EN})和居民的使用(F_u^E)；所有种类的能源消费(X_c^E)包括能源产业消费(X_c^{EE})、非能源产业消费(X_c^{EN})和居民的消费(F_c^E)。所蕴含碳排放$\left(X_c^E\right)^{\mathrm{T}}$源自能源产业的能源消费的碳排放$\left(X_c^{EE}\right)^{\mathrm{T}}$、非能源产业的能源消费的碳排放$\left(X_c^{EN}\right)^{\mathrm{T}}$和居民的能源消费的碳排放($F_c^E$)。能源使用($e_u^t$)包括能源产业($e_u^e$)、非能源产业($e_u^n$)和居民($e_u^f$)的能源使用。能源消费($e_c^t$)包括能源产业($e_c^e$)、非能源产业($e_c^n$)和居民($e_c^f$)的能源消费。总碳排放($c^t$)源自能源产业的能源消费($c^e$)、非能源产业的能源消费($c^n$)和居民能源消费($c^f$)。

I_c 是碳排放系数矩阵，即碳排放强度矩阵。元素 $\left\{i_{ckj}\right\}=\left\{\dfrac{x_{ckj}}{x_j}\right\}$ 是为了生产产业 j 单位产出所使用第 k 类能源排放的二氧化碳。$\tilde{i}_c$ 是碳排放系数向量，即碳排放强度向量。元素 $\left\{\tilde{i}_{ckj}\right\}=\left\{\dfrac{c_j}{x_j}\right\}$ 是为了生产产业 j 单位产出所使用能源排放的二氧化碳。能源利用 X_u^E 包括能源消费 X_c^E、能源加工转换 X_t^E 和能源损失 X_l^E②。

① 大写字母表示矩阵，小写字母表示向量。

② 单位能源使用 X_u^E 和能源消费 X_c^E 可以转为标准量单位（吨标准煤）。总能源使用量或者总能源消费量表示该产业所有能源的能源利用之和或者它们的能源消费之和 $e_{uj}=\sum_{k=1}^{m}x_{ukj}$，$e_{cj}=\sum_{k=1}^{m}x_{ckj}^{e}$。这里 m 是能源产业的数量。

在能源–碳排放–经济投入产出表中，经济系统和碳排放可以表达为[①]

$$x = Ax + f \tag{9.7}$$

$$x_c = I_c x + f_c \tag{9.8}$$

$$c^t = i_c X + c_y \tag{9.9}$$

建立比较完善、具有实际应用价值的新的反映部门温室气体排放的地区间动态投入产出模型，结合多目标动态规划以及一般均衡模型，展开研究和解决与此动态模型有关的理论与方法问题。

1. 地区间能源–碳排放–经济地区间投入占用产出序列表研究

在某年度，能源–碳排放–经济投入产出表（表 9.3）的特点是以全国作为整体，以矩阵形式反映各个地区、各个产业间的投入与产出的数量关系，扩展矩阵是各个地区所消耗的能源、排放的二氧化碳以及占用的资产部分。该表将一个国家的各个地区各个产业与碳排放通过投入占用产出系数、碳排放系数联系起来，这种数量联系体现了各个地区的产业结构特点，以及内嵌于商品和服务的能源消耗所产生碳排放与地区产业结构的关联。大多数投入产出模型都是价值度量的，这时，碳排放体现为各地区各个产业部门消耗能源所排放的二氧化碳是实物量。与一般的价值型地区间投入产出表不同之处，是需要研制各地区各个产业消费其他地区包括煤炭、石油和天然气等在内的各类能源矩阵，在对能源消费和终端能源消费进行区分的基础上核算各地区各行业生产各种产品所蕴含的二氧化碳排放量。其中，地区间煤炭消费源于交通年鉴中煤炭的铁路运输量，地区间电力消费源于国家电力集团（国家电网）的各省区市电网供电数据。在此基础上还需要研究完全消耗系数矩阵和完全需要系数矩阵的新计算方法，即能源–碳排放–经济地区间投入占用产出表的完全消耗系数和完全需要系数。

---

① 能源–碳排放–经济投入产出表的能源平衡关系：第一，分类型能源使用 $X_u^E = I_u^E X + F_u^E$；第二，分类型能源消费 $X_c^E = I_c^E X + F_c^E$；第三，能源使用总量 $e_u^t = \tilde{i}_u X + e_u^f$；第四，能源消费总量 $e_c^t = \tilde{i}_c^e X + e_c^f$。这里 I_u^E 是能源使用强度系数矩阵，元素 $\{i_{kj}\} = \left\{\dfrac{x_{ukj}^e}{x_j}\right\}$ 为第 j 产业单位产出的第 k 类能源使用，I_c^E 是能源消费强度系数矩阵，元素 $\{i_{ckj}^e\} = \left\{\dfrac{x_{ckj}^e}{x_j}\right\}$ 为第 j 产业单位产出的第 k 类能源消费，$\tilde{i}_u^e$ 是能源使用强度系数向量，元素 $\{\tilde{i}_{kj}\} = \left\{\dfrac{e_{uj}^e}{x_j}\right\}$ 为第 j 产业单位产出的能源使用总量，$\tilde{i}_c^E$ 是能源消费强度系数向量，元素 $\{\tilde{i}_{ckj}^e\} = \left\{\dfrac{e_{cj}^e}{x_j}\right\}$ 为第 j 产业单位产出的能源消费总量。

表 9.3　能源-碳排放-经济投入产出表基本表式[①]

投入 \ 产出					中间使用		最终使用				总产出
					能源	非能源	农村消费	城镇消费	政府消费	…	
投入	中间投入	能源部门	煤炭采选业 煤炭（使用/消费） 碳排放 ⋮ 燃气生产供应 燃气（使用/消费） 碳排放 能源消费量 能源使用量 碳排放量	万元 万吨/万吨标准煤 万吨 ⋮ 万元 亿米 ^{3}/万吨标准煤 万吨 万吨标准煤 万吨标准煤 万吨	X^{EE} X_u^{EE} X_c^{EE} X_c^{CE} e_u^e e_c^e c_z^e	X^{EN} X_u^{EN} X_c^{EN} X_c^{CN} e_u^n e_c^n c_z^n	F^E F_u^E F_c^E F_c e_u^f e_c^f c_y				x^e x_u^e x_c^e x_c e_u^t e_c^t c^t
		非能源部门	农业 ⋮ 第三产业	万元 ⋮ 万元	x^{NE}	x^{NN}	F^N				x^n
		中间投入合计		万元							
	增加值		固定资产折旧 劳动者报酬 利税等 增加值合计	万元 万元 万元 万元	V^E	V^N					
	总投入			万元	x^e	x^n					

表 9.4 的特点是将不同区域各个经济体不同部门的生产和消费连接起来，并与环境信息相联系。在不同年度，序列表主要通过资本形成矩阵将各个地区的生产和消费连接起来，形成动态关系。因此，它是以全国为整体反映部门碳排放的经济环境地区间投入占用产出序列表研究。

① 能源-碳排放-经济投入产出表的价值部分来源于中国投入产出表，能源量部分来源于《中国能源统计年鉴》，碳排放量根据能源消费和参考国家发展改革委给定的各类能源碳排放系数得到。能源价值单位为万元，能源实物量单位为万吨（原煤、原油、石油制品、焦化产品）、立方米（天然气、焦炉煤气、液化石油气）、千瓦时（水电、核电、火电）、千焦耳（热力），能源标准量单位为万吨标准煤，二氧化碳单位为吨。

表 9.4　地区间能源-碳排放-经济投入占用产出表

投入/资产			产出									总产出
			中间需求					最终需求				
			地区 1		…	地区 m		最终消费	资本形成	出口	存货	
			能源产业	非能源产业	…	能源产业	非能源产业					
中间投入	地区 1	能源产业	$^{11}X^{EE}$	$^{11}X^{EN}$		$^{1r}X^{EE}$	$^{1r}X^{EN}$	$^{1r}F^{E}$		$^{1}p^{e}$	$^{1}k^{e}$	$^{1}x^{e}$
		非能源产业	$^{11}X^{NE}$	$^{11}X^{NN}$		$^{1r}X^{NE}$	$^{1r}X^{NN}$	$^{1r}F^{N}$	$^{1r}F_k^{N}$	$^{1}p^{n}$	$^{1}k^{n}$	$^{1}x^{n}$
	…											
	地区 m	能源产业	$^{r1}X^{EE}$	$^{r1}X^{EN}$		$^{rr}X^{EE}$	$^{rr}X^{EN}$	$^{rr}F^{E}$		$^{r}p^{e}$	$^{r}k^{e}$	$^{r}x^{e}$
		非能源产业	$^{r1}X^{NE}$	$^{r1}X^{NN}$		$^{rr}X^{NE}$	$^{rr}X^{NN}$	$^{rr}F^{N}$	$^{rr}F_k^{N}$	$^{r}p^{n}$	$^{r}k^{n}$	$^{r}x^{n}$
	能源使用		$^{1}X_u^{EE}$	$^{1}X_u^{EN}$		$^{r}X_u^{EE}$	$^{r}X_u^{EN}$	$^{1r}F_u^{E}$				x_u^{e}
	能源消费		$^{1}X_c^{EE}$	$^{1}X_c^{EN}$		$^{r}X_c^{EE}$	$^{r}X_c^{EN}$	$^{1r}F_c^{E}$				x_c^{e}
	总能源消费		$^{1}e_u^{e}$	$^{1}e_u^{n}$		$^{r}e_u^{e}$	$^{r}e_u^{n}$	e_u^{f}				e_u^{t}
	碳排放		$^{1}X_c^{EE}$	$^{1}X_c^{EN}$		$^{r}X_c^{EE}$	$^{r}X_c^{EN}$	$^{1r}F_c^{E}$				x_c^{e}
	总碳排放		$^{1}c^{e}$	$^{1}c^{n}$		$^{r}c^{e}$	$^{r}c^{n}$	c_f				c^{t}
	其他温室气体											
	进口		$^{1}m^{e}$	$^{1}m^{n}$		$^{r}m^{e}$	$^{r}m^{n}$					
初始投入			$^{1}v^{e}$	$^{1}v^{n}$		$^{r}v^{e}$	$^{r}v^{n}$					
资产	自然资源 固定资本 人力资本											
总投入			$^{1}x^{e}$	$^{1}x^{n}$		$^{r}x^{e}$	$^{r}x^{n}$					

2. 优化投入产出模型

能源消费会产生碳排放。这项研究仅限于化石燃料燃烧所排放的二氧化碳。建立线性规划模型如下：

$$\max \quad p^{\mathrm{T}}\left(I-{}^{RS}A\right)^{s}x \tag{9.10}$$

$$\text{s.t.}\begin{cases} {}^{SR}A^{s}x+y+{}^{s}e_{x}\leqslant {}^{s}x & (\text{Ⅰ})\text{需求平衡方程} \\ {}^{s}\widetilde{i}_{c}x+c_{y}\leqslant \phi\times c^{t}(0) & (\text{Ⅱ})\text{碳排放减少约束} \\ {}^{s}v^{c}\,{}^{s}x\geqslant \varphi\times \mathrm{gdp}(0) & (\text{Ⅲ})\text{经济增长约束} \\ {}^{s}x^{l}\leqslant {}^{s}x\leqslant {}^{s}x^{u} & (\text{Ⅳ})\text{产出上下界} \\ {}^{s}e_{x}^{l}\leqslant {}^{s}e_{x}\leqslant {}^{s}e_{x}^{u} & (\text{Ⅴ})\text{出口上下界} \end{cases}$$

式中，ϕ 表示 GDP 的年增长率；φ 表示碳排放的年增长率；${}^{SR}A$ 表示地区间投入产出表的直接需求矩阵；${}^{s}x$ 表示产出向量；y 表示国家需求向量；p^{T} 表示解释未来价格变化的各地区产业价格指数；${}^{s}e_x$ 表示地区出口向量，$\widetilde{{}^{s}i_c}$ 表示地区 s 的各行业碳排放系数向量；c_y 表示各地区居民碳排放向量；$c^t(0)$ 表示地区初始总碳排放向量；${}^{s}v^c$ 表示地区 s 的增加值系数；上标 l 和 u 表示上界和下界；$\mathrm{gdp}(0)$ 表示 GDP 的初始禀赋，如果 p^{T} 是目标年度（2008）地区产出价格指数，则 $p^{\mathrm{T}}\left(I-{}^{RS}A\right){}^{s}x$ 是名义 GDP。而 ${}^{s}v^{c}\,{}^{s}x$ 是不变价的产出 GDP（基年是 2007）。所有约束方程的价值变量以不变价表示。目标函数（9.10）是 GDP 最大化，即总产出减各地区中间使用，5 个约束方程包括：需求平衡条件(Ⅰ)，通过生产技术基本决定了直接和间接的能源消费和碳排放（Lenzen and Peters，2010），净实际碳排放减少目标(Ⅱ)给出总碳排放量约束，目标(Ⅲ)给出 GDP 增长最小值，(Ⅳ)和(Ⅴ)是产出和出口上下界。既然碳强度减少被看作最终目标，(Ⅱ)和(Ⅲ)互相影响。在模型中，主要起作用的是碳排放约束(Ⅱ)，因为 GDP 最大化是自动满足的，所以(Ⅲ)可以看成一个冗余的约束方程。在竞争型地区间投入产出表，进口在行上反映而不是列上反映，不像经典投入产出表中的净出口，被认为是需求平衡条件。文中所使用的投入产出表涉及部门如表 9.5 所示。

表 9.5　能源–碳排放–经济投入产出表的部门简化分类表①

序号	产业	序号	产业
1	MIN：采选业	9	MEM：机械、电子设备和其他制造业
2	FTM：食品和烟草加工业	10	EHW：电力、热力和水生产和供应业
3	TWA：纺织、服装业	11	CON：建筑业
4	WAE：木材加工业、文化教育和体育用品业	12	TSI：交通、储备和信息业
5	PCN：石油、焦炭和核燃料加工业	13	WRT：批发和零售业
6	CPM：化学和医药制造业	14	RFO：房地产、金融和其他服务业
7	BNM：建筑材料和非金属材料业	15	MPM：金属加工制造业
8	AGR：农业	16	HOH：居民

当销大于产，即在 $\sum_{i=1}^{m}a_i<\sum_{j=1}^{m}b_j$ 的情况下，求 $\min S=\sum_{j=1}^{m}\sum_{i=1}^{m}C_{ij}X_{ij}$（总费用最少），需满足如下约束条件

① 能源产业：2、6、11；非能源产业：1、3、4、5、7、8、9、10、12、13、14、15。

$$
\begin{cases}
\sum_{i=1}^{m} X_{ij} \leqslant b_j \left(j=1,2,\cdots,n\right) \\
\sum_{j=1}^{m} X_{ij} = a_i \left(i=1,2,\cdots,n\right) \\
X_{ij} \geqslant 0 \quad \left(i=1,2,\cdots,n; j=1,2,\cdots,n\right)
\end{cases}
\tag{9.11}
$$

以上综合模型系统是由线性规划方法和 IOA 连接建立的分析系统。在进行低碳人口城市化规划或政策评估中，需要兼顾多个不同的目标，需要同时考虑低碳、环境、社会及经济等方面的目标。由于这个综合模型能够提供一个比较全面、系统的分析研究框架综合低碳、环境生态、社会经济目标，所以用综合模型进行低碳人口城市化综合评估比较适合，而且具有一定的效率。建立 IOA-LP 综合评估系统的目的是找到一些既能达到减排目的又能使经济增长速度不受影响的政策措施。

9.3　IOA-LP 综合模拟分析系统的应用

在以上展示的付雪等（2012）建立和应用的方法和模式开发与应用的基础上，本章建立的综合模型系统是由一个线性规划模型和一个投入产出模型连接合成的分析系统。他们还基于 2007 年中国能源–碳排放–经济投入产出表建立了投入产出优化模型，从行业减排角度，按照哥本哈根联合国气候变化大会目标下的二氧化碳减排约束，假设一定的经济增长率，对间接碳排放进行了计算。在进行低碳人口城市化规划或政策评估中，需要兼顾多个不同的目标，需要同时考虑低碳、环境、社会及经济等方面的目标。综合模型能够提供比较全面、系统的分析研究框架综合低碳、环境生态、社会经济目标，所以应用这一模型进行低碳人口城市化综合评估比较适合，而且具有一定的效率。

由于低碳人口城市化研究的动态特点和复杂性，综合政策评估必须认识并综合许多因素以及它们之间的相互作用，其中包括人口、碳排放、经济、城乡差别等各个方面。从不同政府部门、机构及科学研究结果等各种数据来源，收集大量详细、多样化的数据组成不同数据组，是进行低碳人口城市化综合政策评价的必要准备。

人口城市化评价中一个很重要的研究步骤就是构造一个合适的空间框架，也就是确定分析的基本空间单位。根据一般的地理学规律，通常都是假定在同一个基本空间分析单位的各种人口、碳排放率、社会和经济条件等应该是相对一致或比较相似的，而不同空间分析单位的各种人口、碳排放率、社会和经济条件等则有明显区别或较大的差异性。

行政区界已被广泛地用作划分基本地域单位进行人口城市化的分析和规划。人口城市化分析根据这种行政区域显然有其实际使用的优势。因为人口数量、人口迁移、碳排放率及社会经济数据通常都是以省或市为单位进行统计的，而且这些行政区域也是政府统计和人口普查多采用的基本单位。行政区的权力范围很容易确定，因此每一个行政区域的职责范围也很容易区分，从而便于研究成果的应用。本章根据数据利用的可能性以及综合模式的结构特点，确定对以下三个空间尺度进行分析：全国、大区和四个直辖市。

9.3.1　基于城乡居民生活消费碳排放差异的人口城市化碳排放增量模拟分析

改革开放以来，中国人口城市化快速发展，数亿农村人口迁移到城市，或农村地区转变为城市区域，使城市人口数量增加、比重不断提高。城市化过程中城市人口的增长及城市化水平的提高，对 CO_2 的排放具有先导性驱动作用，因此必须加强人口城市化对碳排放影响的分析研究。本小节的分析希望能够更深刻地了解在人口城市化过程中，农村人口迁移到不同规模的城市，对不同规模城市 CO_2 排放量的影响，进而核算对整个国家的碳排放量增加所产生的影响。这方面的研究目的主要是考察与了解中国人口城市化碳排放量变化现状，对中国在人口城市化过程中碳排放量增加的基数条件做到心中有底。这一方面的研究需要完成以下几个方面的工作。

（1）数据收集，包括各个地区农村向不同城市的累计迁移人口数，不同地区农村和城市居民碳排放量等。

（2）人口城市化由直接需求量增加引起的碳排放量增加计算：农村向城市累计迁移人口数（ci）×（城市人均由最终直接需求产生的碳排放量（bu）−农村人均由直接需求产生的碳排放量（br））。

（3）计算由农村迁移人口直接需求增加造成的碳排放增加：$\sum(bu - br) \times ci$。

（4）使用 IOA 计算由直接最终消费增加引起碳排放增加而产生的间接碳排放增加量。

1. 数据的收集和要求

在数据收集方面，对不同尺度的迁移流动人口数据有以下要求。

（1）全国尺度：全国的农村迁移人口数量。要求明确是截止到某年度的（如

2010 年度）历年累计迁移人口，或者该年度的迁移人口数。

（2）大区尺度（如五大区域）的农村迁移人口从来源地到迁入地的数量分布，或者行业分布。要求明确是截止到某年度的（如 2010 年度）历年累计迁移人口，或者该年度的迁移人口数。

（3）四个直辖市的迁移人口数。要求明确是截止到某年度的（如 2010 年度）历年累计迁移人口，或者该年度的迁移人口数。

2. 计算人口城市化过程中人口从农村向城市迁移引起的碳排放增加量

本章研究在计算人口城市化过程中由消费变化产生的碳排放量时，人口城市化过程中人口迁移的数据主要来自国家统计局 2010 年人口普查数据。使用以下一个例子来简单说明如何计算人口迁移引起直接消费碳排放增加。假设一个农民工从黑龙江流向上海，他不再按照黑龙江农村居民的人均能源消费，而将按照上海城市居民的人均能源消费，因此人均碳排放量增加 0.101 吨。

1）农民工直接碳排放增长量，按照城市居民的能源消费计算

（上海的城市人均排放量 − 黑龙江农村人均排放量）× 迁移人口数

2007 年底来自黑龙江的全部农民工作为上海居民按照城市居民的能源消费计算二氧化碳排放将增加 518 吨。按照这种计算方式，可以对全国所有人口城市化过程中由直接消费增加产生的碳排放量进行计算。在全国人口城镇化进程中，2007 年底全部农民工作为城市居民能源消费而增加碳排放 410 904.9 吨。

2）农民工消费引起的间接碳排放增长量计算

同时，按照上面的例子，该农民工不再按黑龙江的农村居民消费模式，而是按照上海城市居民消费模式，购买来自各个地区的产品，由此间接引致全国中间产品生产增加而带来的间接碳排放量变化，被称为农民工直接消费产生的间接碳排放变化量。它由投入产出模型计算得出：

$$\mathrm{Cin} = cLy \tag{9.12}$$

式中，Cin 表示间接碳排放量；c 表示生产碳排放系数；L 表示里昂惕夫（Leontief）逆矩阵；y 表示最终需求居民消费变化量，按照人均 GDP 消费变化量与该地流动人口数乘积计算得出。人均消费变化量用上海人均 GDP 消费减去黑龙江农村人均消费量。里昂惕夫（Leontief）逆矩阵由 2007 年 30 个地区间投入产出表计算得到。

根据计算结果，全国人口城市化过程中，从各地农村迁移至城镇的人均消费变化而间接引致的碳排放增长量为 97.27 万吨。

本章研究还分析了不同地区从农村流动至城镇的由人均消费变化所引致的间接碳排放增加量的具体空间分布。在分析过程中，将全国分为八个大区，分别计算由流动人口所导致的能源消费变化所带来的直接碳排放增量以及消费变化所引

致的间接碳排放增量。表 9.6 展示了这八个地区及其分别对应的省、自治区、直辖市。

表 9.6　全国八个地区及其包括的省、自治区、直辖市

大区序号	地区名称	包括的省、自治区、直辖市
1	东北地区	黑龙江、吉林、辽宁
2	京津地区	北京、天津
3	北方沿海地区	河北、山东
4	东部沿海地区	江苏、上海、浙江
5	南方沿海地区	福建、广东、海南
6	中部地区	山西、河南、安徽、湖北、湖南、江西
7	西北地区	内蒙古、陕西、甘肃、青海、新疆
8	西南地区	四川、重庆、广西、云南、贵州

另外，同样可以应用这一思路与方法计算四个直辖市（北京、上海、天津、重庆）由于流动人口增加的基于消费的直接碳排放量和间接碳排放量。然后在进一步研究中，可以与全国平均量做比较，进行以下几个方面的碳排放政策分析：第一，城市原来最终消费直接排放、间接排放；第二，流动人口增加后最终消费直接排放、间接排放；第三，设计各种流动人口规划情景，找到优化的流动人口情景，线性规划目标为最小化碳排放总量（使碳排放总量达到最小化）。

表 9.7 列出了全国八个大区人口城市化过程中由消费增加引起的直接和间接碳排放量的变化。全国八个大区和四直辖市人口城市化由于农村人口向城市转移引起的碳排放变化的计算结果分别列于表 9.7 和表 9.8。以下首先讨论全国八个大区的人口城市化碳排放变化情况，然后再重点讨论北京、天津、上海、重庆四直辖市由人口城市化产生的碳排放变化情况。

表 9.7　全国八大区域农村人口迁移到城市所引起的碳排放量变化（单位：吨）

	东北地区	京津地区	北方沿海地区	东部沿海地区	南方沿海地区	中部地区	西北地区	西南地区
人口流动到城市的消费变化间接引致各区碳排放变化量	31 156.1	134 600.5	26 229.0	362 339.3	306 112.0	28 035.6	1 020 064.0	36 837.5
人口流动到城市的直接碳排放变化	43 689.0	121 944.3	11 106.5	85 607.9	105 899.4	9 321.2	44 232.1	−10 895.4
人口流动到城市的全部碳排放变化	74 845.1	256 544.8	37 335.5	447 947.2	412 011.4	37 356.7	1 064 296.1	25 942.1

资料来源：作者计算

表 9.8　全国四大直辖市农村人口迁移到城市所引起的碳排放量变化（单位：吨）

	北京	天津	上海	重庆
人口流动到城市的消费变化间接引致各直辖市碳排放变化量	98 689.73	35 910.76	147 642.4	9 768.40
人口流动到城市的直接碳排放变化	89 023.74	32 920.52	63 888.27	97 988.23
人口流动到城市的全部碳排放变化	187 713.47	68 831.28	211 530.67	107 756.63

资料来源：作者计算

根据表 9.7 可以发现，在全国八个地区中，人口从农村迁移到城市所带来的二氧化碳排放的总变化在西北地区、东部沿海地区和南方沿海地区最大，分别为 106.43 万吨、44.79 万吨和 41.20 万吨，在西南、北方沿海、中部和东北地区最小，分别为 2.59 万吨、3.73 万吨、3.74 万吨和 7.48 万吨。在人口迁移直接引起的碳排放变化中，西南地区减少碳排放 1.09 万吨，其他地区增加碳排放量，京津地区、南方沿海地区、东部沿海地区增加最多，分别为 12.19 万吨、10.59 万吨和 8.56 万吨，西南地区因能源消耗方式节约而减少的碳排放被消费方式改变而间接增加的碳排放 3.68 万吨所抵消。西北地区与直接增加碳排放最多的东部沿海地区、南方沿海地区、京津地区所间接增加碳排放量分别 102 万吨、36.23 万吨、30.61 万吨、13.46 万吨。因此，总体而言，迁移人口迁向发达的东部沿海和南方沿海将引起碳排放很大程度增加。从这些分析可以看到，盲目或过度强调城市化，特别是人口从落后的农村地区流动到发达的东部和南部地区，不仅会因能源消费变化而增加碳排放，而且会因其他消费增长而增加碳排放。另外，人口迁移聚集到西北地区，不仅造成能源大量消耗，而且消费增加也造成碳排放量增加。因此，从低碳人口城市化角度考虑，应该鼓励农村人口迁向西南地区、北方沿海和中部地区的城市。西南地区在人口城镇化过程中直接减少能耗从而减少碳排放的原因还不是很清楚，需要进行进一步的调查分析，确定真正的原因。

由表 9.8 中可以看出，在四个直辖市中，人口迁移至上海、北京所增加的碳排放较大，分别是 21.15 万吨和 18.77 万吨，迁移到天津的碳排放增量最小，为 6.88 万吨二氧化碳。但是上海全部增加的碳排放中，直接增加的碳排放相对于迁移人口增加量是很少的，只有 6.39 万吨，远少于吸纳迁移人口规模相当的北京（8.9 万吨）和同处于不需要冬天采暖的南部城市重庆[①]（9.8 万吨）。这可能是因为上海

① 重庆虽然也是一个直辖市，但与以城市人口为主的京、津、沪三大直辖市不同，它只是一个行政指定的原四川省以重庆为中心的一部分地区构成的直辖市，所以在很多方面都与京、津、沪三大直辖市不可比。

居民在生活消费节能上比上述城市都好的原因。但是迁移人口按照上海居民消费模式所引致间接增加的碳排放量很大（14.76 万吨），远远大于迁移人口规模相近的北京的间接碳排放增量（9.87 万吨），更是重庆间接碳排放增加量（0.98 万吨）的 15 倍。北京的直接碳排放增加量和间接碳排放增加量基本接近（8.90 万吨和 9.87 万吨），这与天津的结构类似。天津的直接碳排放增量和间接碳排放增加量都比较小，分别是 3.29 万吨和 3.59 万吨。由此可见，人口迁入上海、北京这类特大城市所带来的碳排放非常大，上海虽然生活能源消费节约做得较好，但是它应该更注重倡导环境友好和绿色产品的消费。而北京、天津、重庆等北方城市或者内陆，应该特别注重生活能源的节约使用。特别是重庆这个南方内陆城市，虽然不需要像北京、天津一样冬季取暖，其生活能源消费模式粗放，还有很大的节约空间。以上的计算结果是引用地区间投入产出表计算的，它所计算的间接排放增长是本地区城市化过程中迁移人口增长所带来的消费间接引起的全国的碳排放增长量，这个间接碳排放增加量并不局限于本地区，而是分布在全国各地。因此，上海、北京虽然直接碳排放增加不是很多，但是它们增加了全国其他地区碳排放量，因此减排责任应该考虑间接碳排放，从消费方而不仅是从生产方来考虑。

9.3.2　城市化过程中区域人口迁移与碳减排优化规划应用分析

本章另外一个重要的内容是进行低碳人口城市化优化规划或政策分析，主要目的是开发和应用综合评估模型对人口城市化战略进行分析，选择有效的或者优化的人口城市化决策方案，以达到低碳目标（使碳排放最低化）。这种政策分析关注人口城市化战略途径以及人口城市化优化规划方案。

这一部分的研究一个重要的创新方面是受到系统工程中物流优化管理的启发（钱颂迪，1990；魏权龄等，1996），对物流优化规划线性模型进行调整，开发了人口城市化优化规划模型，并应用于人口城市化优化人口迁移的规划分析。在物流优化管理中线性规划模型被广泛应用于选择最低成本的运输途径、方式、方案。然而，文献调研少见线性规划模型在人口城市化规划和政策分析中的应用案例。因此，开发人口城市化人口迁移线性规划模型，并应用这种模型进行人口城市化规划的优化分析，在方法论上推进了人口城市化规划的能力。虽然物流管理和人口城市化规划不同，但是它们之间存在相似性。事实上，物流管理也被定义为合理组织货物、信息以及人员的移动（Murphy et al.，2002）。

在应用线性规划进行人口城市化优化人口迁移规划中，需要组织最佳的人口迁移路线、方式和途径，以满足城市对劳动力的需求，同时需要考虑经济有效性以及低碳目标。线性规划模型已经被广泛用于货物运输的决策支持中。通过适当改进和调整，就可以把物流优化管理模型发展成优化人口城市化管理模型。

应用线性规划，利用、借鉴物流优化规划方法，把物流管理聚焦于人口流动方面，对物流优化线性规划模型进行调整来进行人口城市化优化规划。首先，把全国划分成八个地区进行分析。根据全国人口迁移的大方向，设定人口一般迁移流向：西部地区迁向东部地区；农村迁向城市。从统计数据中推测城市间迁移人口比例，从总迁移人口中减去城市间流动人口数。人口城市化过程中人口迁移优化线性规划模型可以用以下简单线性规划模型表示：

地区	地区 1	地区 2	地区 3	…	地区 8	约束
地区 1	*X*11	*X*12	*X*13	…	*X*18	a1
地区 2	*X*21	*X*22	*X*23	…	*X*28	a2
地区 3	*X*31	*X*32	*X*33	…	*X*38	a3
地区 4	*X*41	*X*42	*X*43	…	*X*48	a4
地区 5	*X*51	*X*52	*X*53	…	*X*58	a5
地区 6	*X*61	*X*62	*X*63	…	*X*68	a6
地区 7	*X*71	*X*72	*X*73	…	*X*78	a7
地区 8	*X*81	*X*82	*X*83	…	*X*88	a8

或用以下模型表示，目标函数为

$$\mathrm{Min}\sum \Delta C_{ij}\cdot X_{ij} \tag{9.13}$$

$$\sum\nolimits_{j} X_{ij}=\sum a_i$$

$$\sum\nolimits_{i} X_{ij}=\sum b_j$$

$$\sum a_i=\sum b_j$$

式中，ΔC_{ij} 表示地区 i 农村人口迁向地区 j 和地区 i 城市人口迁向地区 j 城市人口增减的碳排放量；$\sum a_i$ 表示地区 i 农村或者城市迁出人口数量；$\sum b_j$ 表示地区 j 流入人口数量；X_{ij} 表示地区 i 农村或者城市人口迁向地区 j 城市人口数量。

为了得到人口迁移带来的碳排放变化 ΔC_{ij}，根据《中国统计年鉴》《中国能源统计年鉴》和人口普查资料综合计算，可以得到全国各省区市的农村人口迁移到其他省区市作为城市居民消费碳排放的变化表，如表 9.9 所示。

表 9.9 农村人口省际迁移引起各省区市的碳排放变化分布表（矩阵）

地区	北京	天津	河北	山西	内蒙古	辽宁	吉林	黑龙江	上海	江苏	浙江	安徽	福建	江西	山东	河南	湖北	湖南	广东	广西	海南	重庆	四川	贵州	云南	西藏	陕西	甘肃	青海	宁夏	新疆
北京	0	−50	−5 320	−1 884	283	204	331	917	−8	575	356	830	309	211	1 957	761	637	194	101	84	9	−4	358	−248	8	3	388	−281	−12	−24	−66
天津	−76	0	−2 298	−583	34	18	90	299	−8	108	49	70	42	12	902	−105	75	12	15	10	2	−18	−3	−99	−5	1	65	−140	−12	−15	−16
河北	−376	14	0	−170	207	150	154	620	−1	139	149	192	87	58	325	411	174	60	24	19	8	35	156	−32	12	3	135	6	1	0	−5
山西	−10	2	−2	0	166	22	39	49	0	122	122	165	87	48	145	560	157	53	18	13	4	31	155	−16	10	0	150	7	1	0	−1
内蒙古	−15	−5	−560	−1 011	0	−4	23	142	−1	27	14	1	13	1	46	−54	7	0	2	4	0	−16	−26	−64	−4	0	82	−248	−7	−100	−7
辽宁	−10	−1	−109	−83	481	0	972	2 573	−2	206	97	296	79	37	614	304	102	40	23	15	3	26	189	−33	6	3	45	−3	−1	−1	−7
吉林	−5	−2	−44	−26	41	48	0	365	−1	32	24	36	16	4	111	16	32	7	3	4	2	0	8	−12	0	1	6	−4	−2	−1	−9
黑龙江	−25	−5	−73	−40	28	21	128	0	−1	29	18	21	13	4	104	−1	19	4	4	5	2	−3	2	−15	−1	0	6	−10	−2	−1	−4
上海	−21	−6	−280	−332	−1	−11	17	92	0	1 948	262	−614	222	−89	488	−878	44	−56	34	70	6	−367	−477	−1 114	−79	2	68	−311	−35	−22	−76
江苏	−38	−11	−421	−404	−12	−27	−8	35	−77	0	−43	−2 506	−3	−249	179	−1 745	−232	−186	−3	33	1	−370	−812	−1 553	−163	2	−26	−403	−45	−22	−78
浙江	−20	−5	−201	−185	−9	−19	−9	18	−48	63	0	−2 477	−30	−1 623	41	−2 255	−631	−714	−10	66	0	−1 321	−1 692	−9 924	−552	1	−45	−234	−31	−27	−58
安徽	−7	1	−11	−26	8	11	17	21	−13	327	214	0	123	107	113	223	111	87	24	25	5	22	71	−45	19	1	44	2	1	0	−1
福建	−8	−3	−50	−59	1	0	6	18	−5	46	53	28	0	143	55	−202	143	17	32	95	8	−562	−339	−3 397	−74	2	47	−45	−7	−15	−17
江西	−21	−2	−37	−81	14	6	11	15	−15	69	97	83	103	0	46	29	92	90	58	46	18	1	24	−131	3	2	22	−17	−3	−5	−7
山东	−31	−8	−548	−404	27	16	157	578	−5	219	80	61	60	12	0	−99	52	11	12	15	3	−16	−4	−148	−9	1	56	−97	−18	−21	−52
河南	−16	−4	−155	−208	4	3	7	26	−2	62	49	40	33	11	89	0	50	10	12	13	2	−12	2	−42	−2	3	27	−24	−9	−4	−20
湖北	−12	2	0	−60	29	19	20	36	−1	169	308	265	222	242	140	733	0	378	95	89	21	328	251	−52	18	3	97	12	4	1	−4
湖南	−13	−4	−91	−58	−4	−6	−2	2	−5	2	−16	−37	−11	−63	2	−89	−146	0	−10	13	0	−50	−61	−309	−23	0	−5	−28	−7	−4	−18
广东	−59	−15	−465	−523	−9	−35	6	90	−19	96	34	−340	184	−1 342	139	−3 288	−849	−3 840	0	5 450	96	−2 344	−3 720	−10 385	−614	1	131	−603	−56	−37	−123
广西	−6	−2	−58	−31	−2	−3	−1	5	−3	5	−3	−28	2	−30	5	−53	−21	−197	−2	0	2	−40	−57	−286	−25	0	0	−9	−2	−2	−11

续表

地区	北京	天津	河北	山西	内蒙古	辽宁	吉林	黑龙江	上海	江苏	浙江	安徽	福建	江西	山东	河南	湖北	湖南	广东	广西	海南	重庆	四川	贵州	云南	西藏	陕西	甘肃	青海	宁夏	新疆
海南	−4	0	−8	−18	5	7	9	26	−1	21	31	49	50	75	24	63	104	139	209	158	0	25	166	−58	4	0	16	−1	0	0	−3
重庆	−6	−2	−71	−45	−2	−3	−1	2	−2	5	−6	−12	−2	−12	3	−39	−22	−24	−2	6	0	0	−927	−459	−34	1	−2	−24	−4	−4	−30
四川	−24	−4	−90	−77	2	1	4	13	−6	35	49	7	36	10	29	−22	30	10	20	22	3	−265	0	−238	−30	10	22	−56	−13	−7	−54
贵州	−1	0	−15	−9	1	1	3	4	−1	17	48	18	50	23	14	11	35	112	17	36	2	2	168	0	6	0	6	−3	−2	0	−3
云南	−2	−1	−32	−22	0	0	2	8	−2	16	41	6	42	9	13	−15	24	26	17	34	2	−142	−45	−1 222	0	1	8	−5	−2	−1	−8
西藏	0	0	−7	−4	0	−1	0	0	0	−1	−2	−4	−1	−1	0	−15	−6	−6	0	0	0	−26	−138	−4	−5	0	−4	−71	−25	−1	−2
陕西	−17	−1	−71	−353	53	12	12	25	−1	112	100	97	85	35	114	235	148	49	25	24	5	12	165	−52	5	18	0	−80	−6	−22	−27
甘肃	−7	−1	−43	−39	3	3	3	5	−1	44	43	17	18	6	27	11	32	11	4	4	1	−3	16	−10	0	1	65	0	−99	−19	−19
青海	0	1	26	−6	8	6	7	10	0	94	67	93	36	25	72	269	101	45	8	7	1	30	215	−1	6	9	153	237	0	5	2
宁夏	−1	0	−24	−40	20	4	5	11	0	33	32	43	15	10	50	80	22	10	4	3	1	7	35	−7	1	0	175	−73	0	0	−2
新疆	−2	3	97	−1	32	31	33	54	0	390	243	607	140	61	371	2 513	384	210	35	21	3	381	2 117	0	30	1	836	1 385	43	129	0
总计	−832	−109	−10 962	−6 783	1 406	475	2 032	6 057	−230	5 009	2 512	−2 994	2 017	−2 266	6 217	−2 644	672	−3 447	768	6 382	208	−4 660	−4 202	−29 955	−1 492	71	2 568	−1 119	−351	−222	724

然后根据式（9.13）计算人口优化迁移规划。由于分区太多时求解困难，所以将全国各省区市合并为八个大区，八大区域间的人口迁移计算结果如表 9.10 和表 9.11 所示。

表 9.10　八大区域农村人口向城市迁移人数（单位：人）①

迁入	迁出							
	东北地区	京津地区	北方沿海地区	东部沿海地区	南方沿海地区	中部地区	西北地区	西南地区
东北地区	94 223	786	27 557	10 352	3 960	41 943	22 356	12 602
京津地区	72 958	3 165	290 602	38 423	18 259	285 998	59 695	58 149
北方沿海地区	315 455	9 847	362 461	79 486	32 733	443 576	125 736	100 162
东部沿海地区	24 652	922	95 183	218 975	60 066	1 267 272	66 981	409 977
南方沿海地区	18 117	879	26 846	32 985	67 799	1 346 523	72 350	1 020 908
中部地区	7 882	1 150	28 585	36 083	23 869	125 967	19 699	46 815
西北地区	15 913	681	28 761	20 434	7 766	116 503	85 578	53 965
西南地区	4 034	480	8 902	17 729	22 105	80 982	9 538	157 987

表 9.11　迁移人口每千人的碳排放增减量②

迁入	迁出							
	东北地区	京津地区	北方沿海地区	东部沿海地区	南方沿海地区	中部地区	西北地区	西南地区
东北地区	30.37	21.98	29.47	−1.42	5.57	33.49	42.58	9.04
京津地区	−82.52	−90.90	−83.42	−114.30	−107.31	−79.39	−70.30	−103.84
北方沿海地区	6.16	−2.22	5.26	−25.62	−18.64	9.29	18.37	−15.16
东部沿海地区	31.56	23.17	30.65	−0.23	6.76	34.68	43.77	10.23
南方沿海地区	32.30	23.92	31.40	0.52	7.50	35.43	44.51	10.98
中部地区	9.50	1.11	8.60	−22.29	−15.30	12.63	21.71	−11.82
西北地区	−0.34	−8.72	−1.24	−32.12	−25.13	2.79	11.88	−21.66
西南地区	1.98	−6.41	1.08	−29.81	−22.82	5.11	14.19	−19.34

对人口城市化优化人口迁移使用线性规划模型进行求解。

为了避免地区划分过细造成无解的难题，我们先把八个大区合并为五个大区：把东北地区、北方沿海地区和京津地区合并成东北区，把东部沿海地区和南方沿

① 相当于物流管理中的运输矩阵。

② 相当于物流管理运费矩阵。

海地区合并为东南区。表 9.12 所列的是利用 MATLAB 编制的线性规划模型（9.13）求解得到的五大区域人口迁移优化规划的结果。

表 9.12　五大区域农村人口向城市迁移优化方案（单位：人）

迁入	迁出				
	东北区	东南区	中部地区	西北地区	西南地区
东北区	140 217	834 585	−52 759	−44 947	−48 697
东南区	95 898	790 319	−97 884	−89 262	−93 024
中部地区	642 339	1 337 807	449 386	457 169	453 436
西北地区	46 219	741 559	−146 754	−138 942	−142 694
西南地区	331 249	1 026 644	138 286	146 085	142 346

注：负号表示净迁出

线性规划优化模型运算结果所展示的是在优化目标最低碳排放条件从一个地区迁向另一个地区的人口规模。表 9.13 列出了 2010 年人口迁移情况，把表 9.12 和表 9.13 进行比较就可以看出，要达到低碳人口城市化的目标，需要调整人口迁移的方向和规模。这就需要制定合理的政策措施，鼓励和引导农村人口向一定地区的城市移动。

表 9.13　五大区域间人口迁移 OD 表（单位：人）

迁入	迁出				
	东北区	东南区	中部地区	西北地区	西南地区
东北区	565 197	97 907	401 633	103 380	87 805
东南区	166 598	379 825	2 613 795	139 331	1 431 366
中部地区	37 617	59 953	125 967	19 699	47 040
西北地区	45 355	28 200	116 503	85 579	54 467
西南地区	13 633	40 163	82 239	11 400	163 932

注：O 表示迁出地（origin），D 表示目的地（destination）

表 9.12 和表 9.13 分别给出了人口从迁出地区到迁入地区之间迁移在优化方案和未控制自然状况下的比较。从中可以发现，未控制自然迁移状态下，农村人口倾向于从西部和中部地区迁移至东南区。例如，从中部地区迁向东南地区的人口最多，达到 261.4 万人，其次是西南地区迁向东南区的人口，达到 143.1 万人。然而，要最大限度地减少能源直接消耗的碳排放，人口迁移方向是相反的。例如，应该从东南区向中部和西南地区分别迁移 133.8 万和 102.7 万人口，从西北地区向中部地区和西南地区分别迁移 45.7 万和 14.6 万人口。

由于线性规划求解较困难，在五大区域求解成功的情况下，逐步增加求解的地区分类为八个地区。使用 MATLAB 的线性规划模型（9.13）运用于八大区域人口规划模型的求解。表 9.14、表 9.15 展示了更加详细的模拟分析的结果，在八个地区分类中，可以观察从农村地区向城市地区未控制自然迁移的人口。其中，中部地区迁移至南方沿海和东部沿海地区的人口最多，分别达到 134.7 万人和 126.7 万人，西南地区迁移至南方沿海的人口达到 102.1 万人。而从碳减排优化方案来看，中部地区农村人口迁向南方沿海和东部沿海地区的人口虽然最多，分别达到 65.9 万人和 60.4 万人，西南地区的农村人口迁向南方沿海地区的人口次之，达到 42.9 万人。上述迁移人口虽然和自然迁移的方向一致，但是数量约只有自然迁移人口的一半。说明如果考虑能源直接消耗最小，人口迁移只需要自然迁移规模的一半。此外，为了减少能源消耗直接排放的二氧化碳，从东北迁出的人口最多，迁向北方沿海、东部沿海、南方沿海地区分别为 12.5 万人、21.0 万人和 26.5 万人，而自然迁移状况下东北地区迁向北方沿海的人口最多，达到 31.5 万人，其次是东北地区自身城镇化 9.4 万人和迁向京津地区 7.3 万人。从全国来看，东北地区是外迁人口最多的地区，这种迁移不仅有着经济和环境恶化的因素，更多的是基于其地理因素发生的。但是从能源节约和碳减排的角度上看，东北地区人口应该迁向经济比较发达、能源利用也比较高效的东部沿海和南方沿海地区。此外，作为经济发达、能源利用高效、碳减排效果高的京津地区应该更多地吸收中部、西南和西北地区人口，可分别吸收 43.9 万人、20.8 万人和 3.4 万人。

表 9.14　八大区域间农村人口向城市迁移的优化方案（单位：人）

迁入	迁出							
	东北地区	京津地区	北方沿海地区	东部沿海地区	南方沿海地区	中部地区	西北地区	西南地区
东北地区	−31 578	−98 702	7 676	−43 932	−71 332	362 888	−43 037	131 796
京津地区	45 010	−21 784	84 596	32 656	5 606	439 311	33 550	208 302
北方沿海地区	125 371	58 253	164 632	113 029	85 628	519 870	113 917	288 755
东部沿海地区	209 695	142 565	248 945	197 352	169 944	604 206	198 237	373 083
南方沿海地区	264 786	197 997	304 382	252 451	225 375	659 190	253 678	428 547
中部地区	−22 127	−88 916	17 445	−34 474	−61 874	372 328	−33 582	141 251
西北地区	−17 221	−84 013	22 352	−29 566	−56 655	377 226	−28 675	146 155
西南地区	−20 703	−87 492	18 871	−33 048	−60 136	373 745	−32 157	142 675

注：负号代表相反方向人口迁移

表 9.15　八大区域间人口迁移 OD 表（单位：人）

迁入	迁出							
	东北地区	京津地区	北方沿海地区	东部沿海地区	南方沿海地区	中部地区	西北地区	西南地区
东北地区	94 223	786	27 557	10 352	3 960	41 943	22 356	12 602
京津地区	72 958	3 165	290 602	38 423	18 259	285 998	59 695	58 149
北方沿海地区	315 455	9 847	362 461	79 486	32 733	443 576	125 736	100 162
东部沿海地区	24 652	922	95 183	218 975	60 066	1 267 272	66 981	409 977
南方沿海地区	18 117	879	26 846	32 985	67 799	1 346 523	72 350	1 020 908
中部地区	7 882	1150	28 585	36 083	23 869	125 967	19 699	46 815
西北地区	15 913	681	28 761	20 434	7 766	116 503	85 578	53 965
西南地区	4 034	480	8 902	17 729	22 105	80 982	9 538	157 987

线性规划优化运算结果显示了在目标最低碳排放条件下从一个地区迁向另一个地区的人口规模。也就是说，如果能制定合理政策，鼓励或引导迁移人口，使全国各大区域人口迁移按照表中的数量和流向迁移，就可以取得碳排放最小化的目标。当然，这一结果还需要继续进行验证。

9.4　低碳人口城市化规划的未来研究方向

虽然本章在人口城市化规划方面建立了代表前沿性研究方法论的线性规划模型，但基于这一模型的研究分析还只是初步的、探索性的低碳人口迁移优化规划尝试。要模拟不同的人口政策情景条件，还必须通过改变优化线性规划模型中的约束条件，进行更深入的人口城市化政策分析和决策支持研究。

例如，通过对几种不同类型的城市进行分析比较，找出低碳城市发展模式。目前需要的数据在直辖市尺度已获得，可以先从直辖市开始进行比较分析。如果能够得到几个直辖市流动人口的来源地和户籍类型数据，就可以进行更为深入的分析，也可以比较不同城市能源的节约或者增加的情况。

由于本章开发的 IOA-LP 模型可以不断地重复运行，可以用来测试各种不同的未来低碳人口城市化情景或政策措施，并计算可能产生的各种结果。整个操作过程简便、易懂，也可以用来鼓励公众或决策人员不断探索，用 IOA-LP 模型模拟各种有关低碳人口城市化方面的问题，同时也增进他们对未来情景、政策选择以及预期影响等方面的讨论。以上十分简单地把 IOA-LP 模型的主要特征与运作过程做了说明。对这一模型的详细结构、数学模型、具体应用实例等都没有作详细说明。这主要考虑到本章研究的主要目的是对低碳人口城市化的政策分析找到一种可行和有效的途径。这种模型可以进一步发展成一种启发式的计算机决策支持系统，它可以消除公众和决策人员常有的对以复杂的数学模式、不确定性以及错综复杂的联网所组成的常规决策支持系统望而生畏的恐惧感，从而使它成为公众和决策者乐于接受的工具。

IOA-LP 模型的构思、设计与应用代表了在低碳人口城市化政策评估系统研究领域的新的发展方向。它的基本概念是用系统工程的途径把国际上处于领先地位的投入–产出分析和运筹学、系统工程优化规划相互联系，将决策人员与公众对低碳人口城市化未来的期望以及各种政策的影响评价有机地结合在一起，进行连续性的探讨。从模型思路、科学决策等各个方面来看，这都代表了一种新颖的研究途径。当然 IOA-LP 模型还需要不断地改进和完善，但在它的发展过程中有许多方面的经验值得借鉴。

首先，在设计 IOA-LP 低碳人口城市化决策支持系统过程中，把 IOA 与 LP 创造性地联系起来可以使这两种技术互相配合，增强了它们的使用价值。这最终可以发展一种低碳人口城市化决策和信息系统，连接全国、城市或地区的人口和碳排放数据库。决策系统与信息系统之间可以互相交流，并与全国、城市或地区的广大决策人员所关注的问题结合起来。这样一个综合的分析系统可以用来作为训练工具提高政府行政人员对低碳人口城市化问题的认识。

其次，在设计与应用复杂的计算机模型时，需要有客观的方式。目前产生的人口迁移规划结果和人口迁移变化趋势，并不能当作一种预报的数据，而只能把它看作帮助人们探索和了解许多复杂系统内部联系的有效工具。在使用这一模型过程中所产生的对低碳人口城市化这一复杂课题内在的洞察力才是最有价值的收获，模式所产生的最后结果倒并非那么重要。这一结论对设计模型、选择适度的复杂性，以及反映公众愿望的程度都有很大的意义。

另外需要指出的是，任何高技术的模型如果不应用于实践，就不会有很大的价值。要使模型建立起信誉或者能解决现实中的具体问题，模型设计人员和数据采集的科研人员不应仅停留在向决策人员说明模型的功能或解释运算结果这一步，而要把这些最终的模型使用者结合在整个模型建立和应用的过程中。

第10章 国外低碳城市发展战略及其建设经验

在以上各章的介绍中，已详细地展示了国内外人口城市化及低碳城市方面的政策分析以及相关研究，本章将简单介绍国际上一些主要的低碳城市案例，以借鉴它们的经验，推进中国低碳城市发展。西方发达国家的城市化进程早已完成，缺乏在低碳人口城市化方面的相关案例研究，因而对中国低碳人口城市化决策的制定借鉴作用不大。但中国仍然需要向发达国家学习低碳城市转型发展方面的经验。在过去几年，美国和欧洲国家发展设计低碳城市转型的历程已经说明低碳转型正将城市转变为可持续城市。要实现全球可持续城市发展，这种转变必须延伸到中国。我们可以学习国外在进行低碳城市转型过程中发展和实施的低碳技术、政策、法规和战略。

世界银行2012年发表了《中国可持续低碳城市发展》报告，围绕中国的低碳城市发展建设提出了若干值得借鉴的政策建议。在这篇近600页的报告中，其序言部分提到，虽然中国城市在现代化发展中取得很大的进步，但仍存在许多挑战。特别关键的挑战是如何为未来20年安置从农村地区迁移到城市的3.5亿人口，为他们创造就业并提高他们的生活水平。这种人口城市化过程每年将在中国新建一个相当于上海或北京规模的特大城市。中国绝大部分城市都以高碳排放的模式发展，因此，中国城市的快速扩张以及原有的生产和消费模式都迫切要求发展低碳城市。除此之外，整篇报告没有对低碳人口城市化问题进行讨论。

这篇报告介绍了国际上各种各样的低碳城市政策、技术和方法措施。在各种途径中，特别讨论了城市土地利用和规划，以及城市空间布局方面的问题。和其他有关低碳城市的文章和报告一致，把城市规划、土地利用、能源等作为低碳城市发展的关键。另外，报告按照城市中的经济部门介绍相应的低碳政策措施，包括节能的建筑和工业，低碳交通系统，更节能的废水、空气污染和固体垃圾的处理系统和技术。

以下将简单回顾全球一些主要国家的低碳城市发展政策手段及发展趋势，包括低碳城市的政府政策和规定、手段和措施。拟主要介绍日本、英国、美国、德国、巴西等一些国家或重要城市的低碳建设与发展状况，目的是为中国政府和相关决策层提供改进低碳城市发展的政策措施信息。

10.1　日本低碳城市发展战略及经验

实现低碳社会是日本社会经济发展的主要目标之一，也是日本作为经济发达国家和环境先进国向世界做出的承诺。本节在简要介绍日本温室气体减排政策的主要框架基础上，考察日本各行政区和主要大城市的 CO_2 排放状况及其与所在地特性的相互关系，同时介绍了日本为了实现温室气体减排目标而开展的具体实践，希望能为中国社会的绿色、低碳发展提供参考。

下面首先概述日本温室气体减排政策的主要框架，其次考察日本 47 个都道府县和 21 个主要大城市（东京都和 20 个政令指定都市）的 CO_2 排放及其与所在地经济社会特性的相互关系，最后总结和介绍日本城市化地区正在实施的温室气体减排措施。

10.1.1　日本温室气体减排政策的主要框架

2010 年以来，日本在温室气体减排方面向世界承诺了三个目标：第一个是按照 1997 年的《京都议定书》，日本必须在 2008 年至 2012 年期间内，比 1990 年减排 6%；第二个是 2008 年 7 月在日本北海道洞爷湖召开的 G8 首脑会议上日本首相福田康夫向世界宣布的长期目标，即到 2050 年时碳排量削减 60%~80%，使日本成为在世界上值得夸耀的“低碳社会”；第三个是 2009 年 9 月鸠山由纪夫首相在联合国大会演说中宣布的中期目标，即在其他主要国家共同参与的前提下，到 2020 年时日本的温室气体比 1990 年减排 25%。为了实现这些目标，日本建立了一个以专门法律《地球温暖化对策推进法》为基础、《京都议定书目标达成规划》和《低碳社会建设行动规划》等战略规划为中心、《低碳城市建设指导方针》等各领域的具体实施措施为辅助的法规、政策体系。

1.《地球温暖化对策推进法》

日本在温室气体减排方面的主要法律为《京都议定书》通过后第二年（1998 年 10 月）颁布的《地球温暖化对策推进法》。随着《京都议定书》在 2002 年获得日本国会正式批准，2005 年生效，2008 年进入约定期，《地球温暖化对策推进法》也随之经过了几次修订。

2.《京都议定书目标达成规划》

根据《地球温暖化对策推进法》，为了确保温室气体减排目标的实现，2005 年 4 月日本政府制定了《京都议定书目标达成规划》。2008 年 3 月，配合“低碳社会”长期目标的提出，此规划作了全面改订，并定期进行达成情况的检查和报告。因此，从这个达成规划上可以看到日本有关温室气体减排方面的主要政策措施框架，其内容可概括为表 10.1。

表 10.1　日本的有关温室气体减排方面主要政策措施框架

城市和地域的低碳构造及低碳社会经济系统的形成
● 集约型城市构造的实现（如促进居住、公共设施、商业等城市机能向市中心集中等） ● 街区、地区层面的措施（如对有较大减排效果的项目进行资助等） ● 地区内不同建筑物内不同企业之间的能源的统筹利用 ● 通过绿化、改善城市热岛效应来实现城市的低碳化 ● 住宅的长寿命化（如对长期优良住宅的认定及税制上的优惠） ● 低碳型交通、物流体系的设计
产业部门
● 促进和加强产业界的自主行动规划 ● 促进使用能效高的设备和器械 ● 企业内部对能源的彻底管理
业务等其他部门
● 促进和加强产业界的自主行动规划；国家机关办公室带头实行 ● 国民运动的展开（如办公室废止使用西装制服以节约空调费用） ● 建筑物、设备、器械的省 CO_2 化 ● 企业内部对能源的彻底管理
家庭部门
● 国民运动的展开（如环境教育等） ● 住宅、设备、器械的省 CO_2 化
运输部门
● 促进和加强产业界的自主行动规划 ● 汽车、道路交通流对策，改善交通速度以减少能耗 ● 促进公共交通的利用以减少能耗高的汽车交通量 ● 促进通过电脑终端、电传等与办公室联系的在家工作方式以减少交通量 ● 物流的高效化
能源转换部门
● 促进和加强产业界的自主行动规划 ● 现有能源的低碳化 ● 生物质能源等新能源的促进、上下水道废弃物等未利用能源的使用

3.《低碳社会建设行动规划》

配合 2008 年 7 月首相福田康夫向世界宣布的 2050 年实现“低碳社会”的长期目标，日本环境省制定了《低碳社会建设行动规划》，其主要内容见表 10.2。

表 10.2　日本环境省的《低碳社会建设行动规划》主要内容

Ⅰ 目标
● 公平、公正、有效的《京都议定书》之后的国际制度的确立 ● 各国减排总量的设定 ● 国际协作等
Ⅱ 革新技术的开发和现有技术的普及
● 革新技术的开发 ○ 革新技术开发路径图的切实执行 ○ 煤炭利用的高度化 ○ 环境能源国际协力伙伴设想的实现 ● 现有技术的普及 ○ 太阳光发电的大幅度扩大 ○ 温室气体零排放电力的比例提高到 50%以上 ○ 新一代汽车的导入 ○ 白炽灯的节能化（LED 等） ○ 节电电视、热水器、空调、冰箱的加速推广 ○ 节能住宅、办公楼、200 年长期优良住房的普及 ○ 原子力的促进 ○ 具有优势的原子力发电技术的出口 ○ 中央政府的率先实施
Ⅲ 推动国家低碳化的体制
● 排放量交易 ● 税制 ● 碳排量的可视化 ● 易于环境产业发展的金融制度
Ⅳ 对地方、国民的活动的支援
● 生物质能的开发利用 ● 低碳城市和地区的建设 ● 低碳社会、可持续性发展的教育 ● 传统工作方式和生活方式的改变（如节能习惯的养成，“夏日制”等）

4.《低碳城市建设指导方针》

由于日本 91%的人口居住在城市行政区内，低碳城市的建设是关键的组成部分。因此，主管城市规划建设的日本国土交通省配合以上国家决策，于 2010 年颁布了《低碳城市建设指导方针》，在指明今后日本城市的低碳化发展方针的同时，总结了在城市层面的政策和措施。

10.1.2　各都道府县、主要城市的 CO_2 排放量及其与所在地特性的关系

在出台了专门法律、国家减排目标和行动纲领之后，日本中央和地方携手，迅速把减排任务分解到各级政府，使得建设低碳社会成为全国各地共同承担、也能够有序推进的国家公益事业。2008 年以后，日本规定人口规模 20 万人以上的各级地方政府必须编制温室气体减排规划，全称“地球变暖对策地方公共团体实行计划（区域施策）”。为了帮助城市政府编制温室气体减排规划，环境省在原有编制指南的基础上进行了修订和改进，公布了《地球变暖对策地方公共团体实行计划（区域施策）制作手册》（以下简称《手册》）（日本環境省，2009）。该《手册》由正文篇、资料篇和案例集组成，正文篇详细讲解了有关温室气体排放量计算、排放量增减原因分析、未来趋势预测、减排目标设定、减排措施及其政策效果分析等方面的方法，资料篇和案例集进一步介绍了许多有实用参考价值的资料、数据、计算和分析实例（日本環境省，2012a，2012b，2016）。在中央政府的指导下，人口规模 20 万人以上的各级地方政府基本上都能够按照国家统一标准测算本地（本市）的温室气体排放量及其涉及的部门结构。

1. 日本各都道府县的 CO_2 排放量

表 10.3 和表 10.4 分别列出了 2011 年日本 47 个都道府县（1 级行政区）的 CO_2 排放量及其分部门构成比。从表 10.3 和表 10.4 可以看出以下两个显著特征。

表 10.3　日本各都道府县的 CO_2 排放量（单位：千吨）

地区	合计	产业部门	业务部门	家庭部门	运输部门	废弃物部门
北海道	55 347	18 264	14 065	12 156	10 507	355
青森县	13 644	5 694	2 330	2 549	2 947	124
岩手县	10 697	2 870	2 540	2 339	2 790	157
宫城县	18 843	4 996	5 329	3 916	4 379	223
秋田县	8 634	2 138	1 996	1 983	2 370	147
山形县	8 671	1 520	2 377	2 081	2 578	116
福岛县	16 903	5 034	3 781	3 508	4 357	224
茨城县	37 467	18 581	7 719	3 821	6 959	387
栃木县	17 229	6 355	3 606	2 638	4 414	217

续表

地区	合计	产业部门	业务部门	家庭部门	运输部门	废弃物部门
群马县	16 608	5 476	3 499	2 668	4 678	286
埼玉县	42 268	9 082	12 552	9 549	10 294	790
千叶县	65 026	35 774	10 033	8 599	9 936	683
东京都	76 339	7 454	36 050	19 545	12 027	1 263
神奈川县	64 054	19 638	20 121	12 191	11 278	827
新潟县	21 462	7 019	4 983	4 041	5 204	213
富山县	13 237	5 574	2 634	2 519	2 403	107
石川县	10 574	2 530	2 899	2 676	2 364	105
福井县	9 794	3 654	2 347	1 875	1 823	96
山梨县	6 402	1 548	1 583	1 147	2 016	108
长野县	17 353	5 229	3 338	3 426	5 200	161
岐阜县	17 203	5 180	4 062	3 236	4 477	247
静冈县	32 866	13 245	6 041	5 529	7 645	405
爱知县	77 222	33 309	17 191	12 020	14 054	648
三重县	21 887	11 029	3 488	3 034	4 207	130
滋贺县	12 199	5 031	2 395	1 973	2 656	144
京都府	16 894	3 530	5 512	4 010	3 614	229
大阪府	59 115	10 649	23 244	13 419	10 547	1 257
兵库县	61 928	35 291	9 098	8 198	8 639	702
奈良	8 029	1 350	2 331	1 992	2 186	169
和歌山县	14 623	9 009	1 762	1 517	2 229	105
鸟取县	5 666	1 747	1 403	1 157	1 304	56
岛根县	6 764	1 906	1 768	1 452	1 596	42
冈山县	41 354	28 509	4 252	3 907	4 468	217
广岛县	48 777	28 558	8 894	5 673	5 466	186
山口县	31 922	22 800	2 922	2 854	3 215	131
德岛县	7 946	3 010	1 708	1 381	1 783	64
香川县	9 581	3 419	1 927	1 749	2 396	89
爱媛县	19 292	10 749	2 890	2 404	3 116	133
高知县	7 611	2 966	1 670	1 263	1 643	70

续表

地区	合计	产业部门	业务部门	家庭部门	运输部门	废弃物部门
福冈县	50 604	19 130	13 224	8 559	9 190	501
佐贺	7 708	2 583	1 783	1 413	1 848	82
长崎县	10 375	2 437	2 732	2 336	2 749	120
熊本县	14 576	4 420	3 983	2 223	3 777	174
大分县	29 013	22 480	2 131	1 456	2 808	138
宫崎县	10 455	3 861	2 080	1 814	2 651	49
鹿儿岛县	15 049	4 005	3 760	2 681	4 426	178
冲绳县	12 022	3 061	2 870	3 100	2 811	180
全国合计	1 181 233	461 694	278 901	203 579	224 026	13 033
东京都市圈	247 687	71 948	78 757	49 884	43 535	3 562
名古屋都市圈	116 312	49 517	24 741	18 290	22 738	1 026
大阪都市圈	172 789	64 860	44 342	31 110	29 872	2 605
三大都市圈合计	536 787	186 326	147 840	99 284	96 144	7 193
三大都市圈占全国比例/%	45.4	40.4	53	48.8	42.9	55.2

资料来源：作者根据日本环境省公布的数据（https://www.env.go.jp/policy/local_keikaku/kuiki/tools_3.html）整理、计算

表 10.4　日本各都道府县 CO_2 排放量的部门构成比

地区	合计/千吨 CO_2	产业部门/%	业务部门/%	家庭部门/%	运输部门/%	废弃物部门/%
北海道	55 347	33	25.4	22	19	0.6
青森县	13 644	41.7	17.1	18.7	21.6	0.9
岩手县	10 697	26.8	23.7	21.9	26.1	1.5
宫城县	18 843	26.5	28.3	20.8	23.2	1.2
秋田县	8 634	24.8	23.1	23	27.4	1.7
山形县	8 671	17.5	27.4	24	29.7	1.3
福岛县	16 903	29.8	22.4	20.8	25.8	1.3
茨城县	37 467	49.6	20.6	10.2	18.6	1
枥木县	17 229	36.9	20.9	15.3	25.6	1.3
群马县	16 608	33	21.1	16.1	28.2	1.7
埼玉县	42 268	21.5	29.7	22.6	24.4	1.9

续表

地区	合计/千吨 CO_2	产业部门/%	业务部门/%	家庭部门/%	运输部门/%	废弃物部门/%
千叶县	65026	55	15.4	13.2	15.3	1
东京都	76339	9.8	47.2	25.6	15.8	1.7
神奈川县	64054	30.7	31.4	19	17.6	1.3
新潟县	21462	32.7	23.2	18.8	24.2	1
富山县	13237	42.1	19.9	19	18.2	0.8
石川县	10574	23.9	27.4	25.3	22.4	1
福井县	9794	37.3	24	19.1	18.6	1
山梨县	6402	24.2	24.7	17.9	31.5	1.7
长野县	17353	30.1	19.2	19.7	30	0.9
岐阜县	17203	30.1	23.6	18.8	26	14
静冈县	32866	40.3	18.4	16.8	23.3	1
爱知县	77222	43.1	22.3	15.6	18.2	0.8
三重县	21887	50.4	15.9	13.9	19.2	0.6
滋贺县	12199	41.2	19.6	16.2	21.8	1.2
京都府	16894	20.9	32.6	23.7	21.4	1.4
大阪府	59115	18	39.3	22.7	17.8	2.1
兵库县	61928	57	14.7	13.2	14	1.1
奈良	8029	16.8	29	24.8	27.2	2.1
和歌山县	14623	61.6	12.1	10.4	15.2	0.7
鸟取县	5666	30.8	24.8	20.4	23	1
岛根县	6764	28.2	26.1	21.5	23.6	0.6
冈山县	41354	68.9	10.3	9.4	10.8	0.5
广岛县	48777	58.5	18.2	11.6	11.2	0.4
山口县	31922	71.4	9.2	8.9	10.1	0.4
德岛县	7946	37.9	21.5	17.4	22.4	0.8
香川县	9581	35.7	20.1	18.3	25	0.9
爱媛县	19292	55.7	15	12.5	16.2	0.7
高知县	7611	39	21.9	16.6	21.6	0.9
福冈县	50604	37.8	26.1	16.9	18.2	1

续表

地区	合计/千吨 CO_2	产业部门/%	业务部门/%	家庭部门/%	运输部门/%	废弃物部门/%
佐贺	7 708	33.5	23.1	18.3	24	1.1
长崎县	10 375	23.5	26.3	22.5	26.5	1.2
熊本县	14 576	30.3	27.3	15.2	25.9	1.2
大分县	29 013	77.5	7.3	5	9.7	0.5
宫崎县	10 455	36.9	19.9	17.4	25.4	0.5
鹿儿岛县	15 049	26.6	25	17.8	29.4	1.2
冲绳县	12 022	25.5	23.9	25.8	23.4	1.5
全国合计	1 181 233	39.1	23.6	17.2	19.0	1.1
东京都市圈	247 687	29.2	30.9	20.1	18.2	1.5
名古屋都市圈	116 312	41.2	20.6	16.1	21.1	1.0
大阪都市圈	172 789	35.9	24.6	18.5	19.6	1.4
三大都市圈合计	536 787	35.5	25.4	18.2	19.7	1.3

资料来源：作者根据日本环境省公布的数据（https://www.env.go.jp/policy/local_keikaku/kuiki/tools_3.html）整理、计算

（1）在 CO_2 排放量的地区分布上，三大都市圈（东京都市圈、名古屋都市圈、大阪都市圈）的排放量占到全国 45.4%，反映了这些地区经济社会活动的高度集聚。

（2）在 CO_2 排放量的分部门结构上，按比例高低排列，日本的主要排放源依次为产业部门（指第一产业、第二产业，占 39.1%）、业务部门（指运输业以外的第三产业，占 23.6%）、运输部门（各类海陆空运输部门，占 19.0%）、家庭部门（占 17.2%）和废弃物部门（占 1.1%）。而三大都市圈的主要排放源依次为产业部门（占 35.5%）、业务部门（占 25.4%）、运输部门（占 19.7%）、家庭部门（占 18.2%）和废弃物部门（占 1.3%），与全国相比，业务部门（第三产业）和家庭部门的占比相对较高。

2. 日本主要 21 城市的 CO_2 排放量

日本作为一个高度都市化国家（设市地区的总人口占全国总人口 91%），全国的碳排放量主要来源于城市。其中，由东京和 20 个政令市（人口至少 50 万以上，在许多方面享有和 47 个都道府县同等权限的中心城市）构成的 21 个主要城市，更是日本政府重点监测的温室气体排放源。表 10.5 和表 10.6 分别列出了 2011 年日本 21 个主要城市的 CO_2 排放量及其分部门构成比。

表 10.5　日本主要城市 CO_2 排放量（单位：千吨）

城市	合计	产业部门	业务部门	家庭部门	运输部门	废弃物部门
札幌市	14 353	1 591	5 666	4 432	2 570	94
仙台市	7 649	867	3 098	1 973	1 619	91
埼玉市	6 737	694	2 727	1 679	1 493	144
千叶市	8 270	3 467	1 976	1 357	1 345	124
东京都	76 339	7 454	36 050	19 545	12 027	1 263
横滨市	23 794	5 009	8 904	5 053	4 522	305
川崎市	11 155	4 601	2 879	2 019	1 496	160
相模原市	4 659	1 296	1 428	932	913	89
新潟市	6 763	1 616	1 973	1 488	1 606	80
静冈市	5 438	1 434	1 362	1 116	1 379	147
浜松市	5 930	1 835	1 290	1 159	1 569	77
名古屋市	18 812	3 382	7 736	4 063	3 470	161
京都市	9 469	1 659	3 717	2 324	1 630	139
大阪市	22 783	2 732	12 227	4 439	2 864	521
堺市	6 192	2 165	1 511	1 249	1 146	121
神户市	15 369	7 283	3 221	2 427	2 233	204
冈山市	8 494	3 652	1 898	1 475	1 372	96
广岛市	15 818	7 320	4 306	2 397	1 715	80
北九州市	11 291	4 868	2 620	1 776	1 901	126
福冈市	12 120	1 795	5 436	2 649	2 048	191
熊本市	4 983	727	1 922	956	1 277	100
21 市合计	296 417	65 445	111 949	64 511	50 196	4 316
21 都市占全国比例/%	25	14	40	32	22	33

资料来源：作者根据日本环境省公布的数据（https://www.env.go.jp/policy/local_keikaku/kuiki/tools_3.html）整理、计算

表 10.6　日本主要城市 CO_2 排放量部门构成比

城市	合计/千吨 CO_2	产业部门/%	业务部门/%	家庭部门/%	运输部门/%	废弃物部门/%
札幌市	14353	11.1	39.5	30.9	17.9	0.7
仙台市	7649	11.3	40.5	25.8	21.2	1.2
埼玉市	6737	10.3	40.5	24.9	22.2	2.1

续表

城市	合计/千吨 CO_2	产业部门/%	业务部门/%	家庭部门/%	运输部门/%	废弃物部门/%
千叶市	8270	41.9	23.9	16.4	16.3	1.5
东京都	76339	9.8	47.2	25.6	15.8	1.7
横滨市	23794	21.1	37.4	21.2	19	1.3
川崎市	11155	41.2	25.8	18.1	13.4	1.4
相模原市	4659	27.8	30.6	20	19.6	1.9
新潟市	6763	23.9	29.2	22	23.7	1.2
静冈市	5438	26.4	25	20.5	25.4	2.7
浜松市	5930	31	21.7	19.5	26.5	1.3
名古屋市	18812	18	41.1	21.6	18.4	0.9
京都市	9469	17.5	39.3	24.5	17.2	1. 5
大阪市	22783	12	53.7	19.5	12.6	2.3
堺市	6192	35	24.4	20.2	18.5	2
神户市	15369	47.4	21	15.8	14.5	1.3
冈山市	8494	43	22.4	17.4	16.2	1.1
广岛市	15818	46.3	27.2	15.2	10.8	0.5
北九州市	11291	43.1	23.2	15.7	16.8	1.1
福冈市	12120	14.8	44.9	21.9	16.9	1.6
熊本市	4983	14.6	38.6	19.2	25.6	2

资料来源：作者根据日本环境省公布的数据（https://www.env.go.jp/policy/local_keikaku/kuiki/tools_3.html）整理、计算

从表 10.5 和表 10.6 可以看出以下几个特征。

（1）21 个主要城市的排放量合计占到全国总排放量的 25%。特别是业务部门和家庭部门排放量占全国相同部门的比例更为突出（分别为 40%和 32%），反映了服务业和人口在主要城市的高度集聚。

（2）21 个主要城市的排放量虽然比一般城市要大，但是城市间排放规模仍有非常大的差异。各城市的碳排放规模与城市人口规模和 GDP 规模有很强的相关性，如人口规模最大的 4 大都市东京、横滨（属于东京圈）、大阪、名古屋同样也是碳排放量的前 4 位城市。但是，城市产业结构、空间结构等因素也对碳排放规模产生相当大影响。例如，钢铁工业等重工业相对集中的北九州、川崎的排放量要高于人口规模更大的京都。

（3）在 CO_2 排放量的分部门结构上，主要城市间也存在相当大差异。三大

都市圈的核心城市（东京、横滨、名古屋、大阪、京都）以及地方圈的中心城市（如九州的福冈、北海道的札幌、东北的仙台）等城市，第三产业发达、人口集中，其主要排放源为业务部门和家庭部门，而其他大多城市的主要排放源则为产业部门。

3. 主要城市人均 CO_2 排放量及其和城市特性的关系

与 CO_2 排放总量相比，人均 CO_2 排放量更能反映一个城市的低碳化发展水平。表 10.7 比较了 2011 年日本 21 个主要城市的人均 CO_2 排放量和城市特性指标，表 10.8 则列出了日本主要城市人均 CO_2 排放量（总量、分部门）与其特性指标间的相关系数。

表 10.7　日本主要城市的人均 CO_2 排放量和城市特性指标（2011 年）

城市	人均排放量/吨 CO_2						GDP/10亿日元	人均GDP/千日元	人口/千人	人口密度/（千人/千米^2）	第三产业占比/%
	人均合计	产业部门	业务部门	家庭部门	运输部门	废弃物部门					
札幌市	7.4	0.8	2.9	2.3	1.3	0	6 386	3 311	1 929	1 720	89
仙台市	7.2	0.8	2.9	1.9	1.5	0.1	4 366	4 115	1 061	1 350	88
埼玉市	5.5	0.6	2.2	1.4	1.2	0.1	4 018	3 253	1 235	5 680	86
千叶市	8.6	3.6	2.1	1.4	1.4	0.1	3 527	3 660	964	3 541	74
东京都	5.8	0.6	2.7	1.5	0.9	0.1	92 857	7 057	13 159	12 022	87
横滨市	6.4	1.4	2.4	1.4	1.2	0.1	12 666	3 426	3 697	8 499	81
川崎市	7.8	3.2	2	1.4	1	0.1	5 129	3 564	1 439	9 970	70
新潟市	8.3	2	2.4	1.8	2	0.1	2 976	3 668	811	1 117	79
名古屋市	8.3	1.5	3.4	1.8	1.5	0.1	11 991	5 290	2 267	6 944	87
京都市	6.4	1.1	2.5	1.6	1.1	0.1	6 126	4 160	1 473	1 779	76
大阪市	8.5	1	4.6	1.7	1.1	0.2	18 705	6 986	2 677	12 006	86
神户市	10	4.7	2.1	1.6	1.4	0.1	6 234	4 043	1 542	2 790	77
冈山市	11.9	5.1	2.7	2.1	1.9	0.1	2 665	3 739	713	902	80
广岛市	13.4	6.2	3.6	2	1.5	0.1	4 865	4 118	1 181	1 305	80
北九州市	11.6	5	2.7	1.8	2	0.1	3 374	3 472	972	1 985	71
福冈市	8.1	1.2	3.6	1.8	1.4	0.1	6 779	4 543	1 492	4 367	90
熊本市	6.8	1	2.6	1.3	1.7	0.1	2 376	3 221	738	1 894	—
相模原市	6.5	1.8	2	1.3	1.3	0.1	1 965	2 731	720	2 189	—
静冈市	7.6	2	1.9	1.6	1.9	0.2	3 028	4 251	712	505	—

续表

城市	人均合计	人均排放量/吨 CO_2					GDP/10亿日元	人均GDP/千日元	人口/千人	人口密度/（千人/千米^2）	第三产业占比/%
		产业部门	业务部门	家庭部门	运输部门	废弃物部门					
浜松市	7.4	2.3	1.6	1.5	2	0.1	2 820	3 538	797	512	—
堺市	7.3	2.6	1.8	1.5	1.4	0.1	2 760	3 276	842	5 617	—

资料来源：作者根据日本环境省公布的数据（https://www.env.go.jp/policy/local_keikaku/kuiki/tools_3.html）整理、计算

表 10.8　日本主要城市特性指标与人均 CO_2 排放量（总量、分部门）的相关系数（2011 年）

指标	人均排放量	产业部门	业务部门	家庭部门	运输部门	废弃物部门	GDP	人均GDP	人口规模	人口密度	第三产业占比
人均排放量	1										
产业部门	0.91	1									
业务部门	0.23	−0.15	1								
家庭部门	0.53	0.23	0.42	1							
运输部门	0.62	0.51	−0.08	0.54	1						
废弃物部门	0.15	0.13	0.2	−0.32	−0.01	1					
GDP	−0.35	−0.33	0.1	−0.24	−0.48	−0.04	1				
人均 GDP	−0.16	−0.33	0.62	−0.11	−0.44	0.33	0.73	1			
人口规模	−0.4	−0.36	0.05	−0.27	−0.51	−0.1	0.99	0.68	1		
人口密度	−0.46	−0.42	0.21	−0.58	−0.7	0.3	0.61	0.65	0.63	1	
第三产业占比	−0.37	−0.64	0.55	0.3	−0.2	−0.21	0.29	0.41	0.29	0.14	1

资料来源：作者的计算

从表 10.7、表 10.8 可得出以下结论。

（1）日本主要城市的人均 CO_2 排放量和城市经济规模（GDP）、经济发展水平（人均 GDP）间存在一定的负相关关系；和第三产业占比（产业结构的高度化）间存在较强的负相关关系；和人口规模、人口密度间也存在较强的负相关关系。总体而言、日本城市的人均温室气体排放量有随城市产业高度化、经济发展水平上升而下降的趋势。

（2）城市特性对不同部门的排放量的影响，差异颇大。例如，产业部门的 CO_2 排放量和表中所有城市特性指标［城市经济规模（GDP）、经济发展水平（人均 GDP）、第三产业占比、人口规模、人口密度］间均显示有较强的负相关关系。与此相对，业务部门的 CO_2 排放量和所有这些城市特性指标间则显示出正相关关系，特别是和经济发展水平（人均 GDP）以及第三产业占比之间有相当强的正相

关关系。其他部门与这些指标间的相关关系则有正有负。

10.1.3　日本城市地区的低碳城市建设的方针和实践

1. 低碳城市建设的基本方针

根据对日本各都道府县和主要城市的碳排放量的监测、推算和分析，日本各级政府大体把握了碳排放的分布格局和影响因素（日本環境省，2012a）。城市地区自然成为推进减排目标的主要对象地区。为此，环境省会同城市建设主管部门以及全国各地城市政府及时推出了日本低碳城市建设的基本方针（日本国土交通省，2010），并且不断摸索和改善各种减排措施。

日本低碳城市建设的基本方针中，“向集约型城市结构的转换”是核心内容，这是因为较紧凑的空间结构（较高的人口密度、较紧凑的交通体系等）被证明对城市的碳排放量有减少效果（负影响）。各地的低碳城市建设的基本方针大致相似，大致包括：①集约型城市结构的实现；②推进交通减流措施；③推广利用公共交通工具；④推动低碳节能建筑的普及；⑤能源的统筹利用；⑥利用城市废热和推广可再生能源；⑦保护吸收源；⑧推进木质生物能源的利用；⑨对热岛效应采取措施，改善热环境。

2. 低碳城市建设的具体措施

1）交通与城市结构方面的具体措施

（1）向集约型城市结构的转换：在布局上把公共设施及服务设施等集中起来，并引导居住区的就近发展。

（2）道路建设（改善行驶速度）：建设道路，使汽车交通通畅化；路口的立交化；拥堵铁路道口等的对策；智能交通系统的发展。

（3）汽车交通需求的调整（交通需求管理）：泊车换车制；运输专用道；车辆共享；拼车；建设方便使用自行车的环境；在家办公；移动管理；停车管理（城市边缘停车场、停车场供应控制、停车费用的控制）。

（4）公共交通建设：铁路、轻轨、快速公交系统的建设；社区公交的引进；公交线路的改进；站前广场等交通枢纽建设。

（5）促进公共交通工具的使用：适当的运费设定；运行频度的改善；公交车站服务的改善；IT 技术的灵活使用（IC 卡引进等）。

2）能源方面的具体措施

（1）削减能源负荷的措施：老旧建筑物的大面积重建；地区能源管理系统。

（2）提高能源利用效率的措施：能源的地区管理（a.地区冷暖气系统；b.建

筑物间热融通）；土地利用的复合化。

（3）使用未利用能源的措施：垃圾处理厂排热；下水道设施的未利用能源；河流和海水的温差能源；地下水的温差能源；工厂排热；地铁和地下街的排热；冰雪冷热。

（4）利用可再生能源的措施：用太阳能（a.利用发电；b.利用热能）；利用热能；利用生物能源。

3）绿化方面的具体措施

（1）基于城市总体规划、城市规划及条例等的措施：公共交通和土地使用相关的绿地政策；绿化带构想；有效利用耕地；对空闲地实施绿化。

（2）推动公园绿地的建设和城市绿化的措施：植树项目；贡献于社会和环境的绿地评测系统。

（3）绿化管理和培训措施：绿荫道路项目；市民森林。

（4）绿化税和合作金制度：县民绿化税；绿化税条例；绿化合作金；企业赞助商。

（5）保护并正确管理大规模的绿地：自然再生项目；木质系资源的循环利用系统。

（6）木质生物能源的有效利用。①可再生能源：森林管理和木材利用项目；推进森林措施，灵活运用木质生物能源；木质生物能源气体化发电项目。②有机肥的活用：绿化高速公路；绿化税条例；绿化合作金；企业赞助商。

（7）热岛效应措施。①广域范围：宏观模拟；城市环境基础设施的综合设计；特别绿地保护区域。②城市范围：城市环境气象图；绿化地区制度；水和绿化网络；考虑到风道等的水和绿化网络。③地区范围：考虑到风道的开发；绿色窗帘；在校园铺设草坪；绿化率；绿荫的形成。

10.1.4 日本经验对中国的启示

作为领先世界的环境先进国和低碳战略先行者，日本城市化地区的低碳化发展政策和具体措施对于同处亚洲的中国有许多启示。特别是以下几方面值得借鉴。

第一，为了实现温室气体减排战略目标，日本逐步形成和完善了以专门法律《地球温暖化对策推进法》为基础、《京都议定书目标达成规划》和《低碳社会建设行动规划》等战略规划为中心、《低碳城市建设指导方针》等各领域的具体实施措施为辅助的政策体系。

第二，在建立了以专门法律、国家减排战略规划和行动规划之后，日本中央和地方携手，迅速把减排任务分解到各级政府，使得建设低碳社会成为全国各地共同承担、有序推进的国家公共事业。在中央政府的指导下，人口规模 20 万人以上的各级地方政府基本上都能够按照国家统一标准测算本地（本市）的温室气体排放量及其涉及的部门结构（横浜市，2012；横浜市地球温暖化対策事業本部，2010），并把这些信息通过互联网及时公开共享，使得各级政府决策者、研究人员和全社会成员都对日本的温室气体排放现状有一个共同、正确的把握，能有效地利用相关数据开展对各地各部门（领域）温室气体排放的影响因素的深入分析。

第三，城市作为温室气体排放的主要地区，日本高度重视以“向集约型城市结构转换”为核心的低碳城市建设。许多具体的低碳化措施，包括交通与城市结构方面、能源利用方面、城市绿化方面的具体措施，通过试点、交流、相互学习，被逐步推广、实践。从各地的实施结果看，可以说稳步有序、富有成效。与此同时，关于城市规模、城市产业结构、城市空间结构对温室气体排放的影响方面的数据积累和分析结果，对中国的城市化政策和低碳战略的实施也很有参考价值。

第四，围绕建设低碳社会这一目标，日本政府首先重视形成全社会的共同认识，使得温室气体减排和环境保护成为全体国民高度关心、自发参与的国家事业。同时、全社会的环保需求的扩大也促进了环境产业、环境技术的发展（内閣官房地域活性化統合事務局，2012）。因此，在推进各项规划时，中央政府和地方政府之间，以及国民、企业、社会舆论和政府部门之间，总体能保持高度协调。这种相互信任、齐心协力的和谐关系是保证日本推进低碳社会建设的突出优势。

10.2　英国的低碳排放发展战略

20 世纪 90 年代以来，不管是发达国家还是发展中国家都致力于制定气候变化应对计划和可持续发展战略。进入 21 世纪，一些国家开始制定更有针对性的战略，称为低排放发展战略（low emission development strategy，LEDS），如英国低碳转型方案。

英国制订了专门的低碳转型方案——《英国低碳转型计划》（The UK Low Carbon Transition Plan，简称 LCTP），时间跨度为 2009~2020 年，其长期目标在于提高能源安全的同时实现去碳化，最大化经济效益、减少经济的脆弱性，而具体减排目标为与 1990 年相比，2020 年减少 34%碳排放。针对每个经济部门都有优先发展项目。气候变化部门每年度都将公布能源排放预测，其减排潜在损失以及减排成本都包括在方案内，并对项目进行脆弱性评估，资金由英国政府提供，由英国能源与气候变化部（Department of Energy and Climate Change，DECC）以及气候变化委员会来负责具体实施。

LCTP 在低排放发展战略中的实施情况按照三个标准的具体表现有：在与发展计划的相关性方面，到 2020 年经济规模翻一番，同期达到碳排放目标；在经济发展的关联度方面，由英国财政部自行制订碳排放方案，再并入 LCTP 中；在财政预算的映射路径方面，2008 年生效的《气候变化法案》规定了碳排放量并对筹备 LCTP 负责。

LCTP 由一系列同一时间发布的部门发展战略支撑而成，包括《英国低碳工业战略》《英国可再生能源战略》《低碳转变：一个更加绿色的未来》。

10.2.1 《英国低碳转型计划》简介

1. 英国政府应对气候变化的五点计划（张静，2012）

1）保护公众免受直接风险

英国的气候已经发生了变化。自 1990 年以来数年间英国政府的支出增加了一倍多用于防洪。1997 年，英国在国民健康保险制度方面开发了一个热浪计划，用于帮助社区免受海岸侵蚀的影响。

2）为未来做准备

应对气候变化，需要采取措施减少未来的排放。英国的气候预测有助于着眼于未来的气候计划。要在做决策的过程中将气候风险的因素考虑进去，比如改变构建房子和基础设施的方式，更好地进行水管理以及调整农业实践。

3）建立新的国际气候变化协议

通过建立一个新的国际气候变化气候协议来限制未来全球气温上升，避免气候变化的消极影响。2009 年 12 月，政府在哥本哈根签订的新国际气候变化协议中发挥了重要的作用。该协议确保了未来的排放目标。

4）建立一个低碳英国

要建立一个低碳英国，发挥在全球气候变化中的作用。2008 年英国根据《气候变化法案》，编制了世界上第一个具有法律约束力的“碳预算”，该预算旨在削减英国未来的排放，制定 2020 年以及 2050 年的排放目标，采取的措施有加大在能源效率和清洁能源技术上的投资，如可再生能源、核能以及碳捕捉和存储等方面的投资。该白皮书制订了建立低碳英国的过渡计划：削减排放，保证能源供应、最大化经济机会和保护最脆弱群体。

5）支持个人、社区和企业发挥自己的作用

每个人在应对气候变化方面都应该发挥自己的作用，为适应计划而减少自己的碳排放。为了建立“减排”信息活动，政府要为个人、社区和企业提供一系列支持，比如在能源效率上提供金融援助计划。

2.《英国低碳转型计划》涉及的内容

《英国低碳转型计划》制定了英国到 2020 年的低碳转变路线图。通过制定低碳排放预算、通过对排放的法律限制，该计划将推动各个领域的变化，如产生能量的方式、在家庭和工作场所的取暖方式以及旅行方式（张剑波，2012）。

计划为未来的清洁行业提供了良好的发展时机。通过一些技术的应用达到固碳的效果，比如可以为新的、可持续的工业中心铺设管道和基础设施，通过工程知识赢得其他国家的合同，通过跨业务的商业建立更节能、高效的技能。比如互联网领域，节省碳成为它们商业模式的一部分：财政官员清楚它们在碳方面的储蓄和负债，每一个建立者都拥有节省能源的技能。政府的任务是使低碳成本最小化并不断发展。因此，要致力于推动能源效率，确保最严厉的监管和为最脆弱群体提供额外的支持。

英国低碳问题是事关国家以及未来几代人的问题，也是紧迫的问题。转型需要全面的计划、各方面的努力来实现。除了政府，每个部门，每个社区都需要行动起来为低碳做出贡献。

为了推动转型，需要采取的措施包括：政府支持低碳经济，支持新技术和基础设施和为家庭和企业克服低碳壁垒的选择上提供帮助；提供安全的能源选择，为低碳提供可持续的投资；促进低碳和能源产业的繁荣；保护消费者，尤其是最脆弱群体；保护商业因为应对气候变化而产生的管理成本；采取措施最大化地保护环境。

3.《英国低碳转型计划》的关键步骤

（1）所有主要的英国政府部门制订自己的碳预算计划。

2008 年《气候变化法案》提出了到 2020 年英国的第一次综合低碳过渡计划。政府为低碳能源提供额外的定制的支持，由政府可再生能源办公室具体部署相关工作。到 2020 年电力的 40%左右来自低碳能源，30%来自可再生能源，到 2050 年几乎所有的电力需要来自可再生能源，新核电站的规划需要政府监管机构的批准，建立四个固碳的煤炭发电站，规划未来的智能电网。

政府要保证电能的安全供应，为多元化投资组合的低碳技术创造一个支持性环境，加强市场监管以发展适应低碳的不同发电技术，逐步向低碳市场过渡。

（2）改变我们的家庭和社区。

改变我们的家庭，让家庭更环保，更节能。比如建造更环保的房子，制订清洁能源购物支持服务计划，在城市、城镇与农村开展绿色创新。

具体措施有：增加供应商在能源方面的义务，帮助家庭减少排放和节约能源，并设定供应商的碳减排目标；在低收入地区的社区为 90 000 户家庭开展节能项目，这是一个以社区为基础来实现高效节能的方法；采用一种依靠以前的薪酬来支付的模式，以更便宜的价格获得更低碳的房子；采用清洁能源计划来鼓励人们、商业和社区使用低碳能源，给他们一定物质上的补助。

为此，政府要鼓励集体行动：到 2020 年每个家庭都安装智能电表，通过这一举措提高人们的节能意识，提高能源公司的服务；鼓励提供智能显示服务，推出个人低碳和节能奖励计划；为家庭提供更加积极主动的服务，在低碳方面为他们提供信息和建议；在 15 个社区开展绿色创新的活动。

另外，政府还要采用新方法：对于租房的能量等级证书提供咨询和信息；为新建的房子设立环境标准，从 2016 年开始，新房将实现“零碳房”；设立整个房子的长期节能措施；增加家庭的能源账单；修改立法保障消费者的利益。

（3）保护更脆弱群体的措施。

采用政府补贴物品价格的政策，在低收入领域提供绿色家园，提高取暖补助金的水平等。政府要为解决能源贫困问题设立一个合理可行的目标，从 2010 年最脆弱的家庭扩展到 2016 年的其他家庭。为了帮助最脆弱的家庭，政府已经加大了投入以保护更多的弱势群体，为能源效率措施和新的加热系统提供资助。比如燃料贫困者已经从政府和能源公司签订的协议中得到了折扣。

最后政府还要建立强制性社会价格支持，特别关注低收入者中的领取老年养老金的人群；增加暖锋拨款水平，减少大众对于节能的支出；确保家庭可以从低碳计划中获益，比如可再生热能奖励可以减少他们的支出，减少英国对天然气的需求。但英国对天然气的依赖程度一直很高，很大程度上多样性的天然气供应使英国依然受到国际争端的影响。未来为了确保安全供应，英国需要提高进口和储存天然气的能力，并与国际天然气供应商发展战略合作伙伴关系。

（4）改变工作场所和工作，使英国成为绿色工业中心。

比如加大对风能和海洋能源的投资，采用新电动汽车改变交通系统，削减碳排放。并制定了 2020 年改变工作场所和整个经济的目标。到 2050 年，工作场所需要使用更少的能源并利用清洁能源以减少温室气体排放以及节省成本。

削减工作场所的排放量，到 2020 年排放量比 2008 年降低 13%，并将英国建成全球的绿色制造中心。比如发展低碳海上风电等行业，采用海洋能源、低碳建筑和超低碳车辆。

政府帮助减少工作场所的碳排放措施包括：欧盟排放交易体系的高碳行业，将为低碳排放做出贡献；在节约能源和低碳投资技术方面，为公共部门和商业提供金融支持和激励（包括气候变化税以及气候变化协议、碳减排承诺、低成本贷款和补助等）；通过英国碳基金会、业务联系、废物及资源行动计划与顾问机构提供咨询建议以帮助所有工作场所实现碳减排。

帮助英国成为世界绿色经济中心，政府需要研究和开发新的低碳技术，发布详细的英国低碳产业战略，为推动主要技术的发展加大财政投入，包括加大海上风电投资，巩固英国在海洋能源的领先地位，开发英格兰西南地区为英国首个低碳经济区域；为智能电网，超低碳车辆基础设施和深层地热的探索提供支持；通过加强对研究和开发以及交付环节的支持帮助企业把握新机遇，并采取行动帮助员工发展新的技能；支持企业度过全球金融危机，促进企业利用欧洲投资银行的可再生新资本和其他能源项目，2015 年曾有 120 万人在绿色领域工作。

（5）建立处理农业耕作中的排放网络架构。

需要在农场、土地利用和废物方面找到减少排放的方式，来保护本国的环境，可持续地生产食物。2008 年英国只回收垃圾或者堆肥废物的 1/3，需要加强可持续管理。当时计划到 2020 年，在农业和废物上的排放量比 2008 年的水平降低 6%。

主要措施：鼓励英国的农民采取减排行动，实现 2020 年排放水平比 2008 年降低至少 6%，通过更有效地使用化肥和更好地管理牲畜和粪肥，支持发展将垃圾和粪便转化为可再生能源的厌氧消化技术；减少投放到垃圾填埋场的垃圾数量，更好地控制垃圾的碳排放，该计划还将鼓励私人资金用于开发林地。

（6）改变交通。

计划到 2020 年，交通方面的排放量比 2008 年降低 14%，并保证向低碳国家过渡期间所需要的石油供应；到 2050 年，能更高效地使用能源，并采用更低碳的能源，以减少温室气体的排放。

在建立低碳交通方面，要建设更绿色的未来，其中第一步就是提高车辆的燃油效率，政府要做到：到 2020 年，削减欧盟范围内新车的二氧化碳平均排放量到 95g/km，比 2007 年减少 40%；政府要树立榜样，为每个政府部门和机构因为行政目的而采购的新车能够满足欧盟标准而设立目标；欧盟迫切需要新的更有效率的货车；在 2010 年前后已投资发展几百个低碳公共汽车。

从长远来看，必须摆脱汽油和柴油。为此，政府需要通过以下途径测试不同的技术选项：在英国的道路上展示 340 个新的电动和低碳汽车，这是当时世界上最大的同类项目；为每辆低碳汽车提供价值 2000~5000 美元的资助以降低低碳汽车的价格，在英国的 6 个城市提供 3000 万英镑支持电动汽车充电基础设施的安装。承诺到 2020 年，10%的英国交通用能来源于可再生能源。

交通减排不仅要改变技术，还需要选择低碳旅游，政府发起了第一个可持续的旅游城市的竞争活动，在城镇建设一个项目，乘汽车旅游将下降 9%，步行旅游上升 14%，自行车旅行增加 12%；在 2008 年 11 月，投资 1.4 亿英镑发展自行车系统，在铁路车站投资发展自行车供给与停放。

政府正在努力签订国际协议来削减日益增长的国际航班和船舶排放，同时还应该做到：对欧洲机场所有抵达或离开航班设定排放上限，包括从 2012 年以来加入欧盟排放交易体系的航班；到 2050 年，限制英国航空排放水平低于 2005 年的水平，可以通过更高效的引擎和其他新技术来实现，需要政府政策的支持来改变机场乘客的责任。

从长远来看，英国需要减少交通对石油的依赖。政府需要确保英国所需石油产品的安全供应。政府的方法是开发自己的石油储备以达到经济最大化，与其他国家合作维持全球石油市场的良好运转，并不断改善英国燃料基础设施。

（7）为低碳计划建立长期的路线图和新的智能电网。

（8）建立国家能源安全远景评价系统。

10.2.2 《英国低碳转型计划》的经验借鉴

基于以上考察，可知《英国低碳转型计划》有以下几点经验可以借鉴。

1. 基于不同部门之间的协调合作

在筹备国家级气候变化战略中的第一步是建立一个高效的工作模式。英国已建立起气候变化跨部门委员会来促进不同部门之间的沟通以及为所制定的战略提供广泛的基础。不同部门之间的合作比较复杂和费时，可能会导致决策低效，所以把制定 LEDS 的机构简化成一个小型的跨部门小组。在英国，组建了一个 10 到 12 人的小组来负责起草低碳转型计划。这个团队花了约六个月的时间来完善 LCTP，并且争取到了政府的同意和支持。

不同部门间的参与可以加强和扩大 LEDS 的贯彻实施。政府间的协调能够向国内的利益相关者提供一个早期信号。英国向国内的利益相关者阐明了实施 LCTP 的几个好处：第一，制订一个连贯的计划来连接气候、能源计划和社会经济发展目标；第二，争取政府的支持和同意；第三，提高商人和民众的知情度以及自信心。

2. 目标设定阶段

目标设定可能会在起草 LEDS 之前、期中或者之后。在《英国低碳转型计划》中，2020 年和 2050 年的减排目标在 2008 年《气候变化法案》通过之后设定。

3. 与国家的经济发展目标相一致

LEDS 有助于阐述一个国家的战略，即通过重新定位生产基地和劳动力的组织架构来推进低碳经济的发展。《英国低碳转型计划》中说明英国将成为绿色工业中心，并进一步巩固在离岸风力水轮机、海洋可再生能源技术、电动车等行业的领先地位。此外，LEDS 可以减缓缺乏煤炭资源而造成的贫困。英国 LEDS 的目标之一是在 2016 年消除每个家庭的能源贫困，《英国低碳转型计划》具体阐述了这个目标，可行的手段有将资源集中在低收入群体的社会定价、可再生供热激励等，都有助于减缓家庭的能源贫困。

4. 不同部门之间的协调

为了和其他发展战略相协调，LEDS 有些方面可直接建立在已有的政策、措施基础上。英国的欧盟排放交易体系在 LEDS 提出之前已经存在，为了达成欧盟排放交易体系，英国还制定了许多辅助政策，如提高电力网格服务、推出智能电表，社区参与“绿色村庄、城市、城镇”评比等。

5. 不断修正和完善

LEDS 不应该是一个终点，而是一张随着国情变化和新技术的出现而不断修正和完善的路线图。国情既可能受自然环境的影响，也可能因政局变化而变化。英国新一届政府有可能重新对 LCTP 提出讨论，进行修正更新，这说明可以把 LEDS 看成一个不断修正更新的“动态战略文件”。

10.3　美国纽约低碳城市的发展战略与实践

10.3.1　纽约新城低碳建设的理论与理念

1. 引入生态足迹的概念

生态足迹（ecological footprint）也称“生态占用”，是指特定数量人群按照某一种生活方式所消费的、自然生态系统提供的各种商品和服务功能，以及在这一过程中所产生的废弃物需要环境（生态系统）吸纳，并以生物生产性土地（或水域）面积来表示的一种可操作的定量方法（Rees，1992）。它的应用意义是：通过生态足迹需求与自然生态系统的承载力（亦称生态足迹供给）进行比较即可以定量地判断某一国家或地区当前可持续发展的状态，以便对未来人类生存和社会经济发展做出科学规划和建议。

2. 国际层面上的环境问题

国际层面的气候变化大会中，关于如果分担义务和承担过失责任提出多种解决方案，谈判仍然会继续下去，以寻求找到合适的经济手段，解决人类活动对地球环境的危害。比如污染总量管制、交易制度以及货币化碳排放权。

如此迫切地解决环境污染问题，部分原因在于国内的政治因素和经济效率因素。1992 年哥本哈根联合国气候变化大会谈判的失败从本质上表明，由民主国家合作的全球环境治理行动是可望而不可即的。即使在单个国家层面上，大多数国家都不会主动遏制消费需求，以减轻污染排放，也不愿主动致力于发展本国的清洁能源（成本投入和技术限制）。

3. 城市在可持续发展中的地位

城市是实现经济与环境可持续发展中的一个极其重要的组成部分，发挥着举足轻重的作用。鉴于中央政府存在的政府职能失效和很多跨国公司对环境的不负责任的生产行为，城市是一个民主施政，抵制掠夺性的经济行为和保护环境可持续发展的组织。城市能够非常有效地部署它们的基础设施，将不同类别的生产活动集中起来完成。此外，还有许多系统只有城市可以支持。

4. 按照生态足迹理论重新建设纽约城

纽约市在能源效率方面居于美国城市首位。纽约是美国轨道交通最发达的城市。只有存在充足的人口密度支撑时地铁才能发挥出经济效益，并创造和提供其他有利的环境的优势，如减少车辆污染、限制其他基础设施的扩张、有助于提高城市的乐享程度和便利程度（贾宁等，2014）。

在给定政治的和技术的条件下，依据生态足迹相关理论重新设计一座纽约城。生态足迹的边界是纽约城的行政边界。建设这一项目的目的在于检验政府重新设计和改造的新纽约城能否完全自给自足，以及检验人类对地球环境的依赖程度有多大。最后通过对纽约城的改造，力图寻找一个在技术和形式上可行的城市模式，可以应用到世界的其他城市之中，使其减少对全球环境的依赖。

10.3.2　新纽约城的低碳建设工作重点与行动计划

建设低碳新纽约城的工作重点是研究城市一系列具体的“呼吸”功能：空气、温度、微气候、水、能源、交通、生产制造、废物处理等。其指导思想是城市的完全自治是建成可持续发展城市最实际可行的办法。研究的核心内容是从建筑学、规划学和技术层次出发尝试，评估每一项活动对城市生活的影响。

1. 工作重点

1）给社区充分的自主权

城市的功能一般情况下会通过规模效益与效率来定义，因此纽约一开始在寻求城市可持续发展转型的道路时，就确信应该认识到社区参与控制各项活动和拥有自治权的可能性。

社区作为城市组织的主要组成部分，应该拥有最大限度的自主权。社区是由人组成的政治实体，通过人与人面对面的接触，开展工作，保障和改善社区内所有人的共同利益。建立一个以社区作为经济活动单元的城市经济，社区要决定其居民人口数量、居民住房、居民就业和商业、娱乐、文化设施，包括其能源供给和废物处理。如果一切必要的日常生活是在以家为中心的步行范围内，将不必建设广泛的交通运输基础设施。这会产生额外的效应。如果城市之内没有汽车和宽敞的马路，它们占据的广阔空间可以转换为其他用途——农业、城市绿化、住房等。

社区经济也面临着多种问题，其中一个就是很难解决供水与排水的问题。在合流制排水系统下，污水和雨水由同一管道收集，在强烈暴雨下此系统很难解决排水问题。结果是大量废弃物伴随雨水进入城市河流，污染了河流的下游环境。事实上，通过设计循环性的水系统，将雨水的收集回收与污水的处理净化分开，可以减少对环境的污染。

2）解决粮食问题

其中一个非常突出的问题是食物，体现在食物的生产、消费和食物营养方面。为此纽约首先确定食物消费的来源必须处在城市的行政辖区边界内。纽约很快就发现食物生产可以利用以下种植环境，包括屋顶、建筑立面、改变用途的街道空间、空地、大量的垂直农场。但它也被证明有些是不切实际的。纽约初次研究发现，若满足食品 100%生产的可能性，就需要广泛部署和开发立体农场，这是一个纯粹的空间问题。纽约发现谷物的生长过程中需要的能量供给是巨大的，必须具有充足的光和热才能使其能够进行光合作用。

2. 可持续城市规划行动计划

要发展可持续的城市，需要顶级的城市规划者进行精心的城市规划布局。纽约根据能源智慧社区倡议（Energy Smart Communities Initiative，ESCI）提出了可持续城市规划行动计划，创建了一个使用 140 多项指标的城市规划示意图，并生成诊断报告卡提供给市长。诊断报告卡用不同的颜色标示出不同城市问题的优先级，以协助市长在城市长期规划布局里排列出短期的优先事项。

城市最常见的难题是适应气候变化和自然灾害管理。在大多数情况下，应对自然灾害的能力是在中央政府而不是地方政府的手中。所以当灾难来临，地方政府往往缺乏资源（包括饮用水、食品和卫生保健），难以快速响应，提供救灾援助并帮助居民重建。最重要的是，鉴于气候变化带来的灾害具有史无前例的性质，城市正在努力地识别面临危险的社区，并帮助它们做好灾难来临前的应对准备。

ESCI 存在一个致命弱点是提出的城市规划只是详细的指标评估，并没有将其付诸行动。原因在于政治和金钱两个方面。

拉丁美洲一些国家城市的市长有任期限制，短则三年并且不能连任。城市规划计划已解决了繁重的分析工作，提供给市政府一个现成的工具，但问题在于计划超出了市政府的公共预算，但市政府总可以筹集到资金以实现一些显而易见政绩的项目，而不是推行一些具有重大意义且耗时较长的项目。

解决资金问题的方法是向地方发展银行寻求帮助，来填补这一资金空缺。这些地方发展银行作为战略合作伙伴，通过投资将可持续城市发展计划落到了实处。并且地方发展银行还能以主人公的姿态来实践一个项目，促使项目更快地达到预期目标，并且会鼓励新上任的市长对这一项目继续坚持到底。对于地方发展银行而言，参与这一计划提高了它们的声望和生存能力。ESCI 的成功还取决于一些不太明显的东西，如市长和有关国家当局的参与程度。

最后强调一下减缓与适应气候变化行动计划。减缓与适应气候变化行动计划正在快速地发展。IPCC 的定义是适应和减缓（IPCC，2007b）。IPCC 认为减排是减少温室气体源和增加温室气体吸收装置，适应是在实际或预期的气候刺激或影响下的自然或人为的制度调整与干预。美国白宫环境质量委员会（Council on Environmental Quality，CEQ）援引美国国家研究委员会报告，使用以下定义：减排是加强对减少气候变化原因的干预，如通过减少温室气体排放到大气中，适应是自然或人为地将系统调整到一个新的状态以适应环境。

在气候变化的时代，中央政府和地方政府不断地倡议节能减排，并为具体实施提供一个实际可行的行动计划。此外，民意调查显示普通民众对于国家号召节能减排也愿意付诸行动。在市级层面，号召各市长签署气候变化保护协议，将节能减排的任务与具体行动的自主权交由市长来具体履行。要将减缓与适应气候变化行动的计划实施下去，必须要有足够的资金支持（何秋，2018）。在目前看来，联邦财政对气候计划的支持主要强调的是技术。国家鼓励使用可再生能源和推行能源效率标识。在资金方面的支持主要表现在税收上的经济激励和技术创新的奖励机制。

适应气候变化的内涵主要包括以下几个方面：基础服务设施的适应（根据城市所处地理环境而设计），雨水管理（主要目标是提高雨水的储存容量，改善城市排水系统，控制水土流失，建设可渗透性的表面设施有助于雨水渗入地下水层），城市树木绿化（降低城市热岛效应，减少空气中的二氧化碳），土地利用规划与政策（保持一个积极的气候变化立场，使用再生水灌溉农业，合理规划工业用地面积和结构）。

减缓气候变化的主要内容是减少温室气体排放，具体措施包含提高能源使用效率，发展可再生能源，减少交通运输化石能源消耗，发展节能技术。一方面采用创新节能技术，如通过使用创新的建筑设计，采用公共照明的方式和技术，推广太阳能技术。另一方面减少对能源使用的需求。

10.4　德国低碳城市建筑住房发展经验

德国能效政策包括新建筑和现有建筑的节能标准。新建建筑和现有建筑的能效投资通过补贴和软贷款项目给予经济支持。然而，经济资源是有限的，只有很小一部分建筑能获得。

2007 年 4 月，德国联邦政府实施了新的节约能源法规，代替了 2002 年的《节约能源条例》，并将欧盟《建筑能效指令》（Energy Performance of Buildings Directive，EPBD）改写到国家法律中。这些新法规规定现有住宅引入能源需求证书，从 2008 年初开始逐步采用。在这些法规下，拥有超过四单元的住宅所有者和房东将能够选择是否使用根据能源需求或实际能源消费所计算的能源需求证书。同时将适用于住宅内拥有多达四单元的住宅，如果它们的建造标准是 1977 年绝热法规或稍后该标准的升级版（陈海嵩，2009）。

能源需求证书将只强制用于早于 1977 年绝热法规之前建成的住宅（多达四单元），因为该法规不符合该级别规定。两种选择都可用于非住宅建筑。对于建成于 1965 年之前的住宅，能源需求证书在 2008 年 1 月 1 日强制实施。此后建成的住宅，能源需求证书在 2008 年 6 月 1 日强制实施。对于非住宅建筑，能源需求证书将在 2009 年 1 月 1 日强制实施。

德国联邦经济和技术部代表联邦政府在 2007 年 11 月颁发《国家能效行动计划》，以符合 2006 欧盟《能源终端使用效率和能源服务指令》。该行动计划概括总结了国家能源首脑会议、综合能源的能效行动和气候变化方案的结果。与建筑有关的几项能效措施列示如下：强化要求条件，大大提高建筑能效；扩展并启动各种推广项目，以调动商业和家庭部门成本效益最佳的实践；继续 CO_2 建筑现代化项目，并明确支持范围；增加公共节能建筑的投资；德国联邦政府节能产品和服务的采购；奖励更换非繁忙功率储存采暖系统；住宅节能承包；灵活设定电器和产品标准；能源消费标识的改进；能源研究的扩展以提高建筑能效。

10.4.1　联邦建筑

德国联邦政府实施一项针对联邦建筑的大型翻修项目，从 2008~2012 年项目期内年预算为 1 亿 2000 万欧元。同时，试点能源性能承包项目，以扩展其在公共部门的应用。比如，2016 年前，德国将扩大其 CO_2 建筑翻修项目，以提高建筑保温翻修率，从每年 1.3%增加到 1.6%。此外，在区域和地方，不论是私人部门还是公共部门，都已经大大促进了被动式或低能耗建筑的推广。据估算，德国联邦政府所有建筑的能效措施，作为联邦政府的职责，能源相关的 CO_2 排放在 2008~2012 年将比 1990 年基准年下降 30%。

10.4.2　管控措施

德国能效政策包括对新建筑和现有建筑的节能标准。德国政府很早就制定了管控政策来限制新建筑的能源消费，并针对现有建筑的重建制定法律。比如，在 1995 年 1 月，一项有关隔热保温的条例颁布，为新建筑结构和现有建筑的翻新提出隔热保温最低要求，1988 年 5 月，有关采暖设备的条例要求按照技术规定和标准安装新型空间供暖设备和热水系统。

德国建筑能源法规还要求配置中央采暖系统的复合住宅居住者将采暖和热水费用分开，使分配更合理。对此负责的政府机构也安排有资质的技术员为这些相关家庭提供咨询服务及建议。服务包括具体技术能效选择建议（如隔热材料、采暖设备），可能用到的可再生能源，以及所有能效措施的经济成本评价。

德国能源局进行过一项试点工程，该工程由联邦交通、建筑和城市事务部资助，纳入到 CO_2 建筑重建项目框架中，工程涵盖了超过 140 处建筑，测试其能效并翻新以达到或优于新建筑标准（或节能条例），部分使用新被动式住房部件，项目得到了德国工业界的支持。

10.4.3　经济激励

新建建筑和现有建筑的投资可以通过补贴和低息贷款（软贷款）项目得到经济支持。然而，经济资源是有限的，仅部分建筑能得到。在德国，现有住宅以削减 CO_2 和节能为目的的广泛重建活动可以获得长期、低息贷款。如果达到节能条例的要求，新建建筑能获得一项偿还性补贴。现有住宅中使用能效产品或设备也能获得长期、低息贷款，比如隔热材料、采暖技术的更新、更换窗户等。新住宅采用可再生能源也能获得鼓励性贷款。年能源消费低于 60kW·h/m^2 的节能住宅的建造或购买将获得特别利息补贴。

德国政府也为能效措施提供津贴，包括太阳能供暖系统、逆循环供热系统和建筑热量回收。在 2002 年前还给新建低能耗住宅提供补贴。资金主要是由电力行业和德国能源局联合提供，并由联邦经济和技术部和德国环境基金资助。

最受欢迎的 50/50 工程行动①是在学校推广节能。实施特别经济激励项目以推进这些工程，采用节能措施所节约的所有费用在相应学校和学校董事会间平分。

欧盟法令规定，家庭器具的标识根据 2002 年 1 月 30 日法案以及随后的能源消费标识有关的条例加以改进，并引入了德国法律。能耗标识政策适用于洗衣机、转筒式干燥机、电冰箱、洗碗机、台灯、空调和电烤炉。

零售商店也举行了一系列活动，目的就是说明和宣传家用器具的能效信息。德国能源局和联邦交通、建筑和城市事务部也印刷和分发各种各样新能效建筑和采暖设备的宣传册，举行活动提供能效创新和建筑现代化的解释说明和信息。这些推广活动主要针对住宅所有者、建筑工程师和规划专家。

德国联邦政府机构已经公布了一系列针对各种领域应用的节能指南，这些领域包括政府建筑、医院、运动中心、厂商和技术（采暖、照明和用电等）。通常，这些出版物可以从相关机构索取，或者从网站上下载。几家能源机构还公布了一些激励项目，项目是为了方便专家的培训，比如工业部门的能源经理、建筑师、工厂操作员、市政官员及其他。

10.5　巴西里约热内卢低碳城市建设经验

巴西作为一个发展中国家，在低碳城市建设等方面也有一些值得参考和借鉴的经验。

10.5.1　专项低碳城市发展计划的制定

1. 制订专门的低碳城市发展计划

2013 年，巴西里约热内卢制订年度低碳城市发展计划（LC-cities 2013）。这一计划在明确低碳城市的市政体系和流程定义的前提下，提供两者相互作用的框架，确保里约热内卢的低碳城市发展计划得以顺利实施，并得到有效的监控。

① 属于一种建筑节能的财政激励政策。德国巴伐利亚州学校建筑节能“50/50”计划，目的是达到 EnEV-2009 德国节能标准 100（KFW100）为基本要求，达到 KFW85 标准的建筑，每套 150m^2 的建筑经过节能改造后，德国联邦和地方政府各奖励 5250 欧元。

2. 明确低碳城市的市政体系

负责该计划实施的市政体系主要包括以下五个组织机构，各有不同的分工和职责：协调管理组（Coordinating Management Entity，CME）作为市政系统内的中央监管机构，负责协调和管理整个计划；信息管理组（Information Management Entity，IME）负责协调和管理所有和计划相关的信息和数据的中心；多部门市政工作组（Multi-Sector Municipal Working Group，MWG），由跨市政部门的具备相关专业知识的多领域的成员组成，相当于 CME 的咨询委员会；技术咨询组（Technical Advisory Entity，TAE）为技术建议中心，是具备减排量化的技术专业知识咨询团队，在计划过程中为推动干预政策的实施提供必要的技术输入；质量监督组（Validation and Verification Entity，VVE）为批准与核实中心，是一个受国际标准组织认可的环境审计机构，负责验证和核实计划中低碳干预政策产生的减排状况。

其中 VVE 必须由 CME 之外的第三方担任，具备独立性。如果某一主体同时充分具备 TAE 和 VVE 的专业职能，对任何干预政策，为了确保审计流程的公正和避免利益冲突，不得使同一主体同时担任这两项职能。

3. 明确低碳城市的流程

该计划制定了相对独立的实施步骤，明确了计划进程。每一项干预政策必须遵循以下五步骤的方案流程（Rescalvo et al.，2013）。

（1）明确干预措施：主要由 CME 和 MWG 来共同确定，其确定的干预措施必须满足计划包含的干预合格标准。

（2）减排量量化：由 TAE 负责干预措施产生的减排量的量化估计。

（3）做决定（撤销或销售）：CME 和 MWG 根据城市目标，决定是否撤销干预措施的减排量，或者将其卖给外部买家以获得气候金融的收益。

（4）验证核实：干预措施和其减排量必须经过检测，以确保质量和公正。由 VVE 实施评估，验证干预措施是否遵守干预合格标准以及所采用的计算方法。评估手段用于核实干预措施是否在按计划进行减排。

（5）监控、报告和质量管理：每一项干预措施和它的减排量必须在整个计划周期都受到监控。每项干预措施都必须进行监控、报告和质量管理，以及数据收集、分析和存储，并在计划的监控、报告和验证（monitoring，reporting and verification，MRV）系统中由 IME 整合管理。MRV 系统根据输入的数据分析和计算减排量。CME 和 VVE 可以查询 MRV 系统跟踪干预措施和减排量的监控验证的实施情况。

具体流程图如图 10.1 所示。

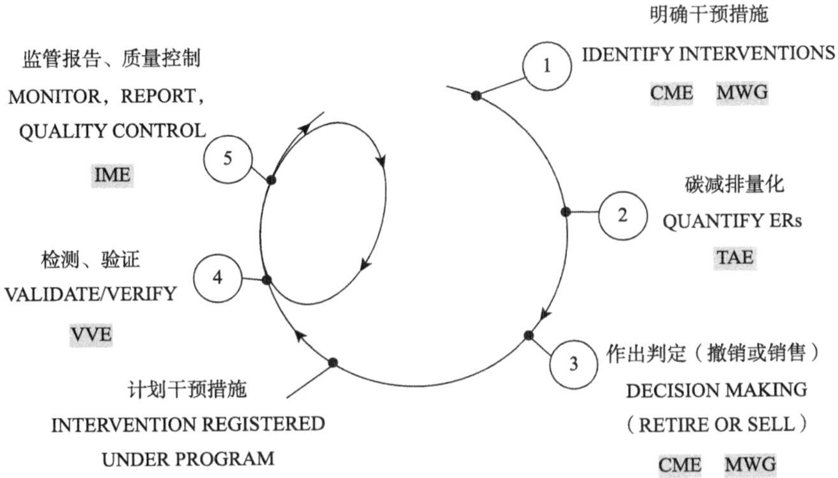

图 10.1　低碳城市的建设流程

资料来源：Low carbon city development（2013）

10.5.2　重视规划方案的评估与政策调整

1. 方案规划和方案评估

CME 负责协调方案规划和评估。方案规划旨在明确计划的目的、目标和实施战略。方案评估涉及对方案目的和目标的进程反馈，以及对方案角色和进程的全局规划，以确保计划能持续地达到满足城市需求的目标。

2. 制定低碳经济转型期的调整政策——行动纲要

里约热内卢制定了低碳城市发展的行动纲要，确定了一系列旨在为了追求更好的气候和经济增长的政策。

1）扩大可持续的低碳投资和金融

在发展经济的基础上，要确保基础设施的新投资支持气候议程。这就需要新的融资来源，并将转移到低碳的额外的短期成本视为基础设施整体所需资金的一小部分。因为包括低碳投资在内的所有投资都需要建立在金融稳定的基础之上。其重点在于要了解和评估潜在的非预期的金融部门的规则（会计、审计、市场）的供应，长期融资的影响。

另外，公共财政和投资也可以促进低碳转型。政府要重新考虑其对温室气体密集型活动的支持，以及将气候目标纳入公共采购和官方援助中。

2）税务：考虑能源，实现超越

针对低碳创新而言，有利于使用化石燃料生产的补贴和税收支出是一个不利的因素。但低油价为改革相关税收提供了机会。还需要重新研究财产税，研究各种企业所得税等其他税收的规定，因为这些税收可以鼓励碳密集型的选择。政府也需要预测低碳转型对税收收入的影响。

3）调整创新政策

政府承诺随着气候政策变化调整创新政策，大力鼓励低碳政策创新。政府的支持为低碳创新提供重要的激励。在一定程度上，低碳转型可以推动创新和新兴商业的繁荣，技能和劳动力的平行转移。低碳转型的创新为创新的广泛应用提供一系列支持框架，如教育、培训和劳动力市场政策以追寻潜在的技术缺口。

4）国际贸易与低碳转型

一些国际贸易壁垒会破坏各国的气候政策目标。例如，进口关税仍对低碳转型需要的一些技术贸易进行惩处。环境商品协议的制定将有助于减少减缓气候变化的费用。为了实现绿色发展，许多国家都需要低碳技术。但是目前存在的一些措施不利于整体投资和可持续技术的吸收。

5）重构投资信号和电力系统激励机制

电力对于能源系统的低碳发展而言是至关重要的。但是，从长期来看，解除电力市场管制并不能为高成本投资和低碳技术提供价格信号。为了确保低碳解决方案的竞争力和及时投资，需要考虑引入更具竞争性的监管制度，需要采取新的有利于投资低碳技术的市场安排，如长期供应协议，以及一个强大而稳定的二氧化碳价格信号。

6）选择可持续的城市流动性

城市的交通运输系统，大多依赖化石燃料，这对城市的环境产生一些消极的影响：气候变化，噪声，空气污染等。因此，需要适当的政策干预，以提供更多的节能和低碳密集的流动性（胡剑波和桂姗姗，2016）。在许多城市，还存在土地利用和交通规划极不协调以及鼓励使用私家车的情况。为了获得较低的碳迁移率，需要调整各级政府和利益相关者之间的政策行动。国家框架和立法可以为地方政府提供做出低碳选择的一些经济或政治的空间。

7）加强土地可持续利用的激励机制

可持续的土地管理措施包括：减少森林砍伐，恢复退化的土地，低碳农业的实践，增加土壤和森林的碳封存等。这些措施的实施可以减少温室气体排放量，可以满足不断增长的粮食需求，并通过保护生态系统来改善气候变化条件下经济体的应变能力。可持续的土地管理需要包括农业、粮食安全、林业和环境政策等在内的综合的策略来保障实现。具体来讲，可通过努力取消不利于环境改善的农业补贴，重视生态系统服务，保护森林，减少食物浪费。

8）各级政府部门的积极参与

低碳城市的建设需要各级政府部门的积极参与和大力支持。如果所有政府部门明确它们低碳转型的投资组合的关键偏差，气候政策会更有效。气候行动计划需要政府采取新的决策方法，需要各级政府参与到低碳转型中。

9）加强国际合作

除了国家层面，低碳城市的建设和发展还需要国际之间的合作。各国的政策调整可以缓解潜在的竞争扭曲的担忧。全球温室气体减排协议是为实现低碳发展目标在加强国际合作上的重要举措。

问题在于一个低碳的未来的政策方向已经明确了一段时间，也采取了必要协调一致的行动，仍迟迟未能在全球实现。有效的风险管理需要强有力的政策，以限制温室气体的排放量。最有效的减少温室气体排放量的三大支柱办法是：第一，以明确的和强大的价格信号引导温室气体排放量；第二，制定法规，以消除降低温室气体选择的市场壁垒；第三，前瞻性支持低碳技术。各个国家在经济发展水平和自然资源禀赋等方面存在的差异，将影响这些核心气候政策和潜在的短期措施实施的步伐和广度，但这样可以创建一个框架，以维持经济长期增长。

里约热内卢的决策层认为，上述各种气候政策对于有效地解决气候变化问题是十分必要的，巴西的政策和法规体系也已包括影响二氧化碳排放的化石燃料技术。众所周知，社会对化石燃料的依赖是全球温室气体排放扩大的主要原因。煤炭、石油和天然气推动了经济和社会的发展，其影响涵盖家庭、交通和城市设计的方式以及食品生产和制造业的所有方面。改变这些现状需要明确的政策信号和推进改变的坚定承诺。

第11章　人口城市化与碳减排战略及政策建议

随着世界城市化及经济的发展和人类活动的加剧，全球二氧化碳排放迅速增加，气温升高等全球气候变化及其对人类的影响也日益深刻。中国作为人口大国，改革开放数十年来，经济已历经多年高速增长，2010年即取代日本成为世界第二大经济体。随着中国人口城市化的快速发展，能源消费、经济增长及二氧化碳的排放格外引人关注。根据荷兰环境评估局估计数字，中国在成为世界第二大经济体之前的2006年，二氧化碳排放量已达62亿吨，成为二氧化碳排放量世界第一大国，同年美国的二氧化碳排放量为58亿吨①。到2019年，中国二氧化碳排放量已增至101.7亿吨，占全球排放总量的28%，高居世界第一位，分别是第二位美国（52.8亿吨）、第三位印度（26.2亿吨）的1.93倍和3.88倍②。毫无疑问，这与中国作为人口大国以及快速成为世界第二大经济体有密切联系、高度相关，而其经济的高速增长及迅速成为世界第二大经济体又与快速发展的人口城市化高度相关。

如以上各章研究所述，中国虽然在推进人口城市化健康发展与减少碳排放方面做了不少努力，取得了若干重要成果，但仍存在很多问题有待解决，与实现未来“碳达峰”“碳中和”等碳减排目标还有很长的距离。本章将主要在以上研究的基础上，针对存在的问题，借鉴国外的先进经验，提出中国未来人口城市化与碳减排战略及相关政策建议，并具体以“低碳经济与产业发展安全”为例探索未来人口城市化低碳发展行动计划。

---

① https://bbs.pinggu.org/thread-349399-1-1.html。

② 《种多少树才能抵消一年的碳排放？》《新京报》2021年3月28日。

11.1　人口城市化与碳减排的主要成就与问题

11.1.1　人口城市化与碳减排的主要成就

如前所述，在政府强有力的主导下，中国人口城市化经过改革开放多年来的快速发展，就数量指标而言，2019 年仅地级及以上城市发展到 297 个、县级市 387 个，城市（镇）常住人口增长到 88 426 万人，城市化率提高到 62.71 %。

在城市化快速发展过程中，为了应对气候变化，推动低碳发展，中国积极与国际相关机构合作，开始制定低碳发展战略、为建设低碳城市而努力，并取得一定的成果。

在中央政府政策方面，从 2005 年开始，住建部陆续出台了一系列关于推进城镇地区公共交通和低碳建筑发展的政策措施，并在随后开始着手推进低碳城镇的试点示范工作。2010 年 7 月，国家发展改革委发布了《关于开展低碳省区和低碳城市试点工作的通知》，确定在广东、辽宁、湖北、陕西、云南 5 省和天津、重庆、深圳、厦门、杭州、南昌、贵阳、保定 8 市开展试点工作。之后，国家发展改革委于 2012 年 11 月 26 日下发《关于开展第二批低碳省区和低碳城市试点工作的通知》（发改气候〔2012 年〕3760 号文件）（以下简称《通知》），确立了中国第二批低碳试点：北京市、上海市、海南省和石家庄市、秦皇岛市、晋城市、呼伦贝尔市、吉林市、大兴安岭地区、苏州市、淮安市、镇江市、宁波市、温州市、池州市、南平市、景德镇市、赣州市、青岛市、济源市、武汉市、广州市、桂林市、广元市、遵义市、昆明市、延安市、金昌市、乌鲁木齐市。

2010 年 12 月，国务院也在《关于印发全国主体功能区规划的通知》中提出“建设低碳城市，降低温室气体排放强度”。2011 年 3 月，国务院在《关于落实〈政府工作报告〉重点工作分工的意见》中，再次提出要“推进低碳城市试点”。2017 年初国家发展改革委又出台《关于开展第三批国家低碳城市试点工作的通知》，确定在内蒙古自治区乌海市等 45 个城市开展第三批低碳城市试点。除此之外，中国低碳城镇的发展也得到了中央其他部委和地方政府的积极、广泛的响应，也纷纷提出了相关或配套的政策措施。2021 年两会期间，政府工作报告再次指出，要扎实做好碳达峰、碳中和各项工作，制定 2030 年前碳排放达峰行动方案，优化产业结构和能源结构。

低碳发展战略的实施，使中国单位 GDP 碳排放强度显著下降，2013 年单位

GDP 二氧化碳排放比 2005 年下降了 28.56%，相当于少排放二氧化碳 25 亿吨[①]。到 2014 年，中国单位 GDP 二氧化碳排放比 2005 年下降了 33.8%，2018 年下降 45.8%[②]，超额实现了“到 2020 年在 2005 年的基础上二氧化碳排放的强度下降 40% 到 45%的上限目标”的碳减排目标，不仅进一步有力推动了经济社会的可持续发展，也为应对全球气候变化做出了重要的贡献。

11.1.2 人口城市化与碳减排存在的主要问题

毋庸讳言，改革开放以来中国人口城市化与碳减排控制方面也还存在不少问题和挑战。

第一，人口城市化还基本上是“粗放式”，速度很快但质量不高。其表现之一就是土地城市化疯狂扩张远超人口城市化。GDP 优先导向、土地财政的诱惑，使不少地方政府不惜举债，大拆大建，大搞“造城运动”及开发区建设，以土地城市化逆推人口城市化，并超越人口城市化疯狂发展。例如，在 1991~2010 年的 20 年间，全国城市（镇）常住人口增长 1.15 倍，仅城市建成区面积就扩大 1.86 倍，特别在 2001~2010 年的 10 年间，二者分别增长 45.9%和 78.5%（王桂新，2013）。城市用地的疯狂扩张和土地城市化的超常发展，不仅造成土地资源的严重浪费，而且降低了城市人口密度，影响了土地利用效率，不利于碳排放控制。同时，由于城市化发展不断推进和城市的粗放式发展，城市建设、交通出行还将持续拉动能源需求并造成更多碳排放，中国节能建筑协会数据显示，2019 年前后中国城市住宅占地面积约为 10 年前的 1.5 倍，乘用车年销量约为 10 年前的 1.8 倍，碳排放的推行将对新能源汽车的发展提出迫切需求。

第二，一个国家或地区在快速发展阶段，城市往往在发展过程中发挥着引擎作用，而且城市规模越大，集聚效益越大，越有利于控制碳排放。但是，长期以来一直把“小城镇”作为大问题，在小城镇大力发展社队企业，主要以小城镇的社队企业吸收农业转移劳动力，鼓励和提倡农民“离土不离乡”“进厂不进城”，还是试图把他们限制在农村。直到今天，中国积极发展小城镇、限制大城市发展的情结仍根深蒂固，“就地”城镇化和“就近”城镇化仍然是人口城市化的主要形态（王桂新，2013）。这种片面坚持限制大城市发展、以发展小城镇及中小城市为主导的城市化战略，不仅延缓了中国的城市化进程，影响了经济的快速发展，而且不利于碳排放的控制，并造成了遍地开花的“面状”环境污染，给环境保护和污染治理带来极大困难。

① 来自解振华在“2014 年中国低碳发展战略高级别研讨会”上的发言。

② 《种多少树才能抵消一年的碳排放？》《新京报》2021 年 3 月 28 日。

第三，生活方式“土豪化”、奢侈化，在一定程度上加大了人口城市化所带来的碳排放。例如，随着城市人口的增长，对消耗资源、排放污染较多的猪肉等肉类产品的消费需求迅速增大，并构成畜牧业温室气体排放增加的一大来源。不仅饮食如此，日常生活也盲目追求奢侈化，如开耗能大的大车，无事也开车兜风排污，平时开空调也成家常便饭。改善饮食结构，提倡文明生活方式，推行有质量的和低碳的消费，实现有质量的和低碳的增长，任务还很重，道路还很长。

第四，产业结构还存在“粗、重化”阶段，有待进一步转型升级。在三次产业中，由于经济生产过程的性质及产品特点等，不同产业生产同等产值所需的能源消耗不同，其中第二产业的能耗高于其他两个产业，而第二产业中，重工业的能耗又远远高于轻工业。因此，第二产业所占的比例，乃至其中重工业所占的比例对一个国家的能源利用效率有非常重要的影响。付雪等（2011）的研究同样表明 GDP 增长不是降低碳排放强度的因素，最关键因素是最终需求结构，应鼓励低碳服务业和高科技产品的消费；中间生产过程的碳排放系数变动影响较大，需进一步调整产业结构来改变能源消耗结构；第二产业中完全需求系数高的行业更需要提高效率、降低碳排放强度。

第五，能源结构还有待进一步调整。众所周知，中国能源结构仍然以石油、煤炭、天然气等不可再生能源为主，其中煤炭占比最高，这无疑是中国发展经济、控制碳减排面临的严峻挑战。例如，2015 年控制碳排放，减少煤炭发电，全年煤炭消费量减少 2 亿吨，煤电减到 1600 亿 kW·h，离控制目标还有很大差距。特别是中国目前尚处工业化、城镇化和农业现代化进程中，发展经济、改善民生、保护环境和应对气候变化的任务艰巨，能源需求和碳排放还将在一段时间内继续保持合理增长。2010 年以来，中国二氧化碳排放已经跃居世界第一，人均排放已经超过了世界平均水平，未来恐怕还有可能继续增长。所以说，降低化石能源消费、建立低碳城市已成为中国未来城市化模式选择面临的又一重要约束，中国实行低碳城市化、控制碳减排的任务还十分艰巨。

11.2 人口城市化与碳减排总体战略及政策建议

控制和减少碳排放，应对气候变化的挑战，已成为世界各国的共同任务。如前所述，早在 2009 年丹麦哥本哈根联合国气候变化大会上，中国政府就郑重承诺：到 2020 年要把单位 GDP 碳排放比 2005 年降低 40%~45%。在 2015 年底巴黎举办的联合国气候变化大会上，习近平主席在会上表示，根据中国国情、经济发展阶段、国家可持续发展战略以及中国的国际责任，中国政府确定了二氧化碳排放力争 2030 年前达到峰值的自主行动贡献目标。2020 年 9 月，在第七十五届联合国大会上，中国又宣布除了二氧化碳排放力争于 2030 年前达到峰值，也要努力争取 2060 年前实现碳中和。中国的这些承诺，体现了一个大国的担当和责任。但中国还是一个发展中国家，人口城市化还处于快速发展阶段，推进经济发展仍然是长期任务，未来还将面临能源刚性需求的挑战以及严峻的环境约束。所以实现上述碳减排目标十分艰巨。特别是在“十三五”期间，中国的人口城市化与经济增长的粗放型、高能耗、高排放的发展模式仍未得到明显改善，这使实现上述碳减排目标更加困难。为实现中国 2030 年的碳减排目标做出努力，为全世界应对气候变化做出贡献，现根据以上研究，借鉴国外经验，提出以下人口城市化与碳减排战略及政策建议。

（1）要正确认识和遵循人口城市化客观规律，实现城市化由追求速度向重视质量的战略转变，推进城市化健康发展。如前所述，改革开放以来，中国城市化的速度很快但质量不高，一定要认识到城市化的发展绝不是速度越快越好，水平越高越好。2019 年中国城市化率已经达到 62.71%，相对于中国的具体国情和发展阶段，这一水平已不低，不应再继续追求速度和水平，而应该转向以提高城市化质量为主。但要真正做到这一点并不容易。本来，人口城市化作为社会经济发展的必然产物，自有其内在的客观规律，是一个自然而然的发展过程。城市化的发展当然对社会经济的发展也具有一定的影响。但多年来国家已把城市化作为国家战略推进，近年甚至已把城市化视为推进经济转型与持续增长的“原动力”，并以政府行政集权，强力推进新型城镇化的发展。如近十年来特别是在“十三五”期间，一系列国家城镇化战略被密集推出。首先是 2014 年中央政府推出《国家新型城镇化规划（2014—2020 年）》，同年又推出《国家新型城镇化综合试点总体实施方案》，并于 2016 年推出《关于深入推进新型城镇化建设的若干意见》和《推动 1 亿非户籍人口在城市落户方案》，2017 年推出《加快推进新型城镇化建设行动方案》，之后又连续推出《2018 年推进新型城镇化建设重点任务》《2019 年新型城镇化建设重点任务》《2020 年新型城镇化建设和城乡融合发展的重点任务》。与此同时，中央又推出“乡村振兴战略”。2017 年“十九大报告”首次提出要实施乡村振兴战略，“中央一号”文件对全面推进乡村振兴做出总体部署，2018 年《政府工作报告》中要求大力实施乡村振兴战略，同年中共中央政治局开会审议《国家乡村振兴战略规划（2018—2022 年）》，9 月正式发布《乡村振兴战略规划（2018—2022 年）》。这种认识和做法，就难免政府过多地干涉和强力推动城市化的发展。一定要认真研究和改变以前以政府行政集权推动、超常发展的城市化与城市的盲目扩张，遵循城市化自身发展规律，实现城市化低碳、持续地健康发展。

（2）坚持科学发展观，根据碳排放影响因素，制定碳减排总体战略，实施控制和减少碳排放的综合措施和建立政府主导的低碳城市治理模式。根据日本学者茅阳一提出的碳排放分解公式[①]，碳排放量主要受碳排放强度、能源利用效率和人均活动量等因素影响，而这些因素又都与人才、技术和结构等密切相关，涉及技术、制度、行为等多个方面，所以必须采取综合措施，调动政府与企业、个人的积极性，协调社会各方面，互相配合、共同努力、培养人才、创新技术、调整结构。例如，通过研制节能设备提高能源利用效率，通过提高低碳能源利用比例降低碳排放强度，通过探索不依赖于物质消耗的人类活动调整和改善人均活动量。实际上，这些与人口城市化的方方面面都有密切关系，也体现了人口城市化对碳减排作用的综合效应。

（3）科学制订人口城市化规划，积极发展大、中城市，引导和安排人口城市化过程中农村人口尽可能向大、中城市迁移。人口城市化的本意，就是农村人口向城市迁移转变为城市人口的过程，这些人口向城市迁移的选择行为，是影响碳排放的人类活动中最基本的城市化行为。近些年来，政府只是鼓励农村人口向中、小城市和小城镇迁移，而主要受市场影响的农民工则主要是选择迁移到北京、上海等东部地区的特大城市。本书已经证明，规模大的城市相对小城市更低碳。虽然小城镇战略能够缓解城市人口规模上升对大城市基础设施、公共治安、城市管理等方面带来的压力和挑战，然而我们的研究发现，小城镇化战略不利于土地资源的集约利用，也不能发挥城市人口集聚产生的外部性收益，反而导致城市能源利用效率下降、碳排放量上升。人口规模在 50 万到 100 万之间的中等城市、人口规模在 100 万到 300 万之间的大城市、人口规模在 300 万到 1000 万之间的特大城市节能减排的效果好于其他规模等级的城市。大城市和中等规模城市比小城镇能源利用效率高，碳排放低。因此，走低碳城市化之路应该发展大中型城市为主，着力发展中等规模城市，支持特大城市。但事实上，2009~2014 年，不同规模城市住宅用地的年度增幅基本呈现出“小城市大于中等城市、中等城市大于大城市、大城市大于特大城市和超大城市”的特征。城市化人口这样迁向中小城市和小城镇，不仅难以收获集聚经济，也不利于碳减排；迁向北京、上海等特大城市，不仅可以收获集聚经济，还可以促进碳减排。需要指出的是，近些年的人口城市化仍是以“就地”城镇化和“就近”城镇化为主要形态，而北京、上海等超大城市的人口增长仍受到严格控制。这种城市化政策对经济增长与碳排放的影响，需要科学评估。

（4）合理分布城市化人口，重构城市空间，提高城市空间利用效率，发展绿色交通，建设集约、高效、节能、环保的紧凑型低碳城市。

第一，要严格控制城市用地“摊大饼”式的无度扩张，提高城市土地利用效

① 该公式可简单表示为：$CO_2\text{排放量}=\frac{CO_2}{\text{能源}}\times\frac{\text{能源}}{\text{活动量（GDP）}}\times\frac{\text{活动量（GDP）}}{\text{人口}}\times\text{人口}$。

率。前已述及，近十多年来，土地城市化以远快于人口城市化的速度疯狂发展，不仅造成土地资源的严重浪费，而且降低了城市空间效率，不利于碳减排，对此一定要严格管制和纠正。通过市场合理配置土地要素能够防止政府过度干预导致要素价格信号扭曲，从而扭曲城市产业结构。当前中国城市空间利用效率过低导致城市经济系统能源利用率过低，碳排放上升。中国只有通过积极改变城市土地配置方式，通过理顺土地价格形成机制才能改变当前空间利用效率较低、碳排放较高的格局。

第二，要合理分布人口，调整产业布局，重构城市空间，减少通勤距离，建设紧凑型高密度低碳居住–生活空间。《中共中央关于制定国民经济和社会发展第十四个五年规划和二〇三五年远景目标的建议》提出，“实施城市更新行动，推进城市生态修复、功能完善工程，统筹城市规划、建设、管理，合理确定城市规模、人口密度、空间结构”。通过城市更新，形成职住合理、减少交通的紧凑型可持续城市空间结构。

第三，要大力发展以公共交通为主体的绿色交通体系。已经研究证实，在目前中国城市的主要交通方式中，公共交通是最为节能的方式。所以应大力发展公共交通，特别要优先发展大运量快速公交系统，以此推动城市交通部门的碳减排。

第四，要合理制定城市人均用地、居住指标和容积率指标，严格控制发展独栋别墅，积极推动高层住宅和节能住宅建设，为集中利用能源、提高能源利用效率、减少碳排放创造条件。

第五，城市空间利用效率过低的另一个原因是劳动力不完全流动，人口与土地未能充分有效结合。土地非农化速度与人口城市化速度不匹配，导致中国当前土地过度非农化、人口城市化不足，城市能源利用效率的土地面积弹性逐年降低。中国应当积极改革户籍制度，将子女就学、医疗保险、养老保障等福利与户籍制度脱钩，逐步减弱城市过程中政府对劳动力迁移的阻碍和限制。通过劳动市场和土地市场的完善合理分配劳动与土地，充分提高人口与土地结合程度，提高城市空间利用率，降低城市碳排放。在这方面，日本高度重视以“向集约型城市结构转换”为核心的低碳城市建设的经验值得借鉴。

（5）提高人力资本，促进技术进步，推进教育发展和科技创新，调整能源利用和产业结构，引导城市化人口的生产行动，构建节能、低碳的城市生产系统。

第一，要大力推进教育发展和科技创新。通过发展教育、培养创新人才，为引导城市化人口主要从事节能、低碳的生产行动创造条件。数据显示，从 1987 年开始，中国高等学校本、专科招生人数占高中在校学生人数的比重在不断提高，这意味着高中毕业进入大学深造的概率在不断提高，接受高等教育的人数在逐年上升。尤其是 1999 年高校扩招以后，这一比重增长速度不断加快。然而与此同时，能源效率研发弹性在不断下降。这意味着，研发资金投入增长的同时，能源效率提高的速度在不断下降，研究投入对经济系统整体的能源利用效率的改善作用正逐渐衰减。当前，中国不能仅依靠高等教育人数上升获得经济系统整体能源利用效率的提高。中国必须提高高等教育的质量，推动人力资本质量提高。只有这样才能提高中国经济的自主创新能力和新技术接受能力，新技术才能获得较快推广和应用，否则新技术只能停留在实验阶段而不能大范围推广。中国要建立低碳经济，需要鼓励和支持低碳产业发展，需要大量创新型高素质人才进行低碳技术研发和推广。中国只有依靠人力资本素质提高获得自主研发能力才能建立适合中国经济发展的低碳产业。

第二，要通过科技创新，开发新能源，调整能源利用结构，提高能源利用效率。中国以煤炭资源为主的自然资源禀赋，对调整能源利用结构、实现碳减排形成很大的困难。因此，必须开发煤炭利用新技术，并积极开发太阳能、风能、生物能等新能源和扩大利用核能。

第三，要通过科技创新，调整产业结构，对传统产业进行改造和升级，特别要把未来产业节能与碳减排的重点逐步由技改节能向直接采用使用好、管理好的节能与碳减排设施转变。要在保证经济增长速度和质量的前提下尽可能发展低能耗、高产出的产业部门，提供低碳排、高品质的产品和服务。企业作为城市生产行动的主体，在实现低碳转型过程中要发挥重要作用。企业逐步实现生产的低碳化转型，不仅是人口城市化过程中低碳战略成功实施的关键，也是未来提高企业自身竞争力的重要举措。

第四，要通过科学引导人们的生产行动，构建节能、低碳的城市生产系统，为提高能源利用效率、降低碳排放强度做出贡献。

（6）引导城市化人口的生活行动，提倡积极向上、健康低碳又富有幸福感的生活方式。城市人口是城市生产和发展的主体，也是城市低碳生活和低碳消费的主体，所以城市人口的生活行动也与其生产行动一样，对实现碳减排目标具有举足轻重的作用。当前，中国还是一个发展中国家，在生活水平还不很高的现阶段，人们还是主要以追求物质满足的生活行动（或生活方式）为主。所以，对于城市化人口来说，首先，要提高认识、转变观念，改变以往主要追求物质满足的传统生活方式，建立新的生态价值观，自觉以可持续发展作为生活和行为的基本准则。传统的生活方式具有非持续性特征，不利于控制和减少碳排放，已经危及整个社会生存和发展的基础，所以一定要改变。鼓励居民积极参与，引导其向低碳生活方式转变。居民作为城市低碳生活和低碳消费的主体，对于政府成功制定和实施城市化低碳发展策略发挥着举足轻重的作用。现阶段的中国各个城市的居民向低碳生活方式的转变意味着对生活、生产方式的全面变革，并对传统观念造成挑战和冲击。因此，对于城市化中的居民来说，重要的是要转变认识，树立新的生态价值观，将可持续发展作为生活和行为的准则。

其次，政府要重点引导居民建立合理的低碳消费方式，进而提升城市文化的内涵。我们认为，合理的居民低碳消费方式至少包括清洁的消费观、绿色的消费观和合理的消费观。具体来说，居民树立正确的清洁消费观重点是最大限度减少传统能源在日常生活中的应用比例。居民绿色的消费观和合理的消费观是基于对传统消费观的否定基础之上的。传统的消费观念具有非持续性的特征，已经给整个社会和自然环境造成了严重的危害，并正在危及整个社会生存和发展的基础。特别是对于目前城市化中的中国居民来说，应当及时从“人类中心主义”中解脱出来，自觉控制自己的消费行为，并且合理节制自己的欲望，进而树立和谐的新的可持续消费观。

最后，要培养和树立低碳消费观，逐步实现向低碳生活行动和生活方式的转变。在日常生活和消费中要最大限度地利用诸如太阳能、风能等清洁能源，减少传统能源的利用比例；鼓励家庭购买节能设备，提高居民家庭的单位能效；出行要多利用公共交通方式或恢复短程步行和利用自行车的优良传统。这样就可以保证城市生活部门控制和减少碳排放。

（7）在尊重市场规律的前提下，建立政府主导的低碳城市治理模式。今后要推广低碳城市建设试点经验，全面推进低碳城市化与低碳城市建设。为此，必须在尊重市场规律的前提下，建立政府主导的低碳城市治理模式。在一定意义上，这是能否实现推进低碳城市化、建设低碳城市、建设低碳与可持续社会目标的重要保证。

首先，要借鉴日本经验，以实现温室气体减排战略目标，逐步建立以专门法律（如日本的《地球温暖化对策推进法》《京都议定书目标达成规划》《低碳社会建设行动规划》《低碳城市建设指导方针》）、战略规划为中心以及各相关领域的具体实施措施为辅助的政策体系。

其次，在建立了专门法律、国家减排战略规划和行动规划之后，中央和地方携手再迅速把减排任务分解到各级政府，使得建设低碳社会成为全国各地共同承担、有序推进的国家公共事业。在中央政府的指导下，各级地方政府按照国家统一标准测算本地的温室气体排放量及其发生部门结构，并把这些信息通过互联网及时公开共享，使得各级政府决策者、研究人员和全社会成员都能对本地温室气体排放现状有一个共同、正确的把握，也能有效地利用相关数据开展对本地各部门（领域）温室气体排放的影响因素的深入分析。

再次，充分利用网络、电视和报纸等媒介，倡导新的低碳理念及碳减排意识，使人们了解并认可低碳发展，并自觉参与到低碳发展中来。要争取形成全社会的共同认识，使得温室气体减排和环境保护成为全体国民高度关心、自发参与的国家事业。

最后，在城市管理方面，政府应该及时根据人口城市化的动态变化情况来构建合理的交通结构，进而来有效削减城市道路交通所产生的碳排放量。因此，建议大中城市决策者在经济发展允许的范围内，要重点考虑发展大运量的快速公交系统，并适时推进轨道交通的建设。此外，在推进城市化过程中，政府要有意识地实施紧凑型城市的空间规划。这样一来，就可以在源头上缩短居民出行的交通距离，继而减少二氧化碳量的排放。针对城市化过程中的城市就业与产业结构变化对二氧化碳排放的影响，地方政府首先要尽快完成对传统产业的技术改造，进而实现“产业低碳化”的升级工作。其次，地方政府也应该充分意识到碳减排措施的重要性。因此，地方政府在引进企业和设备时，应着重考虑其对环境的“友好程度”。当然，仅有政府的主导作用也是不够的，在社会主义市场经济体制下，应当更有智慧地利用市场的、法律的手段来优化各个城市的就业结构和产业结构，这样才能更有效地促进低碳产业的健康、长期发展。

11.3　未来人口城市化低碳发展行动计划举例——低碳经济与产业发展安全战略及行动计划

6.5 节已简单阐述了低碳经济实践下的产业安全的内涵、特征及其发展基础与问题，本节将作为未来人口城市化低碳发展行动计划的案例，主要探讨低碳经济与产业发展安全战略及行动计划问题。

11.3.1　低碳经济视角下推进产业安全发展的战略目标与实现路径

1. 主要战略目标

1）近期（2030 年目标）

牢固树立低碳经济理念。政府、企业、居民个人的生产方式、生活方式、消费方式发生重要变革，形成全社会关注、支持和参与低碳发展的浓厚氛围。

产业结构“低碳化”取得显著成效。现代低碳农业、生态农业、循环农业得到较大发展；传统产业低碳化改造明显提升，能源结构进一步优化，工业、建筑等重点领域节能减碳取得明显成效，工业生产过程等非能源活动温室气体排放得到有效控制。

二氧化碳排放 2030 年前基本达到最高量（碳达峰）；绿色交通、生态旅游、金融保险、商贸物流等现代服务业不断提质升级。

低碳经济体制机制基本完善。低碳法律法规体系和配套政策体系取得重大进展，相关统计、核算和考核体系不断健全，全国性碳排放交易市场逐步形成。支持低碳发展试验试点，逐步完善低碳建设评价体系，形成一批各具特色的低碳省区、低碳城市和低碳城镇，建成一批具有典型示范意义的低碳城区。

低碳技术创新能力明显提升。低碳基础理论研究和技术研发取得较大突破，新技术、新成果转化率大幅提升，参与国际社会低碳领域务实合作的能力明显提高。

2）远期（2060 年目标）

“低碳、绿色、循环”贯穿于国民经济各领域，形成资源节约和环境友好的空间格局、产业结构、能源结构、生产方式、生活方式和消费方式。二氧化碳排放 2060 年前基本实现“碳中和”。建成科学、完善的产业安全保障体系，实现产业系统与社会经济系统良性互动，走出一条符合中国国情的发展经济与保障产业安全双赢的可持续发展之路。

2. 实现路径

在低碳经济视角下推进产业安全发展，要以制度创新为动力，以产业结构调整为抓手，以能源生产和消费方式变革为突破口，以技术创新为依托，整合资源，形成合力，努力发展美好家园（图 11.1）。

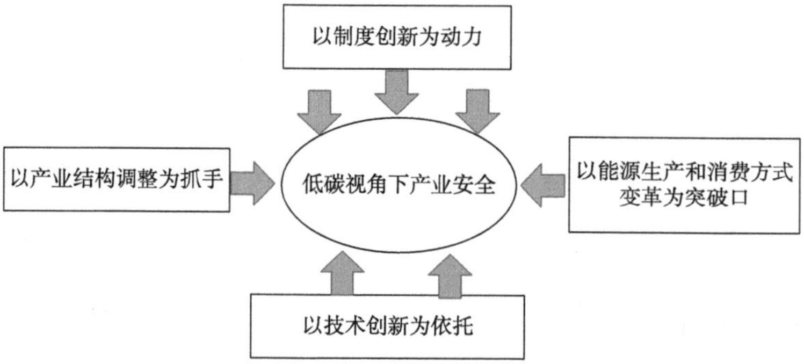

图 11.1 低碳视角下推进产业安全发展实施路径示意图

资料来源：作者绘图

第一，以制度创新为动力。制度创新是低碳视角下推进产业安全发展的重要驱动力。但从实践来看，现有的低碳发展制度还远不能满足产业安全的现实需要。下阶段，需更加重视低碳制度创新的作用，通过创设新的规范体系来“固化”产业安全发展成果。具体需考虑如下三个层面：一是要充分发挥政府和企业的积极性；二是要加快建构低碳制度体系；三是要完善低碳评价评估机制，真正实现“1+1>2”。

第二，以产业结构调整为抓手。产业结构的优劣直接关系到低碳经济的发展与产业安全的发展。下阶段，关键是要做到“进退并举”：“进”，要更加积极有为，努力推进低碳技术升级改造，逐步推动工业绿色转型，大力发展服务业，积极培育战略性新兴产业；“退”，要更加主动有序，着力强化环保、能耗、技术等标准，大幅降低对“三高”产品依赖，并加快化解产能过剩“痼疾”。

第三，以能源生产和消费方式变革为突破口。加快转变依靠透支资源、环境的粗放发展方式，合理控制能源消费总量，逐步将能源发展的重点转变至优化结构、提高效益、降低消耗上来。不断提高非化石能源发电比重，大力发展智能电网和分布式能源，在适宜的地区鼓励发展风能、太阳能、生物质能。加快实行能评负面清单制度，研究建立国家、省、市、县四级能评在线统计监测系统。

第四，以技术创新为依托。技术创新是低碳视角下推进产业安全发展的重要支撑。下阶段，要进一步强化企业的主体性地位，加快开发、推广和应用先进适用的低碳“友好型”实用技术。强化人力资源开发，积极鼓励低碳基础研究和人才队伍发展。

11.3.2 低碳经济视角下推进产业安全发展的战略重点

1. 战略重点框架设计

低碳经济视角下推进产业安全发展的战略重点应置于更加宏观的视角中加以考虑，具体需包括“1 个优先级+3 个详细谋划+1 个实施目标”内容。“1 个优先级”是指保障中国经济的健康可持续发展；“3 个详细谋划”是指生产方式谋划、消费方式谋划和保障方式谋划；“1 个实施目标”是指维护中国国家产业安全（图 11.2）。

2. 主要行动计划和任务

第一，要继续推进生产方式低碳化“变革”。

包含两大任务：一是推进产业部门的低碳化“变革”，首先需有效抑制高碳行业过快增长，在综合考虑经济发展阶段、资源环境承载力以及产业布局等因素的基础之上，进一步提高行业准入门槛，鼓励高碳行业集群发展和升级改造。其次，继续推进传统制造业优化升级，着力运用先进适用技术和高新技术改造提升传统制造业，促进信息化和工业化深度融合。最后，提高服务业和战略性新兴产业的比重。二是推进能源部门的低碳化“变革”，核心是要继续推动化石能源的清洁化利用，减少对环境的污染和对产业环境的破坏，同时加速发展太阳能、风能等新能源产业。

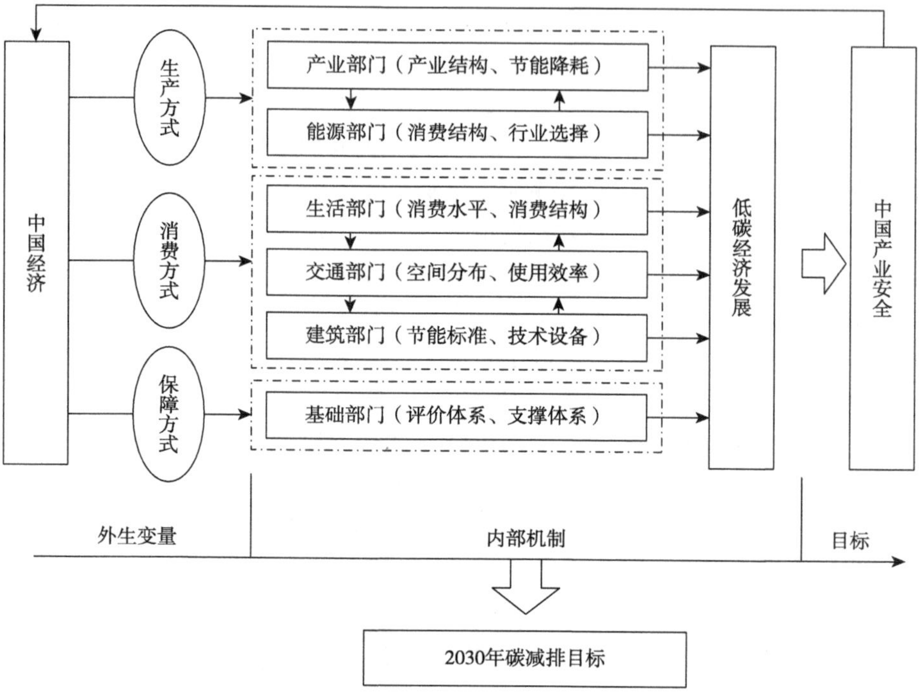

图 11.2　低碳视角下推进产业安全发展的战略框架设计示意图

资料来源：作者绘制，在图 3.5 基础上改进

第二，要积极引导消费方式低碳化“转变”。

包含三大任务：一是积极引导生活部门低碳化“转变”，重点是发挥政府的示范、带动和引领作用，推动建立低碳理念、低碳模式和低碳习惯。二是积极引导交通部门低碳化“转变”，关键是合理配置城市交通资源，进一步规划完善铁路、公路、水路交通网络，实现出行方式“公交化”、交通组织“高效化”、交通能源“低碳化”。三是积极引导建筑部门低碳化“转变”，鼓励大规模推广应用太阳能、地热能等可再生能源，力争实现住宅“零排放”。

第三，要进一步强化保障方式低碳化“改造”。

核心要强化国家和地方层面低碳发展的统筹协调，并建立健全管理、监察、服务“三位一体”的低碳管理体系，在此基础上，加大对低碳发展的投入力度，形成良好的政策支撑环境。

11.3.3　低碳经济视角下推进产业安全发展行动计划

（1）加强低碳发展顶层设计，制定 2030 年行动计划路线图。低碳发展作为新时期维护国家产业安全的内在要求，首先必须要加强顶层设计，根据国家和地区层面不同的经济发展需求、基础情况和技术水平，明确主要任务和实施重点，并尽快研究制定相关法律法规，建议由国家层面的部门（如国家发展改革委）统一编制规划和实施方案。其次，需结合国家发展改革委 2014 年颁布的《国家应对气候变化规划（2014—2020 年）》，尽快制定基于低碳视角促进产业安全发展的 2030 年行动计划路线图。

（2）倡导低碳发展理念，推进绿色消费“生根发芽”。加大宣传教育力度，从落实科学发展观，发展资源节约型社会和环境友好型社会的高度，普及低碳发展理念。另外，政府应率先树立正确的生态消费观，支持学会、行业协会等非营利组织向社会提供有针对性的低碳服务和指导，在全社会形成健康文明的低碳生活方式。此外，加快发展高效快捷的低碳产品物流体系，探索设立低碳产品销售专区和低碳产品超市，在有条件的地方建立节能、低碳产品信息发布和查询平台。

（3）培育发展新兴产业，构建产业低碳化体系。要根据目前中国低碳产业的发展阶段和特点，明确重点方向和主要任务，当前应着重推动新能源、节能环保和装备制造业等新兴战略性产业。另外，要充分发挥市场的决定性作用，并着力调动企业积极性，在加强基础设施发展的同时规范市场秩序，为低碳企业健康发展创造公平、良好的环境。此外，还要加快深化国际合作，积极探索低碳产业合作新模式，切实提高低碳产业的质量和水平。

（4）创新低碳发展体制，健全激励约束机制。要充分发挥“以奖代补”“以奖促治”以及财政补贴等方式对低碳发展的激励作用，并积极推行政府绿色采购，逐步完善强制采购和优先采购制度。另外，积极推进环境税费改革，可以选择那些防治任务重、技术标准较成熟的税目开征一定的环境保护税，待条件成熟以后，逐步扩大征收范围。此外，探索建立有利于低碳发展的相对稳定的资金投入筹措机制，并逐步加大各级政府在低碳发展方面的必要投入，大幅度提高实施低碳发展战略的资金保障程度和稳定性。

（5）成立低碳发展领导机构，推动务实科学发展。尽快把低碳视角下的产业安全战略作为各级政府制定中长期发展规划的重要依据，并在此基础上，研究设立专门的低碳发展领导机构，明确任务，落实责任，逐步建立起现阶段中国的管理、监督和协调机构，为经济社会可持续发展提供坚实的制度保障。

参 考 文 献

蔡昉. 2004. 人口转变、人口红利与经济增长可持续性——兼论充分就业如何促进经济增长. 人口研究，(2)：2-9.

蔡昉，都阳，王美艳. 2001. 户籍制度与劳动力市场保护. 经济研究，(12)：41-49，91.

蔡琴，黄婧，齐晔. 2013. 中外低碳城市规划特征比较. 城市发展研究，(6)：1-7.

蔡哲，王德文. 1999. 中国经济增长可持续性与劳动贡献. 经济研究，(10)：62-68.

陈海嵩. 2009. 德国能源法律制度及其对我国的启示. 河南科技大学学报(社会科学版)，27(3)：89-93.

陈海燕，贾倍思. 2006. 紧凑还是分散？——对中国城市在加速城市化进程中发展方向的思考. 城市规划，(5)：61-69.

陈佳瑛，彭希哲，朱勤. 2009. 家庭模式对碳排放影响的宏观实证分析. 中国人口科学，(5)：68-78，112.

陈婧. 2012. 上海高能耗群体的生活方式研究. 上海：复旦大学.

陈明森，李金顺. 2004. 中国城市化进程的政府推动与市场推动. 东南学术，2004(4)：30-36.

陈强. 2010. 高级计量经济学及 Stata 应用. 北京：高等教育出版社.

陈诗一. 2009. 能源消耗、二氧化碳排放与中国工业的可持续发展. 经济研究，(4)：41-55.

陈诗一. 2011. 中国碳排放强度的波动下降模式及经济解释. 世界经济，34(4)：124-143.

陈诗一，吴若沉. 2011. 经济转型中的结构调整、能源强度降低与二氧化碳减排：全国及上海的比较分析. 上海经济研究，(4)：10-23.

陈文颖，高鹏飞，何建坤. 2004. 用 MARKAL-MACRO 模型研究碳减排对中国能源系统的影响. 清华大学学报(自然科学版)，(3)：342-346.

程爱雷，胡建信，万丹，等. 2009. 二恶英和二氧化碳排放量与 GDP 关系初探. 安徽农业科学，37(25)：12139-12141.

崔和瑞，王娣. 2010. 基于 VAR 模型的我国能源–经济–环境(3E)系统研究. 北京理工大学学报(社会科学版)，12(1)：23-28.

杜克锐，邹楚沅. 2011. 我国碳排放效率地区差异、影响因素及收敛性分析——基于随机前沿模型和面板单位根的实证研究. 浙江社会科学，(11)：32-43，156.

范丹，王维国. 2012. 中国产业能源消费碳排放变化的因素分解——基于广义 GFI 的指数分解. 系统工程，(11)：48-54.

范剑勇. 2006. 产业集聚与地区间劳动生产率差异. 经济研究，(11)：72-81.

樊杰，李平星. 2011. 基于城市化的中国能源消费前景分析及对碳排放的相关思考. 地球科学进展，26（1）：57-65.
付凌晖. 2010. 我国产业结构高级化与经济增长关系的实证研究. 统计研究，27（8）：79-81.
付雪，王桂新，彭希哲. 2012. 哥本哈根会议目标下中国行业实际减排潜力研究——基于 2007 年中国能源–碳排放–经济投入产出表的最优化模型. 复旦学报(社会科学版)，(4)：114-124.
付雪，王桂新，魏涛远. 2011. 上海碳排放强度结构分解分析. 资源科学，33（11）：2124-2130.
傅十和，洪俊杰. 2008. 企业规模、城市规模与集聚经济——对中国制造业企业普查数据的实证分析. 经济研究，（11）：112-125.
干春晖，郑若谷，余典范. 2011. 中国产业结构变迁对经济增长和波动的影响. 经济研究，（5）：4-16，31.
顾朝林. 2009. 低碳城市规划发展模式. 城乡建设，（11）：70-72.
顾鹏，马晓明. 2013. 基于居民合理生活消费的人均碳排放计算. 中国环境科学，33（8）：1509-1517.
国家发展改革委. 2012. 国家发展改革委关于开展第二批低碳省区和低碳城市试点工作的通知. http://fgw.czs.gov.cn/fzggdt/dqjjylxsh/content_279370.html[2021-11-16].
韩笋生，秦波. 2004. 借鉴“紧凑城市”理念，实现我国城市的可持续发展. 国外城市规划，（6）：23-27.
何建坤，刘滨. 2004. 作为温室气体排放衡量指标的碳排放强度分析. 清华大学学报（自然科学版），（6）：740-743.
何立华，杨盼，蒙雁林，等. 2015. 能源结构优化对低碳山东的贡献潜力. 中国人口·资源与环境，（6）：89-97.
何秋. 2018. 美国气候变化法律制度研究. 武汉：中南财经政法大学.
贺仁飞，牛叔文，贾艳琴，等. 2012. 人均生活能源消费、收入和碳排放的面板数据分析. 资源科学，34（6）：1142-1151.
胡初枝，黄贤金，钟太洋，等. 2008. 中国碳排放特征及其动态演进分析. 中国人口·资源与环境，2008（3）：38-42.
胡剑波，桂姗姗. 2016. 巴西低碳城市发展实践及对我国的启示. 拉丁美洲研究，38（5）：136-153，158.
贾俊松，范英，吴晓华，等. 2011. 全球能源消费的空间差异及影响因素分析. 资源科学，33（5）：796-805.
贾宁，陈泽军，宋国君，等. 2014. 纽约低碳城市规划及对中国的启示. 环境污染与防治，36（7）：97-102，106.
姜惠敏. 2014. 中国城市生活碳排放的人口效应研究：2000—2010. 上海：复旦大学.
蒋耒文. 2010. 人口变动对气候变化的影响. 人口研究，（1）：59-69.
金洪. 2012. 城市化、居民消费水平与碳排放动态面板数据考察. 求索，（2）：79-80，149.
金瑞庭. 2013. 中国城市人口空间结构变动对碳排放影响的研究. 上海：复旦大学.
康建英. 2010. 我国人口年龄结构变化对综合要素生产率和技术进步的影响. 科技管理研究，30（3）：194-197，193.
李林. 2008. 中国城市化质量差异与其影响因素研究. 北京：中国农业出版社.

李齐云，商凯. 2009. 二氧化碳排放的影响因素分析与碳税减排政策设计. 财政研究，(10)：41-44.
李全林，马晓冬，朱传耿，等. 2007. 基于 GIS 的盐城城市空间结构演化分析. 地理与地理信息科学，(3)：69-73.
李文星，徐长生，艾春荣. 2008. 中国人口年龄结构和居民消费：1989—2004. 经济研究，2008 (7)：118-129.
李颖，黄贤金，甄峰. 2008. 江苏省区域不同土地利用方式的碳排放效应分析. 农业工程学报，24（S2）：102-107.
李振福. 2004a. 城市交通系统的人口承载力研究. 北京交通大学学报(社会科学版)，(4)：76-80.
李振福. 2004b. 基于交通发展的城市化水平测度模型. 大连海事大学学报，(3)：52-55.
林伯强，杜克锐. 2014. 理解中国能源强度的变化：一个综合的分解框架. 世界经济，(4)：68-87.
林伯强，姚昕，刘希颖. 2010. 节能和碳排放约束下的中国能源结构战略调整. 中国社会科学，(1)：58-71，222.
林涛，李灵. 2013. 天津碳排放与能源强度影响因素研究. 北京理工大学学报（社科版），1516.
林毅夫. 2003. 后发优势与后发劣势——与杨小凯教授商榷. 经济学（季刊），(3)：989-1004.
林毅夫，蔡昉，李周. 1994. 中国的奇迹：发展战略与经济改革. 上海：上海人民出版社.
刘纪远，张增祥，庄大方，等. 2003. 20 世纪 90 年代中国土地利用变化时空特征及其成因分析. 地理研究，(1)：1-12.
刘兰翠. 2006. 我国二氧化碳减排问题的政策建模与实证研究. 北京：中国科学技术大学.
刘兰翠，范英，吴刚，等. 2005. 温室气体减排政策问题研究综述. 管理评论，(10)：46-54，64.
刘青海. 2009. 城市人口密度，国内市场规模与就业增长. 重庆社会科学，(9)：82-84.
刘霞辉. 2010. 探路城市化的政策“魔方”. 现代商业银行，(9)：20-22.
刘艳军，李诚固，孙迪. 2006. 城市区域空间结构：系统演化及驱动机制. 城市规划学刊，(6)：73-78.
刘燕妮，安立仁，金田林. 2014. 经济结构失衡背景下的中国经济增长质量. 数量经济技术经济研究，(2)：20-35.
刘永亮，王丽民. 2010. 中国最优城市规模实证研究. 商业时代，(16)：134-136.
娄伟，2011. 城市碳排放量测算方法研究——以北京市为例. 华中科技大学学报(社会科学版)，25（3），104-110.
鲁万波，仇婷婷，杜磊. 2013. 中国不同经济增长阶段碳排放影响因素研究. 经济研究，(4)：106-118.
陆大道. 2007. 我国的城镇化进程与空间扩张. 中国城市经济，(10)：14-17.
陆莹莹，赵旭. 2008. 家庭能源消费研究述评. 水电能源科学，(1)：187-191.
罗婷文，欧阳志云，王效科，等. 2005. 北京城市化进程中家庭食物碳消费动态. 生态学报，(12)：3252-3258.
吕西·麦克齐，唐仲勋，叶南容. 1985. 城市的变革. 世界经济与政治论坛，(3)：5-12.
马清裕. 2011. 城镇与人口的发展及布局. 北京：中国财政经济出版社.
马吴斌，褚劲风，郭振东. 2008. 上海产业集聚区发展与城市空间结构优化研究. 上海城市规划，(6)：38-41.

麦迪森. 1997. 世界经济二百年回顾. 北京：改革出版社.
牛强，李玲，林峰，等. 2010. 我国各省能源消费与其省会城市年平均温度的相关性研究. 中国能源，32（9）：19-24.
牛晓耕，王海兰. 2011. 黑龙江省能源消费结构与碳排放关系的实证分析. 财政问题研究，（18）：29-35.
潘海啸. 2010. 面向低碳的城市空间结构——城市交通与土地使用的新模式. 城市发展研究，17（1）：40-45.
彭希哲，钱焱. 2001. 试论消费压力人口与可持续发展——人口学研究新概念与方法的尝试. 中国人口科学，（5）：1-9.
彭希哲，朱勤. 2010. 我国人口态势与消费模式对碳排放的影响分析. 人口研究，34（1）：48-58.
钱颂迪. 1990. 运筹学（修订版）. 北京：清华大学出版社.
钱文荣. 2001. 中国城市土地资源配置中的市场失灵、政府缺陷与用地规模过度扩张. 经济地理，（4）：456-460.
钱忠好. 2004. 土地征用：均衡与非均衡——对现行中国土地征用制度的经济分析. 管理世界，（12）：50-59.
仇保兴. 2009. 我国城市发展模式转型趋势——低碳生态城市. 城市发展研究，16（8）：1-6.
曲福田，高艳梅，姜海. 2005. 我国土地管理政策：理论命题与机制转变. 管理世界，（4）：40-47.
沙振镇. 1996. 产业结构与城市空间形态关系初探. 规划师，（3）：22-30.
单刚，王晓原，王凤群. 2007. 城市交通与城市空间结构演变. 城市问题，（9）：37-42.
石灵云，刘修岩. 2008. 地方化经济、城市化经济与劳动生产率——基于中国制造业四位数行业的实证研究. 南方经济，（3）：43-51.
史丹. 2006. 中国能源效率的地区差异与节能潜力分析. 中国工业经济，（10）：49-58.
史丹，张金隆. 2003. 产业结构变化对能源消费的影响. 经济理论与经济管理，8：30-32.
世界银行. 2012. 世界银行研究报告. http://data.worldbank.org.cn/[2012-10-10].
帅通，袁雯. 2009. 上海市产业结构和能源结构的变动对碳排放的影响及应对策略. 长江流域资源与环境，18（10）：885-889.
宋国君，马本. 2013. 中国城市能源效率评估研究. 北京：化学工业出版社.
孙建卫，赵荣钦，黄贤金，等. 2010. 1995—2005 年中国碳排放核算及其因素分解. 自然资源学报，25（8）：1284-1295.
谭荣，曲福田. 2006. 中国农地非农化与农地资源保护：从两难到双赢. 管理世界，（12）：50-59.
陶然，徐志刚. 2005. 城市化、农地制度与迁移人口社会保障——一个转轨中发展的大国视角与政策选择. 经济研究，（12）：45-56.
藤田昌久，蒂斯 P. 2004. 集聚经济学. 刘峰，张雁，陈海威，译. 成都：西南财经大学出版社：148.
涂正革. 2008. 环境、资源与工业增长的协调性. 经济研究，（2）：93-105.
王成新，梅青，姚士谋，等. 2004. 交通模式对城市空间形态影响的实证分析——以南京都市圈城市为例. 地理与地理信息科学，（3）：74-77.
王春兰，杨上广. 2009. 大城市人口空间演变研究述评. 城市问题，（7）：33-38.
王锋，吴丽华，杨超. 2010. 中国经济发展中碳排放增长的驱动因素研究. 经济研究，45（2）：

123-136.
王桂新. 2000. 上海将来合理人口规模的探讨. 华东师范大学学报（哲学社会科学版），（1）：109-119.
王桂新. 2012. 我国城市化发展的几点思考. 人口研究，36（2）：37-44.
王桂新. 2013. 城市化基本理论与中国城市化的问题及对策. 人口研究，37（6）：43-51.
王桂新，陈冠春. 2010. 中国人口变动与经济增长. 人口学刊，（3）：3-9.
王桂新，黄祖宇. 2014. 中国城市人口增长来源构成及其对城市化的贡献：1991—2010. 中国人口科学，（2）：2-16，126.
王桂新，沈建法，刘建波. 2008. 中国城市农民工市民化研究——以上海为例. 人口与发展，（1）：3-23.
王桂新，魏星，沈建法. 2005. 中国省际人口迁移对区域经济发展作用关系之研究. 复旦学报（社会科学版），（3）：148-161.
王桂新，武俊奎. 2012. 城市规模与空间结构对碳排放的影响. 城市发展研究，19（3）：89-95，112.
王美艳，蔡昉. 2008. 户籍制度改革的历程与展望. 广东社会科学，（6）：19-26.
王群伟，周德群，周鹏. 2010. 中国全要素二氧化碳排放绩效的区域差异——考虑非期望产出共同前沿函数的研究. 财贸经济，（9）：112-117.
王慎敏，马其芳，陈昌春，等. 2010. 城市微观土地利用影响背景下碳排放评测研究. 南京信息工程大学学报（自然科学版），2（3）：256-261.
王世营，蔡军. 2006. 产业集群对中小城市空间形态的影响研究——以长江三角洲地区中小城市为例. 城市规划，（7）：42-47.
王文举，向其凤. 2014. 中国产业结构调整及其节能减排潜力评估. 中国工业经济，（1）：44-56.
王小鲁. 2000. 中国经济增长的可持续性与制度变革. 经济研究，（7）：3-15，79.
王元京. 2006. 走“空间节约”之路——不同资源配置、能源消耗模式的差异给我们的启示. 经济理论与经济管理，（12）：16-20.
王中英，王礼茂. 2006. 中国经济增长对碳排放的影响分析. 安全与环境学报，（5）：88-91.
王子约. 2013-02-04. 李克强新型城镇化思路：核心是人的城镇化. 第一财经日报，A02.
韦保仁. 2007. 人均水泥累积消费量与城市化率的协整分析. 建筑材料学报，（3）：253-259.
韦保仁，八木田浩史. 2007. 中国水泥业能源需求和 CO_2 排放量情景分析. 中国水泥，（6）：32-34.
韦亚平，赵民，汪劲柏. 2008. 紧凑城市发展与土地利用绩效的测度——“屠能-阿隆索”模型的扩展与应用. 城市规划学刊，（3）：32-40.
魏权龄，胡显佑，黄志民. 1996. 运筹学简明教程. 北京：中国人民大学出版社.
魏一鸣. 2011. 资源与环境管理复杂系统建模方法及其应用. 北京：北京理工大学.
魏一鸣，刘兰翠，范英，等. 2008. 中国能源报告（2008）：碳排放研究. 北京：科学出版社.
吴国培，吴伟. 2011. 中国能源消费现状及影响因素. 中国金融，（8）：61-62.
吴文恒，牛叔文. 2009. 人口数量与消费水平对资源环境的影响研究. 中国人口科学，（2）：66-73，112.
吴耀. 2010. 财政能力，城乡迁移与城市化——政府主导模式下的城市化发展. 西北工业大学学报（社会科学版），（2）：33-38.
吴震信，谢晓晶，王书平. 2012. 经济增长、产业结构对碳排放的影响分析——基于中国的省际面板数据. 中国管理科学，（3）：161-165.
吴正红，冯长春，杨子江. 2012. 紧凑城市发展中的土地利用理念. 城市问题，（1）：9-14.
武俊奎. 2013. 城市规模、结构与碳排放. 上海：复旦大学.
夏立新，韩雪英，李志明，等. 1998. 1997 年夏季郑州市气温与能源消耗. 河南气象，（4）：32.
夏炎. 2010. 基于投入占用产出技术的我国能源及碳排放问题研究. 北京：中国科学院.
肖文，王平. 2011. 外部规模经济，拥挤效应与城市发展：一个新经济地理学城市模型. 浙江大学学报（人文社会科学版），41（2）：94-105.
徐德云. 2008. 产业结构升级形态决定、测度的一个理论解释及验证. 财经研究，（1）：46-49.
徐丽娜，赵涛，刘广为，等. 2013. 中国能源强度变动与能源结构、产业结构的动态效应分析. 经济问题探索，（7）：40-44.
徐琳，刘晨阳. 2008. 城市空间结构与城市交通互动关系及启示. 山西建筑，（1）：37-38.
徐萍，吴群，刘勇，等. 2004. 产业结构优化与土地资源配置——以江苏省南京市为分析对象. 中国土地，（Z1）：75-79.
许抄军，罗能生，吕渭济. 2008. 基于资源消耗的中国城市规模研究. 经济学家，（4）：56-64.
薛领，杨开忠. 2002. 复杂性科学理论与区域空间演化模拟研究. 地理研究，（1）：79-88.
杨波，朱道才，景治中. 2006. 城市化的阶段特征与我国城市化道路的选择. 上海经济研究，（2）：34-39.
杨红亮，史丹. 2008. 能效研究方法和中国各地区能源效率的比较. 经济理论与经济管理，（3）：12-20.
姚从容. 2010. 人口城市化与全球变暖——基于气候变化与人口变动的研究述评. 现代经济探讨，（3）：88-92.
姚亮，刘晶茹，王如松. 2011. 中国城乡居民消费隐含的碳排放对比分析. 中国人口资源与环境，（4）：25-29.
叶裕民. 2001. 中国城市化的制度障碍与制度创新. 中国人民大学学报，（5）：32-38.
佚名. 2007. 2007 世界报告：我们城市的未来. 杭州通讯，（12）：56.
佚名. 2013.《2013 中国人类发展报告》发布. 城市规划通讯，（17）：10.
余国合，吴巧生. 2008. 人文发展与能源消费相关性的国际比较及启示. 华中科技大学学报（社会科学版），22（1）：79-85.
余江涛. 2011. 南美洲的低碳先行国家——解读巴西的低碳模型. 低碳世界，（3）：66-69.
原嫄，席强敏，张铁山，等. 2016. 产业结构对区域碳排放的影响——基于多国数据的实证分析. 地理研究，35（1）：82-94.
岳瑞锋，朱永杰. 2010. 1990—2007 年中国能源碳排放的省域聚类分析. 技术经济，29（3）：40-45.
《运筹学》教材编写组. 1990. 运筹学（修订版）. 北京：清华大学出版社.
臧运华. 2002. 运输问题的一种图上解法. 运筹与管理，（4）：81-85.
张安，李学瑞，徐健. 2009. 基于城市微观土地利用影响下的碳排放评测研究——以南京市某单位为例. 生态经济（学术版），（1）：27-30.
张海兵，鞠正山，张凤荣. 2007. 中国社会经济结构与土地利用结构变化的相关性分析. 中国土地科学，（2）：12-17.
张换兆，郝寿义. 2008. 城市空间扩张与土地集约利用. 经济地理，（3）：419-424.
张剑波. 2012. 低碳经济法律制度研究. 重庆：重庆大学.
张静. 2012. 英国低碳经济政策与实践及对中国的启示. 上海：华东师范大学.
张雷，蔡国田. 2005. 中国人口发展与能源供应保障探讨. 中国软科学，（11）：11-17.
张陶新，周跃云，赵先超. 2011. 中国城市低碳交通建设的现状与途径分析. 城市发展研究，18（1）：68-73，80.
张伟，朱启贵，高辉. 2016. 产业结构升级、能源结构优化与产业体系低碳化发展. 经济研究，（12）：62-75.
张英杰，霍燚. 2010. 城市增长与生活碳排放的理论研究. 城市观察，（2）：69-79.
张颖，王群，王万茂. 2007. 中国产业结构与用地结构相互关系的实证研究. 中国土地科学，（2）：4-11.
张应武. 2009. 基于经济增长视角的中国最优城市规模实证研究. 上海经济研究，（5）：31-38.
张勇，蒲勇健. 2015. 产业结构变迁及其对能源强度的影响. 产业经济研究，（2）：15-22，67.
张友国. 2010. 经济发展方式变化对中国碳排放强度的影响. 经济研究，（4）：120-132.
张志斌，李雪梅. 2007. 城市产业结构调整与空间结构优化的研究——以兰州市为例. 干旱区资源与环境，（12）：1-5.
赵红军. 2005. 交易效率、城市化与经济发展. 上海：复旦大学.
赵荣钦，黄贤金. 2010. 基于能源消费的江苏省土地利用碳排放与碳足迹. 地理研究，29（9）：1639-1649.
赵伟，张萃. 2008. 中国制造业区域集聚与全要素生产率增长. 上海交通大学学报（哲学社会科学版），16（5）：52-56，64.
赵哲，陈建成，白羽萍，等. 2018. 二氧化碳排放与经济增长关系的实证分析. 中国环境科学，38（7）：2785-2793.
郑思齐，霍燚. 2010. 低碳城市空间结构：从私家车出行角度的研究. 世界经济文汇，（6）：50-65.
中国科学院可持续发展战略研究组. 2009. 2009 年中国可持续发展战略报告——探索中国特色的低碳道路. 北京：科学出版社.
钟宜根，葛幼松，张强华，等. 2010. 城市规模与碳排放的相关性思考. 现代城市研究，25（5）：65-69.
周黎安. 2004. 晋升博弈中政府官员的激励与合作——兼论我国地方保护主义和重复建设问题长期存在的原因. 经济研究，（6）：33-40.
周其仁. 2004. 农地产权与征地制度——中国城市化面临的重大选择. 经济学（季刊），（4）：193-210.
周毅. 2009. 城市化理论的发展与演变. 城市问题，（11）：27-30，97.
周勇. 2008. 中国城市化进程中的非农人口转化与产业转化的均衡调整. 学术研究，（9）：49-54.
周韵. 2009. 紧凑型城市对缓减城市规模报酬递减效应的作用分析. 现代经济信息，（10）：49.
朱勤. 2011. 中国人口、消费与碳排放研究. 上海：复旦大学出版社.
朱勤，彭希哲，陆志明，等. 2009. 中国能源消费碳排放变化的因素分解及实证分析. 资源科学，31（12）：2072-2079.

朱勤，彭希哲，陆志明，等. 2010a. 人口与消费对碳排放影响的分析模型与实证. 中国人口·资源与环境，20（2）：98-102.

朱勤，彭希哲，陆志明，等. 2010b. 1980—2007 年中国居民生活用能碳排放测算与分析. 安全与环境学报，10（2）：72-76.

朱勤，彭希哲，吴开亚. 2012. 基于投入产出模型的居民消费品载能碳排放测算与分析. 自然资源学报，27（12）：2018-2029.

朱跃中. 2001. 未来中国交通运输部门能源发展与碳排放情景分析. 中国工业经济，(12)：30-35.

庄贵阳. 2008. 低碳经济引领世界经济发展方向. 世界环境，(2)：34-36.

庄贵阳，张伟. 2004. 中国城市化：走好基础设施建设低碳排放之路. 环境经济，(5)：39-43.

Henderson J V. 2007. 中国的城市化：面临的政策问题与选择. 城市发展研究，14（4）：32-41.

谷口守，松中亮治，平野全宏. 2008. 都市構造からみた自動車 CO_2 排出量の時系列分析. 都市計画論文集，43：121-126.

横浜市. 2012. 横浜市地球温暖化対策実行計画（区域施策編）. http://www.city.yokohama.lg.jp/ondan/plan/jikkou-kuiki/[2012-5-25].

横浜市地球温暖化対策事業本部. 2010. 平成 21 年度地球温暖化対策進捗状況把握調査業務報告書. 横浜：温暖化対策統括本部.

内閣官房地域活性化統合事務局. 2010. 环境未来城市构想. https://www.chisou.go.jp/tiiki/kankyo/zh/index.html[2012-5-25].

内閣官房地域活性化統合事務局. 2012. 環境モデル都市提案書.

日本国土交通省. 2010. 低炭素都市づくりガイドライン. http://www.mlit.go.jp/toshi/city_plan/teitanso.html[2012-5-25].

日本環境省. 2006. 平成 18 年度環境白書. http://www.docin.com/p-112964740.html[2012-10-18].

日本環境省. 2009. 地球温暖化対策地方公共団体実行計画（区域施策）策定マニュアル. http://www.env.go.jp/earth/ondanka/sakutei_manual/manual0906.html[2012-5-25].

日本環境省. 2012a. 都道府県の実行計画（区域施策編）策定状況. http://www.env.go.jp/policy/local_keikaku/kuiki/sakutei.html[2012-5-25].

日本環境省. 2012b. 算定・報告・公表制度における算定方法・排出係数一覧. http://ghg-santeikohyo.env.go.jp/files/calc/itiran.pdf[2012-05-06].

日本環境省. 2013. 気候変動対策認証センター.オフセット・クレジット（J-VER）. https://www.env.go.jp/earth/ondanka/mechanism/carbon_offset/j-ver.html[2021-11-16].

日本環境省. 2016. 自治体データベース. https://www.env.go.jp/policy/local_keikaku/kuiki/tools_3.html[2021-11-16].

藤野純一. 2005. 脱温暖化 2050 研究プロジェクト.2050 年低炭素社会に関する国際シンポジウム配付資料.

Abdel-Rahman H M. 1996. When do cities specialize in production?. Regional Science & Urban Economics，26（1）：1-22.

Ahmed V，Zeshan M. 2014. Decomposing change in energy consumption of the agricultural sector in Pakistan. Agrarian South：Journal of Political Economy，3（3），1-34.

Akarca A T，Long T V. 1980. On the relationship between energy and GNP：a reexamination. The

Journal of Energy and Development，（2）：326-331.

Anas A，Arnott R，Small K A. 1998. Urban spatial structure. Journal of Economic Literature，36（3）：1426-1464.

Andrew R，Peters G P，Lennox J. 2009. Approximation and regional aggregation in multi-regional input–output analysis for national carbon footprint accounting. Economic Systems Research，21（3）：311-335.

Arellano M，Bond S. 1991. Some tests of specification for panel data：monte carlo evidence and an application to employment equations. Review of Economic Studies，58（2）：277-297.

Arnott R J. 1979. Unpriced transport congestion. Journal of Economic Theory，21（2）：294-316.

Arnott R，Riley J. 1977. Asymmetrical production possibilities，the social gains from inequality and the optimum town. The Scandinavian Journal of Economics，79（3）：301-311.

Baeumler A，Ijjasz-Vasquez E，Mehndiratta S. 2012. Sustainable low-carbon city development in China. Washington：World Bank Publications.

Barton H. 1990. Local global planning. The Planner，76（42）：12-15.

Bento A M，Cropper M L，Mobarak A M，et al. 2005. The effects of urban spatial structure on travel demand in the United States. Review of Economics and Statistics，87（3）：466-478.

Berliant M，Wang P. 2004. Dynamic urban models：agglomeration and growth. Contributions to Economic Analysis，266：531-581.

Bertaud A，2007. Urbanization in China：Land Use Efficiency Issues. https://alainbertaud.com/wp-content/uploads/2013/06/AB_China_land_use_report_6.pdf[2021-10-16].

Bin S，Dowlatabadi H. 2005. Consumer lifestyle approach to US energy use and the related CO_2 emissions. Energy policy，33（2）：197-208.

Birdsall N. 1992. Another Look at Population and Global Warming：Population，Health and Nutrition Policy Research. Washington，D.C.：The World Bank.

Birdsall N，Wheeler D. 1993. Trade policy and industrial pollution in Latin America：where are the pollution havens？. The Journal of Environment & Development，2（1）：137-149.

Bloom D E，Williamson J G. 1998. Demographic transitions and economic miracles in emerging Asia. Nber Working Papers，12（3）：419-455.

Bongaarts J. 1992. Population growth and global warming. Population and Development Review，18（2）：299-319.

Bord R J，Robert E O. 1997. The gender gap in environmental attitudes：the case of perceived vulnerability to risk. Social Science Quarterly，78（4）：803-840.

Bossier F，Brechet T. 1995. A fiscal reform for increasing employment and mitigating CO_2 emissions in Europe. Energy Policy，23（9）：789.

Bourne L S. 1971. Internal Structure of the City. New York：Oxford University Press.

Bourne L S. 1996. Reurbanization，uneven urban development，and the debate on new urban forms. Urban Geography，17（8）：690-713.

Breheny M. 1995. The compact city and transport energy consumption. Transactions of the Institute of British Geographers，20（1）：81-101.

Chen W. 2005. The costs of mitigating carbon emissions in China: findings from China MARKAL-MACRO modeling. Energy Policy, 33 (7): 885-896.

Ciccone A, Hall R E. 1996. Productivity and the density of economic activity. The American Economic Review, 86 (1): 54-70.

Cingano F, Schivardi F. 2004. Identifying the sources of local productivity growth. Journal of the European Economic association, 2 (4): 720-742.

Cole M A, Neumayer E. 2004. Examining the impact of demographic factors on air pollution. Population and Environment, 26 (1): 5-21.

Common M S, Salma U. 1992. Accounting for Australian carbon dioxide emissions. Economic Record, 68 (1): 31-42.

Cosmas S C. 1982. Life styles and consumption patterns. Journal of Consumer Research, (4): 453-455.

Cumberland J H, Stram B N. 1973. An interindustry approach to modeling economic-environmental systems. IEEE Transactions on Systems, Man, and Cybernetics, (6): 562-567.

Dalton M, o'Neill B, Prskawetz A, et al. 2008. Population aging and future carbon emissions in the United States. Energy economics, 30 (2): 642-675.

Dietz T, Rosa E A. 1994. Rethinking the environmental impacts of population, affluence and technology. Human ecology review, 1 (2): 277-300.

Dietz T, Rosa E A. 1997. Effects of population and affluence on CO_2 emissions. Proceedings of the National Academy of Sciences, 94 (1): 175-179.

Duranton G, Puga D. 2004. Microfoundations of urban agglomeration economies. Henderson J V, Thisse J F. 2004. Handbook of Urban and Regional Economics. New York: North Holland.

Ehrlich P R, Holdren J P. 1971. Impact of population growth: complacency concerning this component of man's predicament is unjustified and counterproductive. Science, 171 (3977): 1212-1217.

Engel J F, Blackwell R D, Kollat D T. 1978. Consumer Behavior. Hinsdale: The Dryden Press.

Evans A W. 1972. The pure theory of city size in an industrial economy. Urban Studies, 9(1): 49-77.

Fan Y, Liu L C, Gang W, et al. 2006. Analyzing impact factors of CO_2 emissions using the STIRPAT model. Environmental Impact Assessment Review, 26 (4): 377-395.

Fogarty M S, Garofalo G A. 1988. Urban spatial structure and productivity growth in the manufacturing sector of cities. Journal of Urban Economics, 23 (1): 60-70.

Fong W K, Matsumoto H, Lun Y F. 2009. Application of system dynamics model as decision making tool in urban planning process toward stabilizing carbon dioxide emissions from cities. Building and Environment, 44 (7): 1528-1537.

Foxon T J. 2011. A coevolutionary framework for analyzing a transition to a sustainable low carbon economy. Ecological Economics, 70 (12): 2258-2267.

Frank M W. 2005. Income inequality and economic growth in the US: a panel cointegration approach. Sam Houston State University Working Paper 05-03.

Fu S. 2007. Smart café cities: testing human capital externalities in the Boston metropolitan area.

Journal of Urban Economics, 61（1）: 86-111.
Fujita M. 1976. Toward a dynamic theory of urban land use. Papers of the Regional Science Association, 37（1）: 133-165.
Fujita M, Krugman P. 1995. When is the economy monocentric? : von Thunen and Chamberlin unified. Regional Science and Urban Economics, 25（4）: 505-528.
Fujita M, Krugman P, Venables A J. 1999. The Spatial Economy: Cities, Regions, and International Trade. Cambridge: MIT Press.
Fujita M, Mori T. 1997. Structural stability and evolution of urban systems. Regional Science and Urban Economics, 27: 399-442.
Fujita M, Thisse J. 2002. Economics of Agglomeration: Cities, Industrial Location, and Globalization. Cambridge: Cambridge University Press.
Glaeser E L. 1994. Why does schooling generate economic growth? . Economics Letters, 44: 333-337.
Glaeser E L, Kahn M E. 2010. The greenness of cities: carbon dioxide emissions and urban development. Journal of urban economics, 67（3）: 404-418.
Grossman G M, Krueger A B. 1995. Economic growth and the environment. The Quarterly Journal of Economics, 110（2）: 353-377.
Gupta B, Pal D, Sarkar J. 1997. Spatial Cournot competition and agglomeration in a model of location choice. Regional Science and Urban Economics, 27（3）: 261-282.
Heady E O. 1983. Models for agricultural policy: the CARD example. European Review of Agricultural Economics, 10（1）: 1-14.
Henderson J V. 1974. Optimum city size: the external diseconomy question. Journal of Political Economy, 82（2）: 373-388.
Hendrickson C, Horvath A, Joshi S, et al. 1998. Peer reviewed: economic input-output models for environmental life-cycle assessment. Environmental science & technology, 32（7）, 184-191.
Hendrickson C T, Lave L B, Matthews H S. 2006. Environmental life cycle assessment of goods and services: an input-output approach. Nihon Heikatsukin Gakkai Zasshi, 4（2）, 2606-2613.
Hertwich E G, Peters G P. 2009. Carbon footprint of nations: a global, trade-linked analysis. Environmental science & technology, 43（16）: 6414-6420.
Hoffert M I, Caldeira K, Jain A K, et al. 1998. Energy implications of future stabilization of atmospheric CO_2 content. Nature, 395（6705）: 881-884.
Hoover E M. 1937. Spatial price discrimination. Review of Economic Studies, 4（3）: 182-191.
Huang S L, Chen C W. 2005. Theory of urban energetics and mechanisms of urban development. Ecological Modelling, 189（1/2）: 49-71.
IPCC. 2007a. IPCC Fourth Assessment Report.
IPCC. 2007b. Climate Change 2007: Impacts, Adaptation, and Vulnerability. Cambridge: Cambridge University Press.
IPCC. 2014. Climate Change 2014: Impact, Adaptation, and Vulnerability. http://www.ipcc.ch/report/ar5/wg2/[2014-05-06].

Isard W. 1969. Some notes on the linkage of the ecologic and economic systems. Papers of the Regional Science Association，22（1）：85-96.

Isard W，Bramhall D F，Carrothers G A，et al. 1960. Methods of Regional Analysis：Introduction to Regional Science. New York：MIT Press.

Jacobs J. 1969. The Economy of Cities. New York：Vintage Books.

Jiang L，Hardee K. 2009. How do recent population trends matter to climate change. Population Action International Working Paper.

Jiang L，Hardee K. 2011. How do recent population trends matter to climate change？. Population Research & Policy Review，30（2）：287-312.

Jiang L，Young M H，Hardee K. 2008. Population，urbanization and the environment. World Watch，（5）：34-39.

Jollands N，Kenihan S，Wescott W. 2008. Promoting Energy Efficiency：Best Practices in Cities. Paris：International Energy Agency.

Kahn M E. 2012. Urban Policy Effects on Carbon Mitigation. Chicago：University of Chicago Press.

Kanemoto Y. 1980. Theories of urban externalities. MPRA Paper，No.24614.

Kaya Y. 1990. Impact of carbon dioxide emission control on GNP growth：interpretation of proposed scenarios. IPCC Energy and Industry Subgroup，Response Strategies Working Group.

Kemp-Benedict E，Heaps C，Raskin P. 2002. Global scenario group futures：technical notes. Stockholm，Stockholm Environment Institute Polestar Series Report，No.9.

Kim J H. 2002. Changes in consumption patterns and environmental degradation in Korea. Structural Change and Economic Dynamics，13（1）：1-48.

Klaasen L H，Bourdrez J V，Volmuller J. 1981. Transport and Reurbanisation. Hants：Gower.

Knapp T，Mookerjee R. 1996. Population growth and global CO_2 emissions：a secular perspective. Energy Policy，24（1）：31-37.

Krugman P. 1991. Increasing returns and economic geography. Journal of Political Economy，99：483-499.

Lantz V，Feng Q. 2006. Assessing income，population，and technology impacts on CO_2 emissions in Canada：where's the EKC？. Ecological Economics，57（2）：229-238.

Leach K，Embassy B. 2009. The UK low carbon transition plan. https://www.env.go.jp/earth/ondanka/mlt_roadmap/sympo/sympo100331/mat07.pdf[2012-5-25].

Lee C C. 2005. Energy consumption and GDP in developing countries：a cointegrated panel analysis. Energy economics，27（3）：415-427.

Lenzen M. 1998. Primary energy and greenhouse gases embodied in Australian final consumption：an input–output analysis. Energy policy，26（6）：495-506.

Lenzen M，Peters G. 2010. How city dwellers affect their resource hinterland：a spatial impact study of Australian households. Journal of Industrial Ecology，14（1）：73-90.

Leontief W. 1970. Environmental repercussions and the economic structure：an input-output approach. The Review of Economics and Statistics，5：262-271.

Ligmann-Zielinska A，Church R，Jankowski P. 2005. Sustainable urban land use allocation with spatial optimization. Leicester: 8th ICA Workshop on Generalisation and Multiple Representation.

Lonngren K E, Bai E W. 2008. On the global warming problem due to carbon dioxide. Energy Policy, 36 (4): 1567-1568.

Lucas R. 1988. On the mechanics of economic development. Journal of Monetary Economics, 22 (1): 3-42.

MacKellar F L, Lurz W, Prinz C, et al. 1995. Population, households, and CO_2 emissions. Population and Development Review, 21 (4): 849-865.

MacKellar F L, Vining J D R. 1995. Population concentration in less developed countries: new evidence. Papers in Regional Science: The Journal of the RSAI, 74 (3): 259-293.

Maddison A. 1987. Growth and slowdown in advanced capitalist economies: techniques of quantitative assessment. Journal of Economic Literature, 25 (2): 649-698.

Maddison A. 1997. Causal influences on productivity performance 1820 - 1992: a global perspective. Journal of Productivity Analysis, 8 (4): 325-359.

Marshall A. 1920. Principles of Economics. New York: Macmillan.

Masahisa F, Krugman P, Mori T. 1999. On the evolution of hierarchical urban systems. European Economic Review, 43 (2): 209-251.

Mielnik O, Goldemberg J. 1999. Communication The evolution of the "carbonization index" in developing countries. Energy Policy, 27 (5): 307-308.

Miller R E, Blair P D. 2009. Input-Output Analysis: Foundations and Extensions. Cambridge: Cambridge University Press.

Mirrlees J A. 1972. The optimum town. Swedish Journal of Economics, (74): 114-135.

Monypenny J R, Walker N. 1976. APMAA 74: a minimum-level aggregative programming model of New South Wales agriculture. Review of Marketing and Agricultural Economics, 44: 3-18.

Moomaw G. 1998. An alternative analysis of apparent EKC-type transitions. Ecological Economics, 25 (2): 221-229.

Muneer T, Celik A N, Caliskan N. 2011. Sustainable transport solution for a medium-sized town in Turkey—a case study. Sustainable Cities and Society, 1 (1): 29-37.

Murphy P R, Wood D F, Wardlow D, et al. 2002. International Logistics. New York: AMACOM Books.

Murtaugh P A, Schlax M G. 2009. Reproduction and the carbon legacies of individuals. Global Environmental Change, 19 (1): 14-20.

Nakićenović N. 2000. Greenhouse gas emissions scenarios. Technological Forecasting and Social Change, 65 (2), 149-166.

Nakićenović N, Davidson O, Davis G, et al. 2000. Summary for Policymakers - Emissions Scenarios: A Special Report of IPCC Working Group III. Intergovernmental Panel on Climate Change.

Narayanan K, Sahu S K. 2014. Energy consumption response to climate change: policy options for India. IIM Kozhikode Society & Management Review, 3 (2): 123-133.

Neumayer E, Cole M A. 2004. Examining the impact of demographic factors on air pollution. Population and Environment, 26 (1): 5-31.

Northam R M. 1979. Urban Geography. New York: John Wiley & Sons.

O'Meara M. 1999. Urban air taking lives. Vital Signs: 128-129.

O'Neill B C, Chen B S. 2002. Demographic determinants of household energy use in the United States. Population and Development Review, 28: 53-88.

Palivos T, Wang P. 1996. Spatial agglomeration and endogenous growth. Regional Science and Urban Economics, 26 (6): 645-669.

Papathanasopoulou E. 2010. Household consumption, associated fossil fuel demand and carbon dioxide emissions: the case of Greece between 1990 and 2006. Energy Policy, 38 (8): 4152-4162.

Parikh J, Shukla V. 1995. Urbanization, energy use and greenhouse effects in economic development: results from a cross-national study of developing countries. Global Environmental Change, 5 (2): 87-103.

Park H C, Heo E. 2007. The direct and indirect household energy requirements in the republic of Korea from 1980 to 2000—an input–output analysis. Energy Policy, 35 (5): 2839-2851.

Payne J E, Ewing B T. 1997. Population and economic growth: a cointegration analysis of lesser developed countries. Applied Economics Letters, 4 (11): 665-669.

Peters G P, Weber C L, Guan D, et al. 2007. China's growing CO_2 emissions——a race between increasing consumption and efficiency gains. Environmental Science & Technology, 41 (17): 5939-5944.

Ramanathan R. 2005. An analysis of energy consumption and carbon dioxide emissions in countries of the Middle East and North Africa. Energy, 30 (15): 2831-2842.

Ramanathan R. 2011. The impact of operational criteria on customer satisfaction and loyalty in e-commerce environments: an exploratory study of customer ratings and risk. Mis Review: An International Journal, 16 (2): 33-54.

Rees W E. 1992. Ecological footprints and appropriated carrying capacity: what urban economics leaves out. Environment and Urbanization, 4 (2): 121-130.

Rescalvo M, Lasa M, D'Silva N, et al. 2013. 'Low carbon city development' (LCCD) as a strategy for sustainable cities: the case of Rio de Janeiro, Brazil. International Journal of Technology Management & Sustainable Development, 12 (3): 261-280.

Riley J G. 1973. "Gammaville": an optimal town. Journal of Economic Theory, 6 (5): 471-482.

Rosa E A, York R, Dietz T. 2004. Tracking the anthropogenic drivers of ecological impacts. Ambio, 33 (8): 509-512.

Rostow W W. 1962. The Stages of Economic Growth. London: Cambridge University Press.

Russwurm L. 1975. Urban fringe and urban shadow. Bryforgle R C, Krueger R R. Urban Problem. Toronto: Rinehart and Winston: 148-164.

Satterthwaite D. 2009. The implications of population growth and urbanization for climate change. Environment and urbanization, 21 (2): 545-567.

Schipper L, Bartlett S, Hawk D, et al. 1989. Linking life-styles and energy use: a matter of time? . Annual review of energy, 14 (1): 273-320.

Segal D. 1976. Are there returns to scale in city size? . The Review of Economics and Statistics, 58（3）：339-350.

Sheehan M O M，Peterson J A. 1999. Reinventing Cities for People and the Planet. Washington, D.C.：Worldwatch Institute.

Shi A. 2003. The impact of population pressure on global carbon dioxide emissions，1975–1996：evidence from pooled cross-country data. Ecological Economics，44（1）：29-42.

Soytas U, Sari R, Ewing B T. 2007. Energy consumption, income, and carbon emissions in the United States. Ecological Economics，62（3/4）：482-489.

Soytas U，Sari R. 2009. Energy consumption，economic growth，and carbon emissions：challenges faced by an EU candidate member. Ecological Economics，68（6）：1667-1675.

Stone J B. 2008. Urban sprawl and air quality in large US cities. Journal of Environmental Management，86（4）：688-698.

Sun J W. 2005. The decrease of CO_2 emission intensity is decarbonization at national and global levels. Energy Policy，33（8）：975-978.

Suzuki M，Oka T，Okada K. 1995. The estimation of energy consumption and CO_2 emission due to housing construction in Japan. Energy and Buildings，22（2）：165-169.

Tabuchi T. 1986. Urban agglomeration economies in a linear city. Regional Science & Urban Economics，16（3）：421-436.

Tajibaeva L，Haight R G，Polasky S. 2008. A discrete-space urban model with environmental amenities. Resource and Energy Economics，30：170-196.

Tanaka N. 2007. World Energy Outlook 2007 China and India insights. Paris：International Energy Agency.

Tucker M. 1995. Carbon dioxide emissions and global GDP. Ecological Economics, 15(3), 215-223.

UNFCCC. 2009. National Inventory Submissions 2009. http://unfccc.int/national_reports/annex_i_ghg_inventories/national_inventories_submissions/items/4771.php[2012-05-25].

United Nations Population Fund. 2009. State of World Population 2009. Retrieved from http://www.unfpa.org/webdav/site/global/shared/documents/publications/2009/state_of_world_population_2009.pdf[2012-05-25].

Utterback J M，Suárez F F. 1993. Innovation，competition，and industry structure. Research policy，22（1）：1-21.

Victor P A. 1972. Economics of Pollution. London：Macmillan International Higher Education.

Webber M M. 1964. The urban place and nonplace urban realm. Webber M M. Exploration into Urban Structure. Philadelophia：University of Pennsylvania Press.

Weber C，Perrels A. 2000. Modelling lifestyle effects on energy demand and related emissions. Energy Policy，28（8）：549-566.

Wei Y M，Liu L C，Fan Y. et al. 2007. The impact of lifestyle on energy use and CO_2 emission：an empirical analysis of China's residents. Energy policy，35（1）：247-257.

Wheaton W C. 1998. Land use and density in cities with congestion. Journal of Urban Economics，43（2）：258-272.

Whitney J B R. 1985. Integrated economic–environmental models in environmental impact assessment. Maclaren V W, Whitney J B. New Directions in Environmental Impact Assessment in Canada. Toronto: Methuen Publications.

Wiedmann T. 2009. A review of recent multi-region input-output models used for consumption-based emission and resource accounting. Ecological Economics, 69 (2): 211-222.

Worldwatch Institute. 2013. State of the World 2007: Our Urban Future. New York: Routledge.

World Meteorological Organization (WMO). 2010. The state of greenhouse gases in the atmosphere based on global observations through 2009. WMO Greenhouse Gas Bulletin.

Yamaji K, Matsuhashi R, Nagata Y, et al. 1993. A study on economic measures for CO_2 reduction in Japan. Energy Policy, 21 (2): 123-132.

York R, Rosa E A, Dietz T. 2003. STIRPAT, IPAT and ImPACT: analytic tools for unpacking the driving forces of environmental impacts. Ecological Economics, 46 (3): 351-365.

Zagheni E. 2009. The demographic dimension of climate change. Kahraman E, Baig A. Environmentalism, Environmental Strategies, and Environmental Sustainability. Hauppauge: Nova Science Publishers: 191-209.

Zahn R. 2009. Beyond the CO_2 connection. Nature, 460 (7253): 335-336.

Zhang Z X, Folmer H. 1998. Economic modelling approaches to cost estimates for the control of carbon dioxide emissions. Energy Economics, 20 (1): 101-120.

Zheng S, Wang R, Glaeser E L, et al. 2011. The greenness of China: household carbon dioxide emissions and urban development. Journal of Economic Geography, 11 (5): 761-792.

Zhuang X, Jiang K, Zhao X. 2011. Analysis of the carbon footprint and its environmental impact factors for living and travel in shijiazhuang city. Advances in Climate Change Research, 2 (3): 159-165.